Josef Johannes Schmid

Friedrich der Große
Das Personenlexikon

JOSEF JOHANNES SCHMID

FRIEDRICH DER GROSSE

DAS PERSONENLEXIKON

Philipp von Zabern

Bibliografische Information der Deutschen Nationalbibliothek
Die Deutsche Nationalbibliothek verzeichnet diese Publikation in der Deutschen Nationalbibliografie; detaillierte bibliografische Daten sind im Internet über <*http://dnb.d-nb.de*> abrufbar.

ISBN: 978-3-8053-4367-1

Lektorat: Christoph Nettersheim, Nürnberg
Gestaltung: Vollnhals Fotosatz, Neustadt a. d. Donau
Umschlaggestaltung: Jutta Schneider, Frankfurt am Main
Druck: CPI books GmbH, Leck

Printed on fade resistant and archival quality paper (PH 7 neutral) · tcf

Weitere Publikationen aus unserem Programm finden Sie unter: *www.zabern.de*

Vorwort

Friedrich II. von Preußen – Friedrich der Große feiert Geburtstag. Wie auch immer der posthume Jubilar zu diesen Festivitäten stehen mag (anhand seiner diesbezüglichen Äußerungen seine eigene Person betreffend kann man hierfür durchaus eindeutige Wertungen unterstellen…), bleibt der Fakt des historischen Gedächtnisses unleugbar.
Der vorliegende Band möchte als kleine Geburtstagsgabe hierzu seinen bescheidenen Beitrag leisten.
Welchen Stellenwert die in diesem Band aufgeführten Persönlichkeiten auch im Einzelnen bezüglich Politik und Kulturschaffen des großen Königs haben mochten – wusste man doch schon in der Zeit, „der König entscheidet alles alleine" –, so verdienen sie zumal der Berücksichtigung in diesem einzigartigen Panorama des friderizianischen Rokoko.

Seit meiner ersten akademischen Beschäftigung mit Friedrich, einer im Wintersemester 2003/2004 gehaltenen Vorlesung unter der Überschrift *Frédéric, Roy de Prusse*, hat mich die Persönlichkeit des genialen, unternehmenden und konsequenten, dabei wohl aber einsamen Philosophenkönigs von Sanssouci nicht mehr verlassen. Die vielen im vorstehenden Satz aufscheinenden Etiketten und Gemeinplätze bezüglich seiner Persönlichkeit habe ich seitdem fortwährend hinterfragt. Gerade aufgrund der facettenreichen, komplexen Persönlichkeitsstruktur ist die Faszination aber ungebrochen. In meinem eigenen Studium war er mir oft als reichszerstörender Bösewicht, als Antagonist der armen Maria Theresia, als Freidenker und – es leben nochmals die einfachen Etiketten! – «aufgeklärter Absolutist» nahegebracht worden, während Louis XV, Katharina II. oder Friedrich August II. von Sachsen weitgehend vernachlässigt blieben – von den Menschen um Friedrich selbst ganz zu schweigen. Trotz der ungebrochenen Popularität des Königs stellen darüber hinaus im akademischen Milieu noch heute Seminare etwa der Kunstwissenschaft zu Knobelsdorff oder der Musikwissenschaft zur Berliner Schule des 18. Jahrhunderts eine deutliche Ausnahme dar – dem Mainstream universitärer Lehre dürften sie kaum entsprechen (Gleiches gilt für die Versailler oder St. Petersburger

Hofkultur des 18. Jahrhunderts beziehungsweise ihre geistigen Grundlagen jenseits einer verallgemeinernden «Absolutismus»- beziehungsweise Legitimations-Theorie).
Es drängt sich somit der Eindruck auf, die Bekanntheit des Königs, befördert durch eine schon bald nach seinem Tode einsetzende, dann romantisch verklärende, schließlich staatlich-chauvinistisch manipulierte Umdeutung, stehe in der allgemeinen Wahrnehmung in deutlichem Widerspruch zu den Gegebenheiten der Zeit selbst.
Dem gänzlich abzuhelfen, wird auch dieser Band sicher nicht vermögen – dies ist auch nicht seine Intention. Aber vielleicht spornt das Panoptikum der hier kurz präsentierten Persönlichkeiten den einen oder anderen Leser zu einer vertieften Beschäftigung mit Zeit und Leben Friedrichs an – damit wäre schon viel erreicht. Ob die Ästhetik des Königs, seine menschlichen Beziehungen oder aber auch so große historische Bezüge, wie der Siebenjährige Krieg, der nicht von Friedrich dem Großen 1756 entfacht, sondern bereits 1754 im amerikanischen Ohio-Tal losgetreten wurde – das Panorama ist schier unbegrenzt und lädt zur näheren Betrachtung ein, vorausgesetzt, man befreit sich von liebgewonnener oder belastender Voreingenommenheit.

Am Abschluss dieses Bandes ist es mir eine teure Verpflichtung und ein Bedürfnis, all jenen Menschen zu danken, ohne die dieser so nicht entstehen hätte können. Neben den Kollegen und Studierenden an der Johannes Gutenberg-Universität zu Mainz, vor allem auch dem hilfsbereiten und fachkundigen Personal der dortigen Universitätsbibliothek, aller anderen besuchten Bibliotheken und Archive und allen, die in irgendeiner Weise zur letztendlichen Fertigstellung beigetragen haben.
Ein besonderer Dank gilt Leitung und Mitarbeitern des Verlags Philipp von Zabern, Frau Dr. Annette Nünnerich-Asmus, die die ursprüngliche Idee zu einem Friedrich-Projekt hatte, Herrn Dr. Jürgen Kron, ihrem Nachfolger in der Verlagsleitung, der dieses vertrauensvoll begleitete und auch die während der Bearbeitungszeit getroffenen Umorientierungen in Konzeption und Zielrichtung mittrug, sowie besonders Frau Constanze Holler für ihre kompetente und geduldige Begleitung.

An erster und letzter Stelle aber gilt ein königlicher Dank meiner Familie, die nicht nur die durch die Abfassung entstandenen Belastungen stoisch ertrug, sondern auch König Friedrich mittlerweile bereitwillig als posthumes Familienmitglied akzeptierte. Wenn etwas an der alten Überlieferung wahr sein sollte, dass zuweilen in Preußen ein Stuhl am Tisch für den König *in effigie* freigehalten wurde, so ist dieser virtuelle Stuhl bei uns definitiv längst besetzt…

Mainz/Manubach, im Juni 2011

Josef Johannes Schmid

Einführung

I. Allgemeines

Friedrich II. von Preußen – Friedrich der Große. Wie für wenige Persönlichkeiten der europäischen Geschichte scheint sein prominenter Platz darin unangefochten. Sei es das bereits zu seinen Lebzeiten aufscheinende Prädikat «der Große», sei es das seitdem anhaltende Interesse für seine Person – Friedrich ist prominent und verspricht, es auch weiterhin zu bleiben. Nicht nur die Vorarbeiten, Kongresse, Ausstellungen und allgemein publikumswirksamen Veranstaltungen zu seinem bevorstehenden Jubeljahr belegen dies eindringlich, sondern auch die vergangene historiographische Beschäftigung mit ihm und seiner Zeit. Wohl kaum ein europäischer Monarch hat – summa summarum – solche Aufmerksamkeit seitens der Zeitgenossen, Historiker und allgemein historisch interessierter Betrachter gefunden wie er – und kaum einer auch so viele Missdeutungen erfahren. Auf der einen Seite steht somit heute eine geschichtswissenschaftliche Bilanz, deren Erträge bereits zum letzten «Feierjahr» 1986 (anlässlich des 200. Todestages) nur in Form der reinen Bibliographie, also der puren Auflistung aller ihm gewidmeten Editionen, Biographien und Einzeluntersuchungen in welcher Form auch immer, einen Band von über fünfhundert Seiten hervorbrachte, wobei dabei nur der deutsche Sprachraum (inkl. Übersetzungen) berücksichtigt wurde.[1] Auf der anderen Seite aber stehen bis heute zum Teil bedenkliche Misskonzeptionen bezüglich der Persönlichkeit Friedrichs beziehungsweise der friderizianischen Epoche an sich, welche zu einem großen Teil den Sonderentwicklungen deutscher Geschichte seit 1870 geschuldet sind, dem Zeitpunkt also, da nach Aussage Wilhelms I. das alte Preußen gestorben war.

In diesem breiten Strom historischen und historiographischen Interesses an Friedrich und seiner Zeit bildet die personengeschichtliche Aufarbeitung beziehungsweise die lexikalische Darstellung an sich eine bemerkenswerte Ausnahme. Wohl liegen einige kleinere Sammelbände und Anthologien zum personellen Umfeld des Königs vor, jedoch zu diesem

Zeitpunkt (Mai 2011) keine einzige personenspezifische Aufarbeitung in Form eines Lexikons.

II. Anliegen dieses Lexikons

Diese Tatsache bildete das Fundament in der Genese des vorliegenden Werkes. Zum ersten Male wird hier versucht, das personelle Umfeld Friedrichs in rein lexikalischer Art zu erfassen und somit die oben erwähnten Biographien des Königs selbst in personengeschichtlicher Hinsicht (Prosopographie) kurz und präzise zu ergänzen. Die durchaus vorhandenen Vorarbeiten (s. u.) sind oft an einer dem allgemein interessierten Publikum nicht unmittelbar zugänglichen Stelle publiziert, die einzelnen Namen hingegen in den Registern der großen Standardwerke nachzuschlagen und dann die Einzelhinweise zusammenzutragen, erscheint – und ist – mühsam. Diesem Umstand will dieser Band abhelfen und – es sei noch einmal gesagt – einer allgemein interessierten wie fachlich mit der Materie befassten Leserschaft einen schnellen Zugang zu und Überblick über jene Menschen ermöglichen, die mit Friedrich dem Großen unmittelbaren Kontakt hatten oder aber seiner Persönlichkeit aufgrund der politischen oder kulturellen Zeitumstände unmittelbar verbunden bleiben.
Natürlich gilt es vorab, hier einige Einschränkungen zu treffen beziehungsweise Erläuterungen zu geben, um so Anliegen, Umfang wie Ambition, aber auch Beschränkungen dieses Lexikons zu definieren.

III. Auswahl der Beiträge und Vorarbeiten

Es konnte, allein schon aufgrund der rein technischen Überlegung des räumlich beschränkt zur Verfügung stehenden Umfangs, nicht angehen, eine Prosopographie des europäischen Rokoko oder auch nur der Regierungszeit des Königs (1740–1786) vorzulegen. Dies wäre ein auf mehrere Bände angelegtes Unterfangen, wahrscheinlich aber eher ein eigenes Forschungsprojekt. Vielmehr sollte hier die oben bereits angesprochene Unmittelbarkeit im eigentlichen Sinne des Wortes zum Tragen kommen, d. h. alle Einträge orientieren sich prinzipiell an der Regierungszeit Friedrichs des Großen, weder die preußische Vorgeschichte noch die Rezeptionsgeschichte des «Phänomens Friedrich» wurden erfasst.

Berücksichtigung fanden also zunächst folgende Kategorien:
- die gesamte königliche Familie (Agnaten), also Eltern und Geschwister Friedrichs sowie deren eventuelle Ehepartner
- die führenden Politiker des friderizianischen Preußens mit den unten angeführten Einschränkungen
- alle Souveräne Europas während der Regierungszeit des Königs, welche für dessen Politik relevant waren
- innerhalb des Heiligen Römischen Reiches lediglich die «geborenen» Entscheidungsträger (sämtliche Kurfürsten) sowie andere Fürsten, insoweit sie wiederum für die friderizianische Politik oder Kultur Bedeutung hatten
- das persönliche Umfeld des Königs (Sekretäre, Adjutanten, Vorleser, Leibärzte, Hofbedienstete) und Freunde, soweit sie biographisch nachweisbar sind
- an bildenden Künstlern (Architekten, Malern, Bildhauern) und Musikern (Komponisten, Sängern, Tänzern, Choreographen) all jene, deren Wirkung im friderizianischen Preußen, vornehmlich zu Berlin und Potsdam, nachweisbar ist
- an Militärs jene hochrangigen Offiziere, welche dem König entweder persönlich nahestanden beziehungsweise/oder einen entscheidenden Einfluss auf die Kriegführung besaßen
- jene Persönlichkeiten des friderizianischen Geisteslebens *in Preußen* auf allen Gebieten (Theologen, Philosophen, Literaten, Mathematiker, Naturwissenschaftler, Mediziner, Verleger etc.), welche mit dieser Epoche untrennbar verbunden sind
- schließlich Einzelphänomene, deren Bekanntheitsgrad eine Aufnahme rechtfertigt.

Der Leser wird hier bereits einen gewissen Grad an subjektiver Auswahl erkennen, welcher unumgänglich ist (was ist ‚relevant'?, was heißt ‚verbunden'?) und letztlich im Ermessen des Bearbeiters lag.

Dennoch sollten folgende generelle Beschränkungen beachtet werden. Es wurden nicht berücksichtigt:
- die Mitglieder des Gesamthauses Hohenzollern beziehungsweise Brandenburg, insoweit sie nicht in eine der oben aufgeführten Kategorien fallen
- Verwaltungsbeamte, Adelige und allgemein Personen, welche allenfalls spezifisches, regionales oder genealogisches Interesse beanspruchen können
- Persönlichkeiten, welche allenfalls einen indirekten Einfluss auf den König ausübten, also etwa die zahlreichen Philosophen der rationalen Schule des 18. Jahrhunderts *außerhalb Preußens*
- die wiewohl maßgeblichen Minister und leitenden Politiker, Militärs und Geistesgrößen der anderen europäischen Staaten/Monarchien
- und auch nicht die Kultur-/Kunstschaffenden dieser Territorien.

Diese Beschränkungen sind sowohl den einleitenden allgemein notwendigen Beschränkungen wie auch einigen bereits vorhandenen spezifischen Vorarbeiten geschuldet. Hier ist in besonderer Weise an zwei Arbeiten beziehungsweise Forscher zu denken, welche weite Teile der oben aufgezeigten Lücken trefflich zu schließen vermögen.
Zum einen sind dies für den weiten Gesamtbetreff der preußischen Verwatungsgeschichte die exemplarischen Arbeiten Rolf Straubels, welche sowohl methodisch-analytisch[2] als auch lexigraphisch-prosopographisch[3] diesen Komplex zur Gänze abdecken und dem Leser nur wärmstens empfohlen werden können. Wer immer also Minister, Räte und allgemein Verwaltungsbeamte sucht, sei hierauf verwiesen; in der vorliegenden Sammlung wurde – aufgrund eben der exzellenten Vorarbeiten – dieser Bereich entsprechend eingeschränkt.
Ein Zweites betrifft den militärischen Kontext, für welchen die nun schon betagten Studien Kurt von Priesdorffs[4] eine immer noch unerschöpfliche Quelle beziehungsweise reiche Materialsammlung darstellen, die ebenfalls

nur dringend empfohlen werden kann. Hier liegt, trotz des zeitbedingten martialisch-ideologischen Titels eine komplette Studie zur brandenburgisch-preußischen Generalität vor, welche auch im europaweiten Vergleich ihresgleichen vergeblich sucht.
Zu guter Letzt sei noch auf ein ebenfalls zum bevorstehenden Jubiläum angekündigtes Werk Jürgen Ziechmanns verwiesen, welches in wesentlich weiterer, enzyklopädischer Form nicht nur personelle Fragen des friderizianischen Zeitalters behandelt.[5] Dieser Band lag allerdings zum Zeitpunkt des Abschlusses dieses Manuskripts (Mai/Juni 2011) noch nicht vor und konnte so auch in Bibliographie und Literaturverweisen nicht berücksichtigt werden.

Anmerkungen

1 Eckart und Herzeleide Henning, Bibliographie Friedrich der Große 1786–1986. Das Schrifttum des deutschen Sprachraums und der Übersetzungen aus Fremdsprachen, Berlin 1988.

2 Rolf Straubel, Beamte und Personalpolitik im altpreußischen Staat: soziale Rekrutierung, Karriereverläufe, Entscheidungsprozesse (1763/86–1806) (Bibliothek der brandenburgischen und preußischen Geschichte 2), Potsdam 1998; ders., Adlige und bürgerliche Beamte in der friderizianischen Justiz- und Finanzverwaltung: ausgewählte Aspekte eines sozialen Umschichtungsprozesses und seiner Hintergründe (1740–1806) (Veröffentlichungen des Brandenburgischen Landeshauptarchivs 59), Berlin 2010.

3 Rolf Straubel, Biographisches Handbuch der preußischen Verwaltungs- und Justizbeamten 1740–1806/15, 2 Bde., München 2009.

4 Kurt von Priesdorff, Soldatisches Führertum, Bd. 1 (Teil 1 und 2): Die Generale von den Anfängen der kurbrandenburgisch-preußischen Armee bis 1740 – Die preußischen Generale vom Regierungsantritt Friedrichs des Großen bis 1763, Bd. 2 (Teil 3): Die preußischen Generale von 1763 bis zum Tode Friedrichs des Großen – Die preußischen Generale vom Tode Friedrichs des Großen bis 1797, Hamburg 1937. – Ein Index hierzu: Namensregister zu «Soldatisches Führertum», hrsg. v. Kurt von Priesdorff, Bd. 1–10, Hamburg 1937–1942, erarbeitet durch die Wissenschaftliche Bibliothek des Militärgeschichtlichen Instituts der DDR, Potsdam 1980.

5 Jürgen Ziechmann (Hg.), Fridericianische Encyclopédie – Friedrich der Grosse und seine Epoche, Südmoslesfehn 2011.

Hinweise zur praktischen Benutzung des vorliegenden Lexikons

I. Allgemeines – Register und Namenseintrag

Mit dem letzten Verweis wurde bereits das klassische Dilemma jeder auf Einzeleinträge festgelegten Publikation kurz angerissen. Diese hat sich immer zwischen den beiden klassischen Genres der Enzyklopädie einerseits und des Lexikons andererseits zu entscheiden. Ersterer steht bei den Einzelbetreffen, darin der Anthologie beziehungsweise dem Handbuch in etwa verwandt, immer mehr Raum der Erörterung zur Verfügung, was aber nahezu immer mit einer rigoroseren Auswahl der Einträge selbst – eben aus Platz- und Umfangsgründen – kompensiert werden muss. Das Lexikon hingegen kann meist eine ungleich größere Fülle an Einträgen berücksichtigen, ist aber aus demselben immanenten Grunde gehalten, sich in der Darlegung mittels standardisierter Abkürzungen, Querverweise und serieller Auflistungen zu beschränken. Im vorliegenden Falle dominiert diese zweite Variante.

II. Aufbau der Artikel

Der Aufbau der einzelnen Einträge/Artikel wurde wie folgt standardisiert:

- zunächst wird in **Fettschrift** der Namensbetreff gegeben, sodann
- Datum und Ort von Geburt und Tod,
- Kurzbezeichnung von Beruf, beziehungsweise Relevanz der Person,
- standardisierter Lebenslauf, gegebenenfalls durch Abkürzungen, welche im entsprechenden Abkürzungsregister ihre Auflösung finden;
- auf andere im Lexikon vertretene Personen wurde dabei mittels eines Querverweises (→) hingewiesen, dieser Verweis findet sich nur einmal pro Artikel;
- nicht eigens im Lexikon aufscheinende Personen werden durch die Angabe ihrer Lebensdaten nachgewiesen, wobei bei regierenden Fürs-

ten diese mehrgliedrig – in der Regel dreigliedrig – ist: Geburtsjahr/Jahr des Regierungsantritts/Todesjahr.

– In einigen, durch die Relevanz der Person gerechtfertigten Fällen erfolgt sodann eine kurze Erörterung derselben in Fließtext, ohne allerdings in der Regel die Ausführlichkeit einer Enzyklopädie zu erreichen.
– Sodann folgt in der im Druck abgehobenen kleineren Schrifttype ein personenrelevanter Überblick über:
  • die wichtigsten Quelleneditionen (*Qu.*)
  • Werke der behandelten Person (*W.*), oft in Auswahl (Ausw.)
  • sowie der biographisch einschlägigen Literatur (*Lit.*).

III. Hinweise, Erläuterungen und Beschränkungen

In dieser Allgemeinübersicht sollten folgende Hinweise berücksichtigt werden:

– Der Namenseintrag ist gerade bei (hoch-)fürstlichen Personen nicht immer eindeutig, von daher gelten diese allgemeinen Regeln:
  • alle Mitglieder des preußischen Königshauses (auch angeheiratete) sowie
  • alle europäischen Monarchen erscheinen unter ihrem Vornamen,
  • alle anderen unter dem Namen ihrer Familie/Dynastie;
  • in Zweifelsfällen, sowie bei unterschiedlichen Namensvarianten erfolgt ein Querverweis (→);
  • generell werden im allgemeinen Register (s. u.) alle möglichen Namensvarianten, sowie bei Adels- und Fürstenpersonen alle Möglichkeiten von Vor- und Dynastennamen erfasst. Der suchende Leser wird im eventuellen Zweifelsfall dorthin verwiesen.
– Die Lebensdaten erfolgen nach Ausweis der zuverlässigsten Quellen, beziehungsweise der Fachliteratur, diese können im Einzelfall von den in anderen Werken gegebenen Zahlen abweichen (v. a. im Hinblick auf diverse Interneteinträge), bei sehr widersprüchlichen Angaben (für manche durchaus prominente Personen liegen zum Teil bis zu fünf verschiedene Geburtsdaten vor…) erfolgte der Entscheid nach den

Regeln der Seriosität der Quelle beziehungsweise der immanenten Plausibilität.

- Alle Datumsangaben folgen dem 1582 promulgierten Gregorianischen Kalender, für Bezüge auf Personen aus Hemisphären, welche diesen im 18. Jahrhundert noch nicht anerkannten/verwendeten, wurde das Datum angeglichen.
- Die im Artikel aufscheinenden Originalzitate werden in der Ursprungssprache (meist Französisch) und in Übersetzung wiedergegeben, dies nicht nur aus offensichtlichen Gründen der Objektivität, sondern auch aus dem Grund, dass Französisch die Denk- und Schriftsprache Friedrichs des Großen war; alle Übersetzungen sind, falls nicht anders bezeichnet, vom Autor dieses Bandes (dies auch, wenn ältere Übersetzungen vorlagen).
- Innerhalb der Artikel wurde bei Militärs auf die Erwähnung sämtlicher Einsätze verzichtet, außer diese hatten eine biographische oder allgemeinhistorische Relevanz; das Gegenteil wäre auf eine reine Operationsgeschichte hinausgelaufen – der interessierte Leser findet hierzu ausführliche Angaben in der angeführten Literatur.
- Die Quellen berücksichtigen zumeist den unmittelbaren Bezug zu Friedrich dem Großen, auf die Angabe archivalischer Quellen wurde – nach längerer Überlegung – verzichtet, da diese für ein breiteres Publikum weniger relevant sein dürften.
- Bei den Werken wurde auf die zeitgenössischen Drucke und auf moderne Ausgaben verwiesen, in der Regel aber nicht auf (nur in Manuskriptform überlieferte) Handschriften oder Sammel- und Auswahlausgaben.
- Bei den Literaturhinweisen gilt allgemein:
  - Jeder Artikel enthält – außer in ganz wenigen begründeten Ausnahmefällen – aus Platzgründen nur drei Literaturverweise.
  - Hierbei wurde zunächst den streng personenbezogenen Monographien, sodann ebensolchen Beiträgen in Artikelform, sowohl als Aufsätze in Zeitschriften und Sammelbänden sowie als Einträge in Sammelbiographien und Prosopographien, der Vorzug vor der reinen Erwähnung in Überblicksdarstellungen, Biographien Friedrichs des Großen oder epochal angelegten Geschichtswerken der Vorzug eingeräumt.

- Das Erscheinungsdatum («Aktualität») des jeweiligen Werkes war nicht das ausschlaggebende Kriterium der Berücksichtigung und ebenso wenig der Reihung innerhalb der Literaturangaben, sondern der tatsächliche Informationsgehalt.
- Es wurden prinzipiell nur mit Autorennamen gekennzeichnete Beiträge erfasst, anonym erschienene Artikel in großen Fachlexika lediglich im (seltenen) Falle des völligen Ausfalls anderer Literatur.

IV. Die Register und Anhänge

Die dem Textteil nachfolgenden Registeranhänge erschließen die im Band behandelten Personen nicht nur hinsichtlich

- aller möglichen Namensnennungen (s. o.), sondern auch
- anhand der Haupt- und Nebennennungen in den einzelnen Artikeln
- sowie nach Position und Beruf.

Diese Überblendung ermöglicht gerade dem interessierten Fachpublikum Einzelanalysen hinsichtlich Verwandtschaftsbeziehungen, Abhängigkeiten, Klientelwesen, aber auch künstlerischer Auftragsarbeiten/-bindungen und Beziehungsgeflechte sowie allgemein genealogischer Zusammenhänge.

Der Anhang der Abkürzungen löst die im Haupttext verwendeten Kürzel auf, jener der Literatur diese der in Sigilia oder Kurztiteln abgekürzt in den Literaturangaben zitierten Werke; keinesfalls kann es sich dabei um eine Gesamt-, Auswahl- oder auch nur Empfehlungsbibliographie zu Friedrich dem Großen handeln, welche im vorliegenden Rahmen weder angezeigt noch sinnvoll wäre.

Das Personen-lexikon

A

Abbt, Thomas
* 25. Nov. 1738 Ulm † 3. Nov. 1766 Bückeburg

Philosoph und Mathematiker; nach Studien zu Halle 1760 Prof. für Philosophie in Frankfurt/Oder, 1761 für Mathematik in Rinteln, 1761–62 mit doppelter Widmung Prof. in Berlin, 1765 Hof-, Regierungs- und Consistorialrat zu Bückeburg. – Gemeinsam mit → Nicolai und → Mendelssohn war der daneben auch mit → Voltaire befreundete A. eine der führenden Gestalten der Berliner Kultur Mitte des 18. Jhs.

W. Vermischte Werke, 3 Bde., Berlin/Stettin 1772–1782 (Ndr. Hildesheim 1978). – *Lit.* Annie Bender, Th. A., Bonn 1922; Benjamin Wall Redekop, Enlightenment and Community. Lessing, A., Herder, and the Quest for a German Public, Montreal 2000; Wilhelm Michel, Art. «A., Th.», in: NDB 1 (1953), 4f.

Achard, Antoine
* 4. Dez. 1696 Genf † 2. Mai 1772 Berlin

Theologe; 1717–21 Studium der Theologie zu Genf, 1722 Ordination, ab 1724 Pastor der Frz. Gemeinde zu Berlin,1740 GR im Frz. Kirchenrat, 1744 ADW. – Neben theol. Themen widmete sich A. v. a. auch philosophischen Bereichen, darunter dem Freiheitsbegriff bei John Locke.

Lit. Michel Grandjean, Art. «A., A.», in: HLS; Rolf Geißler, A. A., ein Prediger und Philosoph in Berlin, in: Schweizer, 125–136.

Achard, François Charles
* 28. Apr. 1753 Berlin † 20. Apr. 1821 Cunern

Chemiker und Biologe; nach Selbststudien 1774 Aufnahme in die Gesellschaft *Naturforschender Freunde* in Berlin, über Kontakte zu → Marggraf verstärktes Interesse an der industr. Nutzbarkeit best. Pflanzen (s. u.), 1776 ADW, 1782 Dir. deren physik. Klasse, Mitgl. der Kgl. Schwedischen ADW. – Bleibenden Verdienst erwarb sich A. v. a. durch die erstmalige Gewinnung von Zucker aus Runkelrüben sowie die Entwicklung verbesserter Anbaubedingungen für Tabak. Daneben arbeitete und experimentierte er an Färbestoffen, 1795 baute er den ersten mobilen Feldtelegraphen und entwickelte hierfür ein eigenes Sprach- und Signallexikon. Den von Benjamin → Franklin erfundenen Blitzableiter machte er in Berlin heimisch und entwarf eigene Heißluftballone. FdG schätzte ihn trotz seiner manchmal etwas phantastischen Ideen, mitunter musste er dem Kg. zweimal pro Woche über den Fortschritt seiner Arbeiten referieren.

Qu. Lettres de Frédéric à M. F.-C. Achard [Œuvres 25]. – *W.* (Ausw.) Ausführliche Beschreibung der Methode, nach welcher bei der Kultur der Runkelrübe verfahren werden muss, um ihren Zuckerstoff nach Möglichkeit zu vermehren, Berlin 1799 (Ndr. ebd. 1984); Die europäische Zuckerfabrikation aus Runkelrüben, in Verbindung mit der Bereitung des Rums, des Essigs und eines Coffee-Surrogats aus ihren Abfällen, 3 Bde., Berlin 1809 (Ndr. ebd. 1985); Gesammelte Berichte vom Aufstieg der ersten Luftbälle nach dem Prinzip der Montgolfierschen Maschinen, in: Berlinische Nachrichten von Staats- und gelehrten Sachen 1784 (mod. Ed. von Uwe Otto, Berlin 1985). – *Lit.* Hans-Heinrich Müller, F. C. A., Berlin 2002; Jakob Baxa, Art. «A., F. C.», in: NDB 1 (1955), 27f.

Adam, François Gaspard

* 23. Mai 1710 Nancy † 18. Aug. 1761 Paris

Bildhauer; Sohn des Bildhauers Jacob Sigisbert Adam (1670–1747), Bruder von Lambert Sigisbert → Adam, 1723–29 Ausbildung im väterl. Atelier, 1730 als Restaurator nach Rom, 1730 an der Pariser Akademie, dort mehrere Preise, infolge derer A. ein Stipendium für einen mehrjhrg. Italienaufenthalt 1742–46 erhielt, 1746 Prof. ASK Florenz, ab 1747 als Hofbildhauer FdG in Preußen, von da an zahlr. Werke für das Ensemble von Sanssouci (1748 *Apoll und Venus Urania* für den Saal im Schloss Sanssouci), ab 1747 Oberaufsicht über die Anfertigung und Aufstellung der Gartenskulpturen im Park von Sanssouci, Komplettierung (meist Kopien) der hierzu von → Louis XV geschenkten Figuren im eigenen Atelier bis 1760, 1751 Mitgl. ASK, 1759 Abschied von Preußen.

Lit. Eberhard Ruhmer, Art. «A, F. G.», in: NDB 1 (1953), 52 (mit ält. *Lit.*); Marie Heinze, Die Gebrüder A. und ihre Beziehungen zu Friedrich dem Großen, in: MVGP NF 5 (1916), 3–12; Paul Seidel, Das Bildhauer-Atelier Friedrichs des Grossen und seine Inhaber (Die Ausstellung von Kunstwerken aus dem Zeitalter Friedrichs des Grossen 3), in: Jahrbuch der Preußischen Kunstsammlungen 14 (1893), 101–126; Henri Thirion, Les Adams et Clodion, Paris 1885; Dehio Potsdam, passim.

Adam, Lambert Sigisbert

* 10. Okt. 1700 Nancy † 13. Mai 1759 Paris

Bildhauer; Bruder von François Gaspard → Adam, einer der berühmtesten Bildhauer des 18. Jhs., nach Studien zu Paris und langen Jahren in Rom (1734 Mitgl. Accademia di S. Luca), bedeutende Aufträge für den Versailler Hof; obwohl A. wohl niemals selbst in Preußen gewesen ist, wohl durch Vermittlung seines Bruders Beitrag mit wesentl. Werken zu den Gartenskulpturen im Park von Sanssouci, darunter v. a. *Allégorie de l'eau et de l'air* (1749), *La pêche* (1749).

Lit. François Souchal, L'inventaire aprés décés du sculpteur L. S. A., in: Bulletin de la Société d'Histoire de l'Art Français 1973, 181–191; Dehio Potsdam, passim. (s.a. *Lit.* François Gaspard → A.).

Adolf Friedrich

* 14. Mai 1710 Gottorp † 12. Feb. 1771 Stockholm

geb. Prinz von Holstein-Gottorp, ab 1751 König von Schweden; 1727–50 Fst.Bf. von Lübeck, 1739–44 Regent von Holstein-Gottorp für seinen Neffen Carl Peter Ulrich, den sp. → Peter III. von Russland; nach dessen Adoption 1742 durch die Kaiserin → Elisabeth I., 1743 Wahl zum schwed. Kronprinzen durch die Fraktion der «Hüte» innerhalb der Aristokratie mit Hoffnung auf gute Bez. zu Russland, 29. Aug. 1744 Heirat mit → Luise Ulrike von Preußen, Thronbest. 25. März 1751, 1771 wohl an einem Eiweißschock gest. – Trotz seiner pers. Liebenswürdigkeit und Umsicht gelang es A.F. niemals, politisch in Schweden Fuß zu fassen, zwei Versuche, seine Stellung gegenüber dem allmächtigen Parlament zu festigen (1756 und 1769), scheiterten. Aufgrund dieser Konstellation konnte er auch den Eintritt seines Landes in den SJK nicht verhindern. Die schwed. Königsrolle sollte erst sein Sohn → Gustav III. grundlegend ändern.

Lit. Findeisen, Schweden, 163–173; ders., Monarchie, II, 210–212; Gerhart Werner, Art. «Adolf Friedrich (Fredrik)», in: NDB 1 (1953), 79f.

Agricola, Johann Friedrich

* 4. Jan. 1720 Dobitschen † 2. Dez. 1774 Berlin

Komponist und Musiktheoretiker, durch Vermittlung von → Quantz und C.P.E. → Bach ab Mai 1751 Cammer=Musicus und Hofkomponist, ab 1759 Kgl. Hofkapellmeister. Neben seiner kompos. Tätigkeit war A. als Theoretiker und Pädagoge tätig (vgl. seine *Anleitung zur Singkunst,* Berlin 1757 als bearb. Übs. von Pier Fr. Tosis *Opinioni de' Cantori antichi…,* Bologna 1723). 1754 verfasste er mit C.P.E. Bach den Nachruf auf dessen Vater Johann Seb. → Bach, bei dem er während seines Leipziger Jurastud. Instrum.- und Komp.unterricht gehabt hatte (1738–41); A. gewährleistete das Kontinuum der Bach-Pflege/-Rezeption in Berlin bis zur ‚Wiederentdeckung' Anf. des 19. Jhs. (F. Mendelssohn-Bartholdy). – Aus der Berl. Zeit sind 3 geistl. Oratorien auf Texte → Ramlers, 6 Opere serie (darunter auf so berühmte Libr. Pietro Metastasios (eigentl. Pietro Trapasso, 1698–1782) wie *Il Re pastore* und *Cleofide*), 2 Intermezzi, 3 Buffo-Opern sowie das Divertimento *‚Il filosofo convinto in amore'* (1750) bekannt, Letzteres hatte A.s Anstellung befördert. Außerdem verfasste er die Schauspielmusik zu → Voltaires *Sémiramide*, welche, in dt. Spr., 1767 in Hamburg uraufg. wurde. 1765 schrieb er zur Vermählung des Pr. und spät. Kgs. → Friedrich Wilhelms (II.) mit → Elisabeth Christine Ulrike die Opera Seria *Achille in Sciro*, zwei Jahre spät. *Amor e Psiche* anl. jener Pr. → Wilhelmines mit Wilhelm V. von Oranien. – A. verstand es, den Stil → Quantz' und → Grauns fortzuführen und half damit maßgebl. mit, das frederiz. Stilideal gegen ‚mod.' Zeitströmungen (Dt. Singspiel, Opernreform) zu behaupten, dies, obwohl er in seinen *Sinfonie* durchaus andere Wege ging und durch die bei ihm zu Hause abgehaltenen ‚Haus-Concerte' (ca. 1760–70), Vorläufer der ‚Großen Liebhaber-Concerte' (ab 1770, erste öffentl. Konzerte in Berlin), dem öffentl. Konzertwesen und der bürgerl. Musikpflege den Weg bereitete und den musik. Ruhm Berlins auch hier begründete.

W. Anleitung zur Singkunst, Repr. und Komm. v. Thomas Seedorf, Kassel 2002. – *Lit.* Schleuning, Bürger, 124, 195,252–276 und passim; Georg Schünemann, Die Bachpflege der Berliner Singakademie bis zur Wiedererweckung der Matthäus-Passion, in: BachJb 25 (1928), 138–171; Hermann Wucherpfennig, J.F.A. – sein Leben und seine Werke, (Diss.), Berlin 1922.

Albrecht Wolfgang Graf zu Schaumburg-Lippe → Schaumburg-Lippe

Alembert, Jean Baptiste le Rond d' (Pseud.)

* 16. Nov. 1717 Paris † 29 Okt. 1783 ebd.

Frz. Mathematiker, Philosoph und Musiktheoretiker, illeg. Sohn der Claudine Guérin de Tencin und des kgl. Artilleriekommissars Louis Camus Destouches, nach abgebrochenem Rechtsstudium und einer erstaunl. frühen Karriere an der Pariser *Académie Royale de Science* (1742 *Adjoint* der Sektion ‚Astronomie', 1746 Mitgl. der Sektion ‚Geometrie') wurde er 1745 von FdG in die ADW berufen; allerdings konnten die Forschungen der späteren Jahre den Erfolg der frühen (v. a. des 1743 veröffentl. *Traité de Dynamique*) nicht erreichen. A. widmete sich nun verstärkt publ. und gesellsch. Anliegen: als Intimus der Pariser Salons sowie → Voltaires und Didérots wird er zu einer der Hauptfiguren des ‚aufgekl.' Frankreich im 18. Jh., seine Übs. der *Cyclopedia* Ephraim Chambers' gibt den Anstoß zur *Encyclopédie*, zu welcher A. mehr als 1700 Art., meist zu mathem. und phys. Themata, unter dem Pseud. ‚O' beisteuert. Seinen Lebensunterhalt bestreitet er dabei weitgehend aus einer preuß. Pension auf Lebenszeit, seine Berliner Akademiestelle blieb – abgesehen von einer regelm. Korrespondenz mit FdG – Episode.

Qu. Trois mois à la cour de Frédéric. Lettres inédites de d'A.; publ. et annotées par Gaston Maugras, Paris 1886; Correspondance de Frédéric avec d'Alembert, 1746–74 [Œuvres 24]. – *Lit.* Pierre Chartier (Hg.), La formation de D'Alembert (Recherches sur Diderot et sur l'Encyclopédie 38), Paris 2005; Brunhilde Wehinger, Geist und Macht. Zum Briefwechsel zwischen d'A. und Friedrich II. von Preußen, in: Französisch-deutscher Kulturtransfer im Ancien Régime, hrsg.v. Günter Berger und Franziska Sick, Tübingen 2002, 241–261; Ute van Runset, Unbeachtete wissenschaftsgeschichtliche Aspekte in der Beziehung zwischen Friedrich II. und D'A., in: Ziechmann 1997, 94–107.

Algarotti, Francesco Conte d'

* 11. Dez. 1712 Venedig † 3. Mai 1764 Pisa

Schriftsteller, Naturphilosoph, Kunsthändler und -kritiker, nach Studien in Rom und Bologna kam A. sehr früh mit der zeitgen. Newton-Rezeption in Italien in Kontakt, deren wichtigster Vertreter er in der Folge werden sollte.

Auf Vermittlung → Voltaires, den er 1735 in Frankreich kennengelernt hatte, trat er 1740 in Kontakt zu FdG, an dessen Hof er von da an bis 1753 weilte, wo zu den bevorzugten Persönlichkeiten der Abendgesellschaften von Sanssouci und zu den persönl. Freunden des Kgs. zählte. Weltweit anerkannt (1736 Mitgl. der *Royal Society*), gehört A. zu den großen Wissensvermittlern des 18. Jhs.; wiewohl persönl. wenig originell, hatten seine Schriften zu Naturgeschichte, Geschichte und Kunst enormen Einfluss auf die Zeit. Zu dieser Stellung gesellte sich A.s Tätigkeit als Kunstagent (v. a. für den sächsischen und preuß. Hof). – FdG stiftete für A. nicht nur das Grabdenkmal (Entwurf: Carlo Bianconi/Maurino, Ausfg.: Giovanni Antonio Cybei) auf dem Paduaner *Campo Santo*, er verfasste auch die Grabinschrift selbst: „Algarotto Ovidii discipulo, Neutonii æmulo, Federicus Rex [*Für A., Schüler Ovids, Rivale Newtons – König Friedrich*]".

W. Opere di Francesco Algarotti e di Saverio Bettinelli, hrsg.v. Ettore Bonora (Illuministi italiani 2 = La letteratura italiana: Storia e testi 46/2), Milano 1969; Saggi sopra le belle arti [Ed. hrsg.v. Giovanni da Pozzo, Bari 1963], dt. Versuche über die Architectur, Mahlerey und musicalische Opera, aus dem Italiänischen…, Kassel 1769; Il newtonianismo per le dame ovvero dialoghi sopra la luce e i colori, Napoli 1737 [dt. 1745]. – *Qu.* Correspondance de Frédéric avec le comte Algarotti, in: Œuvres 18. – *Lit.* Hans Schumacher (Hg.), Francesco Algarotti : ein philosophischer Hofmann im Jahrhundert der Aufklärung (Aufklärung und Moderne 16), Wehrhahn 2009; Massimo Mazzotti, Newton for Ladies. Gentility, Gender and Radical Culture, in: The British Journal for the History of Science, 37/2 (2004) =133 (2004), 119–146; Haskell, Patrons, 347–360.

Almesloe, gen Tappe, Franz (Franciscus) Dominicus von

* 10. Feb. 1704 Jauer † 1. März 1760 Breslau

RG, 1743–1760 WB von Breslau, Tit.Bf. von Cambysopolis; Studium theol. zu Breslau und der Rechte zu Prag (1725–28), 1728 Dr. utr. iur. und Priester; 1727 DK zu Breslau, 1743 WB. – A. leitete die Verhandlungen mit der preuß. Reg. betreffs der Neuanpassung der kirchl. Verhältnisse nach dem ÖEK. Da er mit dem habsburg. gesinnten, dabei aber völlig überschuldeten DK ständig im Streit lag, andererseits aber von Fst.Bf. → Schaffgotsch (wohl zur eigenen Entlastung) bei FdG als Landesfeind denunziert worden war (Inhaftierung 1756–59 in Magdeburg), kann A. als tragischer Fall der schwierigen Übergangsphase Schlesiens an Preußen gelten.

Lit. Jungnitz, Weihbischöfe, 222–242; Józef Pater, Poczet biskupów wrocławskich, Wrocław 2000, 138 (N° 37); Jan Kopiec, Art. «A., F. D.», in: Gatz II, 10.

«Alter Dessauer» → Anhalt-Dessau, Leopold I. Fürst von

Alvensleben, Achaz Heinrich von

6. Okt. 1716 Zichtau † 3. Apr. 1777 Friedeberg

Preuß. Kavallerieoffizier; nach abgebrochenem Jurastudium Eintritt in das preuß. Heer, 1741 bei Mollwitz verwundet, 1758 Major, PlM, 1761 Oberst, 1766 Generalmajor, 1775 erhielt er eine kgl. Gratifikation von 6000 Th. Mehrere Kolonialsiedlungen im Warthebruch tragen seinen Namen. Das Grabdenkmal in Friedeberg, Stiftung seiner Offiziere, schmückte einst ein Gemälde von Christian Rode (verschollen).

Lit. Otto Kaplick, Das Warthebruch. Eine deutsche Kulturlandschaft im Osten, Würzburg 1956, 133–150; Siegmund W. Wohlbrück, Geschichtliche Nachrichten von dem Geschlecht von Alvensleben … Dritter Theil, Berlin 1829, 337f.; SF 2, 39 (N° 564).

Alvensleben, Philipp Carl (ab 1801:) Graf von

* 16. Dez. 1745 Hannover † 21. Okt. 1802 Berlin

Jurist, Diplomat und Minister; ab 1770 als Jurist und Verw.-Beamter in preuß. Diensten: 1770 Referendar beim Kammergericht, 1771 Revisor zu Prenzlow (1771), Magdeburg und Halberstadt, auch beim Stift Quedlinburg, 1772 dto. zu Stendal, 1774 Deputierter der Stände in der Altmark (Finanz- und Kreditordnung), 1775–87 preuß. Ges. in Dresden, 1787 ADW, 1788 außerord. Ges. in den Ndl., 1789 Ges. in London, 1791 Wirkl. Geh. Staats-, Kriegs- und Kabinettsminister (1. Mai), 1792 RAO, 1798 SAO, 1801 Erster Kabinetts-Minister, Erhebung in den Grafenstand. – Neben seiner umfangreichen pol. und diplom. Tätigkeit unter drei preuß. Kgen., trat A. auch als Zeit- und Kulturhistoriker hervor.

W. (Ausw.) Versuch eines tabellarischen Verzeichnisses der Krieges-Begebenheiten vom Münsterschen zum Hubertusburger Frieden, Berlin 1792; Fraktur oder Antiqua? Eine Besprechung von Friedrich Nicolai und eine Denkschrift des Preußischen Staatsministers Ph. K. Graf von A. hrsg.v. Ernst Crous, Berlin 1926. – *Lit.* Udo von Alvensleben, Art. «A., Ph. C.», in NDB 1 (1953) 234f.; Klaproth, Staats-Rath, 505–510.

Amalia → Amelia

Amalie von Preußen → Anna Amalia

Amelia
* 10. Jul. 1711 Herrenhausen (Hannover) † 31. Okt. 1786 London

HRH Princess Amelia Sophia Eleanor of Hanover, Princess Royal of Great Britain, Tochter Kg. → Georges II von England; sollte nach dem Plan → Sophie Dorotheas und Georges I (eigentl. Georg Ludwig von Braunschweig-Lüneburg, ab 1714 Kg. von England und Schottland, 1660/1698/1714–1727), konzipiert Anfang der 1720er Jahre, mit FdG verheiratet werden, was am Widerstand → Friedrich Wilhelms I. scheiterte. Die bis zu ihrem Tode unverheiratete A. wurde zur wichtigsten Beraterin und Vertrauten ihres Vaters, zahlreiche Parkanlagen in England verdanken ihr ihre heutige Gestalt. Die Mutterschaft des Komponisten Samuel Arnold (1740–1802) infolge eines Verhältnisses mit dessen Vater ist unbewiesen und wenig wahrscheinlich. Sie ist in der *Lady Chapel* zu Westminster Abbey beigesetzt.

Lit. John van der Kiste, King George II and Queen Caroline, Stroud 1997, 86–118 (passim), 129f.

Ammon, Christoph Heinrich von
* 1713 † 25. Feb. 1783 Berlin

1742/43 preuß. Gesandter bei den Generalstaaten (Ndl.) und in Frankreich als persönl. Vertrauter FdG im Verwirrspiel vor dem 2. SK; zuvor, 1736–40, als Agent am kursächsischen Hofe tätig, danach (1750/53) Obergerichtsrat am frz. Obergericht zu Berlin und Königl. Preuß. Kammerherr. Er trat daneben als Genealoge hervor.

W. Généalogie ascendante… de tous les Rois et Princes des maisons souveraines de l'Europe…, Berlin 1760. – *Lit.* Meusel, Lexikon I, 86; Asprey, Enigma, 378, 384; Cahiers Voltaire VIII, 33, 38, 40ff.

Angelelli de Malvezzi, [Giuseppe Maria] Luigi Marchio [Marquis] d'

* 1716 Bologna † 5. März 1797 ebd.

Offizier in Diensten div. europ. Fürsten: 1741–48 Kurbayern (kaiserl.), 1748–1756 Ndl., ab 1756 Preußen als Oberst eines Frei-Bataillons, 1757 bei Leuthen, danach GM, 1760 Abschied, 1779–84 im Solde Hessen-Kassels.

Lit. SF 1, 487–489 (N° 499).

Anhalt-Dessau, Dietrich Fürst von

* 2. Aug. 1702 Dessau † 2. Dez. 1769 ebd.

3. Sohn Leopolds I. von → A.-D., ab 1718 in preuß. Diensten, 1730 Inh. des. Inf.-Reg. 10; 1738 GM, 1741 bei Mollwitz verwundet, nach Erfolgen im 2. SK 1747 GFM, 1751–58 Vormundschaftsregent für Fürst Leopold III. Friedrich Franz von → A.-D. (1740–1817). Siebigk widmete ihm das schöne Wort: „ein guter Sohn, ein gläubiger Christ, ein tapferer Soldat, ein treuer Diener seines Kriegesherrn und ein aufopfernder Freund seiner Anverwandten“ (ADB, 175).

Lit. Gieraths, Kampfhandlungen, 562; Hans Branig, Art. «D.», in: NDB 3 (1957), 676; Ferdinand Siebigk, Art. «D.», in: ADB 5 (1877), 172–175.

Anhalt-Dessau, Leopold I., Fürst von

* 3. Jul. 1676 Dessau † 9. Apr. 1747 ebd.

Reg. Fürst und Militär; ab 1688 in habsburg., ab 1693 in brandenburg. Diensten: 1693 Ob, 1696 GM, 1703 GLt, 1704 GdI, Teiln. an nahezu allen Schlachten des SEK, 1712 GFM, 1715 Oberkomm. der preuß. Truppen vor Stralsund, unter FdG im ÖEK 1745 Sieger bei Kesselsdorf (15. Dez.). – Neben seiner herausrag. milit. Karriere, kam A. eine maßgebl. Rolle in der Etablierung des zentr. Fürstenstaates gegen ständische Vorrechte sowohl in seinem Territorium als auch in Preußen (ldt. Einfluss auf die Errichtung des GD 1722) zu. Das Verh. FdG zum «Alten Dessauer» war ambivalent: Als Stratege vom Kg. wdh. als zu zögerlich kritisiert, blieb dieser ihm zeitlebens für seinen Einsatz während des Zerwürfnisses mit seinem Vater → Friedrich Wilhelm I. (Abwendung der Todesstrafe für den Kronprinzen 1730) verbunden.

Qu. Brief FdG an A. [Œuvres 27,3]. – *W.* Lebensbeschreibung (Autobiographie), hrsg.v. Ferdinand Siebigk, Dessau 1876. – *Lit.* Des weltberühmten Fürstens L.i von A.-D. Leben und Thaten, Frankfurt/Leipzig 1742; Das rühmliche Leben und die unvergleichlichen Helden-Thaten des Fürsten L.s zu A., Braunschweig/Leipzig 1747; Marcus Junkelmann, Art. «L. I. von A.-D.», in: NDB 14 (1986), 266–268.

Anhalt-Dessau, Leopold II. Maximilian, Fürst von

* 25. Dez. 1700 Dessau † 16. Dez. 1751 Teplitz

Reg. Fürst und Militär, Sohn von Leopold I. von → A,.-D.; 1706 Kapitän, 1715 OLt, 1717 Ob, 1722 GM, 1724 SAO, 1732 Domdekan zu Magdeburg und GLt, 1735 Gouverneur von Küstrin, in zahlr. Schlachten des ÖEK, Einnahme von Glatz, 1741 bei Mollwitz GdI, 1742 bei Chotusitz GFM, 1744 Einnahme von Prag, ab 1747 reg. Fürst von A.-D. – Obwohl dank seiner fam. Bez. rasch und in frühem Alter zu milit. Ehren gelangt, war L. II. sicherlich einer der herausragenden Offiziersgestalten in den ersten Jahren der Reg. FdG. Die jeweils unmittelbar auf den Schlachtfeldern erfolgten Ernennungen zum GdI und GFM belegen den positiven Eindruck des Kgs. ebenso wie dessen Zeilen nach Chotusitz: „Euer Liebden haben heute… ein abermaliges eclatantes und rühmliches Zeugnis Ihrer besonderen valeur gegeben“. Ab 1747 kümmerte sich L. II. vermehrt um seine Residenzstadt, die Vollendung des Schlossneubaues durch → Knobelsdorff erlebte er nicht mehr. Landausbau, Rechtspflege und Schulwesen beförderte L. II. im Rahmen dessen, was ihm in nur fünf Jahren Reg. möglich war, mit Eifer – die Notwendigkeit war durch die Unterlassungen seines in dieser Hinsicht nicht sehr bemühten Vaters dringlich gegeben. Bes. Erwähnung verdient die Sorge um Arme, Waisen und Invaliden, nicht nur durch die ber. 1749 gegr. «Leopolds-Dankstiftung für arme Männer», welche den Fürsten lange überdauerte.

Lit. Ferdinand Siebigk, Art. «L. M. Fürst zu A.-D.», in: ADB, 18 (1883), 352–356; SF 1, 142–144 (N° 215).

Anhalt-Dessau, Leopold III. Friedrich Franz, Fürst und (ab 1807:) Herzog von

* 10. Aug. 1740 Dessau † 9. Aug. 1817 Dessau

Ab 1758 reg. Fürst, seit 1807 Hzg. von Anhalt-Dessau, Sohn Leopolds II. von → A.-D.; bis 1757 in preuß. Diensten als Militär, 1758 von Kaiser → Franz I. Stephan volljährig erklärt, maßgebl. Mitinitiator des Dt. Fürstenbundes ab 1782, 1807 Hzg.-Würde angenommen. – Vom Grauen der Schlacht bei Kolin abgeschreckt, hatte L. III., entgegen der milit. Tradition seiner Familie, seinen Abschied aus der preuß. Armee genommen und widmete sich fortan friedlichen Zielen, wobei seine Pol. der Neutralität im SJK nur bedingt verwirklichbar war (Kriegskontributionen an Preußen). Mit seinem Berater Friedrich Wilhelm Freiherr von Erdmannsdorff (1736–1800) verwirklichte er seinen Traum eines modernen, friedlichen Kleinstaates, der u. a. auf den Gebieten des Landesausbaus (Straßenbau, Agrar- und Forstwesen), Schulbildung, Handelsförderung und Begründung eines für die Zeit neuen Gesundheitswesens glänzte. Die Etablierung landwirtsch. Musterbetriebe sowie die Förderung des Obstanbaus trugen mit der Errichtung der Schlösser Großkühnau, Luisium und Georgium in Dessau sowie Oranienbaum und Wörlitz zu Errichtung einer einzigartigen Kulturlandschaft (im umfassenden Sinn des Wortes) im Dtl. des 18. Jhs. bei. Neben der Toleranz jüdischen Geisteslebens (Grdg. der Zeitschrift *Sulamith*) rief L. 1781 die *Allgemeine Buchhandlung der Gelehrten*, einen unabhängigen Autorenverlag, ins Leben, die 1796 erworbene Chalkographische Gesellschaft zu Dessau des Friedrich Moritz Freiherr von Brabeck (1742–1814) sorgte erstmals für eine Verbreitung und Popularisierung von Bildwerken durch die Mittel des mod. Kupfer- und Stahldrucks.

Lit. Friedrich Moritz von Brabeck: Vues sur l'état des arts en Allemagne et sur l'institut de gravure établi à Dessau, Dessau 1796; Kaevan Gazdar, Herrscher im Paradies: Fürst F. und das Gartenreich Dessau-Wörlitz, Berlin 2006; Holger Zaunstöck (Hg.), Das Leben des Fürsten. Studien zur Biografie von L. III. F. F. von A.-D. (1740–1817), Halle 2008; Heinrich Dilly/Holger Zaunstöck (Hgg.), Fürst Franz. Beiträge zu seiner Lebenswelt in Anhalt-Dessau 1740–1817, Halle 2005.

Anhalt-Dessau, Moritz Prinz von

* 31. Okt. 1712 Dessau † 11. Apr. 1760 ebd.

Militär, Sohn Leopolds I. von → A.-D. und Bruder Leopolds II. von → A.-D.; 1723 Adj seines Vaters, ab 1727 in preuß. Diensten: 1727 Kapitän, 1731 OLt, 1736 Ob, 1739 Dompropst zu Brandenburg in Nachfolge → Grumbkows, 1742 GM, 1745 GLt, 1745 SAO, 1752 Gouverneur von Küstrin, nach dem Sieg bei Lobositz (1756) verantw. für die Eingliederung der sächs. Kontingente in die preuß. Armee, 1757 bei Leuthen GFM, den Verwundungen bei Hochkirch erlegen. – FdG hob wiederholt die Verdienste des Prinzen M. hervor („...und bin von Dero Dienst Eyffer sehr charmiret, Bf. vom 23. Sep. 1742), den Erfolg bei Leuthen schrieb er gar ihm zu („Ich gratuliere Ihnen, Herr Feldmarschall, zur gewonnenen Bataille", SF 1, 255). M. hatte sich vehement gegen die Pläne bei Hochkirch ausgesprochen, bis Friedrich ihn zur Ausführung zwang. Daneben war M. eine der ersten preuß. Generale, der auf eine wissenschaftliche Ausbildung seiner Offiziere, v. a. in den Ingenieur-Disziplinen, großen Wert legte.

Lit. Leopold von Orlich, Fürst M. von A.-D. Ein Beitrag zur Geschichte des siebenjährigen Krieges, Berlin 1842; SF 1, 254f. (N° 298); Ferdinand Siebigk, Art. «M. von A.-D.», in: ADB 22 (1885), 263–268; Hartmut Ross, Art. «M. Prinz von A.-D.», in: NDB 18 (1997), 134f. (mit Lit.).

Anhalt-Köthen, Carl Georg Lebrecht Fürst von

* 15. Aug. 1730 Köthen † 17. Okt. 1789 Semlin (Belgrad)

Erbprinz von A.-K., 1750–51 in dän. Diensten, danach in preußischen; 1755 Fürst von A.-K., 1779 GM, 1780 SAO, 1788 GLt, 1788 Abschied, 1789 K.u.K. Feldmarschall-Leutnant; erlag im Türkenkrieg vor Belgrad einem «hitzigen Fieber». Seine Wiederaufbaumaßnahmen nach dem SJK sind – wiewohl in kleinerem Maßstab – jenen FdG zu vergleichen.

Lit. SF 2, 145f. (N°663); Ernst Schmidt, Über die Grabstätte des Fürsten K.G.L. zu A.D. zu Semlin, in: MVAG 10 (1907), 739–741; Ferdinand Siebigk, Art. «K. G. L.», in: ADB 15 (1882), 227f.

Anhalt-Zerbst, Christian August Fürst von

* 29. Nov. 1690 Dornburg † 16. März 1747 Zerbst

Seit 1708 in preuß. Diensten: 1711 PlM, 1716 Oberst, 1718 GM, 1725 SAO, 1729 Kommandant von Stettin, 1732 GLt, 1741 General der Inf. und Gouverneur von Stettin, 1742 GFM und reg. Fürst von A.-Z. – Seine Tochter Sophie Auguste Frederike regierte ab 1762 als Kaiserin → Katharina II das russische Reich.

Qu. Catherine II, Mémoires, 23–46. – *Lit.* Troyat, Catherine, 7–22; Vallotton, Catherine, 61–79.

Anna Amalia

* 9. Nov. 1723 Berlin † 30. März 1787 ebd.

Prinzessin von Preußen; jüngste Schwester FdG; eine geplante Ehe mit → Adolf Friedrich von Holstein-Gottorp (ab 1751 Kg. von Schweden) scheiterte an der Weigerung A. A., zum luther. Bekenntnis zu konvertieren, 1756 Äbtissin des Stiftes Quedlinburg; neben ihrer geistl. Tätigkeit trat A. A. vor allem als Komponistin hervor: Erhalten sind zahlr. geistl. und weltl. Kantaten, Choralbearb., Konzerte und div. Instrumentalmusik; Berühmtheit erlangten ihre Hausorgeln, C.P.E. → Bach komponierte hierfür mehrere Werke. Ihr Hofkomponist Johann Philipp → Kirnberger wurde maßgeblich für die Entwicklung der Instr.-Stimmung im 18. Jh., ihre Musiksammlung bildete u. a. den Grundstock der Wiederentdeckung «alter» Musik – darunter J.S. → Bach – ab 1780 und dem Bestand der Berliner Sing-Akademie Zelters.

Qu. Correspondance de Frédéric avec sa sœur Amélie, abbesse de Quedlinbourg [Œuvres 27/1]. – *Lit.* Tobias Debuch, A. A. von Preußen (1723–1787), Prinzessin und Musikerin, [3]Berlin 2008; Pangels, Königskinder, 372–420; Marc Serge Rivière/Andreas Hüther, A. A. (1723–1787): Das Leben einer preußischen Prinzessin als Mäzenin, Komponistin und Äbtissin in Quedlinburg, in: Quedlinburger Annalen 6 (2003), 46–56; Darrell M. Berg, C. P. E. Bach's Organ Sonatas: A Musical Offering for Princess Amalia?, in: JAMS 51 (1999), 477–519.

Ansbach-Bayreuth, Carl Alexander von

* 24. Feb. 1736 Ansbach † 5. Jan. 1806 Benham Castle (Berkshire)

geb. Prinz Christian Friedrich Carl Alexander, seit dem Tode seines gleichn. Bruders 1737 Erbprinz von Ansbach, Neffe FdG, 1757–1791 Markgraf von Ansbach, 1769–1791 Markgraf von Ansbach-Bayreuth; Sohn Carl Wilhelm Friedrichs von → Ansbach-Bayreuth und seiner Gemahlin, Prinzessin → Friederike Luise von Preußen, nach Studien zu Utrecht (1748–59) Cavalierstour durch Oberitalien, 1754 Heirat mit Friederike Caroline von Sachsen-Coburg-Saalfeld (1735–1791), 1758 Grdg. der Ansbacher Porzellan-Manufaktur, 1769 nach dem Anfall von Bayreuth in Personalunion Markgraf beider Territorien, 1780 Grdg. der *Hochfürstlich-Brandenburg-Anspach-Bayreuthische Hofbanco* als erste fürstl. Privatbank in Dtl., 1791 nach dem Tode seiner Frau Abdankung zugunsten des preuß. Königshauses (Anfall Ansbachs und Bayreuths an Preußen) in Bordeaux (18. Feb.) gegen eine Leibrente, danach Übersiedlung nach England, im gleichen Jahr Ehe mit Lady Elizabeth Craven (1750–1828), Tochter von Augustus Berkeley, 4th Earl of Berkeley (1715–1755) und Witwe von William Craven, 6th Baron Craven (1738–1791), seit 1791 in Hammersmith, ab 1798 in Benham Castle wohnhaft, Grabstätte in St Mary, Speen. – Trotz seiner enormen Regierungstätigkeit (Schuldenabbau, Straßenausbau, Förderung der Landwirtschaft und der Schulbildung), welche zu einem nicht geringen Teil aus den Einnahmen der Vermietung fränkischer Kontingente an die engl. Krone während des AUK finanziert wurde, kann C. A. als Idealbild des verbürgerlichten Fürsten des 18. Jhs. gelten, eine Grundhaltung, aus welcher er 1791 mit seiner aufsehenerregenden Abdankung die Konsequenzen zog.

Lit. Arno Störkel, Christian Friedrich C. A.: Der letzte Markgraf von Ansbach-Bayreuth, Ansbach 1995; Siegfried Hänler, Art. «A.», in: ADB 15 (1882), 264–266; Max von Eelking, The German Allied Troops in the North American War of Independence, 1776–1783, Albany/NY 1893.

Ansbach-Bayreuth, Carl Wilhelm Friedrich von

* 12. Mai 1712 Ansbach † 3. Aug. 1757 Gunzenhausen

1729–1757 Markgraf von Ansbach, Schwager FdG; politisch wenig bedeutend, glänzte C. W. F., welcher seit 1729 mit der preuß. Prinzessin →

Friederike Luise vermählt war, v. a. durch seine Bautätigkeit, die sich in über 50 Kirchenbauten sowie in der Errichtung des Ansbacher Stadtschlosses durch Leopoldo Retti (1704–1751) niederschlug. Diese, gepaart mit der selbst das Zeitmaß übersteigenden ausgeprägten Jagdleidenschaft des Fürsten, bescherten der Staatskasse enorme Belastungen (1757 2,3 Mio. th. Schulden), welche an seinen Sohn Carl Alexander von → Ansbach-Bayreuth übergingen. Unter ihm fiel 1741 die Grafschaft Sayn-Altenkirchen an Ansbach.

Lit. Siegfried Hänle, Art. «K. W. F.», in: ADB 15 (1882), 260–263; Werner Mühlhäußer u. a., Gunzenhausen. Fürstliche Residenz unter Markgraf C. W. F. von Brandenburg-Ansbach (Fränkische Geschichte 13), Gunzenhausen 2007; Günter Tiggesbäumker, Ein unbekanntes Jugendbildnis des Markgrafen C. W. F. von Brandenburg-Ansbach, in: JHVMF 92 (1984/1985), 283–287.

Apenburg, Levin Gideon Friedrich von

* 27. Feb. 1724 Groß Mokratz † 4. Nov. 1794 ebd.

Preuß. Kavallerieoffizier, 1738 Junker, 1741 Fähnrich, Teiln. an Mollwitz, Hohenfriedberg und Soor, Lobositz, Kolin, Roßbach, Leuthen, Liegnitz, Torgau und Reichenbach; 1758 PlM, Major und ObL, 1761 Ob, 1766 GM, 1784 Abschied mit einer Pension von 4000 fl. – Mit ihm erlischt das Geschlecht der A.

Lit. König, Lexikon, I, 71f.; Seyfart, Geschichte, 722f., SF 2, 39 (N° 563).

Argens, Jean Baptiste de Boyer, Marquis d'

* 27. Jun. 1703 Aix-en-Provence † 12. Jan. 1771, Château de la Garde bei Toulon

Frz. Schriftsteller und Gelehrter, nach Erziehung ein einem Kolleg der SJ, einer abgebrochenen Malerausbildung und einigen Jahren in frz. Militärdienst, begann A. ab 1735 in den Ndl. sein schriftstl. Œuvre, bekannt wurden v. a. seine *Lettres Juives* (1735–37). Enge Beziehungen zu kalvin. Kreisen und seine Stellung als Kammerherr Herzoginwitwe von Württemberg, Maria Auguste (1706–1756) ebneten den Weg nach Berlin: 1740 mit FdG bekannt, wurde A. zunächst Vizedir. der neuaktivierten Berliner Akademie der Wissenschaften, an der er von 1744–1771 das Amt eines

Direktors der Hist.-Philolog. Klasse innehatte. Als Mitglied der Potsdamer Tafelrunde war A. ein Vertrauter → Voltaires, konnte dessen Ungnade bei FdG aber unbeschadet überstehen und setzte sich in der Folge v. a. für Moses → Mendelssohn ein. 1768 kehrt A. nach Frankreich zurück, wo er 1771 starb. – Das Grabdenkmal in der Eglise des Minimes zu Aix (heute zerstört) durch Charles Antoine Bridan (1730–1805) wurde von FdG in Auftrag gegeben. – Ohne allzu große Tiefe, aber Ausweis einer soliden Universalbildung, stellen Werk und Leben A.s ein Paradebeispiel ‚aufgekl.' Denkwelten dar, welche alle Elemente der Zeit, vom Antiklerikalismus, Fortschrittsglauben und Rationalismus bis hin zur Kabbalistik, Erotismus und Orientalistik vereinen. Durch die Breite seiner Sujets kann A. unbezweifelt als einer der einflussreichsten Autoren der Zeit gelten.

W. (Ausw.): Mémoires de Monsieur le Marquis d'Argens, avec quelques lettres sur divers sujets, London, 1735 (dt. 1749); Lettres juives, ou correspondance philosophique, historique, et critique, entre un juif voyageur à Paris et ses correspondans en divers endroits, Den Haag 1735–1737 (dt. Berlin und Stettin 1763–1765); Lettres cabalistiques, ou correspondance philosophique, historique et critique, entre deux cabalistes, divers esprits élémentaires, et le Seigneur Astaroth, Den Haag 1737–1735 (dt. Danzig 1773–1777); Lettres chinoises ou correspondance philosophique, historique et critique, entre un chinois voyageur à Paris et correspondans à la Chine, en Moscovie, en Perse et au Japon, Den Haag 1739–1740 (dt. Berlin 1768–1771); La philosophie du bon-sens, ou reflexions philosophiques sur l'incertitude des connoissances humaines à l'usage des Cavaliers et du beau-sexe, Den Haag 1737 (dt. Breslau und Leipzig 1756) ; Reflexions historiques et critiques sur le goût et sur les ouvrages des principaux auteurs anciens et modernes, Amsterdam und Berlin 1743; Critique su siècle, ou Lettres sur divers sujets. Par l'Auteur des Lettres Juives, Den Haag 1745 (dt. Berlin 1745); Mémoires Secrets de La République Des Lettres, ou Le Théatre De La Vérité (Amsterdam 1737–1748) ; Lettres morales et critiques sur les différens états et les diverses occupations des hommes, Amsterdam 1737; Histoire de l'Esprit Humain ou Mémoires Secrets et Universels de la Republique des Lettres, Berlin 1765–1768. – *Qu.*: Correspondance entre Frédéric II. Roi de Prusse et le marquis d'Argens, avec les Epîtres du Roi au Marquis, Königsberg und Paris 1798 (dt. Königsberg und Leipzig 1798). – *Lit.* Hans-Ulrich Seifert/Jean Loup Seban (Hgg.), Der Marquis d'Argens (Wolfenbütteler Forschungen 103), Wiesbaden 2004; Mein lieber Marquis! Friedrich der Grosse, sein Briefwechsel mit Jean-Baptiste d'Argens während d. Siebenjährigen Krieges. Ausgew., komm. und mit einer Einfg. von Hans Schumann, ²Zürich 1986.

Arnaud, François Thomas Marie de Baculard d'

* 15 Sep. 1718 Paris † 9. Nov. 1805 ebd.

Literat und Poet; nach sehr frühen Erfolgen in Paris (1735 bereits drei vollendete Tragödien) durch → Voltaire gefördert, wohl auf dessen Initiative hin von FdG zu dessen literar. Korrespondenten bestellt und 1750 nach Berlin gerufen, dort 1750–51 Mitgl. ADW, 1751 frz. Delegationssekr. an der Gesandtschaft zu Dresden, danach zurück in Paris. – Die genauen Umstände der Berufung und des Weggangs A.s sind noch unklar, wohl spielte Voltaire in beiden Fällen eine entscheidende Rolle, v. a. als ihn die ADW mit dem Etikett «L'Ovide du Roy» 1751 als Voltaires Nachfolger apostrophierte, was die Eitelkeit des Letzteren reizte.

Lit. Béatrice Touitou, Baculard d'Arnaud, Paris 1997; Robert L. Dawson, Baculard d'Arnaud. Life and prose fiction, 2 Bde., Banbury 1976; Gilbert van de Louw, Baculard d'Arnaud, romancier ou vulgarisateur, Paris 1972.

Arnim, Georg Christoph von

* 24. Jun 1723 Lyck † 16. Okt. 1789 Arnoldsmühl

Preuß. Offizier, nach Ausbildung an der Brandenbg. Ritterakademie (1736–38) 1738 Junker, 1741 Fähnrich, 1745 Lt, 1757 Major, kämpfte bei Brieg, Prag, Schweidnitz, Olmütz, Dresden, Hohenfriedeberg, Soor, Lobositz, Roßbach, Leuthen, Zorndorf. Hochkirch, Lignitz und Torgau; 1757 PlM, 1764 OLt., 1769 GM, 1785 GLt.

Lit. König, Lexikon, I, 81; Zedlitz-Neukirch, Adels-Lexicon, I, 129; SF 2, 55f. (N° 584).

Arnim, George Dietloff von

* 9. Sep. 1679 Nechlin † 20. Okt. 1753 Berlin

Preuß. Justizminister, Herr auf Boitzenburg (Begründer der Linie A.-Boitzenburg 1732); Studium zu Halle, 1703 Kammerjunker am preußischen Hof, 1706 Landvogt der Uckermark und Ober-Heroldsrath. 1712 Geh. JR; 1743–48 Chef des Schlesischen Justiz-Departements, 1748 SAO, 1749 Wirkl. Geh. Etat-, Kriegs- und Dirigierender Minister, sowie Generalpostmeister, 1745–53 Kurator der Akademie der Wissenschaften; daneben Direktor der Kurmärkischen Landschaft.

Lit. Julius Großmann, Art. «A., G. D.», in: ADB 1 (1875), 567f.; Hartkopf, Berliner Akademie, 421; Zedlitz-Neukirch, Adels-Lexicon, I, 140.

Arnim-Boitzenburg, Friedrich Wilhelm von

* 31. Dez. 1739 Berlin † 21. Jan. 1801 ebd.

Beamter und Minister, Studium der Rechte zu Göttingen, danach in preuß. Diensten: Rat am KG in Berlin, 1764 Rat und Assessor am OG der Uckermark, 1769 GJR, Direktor des Pupillenkollegiums sowie des uckermärkischen OG (Letzteres bis 1780), 1776 Vizedirektor der kurmärkischen Landschaft; 1786 unter Friedrich Wilhelm II. Wirklicher Geheimer Etats- Kriegs- und Dirigierender Minister (bis 1798) und Vizepräsidenten des Generaldirektoriums, daneben Präs. des Forstdepartements und Oberjägermeister. – A. gehört zu jenen aufsteigenden Juristen, welche von FdG, wohl nicht zuletzt aufgrund ihrer Logenzugehörigkeit, von hohen Ämtern ferngehalten wurden und diese erst nach 1786 erreichten. Dies kann die Verdienste A.s, v. a. um die preuß. Forstwirtschaft, nicht schmälern.

Lit. Sieghart von Arnim, F. W. Graf von A. (1739–1801). Zwischen Tradition und Fortschritt in Gartenbau und Forstwirtschaft. (Aus dem Deutschen Adelsarchiv 8), Limburg 2005; Klaproth, Staats-Rath, 485f.; Julius Großmann, Art. «A., F. W.», in: ADB 1 (1875), 566f.

Arnold, Christian

* 22. Sep. 1723 Pommerzig † ?

Müller; seine Weigerung, den Erbpachtzins an den Grundherrn von Schmettau aufgrund eines angebl. zu geringen Wasserstandes zu zahlen, führte ab 1770 zu einem der berühmtesten Rechtsfälle des 18. Jhs. In den ersten beiden Instanzen (1773 – hier war Schmettau selbst Kläger und Richter in einer Person! – und 1778) hatte die vom Grundherrn erzielte Versteigerungsklage Erfolg, dieser konnte die Mühle auch im Anschluss erwerben. Der hartnäckige A. gelangte aber mit einer weiteren Eingabe bis zu einer Audienz bei FdG, doch die vom Kg. genehmigte Schadensersatzforderung wurde vom LG Küstrin wiederum abschlägig beschieden. Daraufhin ließ FdG das Personal aller drei Instanzen verhaften und – nach Weigerung der Minister, u. a. → Zedlitz', eine solche Order gegenzuzeichnen – auf höchstköniglichen eigenen Erlass hin zu einem Jahr Festungshaft in Spandau verurteilen, was aber schon nach kurzem in Begnadigungen endete. – Der «Fall des Müllers A.» teilt bis heute die Gemüter: Unzweifelhaft lag hier im mod. und von FdG selbst kodifizierten Rechtsverständnis eine unbillige Einmischung in Justizangelegenheiten seitens der Krone vor; andererseits – und ebenso unleugbar – waren die gegen A. gesprochenen Urteile eine juristische Farce und Ausweis bornierten Standesdünkels gewesen. In seiner Wirkung hat der Fall, dessen Grundfrage übrigens niemals mehr zweifelsfrei geklärt wurde, die Ausbildung des APLR forciert.

Lit. David M. Luebke, Frederick the Great and the Celebrated Case of the Miller Arnold (1770–1779) – A Reappraisal, in: Central European History 32/4 (1999), 379–408; Malte Dießelhorst, Die Prozesse des Müllers A. und das Eingreifen Friedrichs des Großen. Göttingen 1984; Karl Dickel, Friedrich der Große und die Prozesse des Müllers A. (Beiträge zum preußischen Rechte für Studierende und Referendare 1), Marburg 1891.

Arouet, François Marie → Voltaire

August III. → Friedrich August II.

August Ferdinand

* 23. Mai 1730 Berlin † 2. Mai 1813 ebd.

Prinz von Preußen, GdI, Bruder FdG; jüngster Sohn → Friedrich Wilhelms I., 1735 Fähnrich, 1740 Ob, 1755 Heirat mit seiner Nichte Anna Elisabeth Luise von → Brandenburg-Schwedt, 1756 GM, 1757 GLt, 1758 aufgrund gesundhtl. Probleme Abschied aus dem Militärdienst, 1763 Herrenmeister OJoh für die Ballei Brandenburg, 1767 GdI als Gunsterweis FdG, 1812 Herrenmeister des neu gestifteten preuß. OJoh. – Tapferkeit, Besonnenheit und milit. Geschick machten A. F. vielleicht seinem Bruder FdG am ähnlichsten von allen Geschwistern, ebenso seine Bautätigkeit (Schloss Bellevue zu Berlin), doch verhinderte sein Gesundheitszustand eine große Karriere.

Qu. Lettres de Frédéric à son frère le prince Ferdinand [Œuvres 26]. – *Lit.* Pangels, Königskinder, 479–517; Ernst Graf zur Lippe-Weißenfeld, Friedrich der

Große und sein Bruder F., in: Militärwochenblatt 60 (1875), 135–151; ders., Art. «F., Prinz von Preußen», in: ADB 6 (1877), 709; Ernst A. Busche, Bellevue. Vom königlichen Lustschloß zum Amtssitz des Bundespräsidenten, Leipzig 2005, 13–66.

August Wilhelm

* 9. Aug. 1722 Berlin † 12. Jun. 1758 Oranienburg

Prinz von Preußen, GdI, Bruder FdG, elftes Kind → Friedrich Wilhelms I., Vater → Friedrich Wilhelms II. 1741 GM Kav., 1742, Heirat mit → Luise Amalie, 1745 GLt, 1756 GdI. – Das Verhältnis A. zu seinem Bruder FdG war von Anfang an belastet, da der Vater im Streit mit Letzterem in den 1730er Jahren vorhatte, A. zum Thronfolger zu ernennen. Seine milit. Kommandos führte er zunächst tadellos, im Anschluss an die Schlacht von Kolin (18. Jun. 1757) kam es zu erhebl. Fehlern bei allen Beteiligten, was A. als Anlass zu einer herben Kritik an FdG (im Anschluss im Druck erschienen!) nahm. Dies konnte zwar nur schlecht über seine eigenen Fehler hinwegtäuschen, entzweite die Geschwister aber nachhaltig. Ob A. wirkl. deshalb so früh ‚an gebrochenem Herzen' (so in der ält. Lit.) starb, ist reine Spekulation. Seine Ehe war ein Desaster, das Annullierungsgesuch lehnte FdG ab. Sein ält. Sohn → Friedrich Wilhelm (II.) wurde dennoch als Thronfolger bestimmt.

Qu. Correspondance de Frédéric avec son frère le Prince [Guillaume] de Prusse [Œuvres 26], dt. Leipzig 1927. – *W.* Relationen über den Feldzug 1757, Berlin 1769. – *Lit.* Eva Ziebura, A. W. Prinz von Preußen, Berlin 2006; Mary Lavater-Sloman, Der vergessene Prinz. A. W. Prinz von Preußen, Bruder Friedrichs des Großen, Zürich/München 1973; Wilhelm Moritz Pantenius, Der Prinz von Preußen A. W. als Politiker (Historische Studien 108), Berlin 1913.

B

Bach, Carl Philipp Emanuel

* 8. März 1714 Weimar † 14. Dez. 1788 Hamburg

Komponist, 1740–1768 Cammer-Cembalist am Hofe FdG; zweiter Sohn Johann Sebastian → Bachs und dessen erster Frau Maria Barbara, nach Gymnasialausbildung in Leipzig (Thomasschule) 1731–34 Studium der Rechte ebd. und zu Frankfurt/Oder, ab 1738 hauptber. Musiker. – Zu Ruppin, Berlin und dann Potsdam prägte er das Musikleben des Hofes; für den Kg., dem er schon 1742 seine *Preußischen Sonaten* (Clavier-Werk) gewidmet hatte, schrieb er u. a. 1750–55 vier Flöten-Concerte (Wq 166–168) und sechs Flöten-Solos mit Bass (Wq 128–131, 133–134), dazu eine Sonata ohne Bass (Wq 132). Allabendlich spielte er zudem bei den kgl. Soireen den Cembalo-Generalbasspart, wo auch seine zahlr. Cembalo-Concerte zur Aufführung gelangten, die B. zu einem der berühmtesten Tasteninstrumentenspieler Europas machten. Wohl für eine Aufführung in einer der Potsdamer Kirchen entstand das *Magnificat Wq 215*, B.s einziges großes Vokalwerk der preuß. Zeit. Sein die Epoche der Empfindsamkeit mit einleitender Stil stand schl. im Kontrast zum streng klassischen Geschmack des Kgs., hinzu kam 1768 das Angebot, die Nachfolge seines Taufpaten Georg Philipp Telemanns (1681–1767) als Kantor an den Hamburger Hauptkirchen anzutreten, was zum Weggang B.s aus Preußen führte. Bereits in Berlin hatte B. auch schon Kontakte zu bürgerl. Musikgesellschaften geknüpft, deren Programm und Ästhetik in strengem Gegensatz zur Kulturpolitik FdG standen. Wiewohl somit fast andauernd auf künstler. Gegenkurs zum Kg. stehend, dessen Stilvorlieben er nichtsdestotrotz Rechnung zollte (vgl. etwa Anlage und Ästhetik der neun *Berliner Symphonien Wq 173–181* im Ggs. zu den sp. Hamburger Werken), müssen die preuß. Jahre des «Berliner Bach» dennoch als stilbildend für die europ. Musik des 18. Jhs. gelten.

W. Versuch über die wahre Art das Clavier zu spielen, Theil 1, Berlin 1753, Theil 2, Berlin 1762 (^{2}1787/1797, Ndr. Kassel 2003). – *Lit.* Hans-Günter Ottenberg, C.P.E. B., München 1988; Antoine-Elisée Cherbuliez, C.P.E. B., Zürich 1940; O'Loghlin, Musicians, 171–176.

Carl Philipp Emanuel Bach

Bach, Johann Sebastian

* 31. März 1685 Eisenach † 28. Jul. 1750 Leipzig

Komponist, nach Schulausbildung (Eisenach, Ohrdruf und Lüneburg) und Musiklehre wohl bei Verwandten, ab 1703 in mehreren Stellungen als fürstl. bzw. städt. Musiker (Arnstadt, Mühlhausen, Weimar, Köthen), ab 1723 Kantor an der St. Thomas-Pfarre zu Leipzig, wofür fast alle großen Chorwerke entstanden. – Im Mai des Jahres 1747 lud FdG den mittlerweile legendären B. über dessen Sohn Carl Philipp Emanuel → Bach ein, nach Berlin zu kommen. B. entsprach dieser Einladung, probierte mehrere der dortigen Instrumente, darunter auch einige mod. Forte-Piani und wurde schl. vom Kg. aufgefordert, über ein von diesem geg. Thema zu improvisieren, bzw. eine Fuge zu verfassen. Wieder zu Hause angelangt, ließ B. das als *Musicalisches Opfer* bekannte Ergebnis in Kupfer stechen und dem Kg. zueignen. Das Werk enthält vier Hauptteile (Ricercar, Fuge, Canones, Trio-Sonate), deren erster das Motto trägt: „Regis Iussu Cantio Et Reliqua Canonica Arte Resoluta [= RICERCAR]". Diesem Kontakt folgte aber keine weitere Initiative FdG, weder ein Stellenangebot, noch eine Honorierung. – Motiv und Intention des Kgs. zur Einladung B.s bleiben obskur, ebenso die Genese des Themas, welches sich aufgrund seiner ausufernden Chromatik eigentl. als Fugenthema verbat. Gerade deshalb gab das Treffen der sp. als «Große ihrer Zeit» gesehenen Protagonisten Anlass zu zahlr. liter. und filmischen Umsetzungen.

W. Musicalisches Opfer, Sr: Kgl: Majestät in Preußen &c. allerunterthänigst gewidmet, Leipzig 1747 (Ed. Neue Ausgabe sämtlicher Werke. Serie VIII. Band 1. Kanons, Musikalisches Opfer. Kritischer Bericht von Christoph Wolff, Kassel 1976). – *Lit.* Christoph Wolff, J.S. B., [2]Frankfurt 2007; Humphrey F. Sassoon, JS B.'s Musical Offering and the Source of Its Theme: Royal Peculiar, in: The Musical Times 144/No. 1885 (2003), 38f.; Reinhard Böss, Die Kunst des Rätselkanons im «Musikalischen Opfer», 2 Bde., Wihelmshaven 1991.

Balbi, Johann Friedrich von

* c. 1700 wohl im Klevischen Land † 19. Jan. 1779 Berlin

Militär, Diplomat und Kartograph; ab 1715 in preuß. Diensten: 1734/35 im PEK, 1745 Ingenieur-Major, 1746–48 zur frz. Armee abgeordnet und Ges. in Versailles, 1757 Ob, 1757 PlM. – Als Belagerungsingenieur (u. a.

Scheitern bei Olmütz 1758) und Kartograph (1749 Erfassung der Mark Brandenburg) und Vertrauter FdG (Begleiter 1755 auf der Inkognito-Reise in die Ndl.) zählt B., dessen Onkel Francesco Maria Balbi (1671–1747) 1730–32 Doge von Genua war, zu den wenigen Intimi des Kgs. Seine 1753 verf. Schrift über Manöver in Spandau war zur Täuschung v. a. der österr. Armee gedacht und eine (unerk.) Parodie auf das sächs. Lustlager zu Mühlberg 1730.

Lit. Ernst Graf zur Lippe-Weißenfeld, Art. «B., J. F.», in: ADB 1 (1875), 779f.; Zedlitz-Neukirch, Adels-Lexikon, I., 168; Bernoulli, Reisen, II, 186.

Baltimore – Charles Calvert, 5th Baron
* 29 Sep. 1699 † 24. Apr. 1751 Erith

Gouverneur, Wissenschaftler und Militär; Erbgouverneur von Maryland ab 1721 nach erreichter Volljährigkeit, diesen Posten durch Familienangehörige als Vizegouverneure verwaltet, nach Auseinandersetzungen mit Pennsylvania 1732 selbst vor Ort, 1731 Mitgl. der Royal Society, 1731–47 *Gentleman of the Bedchamber* im Haushalt des Prinzen von Wales, 1731–51 Parlamentsmitgl., 1742–44 *Lord of the Admiralty*, 1747–51 *Surveyor-General* des Hzgtms. Cornwall. – Die Kontakte des weit gereisten und sehr gebildeten, selbst mit technischen und wissenschaftlichen Versuchen beschäftigten B. zu FdG ergaben sich während dessen Kronprinzenzeit zu Rheinsberg, wo B. vom 20.–25. Sep. 1739 weilte. FdG blieb daraufhin in Kontakt mit B. und widmete ihm u. a. Gedicht über die Freiheit; wie sehr er ihn schätzte, geht aus einem Bf. an → Algarotti hervor: „…mes amitiés à mylord Baltimore, dont j'estime véritablement le caractère et la façon de penser – meine freundschaftlichen Grüße an Mylord B. dessen Charakter und Denkart ich wirklich schätze" (Bf. vom 29. Okt. 1739).

Qu. Épitre à Mylord Baltimore, sur la Liberté [Œuvres 14/xv]. – *Lit.* Peerage, I, 395; G. S. H. Lee Washington, Two Scions of the Royal Stuarts in Colonial America, in: Notes and Queries 198/2 (1953), 527–529.

Barbarina → Campanini, Barbara

Bardou, Emanuel

* 4. Jan. 1744 Basel † 7. Jun. 1818 Berlin

Bildhauer; nach Ausbildung und Studium u. a. bei Lambert Sigisbert → Adam ab 1773 einer der wichtigsten Modelleure der KPM. – Nach dem Tode FdG bildeten dessen Bildnisse einen der Schwerpunkte der Arbeiten B.s; wie → Chodowiecki trug er damit erhebl. zur Popularisierung und Mythenbildung um den Kg. bei.

Lit. Friedrich II. und die Kunst, I, 54; Sybille Badstübner-Gröger, Schweizer Künstler in Berlin und Potsdam in der zweiten Hälfte des 18. Jh., in: Schweizer, 159–198.

Bastiani, Giovanni Battista

* 12. Dez. 1714 Venedig † 20. Nov. 1786 Breslau

Priester und Diplomat; nach Studium in Priesterweihe in Italien DH zu Breslau. In der Krise um die von FdG verfügte Einsetzung Ph. G. → Schaffgotschs erwies sich B. als geschickter Unterhändler an der röm. Kurie und erreichte schließl.. deren Zustimmung. In Breslau galt er als Vertreter der internat., nicht immer streng kirchl. Zeitkultur, was ihn in Gegensatz zu dem streng orthodoxen, zudem antipreuß. DK brachte. Zu «aufgeklärten» Kreisen und Christian → Garve hingegen pflegte er regelmäßige Kontakte. Regelmäßig weilte er seit 1745 in Potsdam, wo er das bes. Vertrauen des Kgs. genoss. Ob und in welchem Maße er dabei Vorlesertätigkeiten übernommen hat bzw. an Intrigen beteiligt war – wie in der Memoriallit. oftmals behauptet –, lässt sich nicht mehr sicher eruieren.

Lit. Friedrich Andreae, G.B. B., in: Schlesische Lebensbilder 2, [2]Insingen 1985, 78–86; Fritz Wiedermann, König Friedrich und der Spötter, in: Der Schlesier 16/4 (1964), 1; Sigismund Gottfried Dittmar, B. und Garve über Friedrich den Zweiten, in: Geschichte und Politik 1 (1800), 208–211.

Baudissin, Heinrich Friedrich von

* 1. Dez. 1753 Dresden † 17. Mai 1818 Kiel

RG, Sohn des kursächs. Generals und Stadtkommandanten zu Dresden, Heinrich Christopher von Baudissin (1709–1786), ab 1775 in dän. Diensten: 1775 Kammerherr, 1784 kgl.-dän. Ges. in Preußen, 1790 Ritter des Dannebrog-Ordens, 1809 Geh. Konferenzrat. – Bedeutsam blieben seine Schilderungen aus den letzten Lebensjahren FdG, welche auch seinen Tod beleuchten.

Qu. Walter Stephan, Die Berichte des dänischen Gesandten am Berliner Hof, Grafen H. F. von B. aus den Jahren 1785–87, in: Nordelbingen 26 (1958), 218–227. – *Lit.* A. Thorsøc, Art. «B., H. F.», in: Dansk Biografisk Lexikon I (1887), 595.

Bayern → **Carl VII.**
→ **Carl Theodor**
→ **Clemens August**
→ **Maximilian III. Joseph**
→ **Pfalz-Sulzbach, Maria Anna von**

Bayern, Maria Anna von → **Pfalz-Sulzbach, Maria Anna von**

Bayreuth → **Brandenburg-Bayreuth**

Beauvrye, Bernhard von

* 13. Aug. 1690 ? (Frankreich) † 13. Aug. 1750 Berlin

Militär und Feuerwerker; 1704–15 in ndl., dann in preuß. Diensten als *capitaine des mineurs*, 1722 Major, 1736 OLt, 1740 Ob, 1740–41 verantw. für den gesamten Artillerienachschub, 1741 Komm. des 1. Feldartillerie-Reg., 1745 GM, 1747 AHM zu Aken, Kalbe und Gottesgnade, 1748 Befreiung von Gebäudesteuer auf Lebenszeit, erstellte 1749 Gesamtetat der preuß. Artillerie. – B. kann als maßgeblicher Schöpfer der neuen preuß. Artillerie gelten, welche den Anforderungen des Bewegungskrieges FdG gewachsen sein musste und war.

Lit. SF 1, 270f. (N° 313); Schöning, Nachrichten, I, 287.

Becmann, Bernhard Ludwig

* 8. Jan. 1694 Pötnitz † 3. Dez. 1760 Berlin

Pädagoge und Historiker; nach Studien zu Frankfurt/Oder 1718 Konrektor zu Küstrin, 1726 Wechsel ans Joachimsthaler Gymnasium, dort 1754 Konrektor, 1749 ADW. – Neben seiner Lehrtätigkeit war B. Verfasser einer Berliner Schulgeschichte sowie einer zweibändigen Brandenburgischen Landesgeschichte, welche auf Vorarbeiten seines Onkels Johann Christoph B. (1641–1717) zurückging.

W. Historische Beschreibung der Chur und Mark Brandenburg, 2 Tle., Berlin 1751/53. – *Lit.* Werner Heegewaldt, Art. «B., B. L.», in: BrBL, 40.

Belling, Wilhelm Sebastian von

* 15. Feb. 1719 Paulsdorf † 28. Nov. 1779 Stolp

Militär; aus altem pommerschen Adel stammend, trat B. 1737 in preuß. Dienste: 1737 Fähnrich, 1739 Kornett bei den Husaren, 1741 Lt, 1749 Major, 1757 PlM für seine milit. Verdienste im ÖEK und SJK, 1758 OLt und Kommandeur eines neuen Husaren-Reg. («B.-Husaren»), 1759 Ob, 1762 GM, 1776 GLt, 1778 SAO. – Im Pommerschen Krieg gegen Schweden gelang es B., mit seinen 5000 Mann die gesamte schwed. Armee zu blockieren, im BEK nahm er 1778 zwei kompl. österr. Bataillone gefangen, die größte tatsächlich milit. Leistung des gesamten Konflikts.

Lit. Helmut Fechner, Die Tätigkeit des Obersten B. im Siebenjährigen Krieg (Diss. Jena), Baruth 1930; Zedlitz-Neukirch, Adels-Lexikon, I, 199f.; Ernst Graf zur Lippe-Weißenfeld, Art. «B., W. S. von», in: ADB 2 (1875), 312f.

Benckert, Johann Peter

* 11. Sep. 1709 Bad Neuhaus † 14. Dez. 1765 Potsdam

Bildhauer und Gastwirt; Schüler u. a. Franz Anton Schlotts (1697–1736), nach dessen Tod Fürstbfl. Hofbildhauer in Bamberg, 1744 von FdG engagiert und Umzug nach Potsdam, dort zahlr. Werke, so im Stadtschloss (Apollo und Minerva), Obelisk am Alten Markt, und in Schloss und Gesamtanlage Sanssouci (Interieur, Attikaplastik und Fassadenschmuck der Bildergalerie, Gartenskulpturen, Neptungrotte, Brunnenanlage ‚Triumph Neptuns' 1746–48, Chinesisches Teehaus, erste Phase des Neuen Palais), 1754 22 Widderhäupter an der Direktion der Kgl. Gewehrmanufaktur von Johann Gottlieb → Büring; daneben Einzelwerke (so eine Kreuzigungsgruppe, heute in Kath. Kirche Potsdam). 1745 konnte er nach dem Tode des Generals Gottfried Emanuel von Einsiedel (1690–1745) dessen 1726 erworbenen Gasthof mit Brauerei und Brennerei im ehem. Wartenbergschen Haus übernehmen, den er unter dem Namen *Zum Einsiedler* bis zu seinem eigenen Tode erfolgreich führte.

Lit. Karl Ernst Müller, J. P. B. und Gottlieb Heymüller, süddeutsche Bildhauer am Hofe Friedrich des Großen (Diss.), Berlin 1940; Sitzmann, Künstler und Kunsthandwerker, 37–40; Dehio Potsdam, passim.; Giersberg, Potsdam, 61.

Benda, Franz (František)

* 22. Nov. 1709 Alt Benatek † 7. März 1786 Neuendorf

Komponist und Violinist, Bruder von Georg Anton → Benda; 1718 Chorknabe zu St. Nikolaus in Prag, 1720–23 dto. an der Hofkapelle zu Dresden, seine wirkl. Studien als Geiger begannen erst viel später, u. a. unter Johann Gottlieb → Graun als Mitgl. der Ruppiner Hofkapelle FdG ab 1733, danach – ab 1740 – der Königlich. Kapelle zu Potsdam, 1771 Nachf. Grauns als Kapellmeister. – Wie wenige Zeitgenossen hat B. FdG nahezu sein ganzes Leben über begleitet; wie dieser galt er als Meister des Adagio-Spiels; zudem konzertierte er mit dem Kg. bei zahlr. Soireen und – v. a. in den späteren Jahren nach Weggang und/oder Tod der anderen musik. Größen – im privaten Bereich. Aus seiner Komposition sind erhalten 17 Violinkonz., 17 Instr.-Symphonien, sowie zahlr. Kammermusikwerke.

Qu. Autobiographie in: Hillers Wöchentlichen Nachrichten I, 1766 (mod. Ed. und Übs. A Musician at Court. An Autobiography of F. B., hrsg.v. Douglas A. Lee (Detroit Monographs in Musicology 23), Warren, Mich. 1998). – *W.* F. B. – A Thematic Catalogue of his Works, bearb. v. Douglas A. Lee, New York 1984. –*Lit.* Franz Lorenz, F. B. und seine Nachkommen, Berlin 1967; Rudolf Pečman, F. B. Kunst des Violinspiels in Bezug auf sein kompositorisches Schaffen, in: Violinschulen, Violinspiel und Violinmusik in Geschichte und Gegenwart zur Entwicklung der Geige, Graz 1972, 27–40; Zdeňka Pilková, F. B. Úvaha k 200. výročí umrtí, in: Hudební rozhledy 39 (1986), 470–474.

Benda, Georg Anton (Jiří Antonín)

* 30. Jun. 1722 Alt-Benatek † 6. Nov. 1795 Köstritz

Komponist, Bruder von Franz → Benda; nach humanistisch-theologischen Studien zu Jicin (1729–31) 1742 *Cammer-Musicus* zu Berlin, 1750 Kapellmeister zu Gotha, dort und europaweit als Komponist der mod. Melodramen-Musik (u. a. *Ariadne auf Naxos*, Gotha 1775, Paris 1781, *Medea*, Leipzig 1775, *Pygmalion*, Gotha 1779) hervorgetreten, daneben dt. Opern (so *Romeo und Julia*, Gotha 1776), zahlr. internationale Auftritte und Engagements, darunter zu Wien. – Im Ggs. zu seinem Bruder vertrat B., wie etwa auch Carl Philipp Emanuel → Bach, die ‚mod.' Stilrichtung des *Sturm und Drang*, was seinen zeitigen Weggang aus Potsdam nahelegte und erklärt. Seine Ästhetik, die in vollkommenem Widerspruch zu jener FdG stand, wurde grundlegend für die Musik der Revolutionszeit, v. a. für Beethoven.

Lit. Franz Lorenz, G. A. B., Berlin 1971; Karl-Heinz Löbner, G. B. (1722–1795) – Sein Leben und sein Werk mit besonderer Berücksichtigung der Sinfonien und Cembalokonzerte (Diss.), Halle 1967; Thomas Buchholz, G. B. Leben und Wirken eines thüringischen Hofkapellmeisters Bad Köstritz 1995.

Bene(c)kendorf(f), Carl Friedrich von

* c. 1713 Blumenfelde † 1788 wohl ebd.

Jurist und Agrarreformer; nach Studien zu Halle 1735 Kammergerichtsrat in Berlin, 1742 erster Präs. der OAR von Schlesien, 1752 aufgrund angebl. Veruntreuung zu 10 Jahren Festungshaft verurteilt, 1759 begnadigt, aber Abschied aus dem Staatsdienst, Aufbau eines landw. Mustergutes zu Blumenfelde, daneben reiche schriftst. Tätigkeit. – Entgegen der Darst. in der ält. Literatur kann B. als führender Vertreter der friderizianischen Agrarreform in der Praxis gelten, dies v. a. im Hinblick auf die Ablösung alter grundherrlicher Dienstrechte und die Umwandlung von Gutsbesitz in bäuerliches Pachtland.

*W. (*Ausw.*)* Oeconomia Forensis, 8 Bde., Berlin 1775–1784; Ackerkatechismus, Breslau/Küstrin 1776 (^{2}1785); Gesetzbuch der Natur, Halle 1786; Oeconomia Controversia, 2 Bde., Berlin 1787/88. – *Lit.* August Skalweit, Art. «B., C. F.», in: NDB 2 (1955), 42; Hannelore Lehmann, Art. «B., C. F.», in: BrBL, 42; Mittenzwei, Preußen, 178–182.

Benedikt XIV. (Prospero Lorenzo Lambertini)

* 31. März 1675 Bologna † 3. Mai 1758 Rom

Papst 1740–1758; nach Studien 1712–28 *Promotor Fidei* an der Ritenkongregation, 1727 Ebf. von Ancona, 1728 Card. (Tit. Santa Croce in Gerus.), 1731 Ebf. von Bologna, 1740 Papst. – Als großer Erneuerer der Kirche im Sinne der Zeitgen. gewürdigt und auch von Antiklerikalen gefeiert (Widmung des *Mahomet* durch → Voltaire 1745), lag das Hauptaugenmerk B.s auf der Reform der Kurie und des Kirchenrechts sowie der soz. Sorge (Enzykl. *Vix pervenit* gegen die Zinsnahme); er gewährte die Imprimatur für die Werke Galileo Galileis (1741), suchte Kontakt zu anderen Religionen (Dalai Lama). Die Logenzugehörigkeit in seiner Jugend ist nicht gesichert, 1751 wiederholte er das Verbot der Mitgliedschaft für Katholiken. Im Ritenstreit und gegen die Jansenisten entschied er im trad. Sinne. Mit FdG unterhielt er über → Maupertuis einen längeren Briefkontakt.

W. Opera B. XIV, ed. Emanuel de Azevedo, 12 Bde., Rom 1747–51 (15 Bde., Venedig 1767; 17 Bde., Prato 1839–1846); Acta B. XIV. ed. R. de Martinis, 2 Bde., Neapel 1884/85. – *Lit.* Friedrich Wilhelm Bautz, Art. «B. XIV.», in: BBKL 1 (1990), coll. 490f. (mit ges. Lit.); Pastor, Geschichte, XVI, 3–439.

Bentinck, Charlotte Sophie von

* 5. Aug. 1715 Varel † 4. Feb. 1800 Hamburg

Gfin., geb. RGin von Aldenburg; Erbin des Hauses Aldenburg, deren Besitz 1733 durch ihre Ehe mit Wilhelm von Bentinck auf Rhon und Pendrecht (1704–1774), Sohn des Hans Willem Bentinck, 1st Earls of Portland (1649–1709) und selbst Präsident der Staaten von Holland und Westfriesland, in dessen Besitz überging. Vor der Eheschließung hatte B. ihrem hochverschuldeten Vater, Anton II. von Aldenburg, die Summe von 300.000 fl. geliehen. Zu diesem Zeitpunkt war die 15-jhrg. B. aber schon mit Albert Wolfgang von → Schaumburg-Lippe verbunden, dessen Mätresse sie bis zu seinem Tod 1748 blieb. Am Hof in Bückeburg leitete sie einen Zirkel intell. Lebens, in dessen Mittelpunkt auch die Lit. Werke des jungen FdG, v. a. sein *Anti-Machiavell* standen. Danach lebte sie am Hofe zu Potsdam, wo sie mit dem Kg. und bes. mit → Voltaire eine lebenslange Freundschaft schloss. 1754 ging sie ihrer Rechte auf Aldenburg verlustig (Verzicht zugunsten ihrer beiden Söhne) und begann ein unstetes Reiseleben, welches in Ferney, dem Landsitz Voltaires, einen vorübergehenden Halt fand, bevor sie sich 1768 endgültig in Hamburg niederließ, wo sie erneut einen großen Salon führte. – In ihrem Lebensschicksal illustriert B. beispielhaft die Ambivalenz unabhängiger Frauenexistenz des 18. Jhs.; ob sie wirkl. das Vorbild der Cunégonde in Voltaires *Candide* war, bleibt umstritten.

Qu. Anne Soprani/André Magnan (Ed.), Une femme des lumières. Écrits et lettres de la comtesse de Bentinck 1715–1800, Paris 1997; Frédéric Deloffre/Jacques Cormier, Voltaire et sa ‚grande amie'. Correspondance complète de Voltaire et de Mme Bentinck (1740–1778), Oxford 2003; Friedrich-Wilhelm Schaer, C. S. von B., Friedrich der Große und Voltaire, in: NJLG 43 (1971), 81–122 [mit Briefen]. – *Lit.* Elizabeth LeBlond, Ch. S. Countess B. Her Life and Times, 1715–1800, 2 Bde., London 1912; Friedrich-Wilhelm Schaer, Art. «B., Ch. S. Gräfin von», in: BHGLO, 62–64; Antje Koolman, Die Bentincks. Eine niederländische Adelsfamilie in Nordwestdeutschland im 18. Jahrhundert (Oldenburger Forschungen, N.F. 18), Oldenburg 2003.

Berenhorst, Georg Heinrich von

* 26. Okt. 1733 Sandersleben † 30. Okt. 1814 Dessau

Militär und Schriftsteller, Militärtheoretiker; illegit. Sohn Leopolds I. von → Anhalt-Dessau, seit 1747 in preuß. Diensten: 1757 Adj. des Prinzen → Heinrich von Preußen, 1759 Adj. FdG, 1762 Abschied, 1765–68 Begleiter seines Halbneffen Johann Georg von Anhalt-Dessau (1748–1811) auf dessen Cavalierstour, danach mit ihm in Stettin als Sekretär, ab ca. 1775 Erzieher des Erbprinzen Friedrich von Anhalt-Dessau (1769–1814) und Verwalter des fürstl. Vermögens. Ab 1795 als Schriftsteller tätig. – Wiewohl neben FdG selbst und → Maurice de Saxe zu den bed. Militärtheoretikern des 18. Jhs. gehörig, erscheinen B.s Beurteilungen des Königs und seines Umfeldes heute zu hart und oftmals nur aus der eigenen, vielleicht menschlich-subjektiv bitteren Erfahrung erklärbar.

W. Betrachtungen über die Kriegskunst, ihre Fortschritte &c., Leipzig 1797–99, ^{3}1827; Aphorismen, Leipzig 1805; Aus B.s Nachlaß, 2 Bde, Dessau 1845–1847. – *Lit.* Dietrich Allert, G. H. von B., Bastard des Alten Dessauers (Beiträge zur Landesgeschichte Sachsen-Anhalts 7), Halle 1996; Hartmut Ross, G. H. von B., Adjutant und Gegner König Friedrichs von Preußen, in: ders./Johannes Pforte (Hgg.), Der Dessau-Wörlitzer Kulturkreis, Wörlitz 1965, 196–199; Dietrich Allert, Hinweis auf den Nachlaß B., in: MVAL 11 (2002), 206–216.

Berger, Gottfried Daniel

* 25. Okt. 1744 Berlin † 17. Nov. 1824 ebd.

Kupferstecher; Schüler → Le Sueurs, 1778 ADK, 1787 Prof. an ders., danach deren Vize-Rektor und Rektor. – In zahlr. Stichen v. a. nach → Chodowiecki, sorgte er für eine weite Verbreitung der Berliner Kunst der Epoche.

Lit. Matr. ADK; TB.

Berghes, Georges Louis de

* 5. Sep. 1662 Brüssel † 5. Dez. 1743 Lüttich

1724–1743 Fst.Bf. von Lüttich. Berühmtheit erlangte der ansonsten aufgrund seiner Bau- (Bischofspalais zu Lüttich) und Sozialtätigkeit (Hôpital Général de Liège 1727) bekannte Prälat v. a. durch seinen Zwist mit Preußen um die Herrschaft Herstal 1738–40. Um diese Rechte zu betonen, griffen 1738 die Einwohner ein preuß. Werbecorps an, FdG reagierte darauf sofort nach seinem Reg.antritt mit einem Protestschreiben und der Entsendung eines Expeditionscorps. Das Ganze eskalierte in einen europaweiten Medienstreit, in dem auch Preußen unter → Podewils eingriff („vous devez y employer une bonne plume", FdG). Schließlich konnte B. die preuß. Rechte (aufgrund der Erbfolge in Kleve) gegen die enorme Zahlung von 300.000 fl. erwerben, als der Streit durch den Tod → Carls VI. 1740 überlagert wurde. FdG hatte seinen ersten pol. Erfolg verbucht.

Qu. PC I, 33–69 passim. – *Lit.* M. Yans/P. Harsin (Hgg.), Trois études sur le rattachement de Herstal à la principauté de Liège (Documents Herstaliens 4), Herstal 1981; P. Harsin, Le premier exploit de Frédéric II, Roi de Prusse: l'affaire de Herstal (1740), in: Bulletin de l'Académie Royale de Belgique, Classe de lettres et des sciences morales et politiques 63 (1977), 266–297; Alfred Minke, Art. «B., G.L.», in: Gatz II, 26–28.

Biaix → Forcade, Friedrich Wilhelm Quirin de, Marquis de Biaix

Bielfeld, Jakob Friedrich

* 31. März 1717 Hamburg † 5. Apr. 1770 Altenburg

Staatswissenschaftler, Literat und Vertrauter FdG; nach Studien 1732–35 zu Leyden und Cavallierstour ab 1738 im Umfeld des Kronprinzen Friedrich zu Rheinsberg, 1740 Legations-Sekr. in Hannover und London, 1741 Kgl. Legations-Rat in Berlin, 1743 ADW, 1745 Gouverneur des Prinzen → August Ferdinand, 1747 Kurator aller preuß. Universitäten, Dir. des Berliner Hospitals, 1755 Abschied aus preuß. Diensten, danach schriftstellerische Tätigkeit. – Seine *Institutions Politiques* gehörten im 18. Jh. zu den meistgelesenen Werken des Genres, das Vertrauen, welches FdG in die Person B.s setzte, erweist sich nicht zuletzt aus der Reihe seiner veranwortl. Tätigkeiten, die ihm eine Schlüsselstellung im geistigen Leben der ersten Hälfte der friderizianischen Epoche einräumten. Aus seinen (gedr.) Briefen und anderen Arbeiten wurden im 19. Jh. Kompilationen zur Hof- und politischen Geschichte erstellt.

W. Progrès des Allemands dans les sciences, les belles-lettres & les arts, particulièrement dans la poésie & l'éloquence, Amsterdam 1752; Institutions politiques, 2 Bde. La Haye 1760, Lettres familières et autres, 2 Bde., La Haye 1763 (dt. Danzig 1765 u.w.). – *Lit.* Emil Julius Hugo Steffenhagen, Art. «B., J. F.», in: ADB 2 (1875), 624; Friedrich der Große und sein Hof, oder so war es vor 100 Jahren, 2 Bde., Berlin 1838 (aus den Werken B.s).

Blum, Johann Christian

* 19. Nov. 1739 Rathenow [Ratenau] † 28. Aug. 1790 ebd.

Dichter; nach Studien u. a. am Joachimsthaler Gymnasium zu Berlin bei Johann Georg → Sulzer und ab 1759 an der Universität zu Frankfurt/Oder als freier Dichter in Berlin vom väterl. Vermögen lebend. – B. kann zu Recht als einer der Vorläufer der dt. Naturromantik gelten, welche bei ihm sich auch auf die Tugendlehre bezieht. Öffentliche Ämter lehnte B., der sein Leben als „vergnügten Spaziergang" beschrieb, ebenso ab, wie Gratifakationen etwa durch Kg. → Friedrich Wilhelm II.

W. Lyrische Versuche, Berlin 1765; Das befreite Ratenau. Schauspiel, ebd. 1775; Teutsches Sprichwörterbuch, 2 Bde., Leipzig 1780–1782 (Ndr. Hildesheim 1990). – *Lit.* Hermann Fricke, J. Chr. B., Der Spaziergänger von Ratenau, in: JBLG 8 (1957), 5–12; Hermann Meinshausen, J.C. B.s Leben und Werke, Rathenow 1870; Jakob Franck, Art. «B., J. Chr.», in: ADB 2 (1875), 737.

Blumenthal, Joachim Christian Graf von

* 6. Dez. 1720 Quakenburg † 17. März 1800 Berlin

Minister, 1743 Kriegs- und Domänenrat an der Kammer Gumbinnen, 1746 dto. in Königsberg, 1755 Präs. KDK zu Magdeburg, 1763 (3. Sep.) Etats-, Kriegs- und dirigierender Minister sowie Vizepräsidenten des GD: zuständig für die Provinzen Preußen und Litauen, die Salzangelegenheiten sowie Kontrolle über den Staatsschatz, 1769 (1. Apr.) Entzug der Prov. Preußen, dafür Pommern und Neumark, 1786, AHM zu Treptow, 1787 SAO, 1798 Ruhestand mit Ausn. der Tresoraufsicht.

Lit. Kneschke, Adels-Lexicon, 483f.; Gottfried von Bülow, Art. «B., J. Chr», in: ADB 2 (1875), 751f.

Joachim Christian Graf von Blumenthal

Bock, Johann George

* 12. Mai 1698 Königsberg † 7. Jul. 1762 ebd.

Professor der Poetik, Sprachforscher und Dichter; nach Studien in Königsberg 1714–27, während derer er auch als Privatlehrer arbeitete, 1728 Mitgl. des Lehrkörpers, 1732 Prof. der Logik und Metaphysik, 1733 ordentl. Prof. der Poetik mit Habilitation über deren Ästhetik, 1732 Mitgl. der preuß., 1758 der russ. ADW. – B.s wissensch. Bedeutung liegt neben seinen zahlr. eigenen Werken der relig. und säkularen Poesie, deren Erstere oft gegen die Zeitströmung des Pietismus gerichtet war, v. a. in seinem 1759 veröffentl. preuß. Wörterbuch.

W. Dissertatio academica prior de pulchritudine carminum, Königsberg 1733; Gedichte, ebd. 1756; Idioticon Prussicum, oder: Entwurf eines preußischen Wörterbuches, ebd. 1759. – *Lit.* Friedrich II. und der Dichter J. G. B., in: Neue Preußische Provinzialblätter 2 (1846), 121–125; Arnoldt, Historie, II, 404f., 424; Joseph Kohnen, Lyrik in Königsberg 1749–1799, Frankfurt/Main 2000, 55–72.

Boden, August Friedrich von

* 28. Jun. 1682 bei Magdeburg † 11. März 1762 Berlin

Jurist und Minister; in jungen Jahren als Gutsverwalter ausgezeichnet und von → Friedrich Wilhelm I. übernommen, HR, 1723 Geh. Kgl. Finanz-, Kriegs- und Domänenrat, ab 1733 fakt. preuß. Finanzminister, 1739 Wirkl. Geh. Etats- und Kriegsrat, Staatsminister und Vize-Präs. des GD, geadelt, 1740 von FdG übernommen, 1747 Vizedir. der Kurmärkischen Landschaft, daneben Dekan zu St. Sebastian in Magdeburg. – Unter beiden Kgen. kann B. als eigentliches Herz der Finanzverwaltung angesehen werden; die unter Friedrich Wilhelm I. teilw. spürbaren Widerstände und Vorbehalte der Bev. – die auch an seiner explizit pietistischen Gesinnung wurzeln mochten – gegen einige seiner Maßnahmen teilte FdG zwar vor 1740, überzeugte sich aber dann von B.s Talenten, was ihm in seiner Domäne eine unangefochtene Stellung bis zu seinem Tode sicherte („Der König thut Alles selbst, hört nur auf B., der die Sparsamkeit predigt und damit ganz ungemeinen Eingang findet, ja noch größeren als unter der vorigen Regierung“ – ADB).

Lit. Julius Großmann, Art. «B., A. F.», in: ADB 3 (1876), 6; Hannelore Lehmann, Art. «B., A. F.», in: BrBL, 55; Neugebauer, Kabinett, 80–83.

Bonin, Anselm Christoph von

* 11. Apr. 1685 Karzin † 15. Mai 1755 Magdeburg

Militär, ab 1703 in preuß. Diensten: 1702–13 im Spanischen Krieg gegen Frankreich, 1718 Major, 1735 Ob, 1740 Drost zu Blankenstein (Mark), 1742 PlM, 1742 GM, 1743 Vors. der Kommission für das *Servis-Wesen* zu Magdeburg, 1745 GLt, 1745 SAO, 1747 Kommandant von Magdeburg.

Lit. SF 1, 256f. (N° 300)

Borcke, Caspar Wilhelm von

* 30. Aug. 1704 Gersdorf † 8. März 1747 Berlin

Minister, Diplomat und Literat/Übersetzer; nach Schulbesuch in Danzig Studium der Rechte und *Cameral-Wissenschaften* zu Königsberg und Halle, ab 1730 Diplomat in preuß. Diensten, zahlr. Missionen für → Friedrich Wilhelm I (darunter zu London, Kopenhagen, Dresden und Hannover), 1738 preuß. Ges. in Wien, dort mit → Maria Theresia über die Abtretung Schlesiens verhandelt, 1741 Wirkl. Geh. Rat, Preuß. Etats-, Kriegs-, und Kabinettsminister für Auswärtige Angelegenheiten als Mitarbeiter → Podewils', 1744–47 Kurator der Akademie der Wissenschaften. – Neben seinen pol. Aufgaben fand B. v. a. als Übersetzer Anerkennung, 1741 erschien seine Übertragung von Shakespeares *Julius Caesar*, die 1748 erfolgte Ausgabe des Lukan erst posthum.

W. Versuch einer gebundenen Uebersetzung des Trauerspiel von dem Tode des Julius Cäsar, Berlin 1741 ([2]Berlin 1929); Versuch einer gebundenen Uebersetzung des Lukan, Halle 1748. – *Lit.* Kurt Gassen, C. W. von B. 1704–1747, in: Walter Menn (Hg.), Pommersche Lebensbilder, Bd. IV (= Veröffentlichungen der Historischen Kommission für Pommern, Reihe V: Forschungen zur Pommerschen Geschichte 15), Köln/Graz 1966, 85–95; Martin Wehrmann, Art. «B. C. W.», in: ADB 47 (1903), 112f.; Hartkopf, Berliner Akademie, 421.

Borcke, Friedrich Wilhelm von

* 20. März 1693 Gersdorf † 26. Aug. 1769 Berlin

Minister; nach Studien zunächst KR zu Magdeburg, danach Präs. der KDK zu Minden und Kleve, 1731 Geh. Staatsminister → Friedrich Wilhelms I., von diesem 1739 wg. angebl. Unlauterkeiten entlassen, GR in hess. Diensten und dipl. Missionen, u. a. 1751/52 die Heirat des Prinzen → Heinrich mit Wilhelmine von → Hessen-Kassel, 1753 durch FdG wieder nach Preußen zurückberufen als Minister im GD, 1756 Dir. des FKD in Sachsen, 1759 Leiter des *Militaire-Departements* am GD zu Berlin, 1764 Abschied.

Qu. Briefe Friedrichs des Großen und seiner erlauchten Brüder Prinz August Wilhelm und Prinz Heinrich von Preußen aus der Zeit von 1727 bis 1762 an die Gebrüder F. W. und Ludwig Felix von B., Potsdam 1881. – *Lit.* Hans Branig, Art. «B., F. *W.*», in: NDB 2 (1955), 460f.; Hans-Ulrich von Borcke, Vier B. im Dienst des Großen Königs, in: Unser Pommerland 14 (1929), 27–30.

Borcke, Heinrich Adrian Graf von

* 4. Apr. 1715 Stettin † 17. Apr. 1788 Stargordt

Militär und Pädagoge; nach frühen Studien zu Halle, bereits ab 1730 in preuß. Diensten: 1730 Junker, 1732 Fähnrich, 1739 SLt und im gleichen Jahr Kapitän und Chef einer *Escadron*, 1741 AHM zu Colbatz, 1742 RM, 1748 Major, 1751 Bestallung zum Erzieher des Kronprinzen, sp. → Friedrich Wilhelm II., 1752 ADW, 1755 OLt, 1756 OHM des Prinzen Friedrich Wilhelm und Gouverneur (Präzeptor) des preuß. Prinzen Friedrich Heinrich Karl von Preußen (1747–1767), zweiter Sohn Prinz → August Wilhelms, Neffe FdG, 1759 Ob, 1761 GM, 1775 GLt, 1786 SAO, 1787 GdK. – FdG schätzte B. zunächst sehr, was das Anvertrauen der hohen Erziehungsämter bei seinen beiden Neffen belegt, wofür ausführl. Instruktionen seitens des Kgs. erlassen wurden. Hieß es darin für Friedrich Wilhelm noch: „Il est d'une très grande importance de lui inspirer du goût pour le militaire – es ist von großer Wichtigkeit, ihm den Geschmack für das Militärische nahezubringen", so zeigte sich B. allerdings in der Umsetzung von völlig anderer Geisteshaltung und riet seinem Schützling zur Vermeidung von milit. Konflikten, was FdG entrüstete. B. zog sich daraufhin auf seine Güter in Stadtgordt zurück, erhielt aber das Gehalt weiter, nicht zuletzt deshalb, da ihn der Kg. wg. seiner umsichtigen Verwaltung derselben, sowie wg. der zahlr. Landerschließungsmaßnahmen und sozialen Initiativen überaus wertschätzte. Großer Ehrungen wurde B. erst nach 1786 teilhaftig, als sich dann bald auch in der Politik die Defizite der Erziehung des neuen Kgs. vor allem auch in milit. Hinsicht nach 1792 fatalerweise erwiesen.

Qu. Instruction au major Borcke [Œuvres 9/III] (dt. in: Jürgen Bona Meyer (Hg.), Friedrichs des Großen pädagogische Schriften und Äußerungen, Langensalza 1885 (Ndr. Königstein 1978)). – *Lit.* Beschreibung der Stargordtschen Wirtschaft, Breslau 1778 (^{2}Berlin 1792); Hans-Ulrich von Borcke, Vier B. im Dienst des Großen Königs, in: Unser Pommerland 14 (1929), 27–30; Im Dienste Preußens, 97f.; Ernst Graf zur Lippe-Weißenfeld, Art. «B., A. H.», in: ADB 3 (1876), 157f.

Borcke, Ludwig Felix von

* 14. Jan. 1702 in Pommern † 19. Mai 1751 Freienwalde

Militär und preuß. Gesandter, nach Studium 1720 Fähnrich, 1740 Ob, 1740 GAdj FdG, 1740 Dompropst zu Magdeburg, 1742 PlM, 1742 Sonderges. zu → Louis XV nach Versailles und nach Dresden, 1743 mit FdG in Bayreuth und Kleve, 1743 GM, 1744 1000 th. p.a. Pension (1747 2000 th.).

Qu. Briefe Friedrichs des Großen und seiner erlauchten Brüder Prinz August Wilhelm und Prinz Heinrich von Preußen aus der Zeit von 1727 bis 1762 an die Gebrüder Friedrich Wilhelm und L. F. von B., Potsdam 1881; Sello, IV. – *Lit.* SF 1, 279f. (N° 320); Hans-Ulrich von Borcke, Vier B. im Dienst des Großen Königs, in: Unser Pommerland 14 (1929), 27–30.

Bosse, Heinrich Günther Gottfried von

* 19. Nov. 1680 Clausthal/Harz † 6. Dez. 1755 Berlin

Militär, 1700–11 in württemb. (1702–11 im Spanischen Krieg gegen Frankreich), ab 1711 in preuß. Diensten: 1722 Major, 1724 OLt, 1732 AHM zu Usedom, Ückermünde und Stolpe, 1738 Ob, 1743 GM, 1744 *Inspecteur* der Festungsarbeiten in Peitz, 1744 dto. über das Spree-Wehr bei Cottbus, 1747 GLt, 1753 Abschied mit 1200 th. Pension p.a.

Lit. SF 1, 266f. (N° 309)

Bouman, Johann d. Ä.

* 28. Aug. 1706 Amsterdam † 6. Sep. 1776 Berlin

Architekt und Kastellan; ab 1732 in Preußen tätig (Holländisches Viertel in Potsdam), 1748 *Oberbau-Director des Bau-Comptoirs zu Potsdam*; unter der Reg. FdG zumeist in Zusammenarbeit mit → Knobelsdorff und in Ausführung von dessen Plänen (auch posthum) mehrere Bauten für Berlin (1747–50 Domkirche, 1748–53 Palais für den Prinzen → Heinrich, 1753–73 Fortführung der Arbeiten an der Hedwigskirche, in Zusammenarbeit mit → Le Geay) und Potsdam (1744–52 Ausführung des Stadtschlosses und 1751–53 der Französischen Kirche, beides nach Plänen Knobelsdorffs, 1740–55 Gestaltung des Alten Marktes (begonnen bereits unter → Friedrich Wilhelm I. ab 1735), ab 1745 beteiligt am Schloss Sanssouci. Wiewohl nur das Alte Rathaus zu Potsdam (1753–55) und der Umbau des Schlosses Schönhausen für Kgin. → Elisabeth Christine (1763ff.) als eigenständige Werke B.s gelten können, hatte er doch maßgebl. Anteil an der Architektur des friderizianischen Rokoko.

Lit. Irmgard Wirth, Art. «B., J.», in: NDB 2 (1955), 491f.; Heckmann, Baumeister, 235–242; Dehio Potsdam, passim.; Giersberg, Potsdam, 55, 61–63.

Brandenburg-Bayreuth, Friedrich III. von

* 10. Mai 1711 Weferlingen † 26. Feb. 1762 Bayreuth

Markgraf, Taufkind Friedrichs I., Schwager FdG; 1722 Cavalierstour, danach Studium in Genf, 1731 SAO, 20. Nov. 1731 Heirat mit Prinzessin → Wilhelmine von Preußen, Schwester FdG, 1734/35 als Kommandant des fränk. Kreisregiments gegen Frankreich am Rhein, 1735 regierender Markgraf, 1741 GM, 1742 GFM des fränk. Kreises, 1742 Gründung der ADW zu Bayreuth, 1743 Gründung der Univ. Erlangen, 1756 Gründung ASK zu Bayreuth; nach dem Tode Wilhelmines 1759 zweite Ehe (kinderlos) mit Sophie Caroline Marie von Braunschweig-Wolfenbüttel (1737–1817). – Aus der ersten Ehe mit der preuß. Prinzessin ging nur eine Tochter hervor, Elisabeth Friederike Sophie von Brandenburg-Bayreuth (1732–1780), lt. → Casanova die schönste junge Dame Deutschlands, welche 1748 Carl Eugen von Württemberg (1728–1793) ehelichte. Die Markgrafschaft Bayreuth ging 1762 an den Onkel F.s über, Mkgf. Friedrich Christian von Brandenburg-Bayreuth (1708–1769). – Während die tatsächlichen Reg.geschäfte in der Zeit F.s zumeist in Händen des Ersten Ministers, Graf Philipp Andreas von Ellrodt (1707–1767), lagen, war die Bed. F.s für die Etablierung Bayreuths als intellektuell-akademisches und künstlerisches Zentrum (Theaterneubau durch → Galli da Bibiena 1744–48) kapital.

Lit. Karl Müssel, Markgraf F. von Brandenburg Bayreuth 1711–1763, I: Die Jugendjahre (1711–1731), II: Von der Verlobung bis zum Regierungsantritt (1731–1735), Bayreuth 1954/1956; ders., Bayreuth in acht Jahrhunderten – Geschichte der Stadt, Bindlach 1993; SF 1, 241–243 (N° 289).

Brandenburg-Schwedt, Anna Elisabeth Luise von

* 22. Apr. 1738 Schwedt † 10. Feb. 1820 Berlin

geb. Markgräfin von Brandenburg-Schwedt, Tochter Mkgf. Friedrich Wilhelms von → B.-S. und → Sophia Dorotheas von Preußen, heiratete sie am 27. Sept. 1755 ihren nur acht Jahre älteren Onkel Prinz → August Ferdinand von Preußen; aus der Ehe gingen 7 Kinder hervor, von denen 4 das Erwachsenenalter erreichten, darunter der Komponist und Feldherr Prinz Louis Ferdinand von Preußen (1772–1806).

Lit. → August Ferdinand.

Brandenburg-Schwedt, Carl Friedrich Albrecht

* 10. Jun. 1705 Berlin † 22. Jun. 1762 Breslau

Prinz von Preußen, Markgraf zu Brandenburg, Militär; 1707 SAO, ab 1714 in preuß. Diensten: 1714 Kapitän, 1722 OLt, 1727 OJoh, 1729 Ob, 1731 HrM OJoh, 1740 GM, bei Mollwitz verwundet, 1742 GLt für Verdienste bei Chotusitz („da…so viele Merkmale von Ihrer Bravour und tapferen Conduite abgelegt“, SF 1, 205), 1747 GdI. – Neben seiner erfolgreichen milit. Tätigkeit trat C. F. A. v. a. als Ordensritter der Johanniter hervor, den er – im Ggs. zu vielen seiner Zeitgenossen – als echten Ritterorden verstand (Vollendung des Ordens-Palais zu Berlin, Aufrechterhaltung der Ordensdisziplin). Diese Hinwendung zum geistl. Amte wurde verstärkt, als seine Braut, Prinzessin Marie Amelie von Hessen-Kassel, am 19. Dez. 1744, am Tage der Vermählung, verstorben war. C. F.

Carl Friedrich Albrecht Brandenburg-Schwedt

A. blieb daraufhin bis ans Ende seines Lebens unverheiratet. Neben dem geistl. und milit. Dienst galt seine Vorliebe Kunst und Wissenschaft, was seine umfangreichen Sammlungen belegen. FdG schätzte ihn auch als Freund sehr – als der Markgraf 1762 nach langer Krankheit starb, schrieb der Kg., mit ihm wäre der aufrichtigste Mensch in der Welt („le plus honnête homme du monde" – ADB) verschieden.

Lit. SF 1, 205–207 (N° 265); Ernst Graf zur Lippe-Weißenfeld, Art. «K. F. A. von B.-S.», in: ADB 15 (1882), 263; Johannes Sievers, Das Palais des Prinzen Karl von Preußen, Berlin 1928.

Brandenburg-Schwedt, Friedrich Heinrich von

* 21. Aug. 1709 Schwedt † 12. Dez. 1788 ebd.

1771–1788 Markgraf von Brandenburg-Schwedt, Bruder → Friedrich Wilhelms; wie sein Bruder unter der Vormundschaft des Onkels, Friedrichs I. von Preußen, erzogen, ab 1711 in preuß. Diensten, vor 1740 einer der engen Jugendfreunde FdG, nach dem völligen Versagen in bei Mollwitz 1741 in Ungnade (zuvor schon bei → Friedrich Wilhelm I. wegen angebl. katastrophaler Zustände in seiner Einheit (Inf.-Reg. 12)), ab 1771 Nachfolger seines Bruders als Markgraf, 1739 (13. Feb.) mit Leopoldine Marie Prinzessin von Anhalt-Dessau (1716–1782), einer Tochter → Leopolds I., verheiratet. Da aus dieser Ehe nur zwei Töchter hervorgingen, erlosch mit F. H. die Linie Schwedt.

Qu. Correspondance de Frédéric avec le margrave Henri [Œuvres 27/2]. – *Lit.* «Ich bin ein Mensch mit feinem Widerspruch»: zum 300. Geburtstag von F. H. (1709 – 1788), Prinz in Preußen und Markgraf von Brandenburg-Schwedt, Schwedt 2011; Claudia Riechert, Zeit der Markgrafen – die Hohenzollern von Brandenburg-Schwedt, Schwedt 2001; August von Witzleben, Leopoldine Marie, Markgräfin von Brandenburg-Schwedt, ²Schwedt 1931.

Brandenburg-Schwedt, Friedrich Wilhelm von

* 17. Dez. 1700 Schloss Oranienbaum † 4. März 1771 Schloss Wildenbruch

nominell ab 1711, faktisch ab 1718/20 Markgraf von Brandenburg-Schwedt (preuß. Sekundogenitur), Schwager FdG; beim Tode seines Vaters, Philipp Wilhelm von Brandenburg-Schwedt (1669–1711), übernahm Kg. Friedrich I. von Preußen die Regentschaft in Schwedt, nach Studien 1715/16 Cavalierstour durch Europa, ab 1719 in preuß. Diensten: 1719 SAO, 1719 Ob, 1723 GM, 1734 am Rhein, 1734 Heirat mit Prinzessin → Sophie Dorothea Marie von Preußen, der Schwester FdG, 1737 GLt. – Wegen seines unsteten Lebenswandels und seiner bald weit bekannten, oftmals etwas tolldreisten Streiche der «Tolle Markgraf» genannt, trug F. W. immerhin zum architektonischen und künstlerischen Ausbau seiner Residenzstadt bei (Schlossumbau, Schlossgarten etc.); pol. stand Schwedt viel zu sehr im Fahrwasser Berlins, als dass sich hier genuine Initiativen hätten entwickeln können.

Lit. König, Lexikon, I, 208; SF, 1, 147f.; Claudia Riechert, Zeit der Markgrafen – die Hohenzollern von Brandenburg-Schwedt, Schwedt 2001.

Brandenburg-Schwedt, Wilhelm Friedrich von

* 28. März 1714 Berlin † 2. Sep. 1744 Prag (gef.)

Militär, Bruder Carl Friedrich Albrechts von → B.-S.; 1719 SAO, 1730–38 in ndl. (1737 Ob zu Namur, 1737 OJoh), danach auch (!) in preuß. Diensten: 1739 OLt, verfügte jetzt über Apanage von 5000 th. p.a., 1740 Ob, Urlaub in den Ndl. verboten, 1743 GM, bei Prag gefallen.

Lit. SF 1, 278f. (N° 319); König, Lexikon, 1, 211f.

Braun, Christoph Heinrich Gottlob von

* 25. Okt. 1714 Giersleben † 24. Dez. 1798 Berlin

Militär; 1724 Page beim Fürsten zu Anhalt-Köthen, ab 1735 in preuß. Diensten: 1735 Fähnrich, 1738 SLt, 1742 PLt, 1745 SK, 1746 Kapitän, 1756 bei Lobositz PlM, 1758 Major, 1765 OLt, 1767 Ob, 1777 GM, 1781 Kommandant von Berlin, 1784 GLt und SAO, 1794 GdI und Abschied. – Der über 14 Jahre als Stadtkommandant von Berlin wirkende B. genoss das bes. Vertrauen FdG, anlässlich der Verleihung des SAO schenkte ihm der Kg. dazu das große Service der KPM. Beim Begräbnis der Königs zu Potsdam 1786 trug B. die Enden des Leichentuches.

Lit. SF 2, 100f. (N° 622); Militär-Wochenblatt 23 (1838), 109 (N° 47).

Braunschweig-Bevern, Antoinette Amalie von

* 22. Apr. 1696 Wolfenbüttel † 6. März 1762 Braunschweig

Schwiegermutter FdG; jüngste Tochter Ludwig Rudolfs von Braunschweig-Wolfenbüttel (1671–1735), heiratete sie am 15. Okt. 1712 Ferdinand Albrecht II. von → Braunschweig-Wolfenbüttel, was diesem 1735 den Besitz des ges. Fsttms. Br.-Wolf. einbrachte. Von den 14 Kindern dieser Verbindung heirate Anton Ulrich von Br.-Wolf. (1714–1774) die russ. Großfürstin Anna Leopoldovna (1718–1746), → Elisabeth Christine 1733 FdG und → Louise Amalie 1742 dessen Bruder → August Wilhelm.

Lit. Poseck, Kronprinzessin, 500–505; → Elisabeth Christine u. Ferdinand Albrecht II. von Braunschweig.

Braunschweig-Bevern, August Wilhelm Herzog von

* 10. Okt. 1715 Braunschweig † 2. Aug. 1781 Stettin

Militär und Admin.; 1733 Werbeoffizier in Holstein, 1734 am Rhein gegen Frankreich, 1735 OLt, 1740 Ob, 1743 GM, 1746 Kommandant von Stettin, 1747 Gouverneur ebd., 1750 GLt, 1750 SAO, 1757 Sieger bei Reichenberg (21. Apr.), 1757–58 in österr. Gefangenschaft, 1759 GdI, 1762 preuß. Unterhändler in Pommern (Waffenstillstand mit Russland), Oberbefehlshaber aller preuß. Truppen ebd., 1762 Sieger bei Reichenbach (16. Aug.), nach dem Krieg weiterhin Gouverneur von Stettin sowie Dompropst zu Braunschweig. Neben seinem aktiven Dienst betätigte sich A. W. als Militärhistoriker.

W. Geschichte der churfürstlich-brandenburgischen und nachherigen königlich-preussischen Armee, ed. Berlin 1886 (Ndr. Osnabrück 1976). – *Lit.* SF 1, 293–295 (N° 329); Christian Wilhelm von Prittwitz, Unter der Fahne des Herzogs von Bevern, Breslau 1935 (2. Aufl.: „Ich bin ein Preuße…“ Jugend und Kriegsleben eines preußischen Offiziers im Siebenjährigen Kriege (=Quellen und Schriften zur Militärgeschichte 2), Paderborn 1989); Richard von Meerheimb, Art. «A. W.», in: ADB 1 (1875), 665–667; BBL, 59.

Braunschweig-Wolfenbüttel, Carl I. von

* 1. Aug. 1713 Braunschweig † 26. März 1780 ebd.

1735–80 Hzg. von Braunschweig-Wolfenbüttel-Bevern, Doppel-Schwager FdG; nach milit. Diensten unter Prinz Eugen in den Türkenkriegen und Heirat mit → Philippine Charlotte von Preußen (seine Schwester → Elisabeth Christine hatte kurz zuvor FdG geehelicht) ab 1735 Hzg., 1745 Grdg. des *Collegium Carolinum* (Vorläufer der Braunschw. Universität), Einführung der Bürgerversicherungen (*Braunschweigische Brandkasse*), Errichtung des Öffentl. Leihhauses und 1747 der Porzellanmanufaktur Fürstenberg (durch Johann Georg von Langen (1699–1776) im Auftrag C.s), Förderung der Lackwaren-Manufaktur Stobwasser (gegr. 1763), ab 1777 aufgrund hoher Schuldenlast faktische Reg.abtretung an seinen ält. Sohn, Carl Wilhelm Ferdinand (1735–1806). – Trotz des leztlichen finanz. Scheiterns gilt C.s Reg. zu Recht als eine Phase wirtsch. und kulturellen Aufschwungs für Braunschweig, wovon nicht nur die Bestallung Lessings zum Hofbibliothekar und die Verlegung der hzgl. Residenz (zuvor in Wolfenbüttel) zeugen.

Lit. Frieda Biehringer, Herzog Karl I. von Braunschweig, Wolfenbüttel 1920; Paul Zimmermann, Art. «K. I.», in: ADB 15 (1882), 266–272; Rudolf Meier, Art. «K. I.», in: NDB 11 (1977), 223f.

Braunschweig-Wolfenbüttel, Ferdinand von

* 12. Jan. 1721 Braunschweig † 3. Jul. 1792 ebd.

Militär und Schwager FdG, Bruder Kgin. → Elisabeth Christines und Hzg. Carls I. von → B.-*W.*; 1735–40 in braunschweig. (1735 OJoh), ab 1740 in preuß. Diensten: 1740 Ob, 1741 SAO, 1743 GM, 1750 GLt, 1755 Gouverneur von Magdeburg (1200 th. p.a.), 1757–62 Oberkommandierender der preuß. Armee gegen Frankreich (Sieger bei Krefeld und Minden), 1758 GdI, 1758 GFM, 1766 Abschied aufgrund eines Zerwürfnisses mit FdG, lehnte in der Folge Angebote aus Österr. und England (Oberbefehl in Nordamerika) ab. – Einer der größten Feldherrn des 18. Jhs., seinen z. T. spektakulären Siegen können nur jene von FdG selbst sowie von → Maurice de Saxe an die Seite gestellt werden.

Qu. Correspondance de Frédéric avec le duc Ferdinand de Brunswic [Œuvres 27/2]. – *W.* Reflexions & Anecdotes vraies, mais hardies sur la Campagne de 1756, ed. Berlin 1902. – *Lit.* Jacob Mauvillon, Geschichte F. Herzogs von B-.-L., 2 Bde., Leipzig 1794; Philipp von Westphalen, Geschichte der Feldzüge Herzog F. von B.-L., 6 Bde., Berlin 1859–72 (Ndr. Starnberg 1985); Walther Mediger/Thomas Klingebiel, Herzog F. von B.-L. und die alliierte Armee im Siebenjährigen Krieg (1757–1762), Hannover 2011; SF 1, 290–293 (N° 328).

Braunschweig-Wolfenbüttel, Ferdinand Albrecht II. von
* 29. Mai 1680 Bevern † 13. Sep. 1735 Salzdahlum

1687–1735 Fürst von B.-W.-Bevern, 1735 Hzg. von B.-W., Schwiegervater FdG; zunächst Militär in kaiserlichen Diensten, 1704 kaiserlicher Generaladjutant, 1707 GM, 1711 Feldmarschall-Leutnant, in den Türkenkriegen unter Prinz Eugen, 1723 FM, 1727 Reichsgeneralfeldzeugmeister, 1733 Reichsgeneralfeldmarschall, 1735 nach dem Tode seines Schwiegervaters Ludwig Rudolf von B.-W. (1671–1735) noch kurze Zeit Herzog. – Aus seiner Ehe mit Antoinette Amalie von → B.-Bevern stammten u. a. Carl I. von → B.-W., Ferdinand von → B.-W., sowie → Elisabeth Christine, die Ehefrau FdG, und Juliane Marie (1729–1796), die Gemahlin → Friedrichs V. von Dänemark.

Lit. Martin Fimpel, Art. «F. A.», in: BBL, 216f.; F. Spehr, Art. «F. A.», in: ADB 6 (1877), 681f.

Bredow, Asmus Ehrenreich von
* 29. Apr. 1693 Senzke † 15. Feb. 1756 Halberstadt

Militär, 1706 RAk, 1712 Gardereg., 1714 Fähnrich, 1715 vor Stralsund und Stettin, 1729 DH zu Brandenburg, 1733 Major, 1734 Werbeoffizier in Süddeutschland, 1739 Drost zu Hamm/Westf., 1740 Ob und 1100 th. p.a. Pension, 1742 AHM zu Schlüsselburg, 1743 GM, 1747 GLt, 1748 SAO, 1749 Gouverneur von Kolberg, verantw. für Befestigungen vor Ort, 1752 ADW.

Qu. Eloge de M. le général de B. par le comte de Redern [Akademie-Nachruf], Berlin 1758 – *Lit.* SF 1, 272f. (N° 315); Ernst Graf zur Lippe-Weißenfeld, Art. «B., A. E.», in: ADB 3 (1876), 282.

Bredow, Caspar Ludwig von
* 1685 Neuzauche † 11. Jan. 1771 Ihlow
Militär und Vertrauter FdG, 1711 StRM, 1715 vor Stralsund, 1720 Major, 1730 OLt, 1733 im pers. Gefolge des Kronprinzen als milit. Erzieher, 1739 Ob, dazu 500 th. p.a. Pension aus der Generaldomänenkasse, 1741 Chef des *Leib-Carabinieri-Regiments*, 1742 PlM „als eine marque Meiner Euch zutragenden gnädigen Propension & Wohlwollens“, 1743 GM,

1747 GLt, 1747 SAO, 1751 Abschied mit 1500 th. p.a. – B. kann als einer der wenigen mil. Vertrauten FdG gelten; die Aussöhnung zwischen dem Kronprinzen und Friedrich Wilhelm I. in den Jahren 1733–39 ist zu einem großen Teil seinen Bemühungen zuzuschreiben.

Lit. SF 1, 269f. (N° 312); Wild, C.L.v.B. und die Burger Garnison im 18. Jahrhundert, in: Jerichower Land und Leute 1926, 13–15; König, Lexikon , I, 255.

Bredow, Friedrich Sigismund von

* 5. Mai 1683 Falkenberg † 15. Jun. 1759 Frankfurt/Oder

Militär; mit 13 Jahren in preuß. Diensten: 1696 Page am Hofe Friedrichs III./I., 1701 Kammerjunker, 1705 Kapitän der Dragoner, 1714 Major, 1716 OLt, 1721 Ob, 1731 OJoh, 1737 GM, Verdienste bei Mollwitz und Chotusitz, 1742 GLt, SAO, bei Prag und Kesseldorf „rühmlich ausgezeichnet", 1747 GdK, 1755 Abschied mit 2000 th. Pension. – FdG schätzte den General einer anderen Generation sehr, der sich nicht nur auf dem Feld, sondern v. a. auch als Exerziermeister der Kavallerie verdient gemacht hatte.

Lit. SF 1, 184 (N° 253); König, Lexikon, I, 251; Zedlitz-Neukirch, Lexicon, I, 306.

Breidbach zu Bürresheim, Emmerich Joseph von

* 12. Nov. 1707 Koblenz † 11. Jun. 1774 Mainz

Kf.-Ebf. von Mainz 1763–74; nach Verw.-tätigkeit für seinen Vorgänger von → Ostein 1763 Kf. – Einer der Hauptvertreter der kirchl. ‚Aufklärung' mit deutl. Reformpolitik und Kampf gegen die etabl. Größen, v. a. die Jesuiten. Seine zahlr. Reformen (Justiz-, Verw.- und Kalenderwesen) teilten das Schicksal jener → Josephs II.: Trotz guter Ansätze waren sie zu überhastet und doktrinär und konnten daher kaum nachvollzogen werden. Seine AP war deutl. frz. orientiert, was dem Kaiserhaus auch nach 1756 missfiel.

Lit. Friedhelm Jürgensmeier, Art. «B. zu Bürresheim, E. J. von», in: Gatz II, 42–44 (mit ges. Lit.).

Brenkenhoff, Franz Balthasar Schönberg von

* 15. Apr. 1723 Reideburg † 21. Mai 1780 Karzig

Finanzbeamter; als Waise von Leopold I. von → Anhalt-Dessau als Page angenommen und erzogen, dort zunehmend mit Finanzangelegenheiten betraut, 1745 Oberstallmeister, ab 1762 in preuß. Diensten: als GFR für die Erschließung und Kultivierung Pommerns und der Neumark zuständig (1763 Warthe- und Netzebrüche, 1769 die Umgebung des Maduesees, 1771 Thurbruch auf Usedom, 1774 Plönsniederung), 1772 Vertreter FdG bei der Angliederung des Netzedistrikts im Zuge der Ersten Polnischen Teilung. – Obwohl anfangs in Dessau v. a. als Heereslieferant für Preußen im ÖEK und SJK äußerst geschickt und erfolgreich, führte B.s Verquickung eigener und staatl. Gelder am Ende seines Lebens zum totalen finanz. Ruin (zeitw. Konfiskation der Güter nach seinem Tode). Dies mindert nicht seine kultivatorischen Leistungen in den östl. Provinzen Preußens.

Qu. Noch nicht veröffentlichte Kabinettsordres Friedrichs des Großen an den Geheimen Finanzrat von B. betreffend die Verwaltung des Netzedistrikts, in: JNB 6 (1896), 56–68. – *Lit.* August Gottlieb Meißner, Leben F. B. S. von B.s, Königl. Preuß. geheim. Ober-, Finanz-, Kriegs- und Domainenrath, Leipzig 1782; Benno von Knobelsdorff-Brenkenhoff, Anhalt-Dessau 1737–1762. Seine vier Fürsten und B. (Aus Deutschlands Mitte 12), Bonn 1987; Franz Spude, F. B. S. von B., Landsberg a. W. 1880.

Bronikowski, Johann von

* 1680 Kynoie † Jul. 1767 Königsberg (?)

Militär, 1705–20 in schwed. (mit Karl XII. in der Türkei), 1720–25 in poln., ab 1725 in preuß. Diensten: 1725 RM, 1728 Major, 1729–31 Werbeoffizier in Polen, 1736 OLt, 1740 Ob, 1742 GM, 1745 PlM, 1747 Abschied mit 600 th. p.a.

Lit. SF 1, 251f. (N° 296)

Brunetti, Giovanni Giacomo [Johann Jakob]

* 1703 Massa di Carrara † Sep. 1763 Glogau

1751–56 GV von Breslau; Studium der Theologie und anschl. der Rechte zu Pisa (1727 Dr. utr. iur.), konnte aufgrund famil. Bez. 1727 DK zu Breslau werden, 1751 Archidiakon zu Glogau und GV von Breslau. Aufgrund einer vermeintl. preußenfeindl. Haltung wurde er 1756 durch seinen Fst.Bf. → Schaffgotsch – wohl aus anderen Gründen, wahrscheinlich der Selbstrechtfertigung – bei FdG als politisch unzuverlässig denunziert und danach von Kg. und Bf. aller Ämter enthoben, worauf er sich nach Glogau zurückzog.

Lit. Jan Kopiec, Art. «B., J. J.», in: Gatz II, 51; Jungnitz, Weihbischöfe, 226, 245.

Buchholz, Johann August

* 5. Apr. 1706 Großwelle † 2. Dez. 1793 Berlin

Finanzbeamter und Vertrauter FdG; trotz human. Studien 1723 Eintritt in das Lange Grenadierreg., 1725 Werbe-Unteroff., Feldwebel im ÖEK, 1753 Abschied aus der Armee, KrR, Rentmeister der Hofetats-Kasse, 1762 dazu der Kgl. Dispositionskasse, 1769 Kgl. Tresor-Verwalter. – Als sparsam disponierender Beamter war B. einer der wichtigsten engen Mitarbeiter FdG in Finanzdingen („dazu hat B. kein Geld" – FdG in der Kab.-Ordre vom 13. Dez. 1766).

Lit. Friedrich Wilhelm Zimmermann, „Dazu hat B. kein Geld", in: Kreiskalender Beeskow-Storkow 1938, 56–58; Lorenz F. Beck, Art. «B., J. A.», in: BrBL, 69.

Buchholz, Samuel

* 21. Sep. 1717 Pritzwalk † 29. Apr. 1774 Kremmen

Theologe und Historiker, Vetter des Finanzbeamten Johann August → B.; nach Studium der Theol. zu Halle und mehreren Schulstellen 1757–59 Rektor der Domschule zu Havelberg, 1759–68 Oberpfarrer zu Lychen und 1768–74 dto. zu Kremmen. – Neben seiner seelsorg. Tätigkeit widmete sich B. v. a. der Landesgeschichtsforschung, woraus sein sechsbändiges Hauptwerk, die erste wissensch. Beschäftigung mit der Materie, erwuchs.

W. Versuch einer Geschichte der Churmark Brandenburg…, 6 Bde., Berlin 1765–1775. – *Lit.* Schwarze, Art. «B. S.», in: ADB 3 (1876), 480f.; Hans-Joachim Schreckenbach, Art. «B., S.», in: BrBL, 69.

Buddenbrock, Johann Jobst Heinrich Wilhelm von

* 25. Sep. 1707 Königsberg † 27. Nov. 1781 Berlin

Militär und Vertrauter FdG; Sohn Wilhelm Dietrichs von → B., seit 1721 in preuß. Diensten: 1721 Kadett, 1724 Reitpage → Friedrich Wilhelms I., 1725 OJoh, 1728 Fähnrich, 1733 SLt, 1736–38 Werbeoffizier, 1736 AHM zu Balga, 1740 PLt im Inf.-Reg. Kronprinz, 1740 Major und FAdj FdG, DH zu Minden, 1742 OLt, 1743 „jahrliches Tractament" von 2400 th., 1745 Ob, GAdj FdG, 1753 GM, 1756 Kommandant von Brieg, 1759 Gouverneur des Kadetten-Corps, 1765 Direktor des ges. Militär-Bildungswesens sowie der neugegründeten *Académie Militaire (Académie des Nobles)*, 1770 SAO und schles. Inkolat (Aufn. in den Standesadel), 1771 Begl. → Gustavs III. bei dessen Besuch in Berlin, 1776 in Stellvertretung des Königs Grundsteinlegung der neuen Kadettenanstalt in Berlin. – Wie sein Vater war B. schon in den 1730er Jahren mit FdG in Kontakt gekommen, der 1732 sein Reg. übernahm. Das daraus erwachsene Vertrauensverhältnis hielt beider Leben über, B. war Mitgl. der Tafelrunde zu Sanssouci und Organisator der vom Kg. gewünschten Neuausrichtung milit. Erziehungsanstalten nach 1763.

Lit. SF 1, 392–396 (N° 408); Bernhard von Poten, Art. «B., J. J. H. W.», in: ADB 47 (1903), 335–337; König, Lexikon, I, 279.

Buddenbrock, Wilhelm Dietrich von

* 15. März 1672 Tilsewischken † 28. März 1757 Breslau

Militär; nach Studium zu Königsberg ab 1690 in preuß. Diensten: 1690 Kornett, 1693 Lt, 1703 StRM im Spanischen Krieg, 1704 RM, 1710 Major, 1712 OLt, 1718 Ob, 1728 GM, 1729 AHM zu Labiau und Neuhausen, 1739 GLt und SAO, 1740 Propst an St. Waldburg zu Soest, 1741 Oberbefehlshaber der in Preußen verbleibenden Truppen, 1742 Kommandant der Reiterei bei Chotusitz, GdK (19. Mai), 1742 AHM zu Zehden, 1743 Oberbefehl über die ges. preuß. Kavallerie in Schlesien, bei Hohenfriedberg und Soor Führer der Reiterei, 1744 Gouverneur von Breslau, 1745 GFM. – FdG blieb B. zeitlebens als derjenige Offizier in Erinnerung, der 1730 → Friedrich Wilhelm I. sein eigenes Leben für das des Kronprinzen angeboten hatte.

Lit. SF 1, 162–164 (N° 233); Ernst Graf zur Lippe-Weißenfeld, Art. «B., W. D.», in: ADB 3 (1876), 500; Hans Saring, Art. «B., W. D.», in: NDB 2 (1955), 715.

Bülow, Christoph Carl von

* 26. Mai 1716 Glubenstein † 1. Jul. 1788 Pasewalk

Militär, Bruder von Johann Albrecht → Bülow; 1731 Gefreiter, 1734 Fähnrich, 1741 Lt, 1745 PlM für Verdienste bei Hohenfriedberg, 1747 RM, 1756 Major, 1759 Ob, 1760 GM, 1763 *Inspecteur Général* der Kgl. Preuß. Kavallerie, 1763 AHM zu Memel, 1771 GLt, 1771 DH zu Halberstadt, 1772 SAO, 1773 AHM zu Oletzko, 1774 Pension von 1000 th. p. a., 1784 Dompropst zu Havelberg, 1787 GdK. – Nach dem Tode → Seydlitz' war B. für FdG der maßgebl. Kavallerieoffizier in Preußen, was nicht nur seine Ämter, sondern auch die jährl. Teilnahme an den Manövern in Potsdam belegen.

Lit. Ernst Graf zur Lippe-Weißenfeld, Art. «B., Chr. C.», in: ADB 3 (1876), 514f.; SF 1, 511f.; König, Lexikon, I, 288f.

Bülow, Johann Albrecht von

* 27. Dez. 1708 Glubenstein † 19. Sep. 1776 Berlin

Militär, Bruder von Christoph Carl → Bülow; nach Eintritt in das Kadettencorps 1723, 1724 Page Leopolds I. von → Anhalt-Dessau, 1739 PLt, 1740 GAdj Leopolds I., 1741 SK, 1742 Major, 1750 OLt, 1754 Ob, 1757 GM, 1760 bei Liegnitz verantw. für den preuß. Sieg, SAO, DH zu Halberstadt, GLt, bei Torgau gefangengenommen, bis 1763 in österr. Haft, 1766 Gouverneur von Spandau, 1775 GdI, 1776 DH zu Minden. – Die Hochachtung FdG vor B. drückte sich nicht nur in den Kondolenzschreiben an seine Familie 1776, sondern bereits zuvor im Umhängen des eigenen (!) Ordensbandes vom SAO auf dem Schlachtfeld zu Liegnitz 1760 aus.

Lit. SF 1, 435f.; Gottfried von Bülow, Art. «B., J. A.», in: ADB 47 (1903), 360f.; König, Lexikon, I, 286.

Büring, Johann Gottfried

* 1723 Berlin † nach 1788 wohl zu Hamburg

Architekt, Maler und Kupferstecher; nach Studien zu Berlin ab sp. 1744 im Bauamt zu Potsdam angestellt (u. a. Anlage der Gartenterrassen vor Schloss Sanssouci), ab 1747 zusammen mit → Le Geay und → Bouman im Kreis um → Knobelsdorff beim Bau der Hedwigskirche, 1748 in Frankreich und Italien, 1751 Mitgl. ASK, 1754 zurück in Potsdam, dort zunächst Zweckbauten (Direktion der Kgl. Gewehrmanufaktur 1754, Nauner Tor 1754/55 nach Entwürfen FdG), nach Ende des SJK neben → Gontard leitend verantw. in der zweiten Ausbauphase der Anlage zu Sanssouci (1753–55 Pläne für das Neue Palais in Anknüpfung an Projekte Knobelsdorffs, 1753ff. Pläne für die Gartenarchitektur zu Sanssouci, 1755–63 Bildergalerie zu Sanssouci als erster Museumsbau des dt. Raumes, 1763 Chinesische Küche), 1766 traf ihn der Vorwurf FdG, er hätte die Bauten am Neuen Palais absichtlich verzögert, dem daraus resultierenden Prozess entzog er sich durch Flucht nach Sachsen, das Urteil wurde *in effigie* vollstreckt, nach 1786 durch → Friedrich Wilhelm II zur Rückkehr ermächtigt, aber alsbald verschollen, wohl 1788 verstorben.

Lit. Heckmann, Baumeister, 400–408; Andreas Kitschke, Art. «B., J. G.», in: BrBL, 72; Dehio Potsdam, passim., TB.

Burney, Charles

* 7. Apr. 1726 Shrewsbury † 12. Apr. 1814 Chelsea

Musikhistoriker und Literat; nach mus. Studien zu London und zahlr. Aufträgen für weltl. und geistl. Musik (darunter 1759 die *Ode for St Cecilia's Day*) 1769 *Doctor of Music* in Oxford, daneben reiche schriftstellerische Tätigkeit, welche in der Publ. einer mehrbändigen Musikgeschichte sowie seiner musikalischen Reiseberichte durch Europa gipfelte. – Die in Letzteren enthaltenen Beschreibungen der kgl. Soireen zu Sanssouci sowie seine sonstigen Berichte aus Berlin und Potsdam gehören zu den wertvollsten Quellen preuß. Musiklebens z. Zt. FdG.

W. The Present State of Music in France and Italy, London 1771 (dt. Hamburg 1772); The Present State of Music in Germany, the Netherlands, and United Provinces, 2 Bde., London 1773 (dt. Hamburg 1773); A General History of

Music from the Earliest Ages to the Present Period, 4 Bde., London 1776–1789. – *Lit.* Roger Lonsdale, Dr. Ch. B., a Literary Biography, Oxford 1986.

Büsching, Anton Friedrich

* 27. Sep. 1724 Stadthagen † 28. Mai 1793 Berlin

Kartograph und Theologe; nach Studium der Theol. zu Halle 1754 Prof. der Phil. in Göttingen, 1761 dto. zu St. Petersburg (Reform der dortigen Dt. Schule), 1766 OKR in Berlin, dort aber haupts. als Kartograph tätig. – Die Kartographie als akad. Wissenschaft verdankt B. ihre Etablierung in Preußen; seine Landestopographie von 1775 wurde zum Standardwerk, sein Nachlass ging geschlossen in den Besitz → Katharinas II. von Russland über.

*W. (*Ausw.*)* Magazin für Historiographie und Geographie, 25 Bde., Hamburg 1767–1793; Grundriß zu einer Historie der Philosophie, 2 Bde., Berlin 1772–74; Vollständige Topographie der Mark Brandenburg, Berlin 1775. – *Lit.* Peter Hoffmann, A. F. B. Ein Leben im Zeitalter der Aufklärung, Berlin 2000; ders., A. F. B. als Schilderer Berlins und der Mark Brandenburg, in: MVGB 95 (1999), 543–551; Wilhelm Michel, Art. «B. A. F.», in: NDB 3 (1957), 3f.

C

Calvert, Charles → Baltimore

Camas, Paul Henri Tilio

* 1688 Wesel † 14. Apr. 1741 Breslau

Militär und Vertrauter FdG; ab ca. 1705 in preuß. Diensten: im Spanischen Krieg unter Leopold I. von → Anhalt-Dessau in Italien, 1706 Lt, 1725 Major, 1734 OLt, 1738 Ob, 1740 preuß. Sonderges. zu Versailles im Vorfeld des ÖEK. – Seit der Kronprinzenzeit ein enger Vertrauter FdG, unterhielt dieser mit ihm und seiner Gattin Sophie Charlotte († 1766), seit 1742 OHMin der Kgin. → Elisabeth Christine, – mit Letzterer, als „bonne chère maman" tituliert, über den Tod C.s hinaus – eine ausgedehnte Korrespondenz. Das Ehepaar C. zählte zu den ganz wenigen echten Freunden FdG, denen gegenüber er oftmals auch seine innersten Gedanken äußerte.

Qu. Lettres inédites, ou Correspondance de Frédéric II, roi de Prusse, avec monsieur et madame de C., Berlin 1802; Correspondance de Frédéric avec M. de Camas [Œuvres 16, 137–192]; Correspondance de Frédéric avec madame de Camas [Œuvres 18, 155–182]. – *Lit.* Ernst Graf zur Lippe-Weißenfeld, Art. «C., P. H. T.», in: ADB 3 (1876), 719; Hertzberg, Nachricht, 59–70; Einzelne Ansichten über Friedrich den Großen nebst dessen Briefen an die Gräfin von C., Brandenburg 1819; Zedlitz-Neukirch, Lexicon, I, 343f.

Campanini, Barbara, gen. La Barberina

* 7. Jun. 1721 Parma † 7. Jun. 1799 Barschau

Tänzerin; debütierte am 14. Jul. 1739 zu Paris in *Les Fêtes d'Hébé* von Rameau und wurde bald eine der meistgefeierten Balletttänzerinnen Europas; zahlr. Verhältnisse mit Aristokraten (darunter Victor Amédée de Carignan, Prinz von Savoyen und Lord Stuart de Mackenzie) ermöglichten ihr ein exquisites Leben mit entspr. Standard, dazukamen Einzelzahlungen (so 150.000 fl. eines ndl. Kaufmanns für einen einzigen Auftritt an der Pariser Oper). Während eines Aufenthaltes in Berlin lernte sie FdG kennen, der sie sofort engagieren wollte; die C. aber entzog sich durch Flucht nach Venedig, woraufhin der Kg. den venezian. Ges. in Engl., welcher gerade in Preußen weilte, festsetzen und ihr einen Blankovertrag nachsenden ließ, in den sie die vom Kg. dann genehmigte Summe von 7000 th. p.a. eintrug. Von 1744–49 an der Berliner Hofoper engagiert, endete ihr Kontrakt mit der von FdG zunächst verbotenen, dann erlaubten Ehe mit Carl Ludwig von Cocceji (1724–1808), Sohn des Ministers → Cocceji. Seit Ende der 1760er Jahre getrennt lebend, wurde die Ehe 1788 geschieden, danach widmete sich C. über dreißig Jahre zu Barschau/Hochkirch ausschließlich karitativen Werken, darunter einer Stiftung für verarmte Adelsmädchen, was ihr schließl. nach ihrem Tode die Ehre einbrachte, über dem Gruftaltar der Kirche ihres Sterbeortes beigesetzt zu werden. – Ob und in welchem Maße C. FdG wirklich jemals nähergestanden ist, kann heute nicht mehr geklärt werden, ein Verhältnis wurde oft behauptet. Dass ihr Gehalt an der Oper astronomisch auch für die an Diven und Starkastraten gewohnte Zeit war, ist nicht zu leugnen. – Das Echo C.s in Belletristik (Willy Norbert, *Barberina Campanini – eine Geliebte Friedrichs des Großen*, 1909, Paul Adolf, *Die Tänzerin Barberina*, 1915, Paul [Schaum-]Burg, *Des großen Friedrich Ballerina Barberina*, 1922), Musik (Operette *La Barberina*, Musik: Leo Ascher, 1928, Ballett *Die Barberina*, Musik: Herbert Trantow, 1935) und Film (*Die Tänzerin Barberina*, Regie: Carl Boese, 1919/20, *Barberina, die Tänzerin von Sanssouci*, Regie: Frederic Zelnik, 1932) ist beachtlich.

Lit. Giuseppe Dall'Ongaro, La B., Novara 1987; Ernst Dohm, Bismarck an Uhden. Kleine Skizze aus großer Zeit, in: Die Gartenlaube, Heft 14–16, 18, 19, Leipzig 1866; Franz Direske, Die B. in der Gruft von Hochkirch, Breslau 1932.

Carestini, Giovanni Maria Bernadino

* 13. Dez. 1700 [Monte] Filottrano † c. 1760 ebd.

gen. *Il Cusanino*; Kastratensänger; nach Studium zunächst priv. Auftritte in Mailand, Debüt 1720 ebd. und 1721 zu Rom (*La Griselda* v. Alessandro Scarlatti), Auftritte in Neapel, Venedig, München (1731), London (1733–35 für G. F. Händel), Mailand (1743), Wien (1745–47) und Dresden (1747–49 in Opern → Hasses), 1750 am Berliner Opernhaus von FdG engagiert, wo er bis 1754 hauptsächl. in Opern der Gebrüder → Graun und Hasses auftrat, nach einem letzten Engagement zu St. Petersburg (1754–56) 1758 Rückzug aus dem Bühnenleben. – C. war sicherlich einer der bed. Sänger des 18. Jhs., sein Engagement an der Berliner Oper sollte und kann als Ausweis deren Stellung in dieser Zeit gelten.

Lit. Claudia Maria Korsmeier, Der Sänger G. C. (1700–1760) und „seine" Komponisten: die Karriere eines Kastraten in der ersten Hälfte des 18. Jahrhunderts

(Schriften zur Musikwissenschaft aus Münster 13), Eisenach 2000; dies., „Mit Brief und Siegel ...". Ein Virtuosenpatent für den Sänger G. C., in: Axel Beer/Laurenz Lütteken (Hgg.), FS Klaus Hortschansky zum 60. Geburtstag, Tutzing 1995, 125–130.

Carl VI.

* 1. Okt. 1685 Wien † 20. Okt. 1740 ebd.

Dt. König und erwählter ‚Röm. Kaiser' (1711–1740, Krg. 1712), Kg. von Ungarn (III. Károly – 1712–1740), Böhmen (Karel II. – Krg. 1723) sowie zeitweise Kg. von Spanien (eigentl. nur Katalonien und Aragon, Carlos III – 1703–1713) und Sardinien (Carlo III – 1713–1720), Erzherzog von Österreich. Auf die spanische Krone musste er faktisch 1714 im Frieden von Baden verzichten, auf jene Sardiniens 1720. – Der größte Teil der Reg. C.s in Wien stand im Zeichen der *Pragmatischen Sanktion*, d. h. der Garantie/Anerkennung der Erfolge seiner ältesten Tochter → Maria Theresia in den österr. Erblanden. Sein Tod infolge einer Pilzvergiftung erwies diese Garantien als hinfällig und ermöglichte die Geltendmachung der preuß. Ansprüche auf Schlesien durch FdG. Obwohl C. bewusst am universalen Anspruch des Hauses Habsburg festhielt, entwickelte sich unter ihm Österr. v. a. durch Behauptung und Gewinne auf dem Balkan sowie durch den Wegfall der spanischen Linie der Habsburger als eigenständige Großmacht; ein Großteil der bis heute das Stadtbild Wiens beherrschenden barocken Architektur entstand unter seiner Regierung, wobei die Kunst als ikonogr. Ausweis des neuen Selbstgefühls erscheint.

Lit. Bernd Rill, Karl VI. Habsburg als barocke Großmacht, Graz 1992; Hans Schmidt, Karl VI. 1711–1740, in: Schindling/Ziegler, Kaiser der Neuzeit, 200–214; Franz Matsche, Die Kunst im Dienste der Staatsidee Kaiser Karls VI. Ikonographie, Ikonologie und Programmatik des ‚Kaiserstils', 2 Bde., Berlin/New York 1981.

Carl VII.

*16. Aug. 1697 Brüssel † 20. Jan. 1745 München

als Carl Albrecht Kf. von Bayern (1726–1745), Dt. König und erwählter ‚Röm. Kaiser' (1742–45), Kg. von Böhmen (Karel III. – 1741–43, Huldigung 1741). Sohn Kf. Max II. Emanuels (1662/1679–1726), dessen

Carl VII.

Ansprüche und Ambitionen C. trotz der Unterzeichnung der *Pragmatischen Sanktion* → Carls VI. aufrechterhielt und durch seine Ehe mit der Habsburgerin Maria Amalia (1701–1756), Tochter Josephs I. (1678/1705–1711) untermauerte. Beim Tode Carls VI. 1740 machte C. diese geltend, marschierte mit frz. und dann preuß. Unterstützung in Böhmen ein, wo er als Kg. anerkannt wurde, im Jan. 1742 wurde er zum Dt. Kg. gewählt und von seinem Bruder → Clemens August in Frankfurt/Main gekrönt. Durch die Besetzung Münchens im selben Jahr war er allerdings zur Etablierung eines Exilhofes in seiner Krönungsstadt gezwungen; erst kurz vor seinem Tod konnte er nach München zurückkehren. – Wiewohl das ‚Kaisertum' C.s im Kontext einer nahezu ungebrochenen habsburgisch-lothringischen Kontinuität (1440/43–1742, 1745–1806) nur Episode zu sein scheint, zeigte doch gerade deren Aufbrechen den Wahlcharakter des Amtes deutlich auf, ebenso die verfassungsmäßige Unabhängigkeit der Kf.en. Preußen unter FdG spielte im Prozess der sich etablierenden ‚deutschen Freiheiten' eine entscheidende wie wohl auch dominierende Rolle, von der sich C. – ebenso wenig wie von den frz. Subsidien und Truppenstellungen – aufgrund mangelnder eigener Ressourcen nie freimachen konnte. Der Tod C.s, den FdG als den Verlust seines „einzigen Freundes" („le seul ami, que j'avois") bezeichnete, markiert dauerhaft den Wechsel der innerdeutschen Alternative zur habsburgischen Übermacht von den Wittelsbachern hin zu den Hohenzollern.

Lit. Peter Claus Hartmann, Glücklicher Kurfürst – unglücklicher Kaiser. Karl Albrecht – Karl VII., Regensburg 1985; Fritz Wagner, Kaiser Karl VII. und die großen Mächte 1740–1745, Stuttgart 1938; Alois Schmid, Karl VII., in: Schindling/Ziegler, Kaiser der Neuzeit, 215–231.

Carl Edzard

* 18. Jun. 1716 Aurich † 25. Mai 1744 ebd.

1734–1744 Fürst von Ostfriesland; Sohn Fürst Georg Albrechts (1690/1708–1734) und Christine Louises von Nassau-Idstein (1691–1723), durch den frühen Tod des Vaters jeglicher Studien- und Ausbildungsmöglichkeiten beraubt, wurde C. E. 1734 mit Sophie Wilhelmine von Brandenburg-Kulmbach-Bayreuth (1714–1749) verheiratet, was die Anwartschaftsrechte Brandenburg-Preußens im Falls eines Aussterbens der fürstlichen Linie Cirksena verbesserte. Da die Regierung des Landes fast ausschl. bei den Ständen lag, blieb C. E. nahezu kein pol. Spielraum. Mit seinem frühen Tod trat der erwartete Dynastiewechsel ein: Aufgrund der zuvor in der Emder Konvention (14. März 1744) festgelegten Ansprüche trat FdG das Erbe sofort an, und mit dem Einmarsch von 500 preuß. Soldaten und der Erbhuldigung der Stände (23. Jun. 1744) wurde Ostfriesland zur preuß. Provinz.

Lit. Thorsten Melchers, Ostfriesland: Preußens atypische Provinz? Preußische Integrationspolitik im 18. Jahrhundert (Diss.), Oldenburg 2002, 169–208; Ernst Hinrichs, Ostfriesland unter Friedrich dem Großen – Epoche oder Episode? (Perspektiven Ostfrieslands 5), Aurich 1997.

Carl Eugen, Herzog von Württemberg

* 11. Feb. 1728 Brüssel † 24. Okt. 1793 Hohenheim

1737–1793 Hzg. von Württemberg; mit neun Jahren bereits nominell an die Reg. gekommen, wuchs C. E. bis 1744 am preuß. Hof unter FdG auf, der ihm nicht nur eine eigene Erziehungsordnung verfasste, sondern auch für exzellente Lehrer, darunter Carl Philipp Emanuel → Bach, sorgte; 1748 Heirat mit Elisabeth Friederike Sophie von Brandenburg-Bayreuth (1732–1780), der Tochter → Wilhelmines von Preußen und Nichte FdG. Die Ehe erwies sich als Katastrophe, 1756 kam die Braut nach Bayreuth zurück. Aber auch pol. erwies sich C. E. nicht als die erwünschte Stütze des preuß. Systems, seine Interessen galten vielmehr den Künsten (Stadtschloss zu Stuttgart, Schloss Solitude). Die 1780 geschlossene zweite, morganatische Ehe mit Franziska Theresia Reichsgräfin von Hohenheim (1748–1811) bewirkte einen Wandel, nun begab sich C. E. fast ausschließlich auf Reisen, von denen sein Tagebuch berichtet.

Qu. Miroir des Princes, ou Instruction du Roi pour le jeune duc Charles Eugène de Würtemberg [Œuvres 9]. – *W.* Tagbücher seiner Rayßen…, in den Jahren 1783–1791 von Herzog Carl Eugen selbsten geschrieben…., ed. Robert Uhland, Stuttgart 1968. – *Lit.* Jürgen Walter, C. E. von Württemberg, Mühlacker 2009; Wilhelm Kohlhaas, K. E. gegen Friedrich den Großen. Von der Tragik württembergischer und deutscher Geschichte im 18. Jahrhundert, in: Schwäbische Heimat 9 (1958), 66–69; Adolf von Winterfeld, Friedrich der Große und Herzog K. E. von Württemberg, in: Deutsche Revue 23/2 (1898), 186–191.

Carl III. Philipp

* 4. Nov. 1661 Neuburg/Donau † 31. Dez. 1742 Mannheim

Kf. der Pfalz 1716–1742; nach Studien zum geistl. Stande bestimmt (mehrere Kanonikate), 1691–94 Militär in kaiserl. Diensten, GFM, 1712 Verwalter des habsbg. Vorderösterreich und Statthalter in Innsbruck, ab 1716 Kf. – Bedeutend als Begründer des mod. Mannheim (Verlegung der kfstl. Residenz ab 1720) und Mitinitiator der Union des Gesamthauses Wittelsbach (Hausunion 1724, Heiraten seiner Töchter mit der Münchner und Sulzbacher Linie 1742), war C. ein treuer Unterstützer → Carls VII. sowie der kath. Sache in der Pfalz (Kirchenbauten). Mit seinem Tode endet die Linie Pfalz-Neburg.

Lit. Hans Schmidt, Kurfürst K.Ph. von der Pfalz als Reichsfürst, Mannheim 1963; ders., Kurfürst K.Ph. von der Pfalz, in: Mannheimer Hefte 2 (1960), 26–37; Hermann Wiegand, Auf dem Weg zur Residenz unter Kurfürst K.Ph. (1716–1742), in: Ulrich Nieß/Michael Caroli (Hgg.), Geschichte der Stadt Mannheim. Bd. I, 1607–1801, Ubstadt-Weiher 2007, 332–371.

Carl Theodor

* 11. Dez. 1724 Drogenbos bei Brüssel † 16. Feb. 1799 München

Kf. von der Pfalz 1742–1799, Kf. von Bayern 1777–1799, Hzg. von Jülich und Berg 1742–1799; als Sohn des Sulzbacher Hzg.s Johann Christian (1700/1732–1733) ab 1734 im Hinblick auf das als sicher geltende Aussterben der Linie Pfalz-Neuburg als Nachfolger → Carls III. Philipp erzogen, ab 1742 Kf., nach Aussterben der Münchener Linie mit dem Tode → Max III. Joseph auch Kf. von Bayern; da auch C. Th. ohne männl. Nachkommen blieb, erlosch mit ihm die Linie Pfalz-Sulzbach. – Unter C. Th. entwickelte sich der Mannheimer Hof zu einem der neben Potsdam und Dresden führenden dt. Kulturzentren (Architektur, Hoforchester der «Mannheimer Schule», Grdg. der AdW 1763 sowie der Meteorolog. Gesellsch. 1780). Die AP der Pfalz folgte dem Gesamthaus Wittelsbach: Eintritt in den ÖEK auf Seiten Frk. und Preußens infolge der auf dem Nymphenburger Vertrag basierenden Allianz; im SJK hielt sich die Pfalz, wie Bayern, weitgehend neutral. Seine Ansprüche auf Bayern 1777 wurden durch → Joseph II. bestritten, was, nach gescheiterten Tauschplänen mit dem Eingreifen FdG gegen die österr. Pläne zum BEK führte. Wie FdG war C. Th. mit → Voltaire verbunden, der nach seiner Desavouierung in Potsdam Mannheim besuchte (1753).

Lit. AK Lebenslust und Frömmigkeit, 2 Bde., Regensburg 1999; Günter Ebersold, Rokoko, Reform und Revolution. Ein politisches Lebensbild des Kurfürsten K. Th., Frankfurt/Main 1985; Hermann Weber, Die Politik des Kurfürsten K. Th. von der Pfalz während des Österreichischen Erbfolgekrieges (1742–1748) (Bonner Hist. Forschungen 6), Siegburg 1956.

Carlo Emanuele III

* 27. Apr. 1701 Turin † 20. Feb. 1773 ebd.

König von Sardinien, Hzg. von Savoyen, Marchese di Monferrato & di Saluzzo, Principe di Piemonte, Conte d'Aosta, della Moriana e di Nizza von 1730–1773; im PEK auf Seiten Frk., im ÖEK auf jener Österr. – Als geschickter Taktiker zwischen den Fronten seiner Zeit, gelang es C. E. den Besitzstand seines Hauses zu wahren; im ÖEK rettete der Sieg bei Assietta (19. Jul. 1747) Piemont vor dem Zusammenbruch. Als Mäzen v. a. durch die Förderung der Historiographie (Ludovico Antonio Muratori, 1672–1750) bedeutsam.

Lit. Giuseppe Ricuperati, Lo Stato sabaudo nel Settecento, Torino 2001; Virgilio Ilari/Giancarlo Boeri/Ciro Paoletti, La corona di Lombardia. Guerre ed eserciti nell'Italia del Medio Settecento (1733–1763), Ancona 1997; Domenico Carutti, Storia del regno di C. E. III, 2 Bde., Torino 1859.

Carlos III/Carlo IV

* 20. Jan. 1716 Madrid † 14. Dez. 1788 ebd.

König von Neapel und Sizilien [off. «beider Sizilien und Jerusalems»] 1735–1759, König von Spanien 1759–1788; schloss 1735 Präliminarfrieden mit Österr. (1740 ratif.), auf Anraten seines Vaters → Felipe V 1744 trotz anfängl. Zögerns definitiver Kriegseintritt in ÖEK gegen Österr., Sieg bei Velletri (18. Aug. 1744), im SJK trotz ständigen Drängens GB zum Abschluss einer ital. Allianz gegen Frk. neutral, als span. Kg. ab 1759 dann 1762 Kriegseintritt, Invasionen in Portugal und auf Jamaika scheiterten, 1763 verlor Spanien Florida an GB, das es durch sein Engagement im AUK auf Seiten Frk. und der neuen USA 1783 wiedergewann. – Seine zahlr. Reformen, in Italien begonnen, hatten das Ziel, Spaniens Stellung zu heben und das Land vor dem drohenden finanz. und administr. Chaos zu retten. Vieles (Justiz, Erziehung, Verw.) gelang, anderes (Marine, Kirchenref.) musste an den Gegebenheiten scheitern. C. war maßgebl. an der Aufhebung der Jesuiten 1773 beteiligt, förderte aber zur gleichen Zeit die franziskanische Mission in Kalifornien, wo durch die *Missiones* zum ersten Mal eine feste administr. und kirchl. Struktur geschaffen wurde. Das neue Augenmerk auf Nordamerika und die Hebung von Handel und Industrie (Schiffbau) gehören zu den bleibenden Leistungen C.s.

Lit. Sir Charles Petrie, King Charles III of Spain: An Enlightened Despot, London 1971; Antonio Domínguez Ortiz, C. III y la España de la Ilustración, Madrid 1988; Thomas E. Chávez, Spain and the Independence of the United States: An Intrinsic Gift, Albuquerque 2002.

Carmer, Johann Heinrich Casimir Graf von

* 29. Dez. 1729 Bad Kreuznach † 23. Mai 1801 Rützen

Jurist und Minister, Studium in Jena und Halle, dann als Jusrist am RKG, ab 1751 in preuß. Diensten: 1749 Referendar am KG, 1751 RR zu Oppeln, dann Dir. und Präs. der OAR zu Breslau, 1768 als Präs. aller OAR fakt. Justizminister für Schlesien, 1779 GK, ab 1780 (Kab.-Ordre vom 14. Apr.) mit der Kodifizierung des neuen *Corpus Juris Fridericianum* (prokl. 26. Apr. 1781) beauftragt. – Mit der Schaffung des neuen Rechtssystems, welches zunächst in die Allgemeine Gerichtsordnung und dann 1794 in das APLR überging, schuf C. auf den Arbeiten S. von → Coccejis aufbauend das Justizsystem des mod. preuß. Zentralstaates.

Lit. Grahl, Abschaffung, 41–178; Götz Freiherr von Houwald, Ahnen und Enkel des Johann Heinrich Casimir Graf v. Carmer, Limburg 1977; Georg F.F. Eberty: Art. ‚C., J. H. C. Graf von', in: ADB 4 (1876), 1–3.

Caroline Henriette → Hessen-Darmstadt

Casanova, Giacomo

* 2. Apr. 1725 Venedig † 4. Jun. 1798 auf Schloss Duchcov

Abenteurer und Memoralist; nach kirchl. Studien und Erteilung der Niederen Weihen ab 1742 als Sekretär in versch. Diensten, in zahlr. Straftaten und Liebeshändel verwickelt, wurde er ab 1750 eine Berühmtheit *sui gene-*

ris, die seine Reisen durch Europa noch verstärkte. Trotz seines zweifelhaften Wesens und Charakters gelang – vielleicht aufgrund seiner Zugerhörigkeit zur Freimaurerei (ab 1750) der Zugang selbst zu den Höfen der Welt, 1760 durch → Benedikt XIV. sogar die Aufnahme in den Orden vom Goldenen Sporn. Nur bei FdG zu Potsdam erlitt er eine Abfuhr, dessen Angebot zur Leitung einer Landakademie für pommersche Adelige lehnte er ab. Seine Memoiren geben das europ. 18. Jh. aus seiner Sicht wieder.

W. Michele Mari (Hg.), *L'histoire de ma vie* di G. C. (Quaderni di Acme 100), Milano 2008. – *Lit.* Emilio Ravel, L'uomo che inventò se stesso, Milano 2010; Il mondo di G. C. – un veneziano in Europa, 1725 –1798, 2 Bde., Venezia 1998; Elio Bartolini, Vita di G. C., Milano 1998; Gustav Ahrens, C. in Berlin, in: MVGB 33 (1916), 43–46.

Catt, Henri Alexandre de

* 25. Jun. 1725 Morges (Genfer See) † 23. Nov. 1795 Potsdam

Privatsekretär und Vorleser FdG; auf seinem Rückweg in die Heimat nach Studien in Utrecht lernte C. FdG 1755 während dessen Ndl.-Aufenthalts kennen, sechs Wochen später erhielt er ein Stellenangebot aus Potsdam; von 1758 bis ca. 1782 war C., zwischenzeitlich in Berlin verheiratet, als Gesellschafter, Vorleser, Stilkritiker, Kunstagent und Berater der engste Vertraute des Kgs. Wiewohl der Großteil ihrer Korrespondenz als verloren gelten muss, bilden C.s Memoiren doch eine der Hauptquellen zur Erschließung der Persönlichkeit FdG, seines Denkens, Fühlens und Handelns.

Qu. Correspondance de Frédéric avec M. de C. [Œuvres 24]. – *W.* Unterhaltungen mit Friedrich dem Großen: Memoiren und Tagebücher von Heinrich de C., hrgg. v. Reinhold Koser (Publicationen aus den Königlich Preussischen Staatsarchiven 22), Leipzig 1884 (Ndr. Osnabrück 1965); Gespräche Friedrichs des Großen mit C., hrgg. v. Willy Schüßler, vollst. Ausg. Leipzig 1940, ²Bremen 1955 (Ndr. ebd 1981). – *Lit.* Heinrich von Sybel, De C.s Memoiren, in: Sitzungsberichte der preußischen Akademie der Wissenschaften 3 (1884), 35–44; Johannes Kunisch, H. de C., Vorleser und Gesprächspartner Friedrichs des Großen. Versuch einer Typologie, in: Eckhart Hellmuth u. a. (Hgg.), Zeitenwende? Preußen um 1800, Stuttgart 1999, 229–250.

Cavaceppi, Bartolomeo

* c. 1716 † 9. Dez. 1799

Bildhauer, Restaurator und Kunsthändler; nach einer Ausbildung bei dem in Rom lebenden frz. Bildhauer Pierre Étienne Monnot (1657–1733) spezialisierte sich C. unter dem Einfluss seines Freundes Johann Joachim Winckelmann (1717–1768) und unter der Patronage von Card. Alessandro Albani (1692–1779) zu einem der gesuchten Restauratoren und – damit unmittelbar verbunden – zu einem der meistgefragten Kunsthändler der Zeit sowie zu einem Kunstagenten für zahlr. europ. Höfe und Monarchen, darunter → Katharina II. und FdG. Der 1770 zum Ritter des Goldenen Sporns erhobene C. errichtete dafür ein eigenes Verkaufslokal, das *Museo C.*, seine Restaurierungsarbeiten erschienen in einer gedruckten Dokumentation. – 1766 bestellte der Kg. die 14 antiken Statuen für das Gartenrondell des Neuen Palais zu Potsdam bei C., 1768 hielt dieser sich selbst in Berlin auf, wo er öfters mit FdG zusammentraf; zu diesem Zeitpunkt entstand wohl auch der Auftrag für die Porträtbüste. FdG sollte dann über sächs. Vermittlung 1770 20 Statuen aus dem Besitze C.s erworben, welche auf alle kgl. Schlösser verteilt wurden.

Lit. Thomas Weiss (Hg.), Von der Schönheit weißen Marmors. Zum 200. Todestag B. C.s, 2 Bde., Mainz 1999; Maria Giulia Barberini (Hg.), B. C., scultore romano (1717–1799), Roma 1994; E. P. Riesenfeld, C.s Büste Friedrichs des Großen, in: ZS für bildende Kunst 25 (1914), 17–60.

Chambrier d'Oleyres, Jean-Pierre de

* 27. Okt. 1753 Neuenburg † 30. Dez. 1822 ebd.

Diplomat; 1780 von FdG zum preuß. Ges. am Turiner Hof ernannt (bis 1805), 1806 preuß. Bevollmächtigter bei den Übergabeverhandlungen Neuenburgs an Napoleon, 1792 ADW, 1799 RAO, 1814–22 Gouverneur und GLt von Neuenburg, Verhandlungsführer bei den Aufnahmegesprächen Neuenburgs in die Eidgenossenschaft (als preuß. Fürstentum).

Lit. Louis E. Roulet, Chambrier d'Oleyres et la politique helvétique, in: Léon Montandon (Hg.), Neuchâtel et la Suisse, Neuchâtel 1969, 171–181; Eric-André Klauser, Art. «Ch., J.-P.», in: HLS.

Chasôt, Isaac François Egmonde, Vicomte de
* 18. Feb. 1716 Caen † 24. Aug. 1797 Lübeck

Militär; aus frz. Diensten wegen eines Duells entlassen, aufgrund pers. Freundschaft mit FdG preuß. Dragoneroffizier u. a. bei Mollwitz und Hohenfriedberg, 1750 OLt., 1752 Abschied aus der preuß. Armee; danach zuerst in mecklenburgischen, ab 1753 in lübeckschen Diensten (1759 Stadtkommandant). – Als unsteter Charakter (mehrfache Duelle) aus der preuß. Armee entlassen, hielt FdG Ch. trotzdem die Treue (Patenschaft für seinen ält. Sohn Friedrich Ulrich). Sein Schloss *Marly* vor Lübeck (heute abgegangen) galt als eines der bed. Bsp. frz. Architektur des 18. Jhs. im norddt. Raum.

Qu. Correspondance de Frédéric avec le chevalier de Ch. [Œuvres 25]. – *Lit.* Kurd von Schlözer, General Graf Egmont von Ch. zur Geschichte Friedrichs des Großen und seiner Zeit, bearbeitet von Karl-Friedrich von Bunsen, Berlin 2004; Otto Anthes: Der Graf von Ch., ²Lübeck 1980; M. E. Kröger, Friedrich der Große und General Ch., in: Neue Christoterpe 15 (1894), 263–324.

Châtelet-Laumont, Gabrielle Émilie Le Tonnelier de Breteuil, Marquise du
* 17. Dez. 1706 Paris † 10. Sep. 1749 Lunéville

Mathematikerin und Philosophin; nach ungew. Studien (evtl. unter Bernard le Bovier de Fontenelle (1657–1757)) bereits mit zwölf Jahren fließende Beherrschung der latein., griech., ital. und dt. Sprache, daneben weitreichende mathem. und physik. Kenntnisse; trotz Ehe mit Florent-Claude du Chastellet-Lomont (daraus drei Kinder) unterhielt sie zahlr. außereheliche Bez., u. a. zu → Voltaire und Jean François de Saint-Lambert (1716–1803); zu ihren wiss. Lehrern zählten u. a. Pierre Louis → Maupertuis und Alexis Claude de Clairaut (1713–1765), mit FdG stand sie zwischen 1738 und 1744 in regelm. Briefkontakt, was nicht über eine gew. feindselige Haltung gegenüber dem Kg. hinwegtäuschen kann. – Trotz aller wiss. Leistungen, darunter an erster Stelle die Übs. von Newtons *Principia mathematica* (ed. 1756, bis heute frz. Standardübs.), offenbart das Leben Ch.-L.s die Ambivalenz ambitionierter weibl. Existenz im europ. 18. Jh.

Qu. Correspondance de Frédéric avec la marquise du Châtelet [Œuvres 17]. – *W.* Institutions de Physique, Paris 1740; Principes mathématiques de la philosophie naturelle par feue Madame la Marquise du Ch., Paris 1756, ²1759; Les Lettres de la Marquise du Ch., hg. v. Theodore Besterman, 2 Bde., Genève 1958. – *Lit.* Judith Zinsser, Dame d'Esprit: A Biography of the Marquise du Ch., New York 2006; dies./Julie Hayes (Hgg.), Emelie du Ch. – Rewriting Enlightenment Philosophy and Science, Oxford 2006; Otto R. Gervais, Eine Feindin Friedrichs des Großen – Marquise du Ch. und der König von Preußen, in: Kreuz-Zeitung, 27. Ausg., 1936.

Chevalerie → Motte

Chodowiecki, Daniel Nikolaus

* 16. Okt. 1726 Danzig † 7. Feb. 1801 Berlin

Kupferstecher; nach einer ursprgl. kaufm. Ausbildung 1743 nach Berlin, zunächst als Zeichner von Schmuckentwürfen erfolgreich, ab 1754 mit seinem Bruder Gottfried (1728–1781) als Emailmaler selbständig, durch Einheirat in das hugenott. Patriziat Berlins bald als Illustrator und Stecher sehr berühmt, 1764 Mitgl. der ASK in führenden Funktionen: Sekretär (1783), Rektor (1786–89) und Vizedirektor (1789–97). – Mit seinen über 2200 Radierungen und Stichen gilt Ch. zu Recht als der bed. Vertreter seines Faches im norddt. 18. Jh; seine Bilder zu Leben und Taten FdG trugen nicht unwesentlich zu dessen Popularität bei.

W. Wilhelm Engelmann, D. Ch.s sämmtliche Kupferstiche. Nachträge und Berichtigungen von Robert Hirsch, Leipzig 1857, ²1906, Ndr. Hildesheim 1969. – *Lit.* Ernst Hinrichs/Klaus Zernack: D. Ch. (1726–1801) – Kupferstecher, Illustrator, Kaufmann, Tübingen 1997; Willi Geismeier, D. Ch., Leipzig 1993; Wolfgang von Oettingen, D. Ch.s Arbeiten für Friedrich den Großen und seine Darstellungen der königlichen Familie, in: Hohenzollern Jahrbuch 8 (1904), 1–18.

Christian VII.

* 29. Jan. 1749 Kopenhagen † 13. März 1808 Rendsburg

König von Dänemark und Norwegen 1766–1808, Herzog von Schleswig und Holstein 1766–1808; mit 17 Jahren König, führte sein unruhiges und unstetes Leben zur Einsetzung div. Regentschaften: 1772–84 durch seine Mutter Juliana Maria von Braunschweig-Wolfenbüttel (1729–1796), danach durch seinen Sohn, den sp. Frederik IV (1768/1808–1839). – Nach der Scheidung von seiner Frau Caroline Matilda (1751–1775), einer Schwester → George II von GB, 1772 war die Position Ch.s aus den o.g.

Gründen unhaltbar geworden und führte zu seiner faktischen Absetzung. Alle Maßnahmen, sowohl die positiven Land- und Agrarreformen, wie das verhängnisvolle Engagement in den napoleon. Kriegen (Bombardierungen Kopenhagens 1801 und 1807) hatte er so nicht zu verantworten. Bleibend hingegen ist die Förderung des ungar. Astronomen Maximilian Hell (1720–1792), der 1769 auf Einladung Ch.s in Dänemark den Abstand der Sonne zur Erde und den Umlauf der Venus erstmals exakt bestimmte.

Lit. Ulrik Langen, Den afmægtige – en biografi om Ch. 7., København 2008; Henning Dehn-Nielsen, Ch. 7. – Den gale konge, København 2000; Helge S Kragh; The Moon that wasn't: the Saga of Venus' Spurious Satellite (Science Networks 37), Basel 2008.

Clemens XIII. (Carlo della Torre Rezzonico)

* 7. März 1693 Venedig † 2. Feb. 1769 Rom

Papst 1758–1769; nach Studium in kuriale Dienste (pästl. Kaplan und Apost. Protonotar), 1737 Card. (Tit. S. Nicola in Carcere), 1743 Bf. von Padua, ab 1758 Papst. – Im streng kirchl. Sinne verurteilte er die *Histoire du peuple de Dieu* von Berruyer, den *Esprit* des Helvétius, die *Exposition de la doctrine chrétienne* von Mésenguy, die *Encyclopédie* → d'Alemberts und Diderots, sowie *De Statu Ecclesiæ* des Febronius. Als Unterstützer der Jesuiten (Bulle *Apostolicum pascendi munus* 1765) geriet C. in Konflikt v. a. mit den Bourbonenhöfen zu Madrid und Versailles. Ob die für den Tag nach seinem Tode (!) anberaumte Session der Cardinalskongregation wirkl. damit im Zusammenhang gestanden wäre, bleibt ebenso Spekulation wie Gerüchte um seine Todesursache.

Lit. Gustave Xavier de La Croix de Ravignan, Cl. XIII et Clément XIV, Paris 1854; Franz J. Holzwarth, Die Verschwörung der katholischen Höfe gegen C. XIII., Mainz 1872; Pastor, Geschichte XVI/1, 443–1010.

Clemens XIV. (Giovanni Vincenzo Antonio Ganganelli OFM)

* 31. Okt. 1705 Santarcangelo di Romagna † 22. Sep. 1774 Rom

Papst 1769–1774; 1724 OFM, Studien u. a. in Pesaro und Rom, 1746 Kurialer, 1759 Card. (Tit. S. Lorenzo in Panispema), nach dreimon. Konklave 1769 Papst. – Schon Dauer und Umstände des Konklaves hatten den Druck der bourbon. Höfe auf den Hl. Stuhl bzgl. der Jesuitenfrage gezeigt. In seinen jungen Jahren ein Freund der SJ und Gegner der Aufklärung (Indizierung zahlr. frz. Werke), konnte Cl. ab 1772 dieser Opposition nicht mehr standhalten und verkündete 1773 die Auflösung der SJ, der er sich zunehmend entfremdet hatte. Der Orden überlebte danach nur in Preußen und Russland. Durch diese Tat galt Cl. lange als Galionsfigur antiklerikaler Kreise, welche ihn posthum verklärten.

Lit. Lorenzo Bartolini Salimbeni (Hg.), L'età di papa Cl. XIV – religione, politica, cultura, Rom 2010; Gustave Xavier de La Croix de Ravignan, Clément XIII et Cl. XIV, Paris 1854; Leone Cicchitto, Il Pontefice Cl. XIV, Rom 1934.

Clemens August I.

* 16. Aug. 1700 in Brüssel † 6. Feb. 1761 Schloss Philippsburg (Koblenz-Ehrenbreitstein)

Hzg. Clemens August Ferdinand Maria Hyazinth von Bayern, Fst.Bf. von Regensburg 1716–1719, Fst.Bf. von Münster 1719–1761, Fst.Bf. von Paderborn 1719–1761, Kf.-EBf. von Köln 1723–1761, Fst.Bf. von Hildesheim 1724–1761, Fst.Bf. von Osnabrück 1728–1761, Herzog von Westfalen 1723–1761, HM OT 1732–1761. – Dank der Kirchenpolitik seines Hauses fand Cl. A. rasch Eingang in die meisten Stifte seiner Zeit; die Umstände (Tod eines Bruders, Förderung durch seinen Onkel → Joseph Clemens) beförderten den Aufstieg zu einer in der *Germania Sacra* nie zuvor oder danach erreichten Ämterfülle. Als geschickter Taktiker zwischen den Fronten konnte er seine Länder in die pol. Waagschale werfen und durch die div. Subsidienzahlungen eine unerreichte kultur. Blüte (Schlossbauten in Bonn, Brühl und Clemenswerth, Musik, Theater) sowie einen rel. Wohlstand seiner zahlr. Untertanen ermöglichen. Politisch stand er den Plänen seines Bruders → Carl VII. skeptisch gegenüber, beteiligte sich nur halbherzig am ÖEK und blieb im SJK neutral. Den Aufstieg Preußens unter FdG sah er, trotz pers. Sympathien für den König, als Gefährdung der kath. Position in Norddeutschland. FdG seinerseits mokierte sich gerne über den „Herrn der fünf Kirchen" („M^r de cinq églises"), unterschätzte aber nicht das Potential seiner Territorien.

Lit. Frank Günter Zehnder, Werner Schäfer (Hgg.), Der Riß im Himmel. Clemens August und seine Epoche, 7 Bde., Bonn u. a. 2000; AK Cl. A. – Landesherr und Mäzen des 18. Jh., Köln 1961; AK Cl. A. – Fürstbischof, Jagdherr, Mäzen, Meppen 1987.

Kurfürst Clemens August von Köln

Clemens Wenzeslaus

* 28. Sep. 1739 Schloss Hubertusburg † 27. Jul. 1812 Marktoberdorf

Prinz Clemens Wenzeslaus August Hubertus Franz Xaver von Sachsen, Fst.Bf. von Freising 1763–1768, Fst.Bf. von Regensburg 1763–1769; Kf.-EBf. von Trier 1768–1803, Fürstabt von Prüm 1768–1794, Fst.Bf. von Augsburg 1768–1803/12, Fürstpropst von Ellwangen 1787–1803. – Als Sohn Augusts III./ → Friedrich Augusts II. von Sachsen-Polen gelang Cl. W. ein fulminanter Aufstieg in der Reichskirche, er konnte jedoch im Ggs. zu → Clemens August seine Ämter kaum kumulieren. Als Reformer fast aller sozialen Bereiche leistete er Erhebliches, beharrte aber auf den kath. Rechten und Prärogativen. Innerkirchlich stand er nationalen Strukturen ablehnend gegenüber und gehörte ab 1789 zu den entschiedenen Gegnern der revolut. Ideen.

Lit. Heribert Raab, Cl.W. von Sachsen und seine Zeit 1739–1812, Freiburg im Br. 1962; Gabriele B. Clemens, Cl.W. von Sachsen (1739–1812), in: Unter der Trikolore 1 (2004), 94–104; Wolf-Ulrich Rapp, Stadtverfassung und Territorialverfassung. Koblenz und Trier unter Kurfürst Cl. W. (1768–1794), Frankfurt/Main u. a. 1995.

Cocceji, Samuel (ab 1749: Freiherr) von

* 20. Okt. 1679 Heidelberg † 4. Okt. 1755 Berlin

Jurist und Minister; Sohn des Juristen und Naturrechtlers Heinrich von C. (1644–1719), nach dem Jurastudium 1702 Prof. jur. in Frankfurt/Oder, 1718 zur Reform der ostpreuß. Justiz berufen, 1723 KGP, 1731 Präs. des Ober-Appellationsgerichts, ab 1738 von → Friedrich Wilhelm I. mit der Justiz-/Rechtsreform in Pr. beauftragt, zgl. bis 1739 JM, seine rein naturrechtlichen Prinzipien gingen dem König allerdings zu weit. Erst unter FdG ab 1741 wieder JM (–1746), dann 1747 GK, nach 1748 mit der Rechtsanpassung der neu erworbenen Provinz Schlesien befasst, währenddessen die Arbeiten an dem neuen Gesetzbuch (*Corpus Fridericianum*) weitergehen, dessen erster Teil 1749 (Personen- und Familienrecht) und zweiter 1751 (Sachrecht) erschienen. Ein konzipierter dritter Teil (Schuld- und Strafrecht) blieb durch den Tod C.s 1755 Ms. – Der neue, wiewohl unvollendete Codex stellte die erste niedergelegte Verbindung römischer und naturrechtl. Elemente und Ansätze (v. a. an Grotius orien-

Samuel Freiherr von Cocceji

tiert) dar und ist C. fast ausschließlich allein zu verdanken. Die Gliederung der Rechtsprechung in drei feste Instanzen mit dem Tribunal (ab 1772: Obertribunal) an der Spitze und die verbindl. geregelte Besoldung der Juristen verminderte deutlich Rolle und Anteil des Adels (v. a. der Grundherren) in/an Rechtsangelegenheiten. Das ab 1780 initiierte *Corpus Juris Fridericianum* überholte diese Entwicklung, der (posthume) Einfluss C. hierauf ist in der Lit. umstritten, wohl aber eher gering.

W. Dissertatio iuris gentium publici, de iusto praeliorum exitu..., Frankfurt/Oder 1706; Jus controversum civile, 2 Bde., ebd. 1713/18; Grotius illustratus..., 4 Bde., Breslau 1744–1754. – *Lit.* Roderich von Stintzing, Art. «C., S.», in: ADB 4 (1876), 373–376 [Analyse der Schriften]; Erich Döhring Art. «C., S.», in: NDB 3 (1957), 301f.; Ina Ebert, Art. «C., S.», in: HDR I (2008), 1451f. Albrecht Cordes, Heiner Lück, Dieter Werkmüller, Ruth Schmidt-Wiegand (Hgg.), Handwörterbuch zur deutschen Rechtsgeschichte, 2., völlig überarbeitete und erweiterte Auflage, Band I, Erich Schmidt Verlag, Berlin 2008, Sp. 1451f.

Cothenius, Christian Andreas

* 14. Febr. 1708 Anklam † 5. Jan. 1789 Berlin

Mediziner, Leibarzt FdG; nach Studien zu Halle (Dr. med. 1732), mehrere Ärztestellen, 1748 Hof- und Stadtmedikus zu Potsdam, 1751–78 Leibarzt FdG, 1768 Dekan des *Collegium Medicum* sowie des *Collegium Medico-Chirurgium*, 1784 Vorsitzender des *Obercollegium Medicum*, 1770 *Director Ephemeridum* der Kais. Leopoldinisch-Carolinischen Akademie zu Wien, daneben GR, ADW. – Neben der pers. medizin. Betreuung des Kgs. lag C.s Hauptverdienst in der völligen Reorganisation des Heeresmedizinwesens (als *Generalstabsfeld-Medicus*) während des SJK, was die Haupttodesursache der Soldaten durch Verwundung, Verletzungen und Ansteckungen (weit häufiger als der Tod auf dem Schlachtfeld) deutlich vermindern konnte.

Lit. Edith Heischkel-Artelt, Ch. A. C., in: Pommersche Lebensbilder, Bd. 3, Stettin 1940, 39–47; Ernst Graf zur Lippe-Weißenfeld, Art. «C., Ch. A.», in: ADB 4 (1876), 517f.; Manfred Stürzbecher, Art. «C., Ch. A.», in: BrBL, 81.

Courbière, Guillaume René de l'Homme, Seigneur de

* 25. Feb. 1733 Maastricht † 23. Jul. 1811 Graudenz

Militär; Sohn hugenottischer Auswanderer, 1746–53 in ndl. (1746 Fähnrich, 1748 Lt), ab 1758 in preuß. Diensten: 1758 Kapitän und Major für Verdienste vor Schweidnitz, 1758 für Einnahme von Dresden PlM, 1760 OLt, 1771 Ob, 1780 GM, 1789 GLt, 1798 GdI, 1802 SAO, 1803 Gouverneur von Graudenz, das er 1806/07 gg. frz. Truppen verteidigte, 1807 GFM und Oberbefehlshaber in Westpreußen. – C. kann als eines der wichtigsten Bindeglieder zwischen der friderizianischen und nachfolgenden preuß. Armeen gelten, dessen Heldentaten 1806/07 zu Graudenz das Vorurteil von deren (geistiger und körperl.) Vergreisung ausnahmsweise widerlegten.

Lit. SF 2, 147–152 (N° 664); Ernst Graf zur Lippe-Weißenfeld, Art. «C., G. R. », in: ADB 4 (1876), 534f.; Zedlitz-Neukirch, Lexicon, I, 377f.

Czettritz und Neuhaus, Georg Oswald Freiherr von

* 16. Aug. 1728 Mlitsch † 5. März 1800 Schwarzwaldau

Militär; ab 1745 in preuß. Diensten: 1745 Junker, 1746 Fähnrich, 1749 SLt, bei Reichenberg (21. Apr. 1757) (NB. nach anderen Berichten erst bei Reichenbach, 16. Aug. 1762) PlM, 1758 PLt, 1759 SK, 1762 Major, 1763 OLt, AHM zu Preuß.-Holland, 1768 Ob, 1770 GM, 1786 GLt, 1792 RAO, 1794 GdK. – In der kgl. Instruktion für die Kavallerie-Inspekteure vom 20. Jul. 1779 hob FdG die «Cz.-Husaren» ausdrücklich als beispielhaft hervor, was für die Wertschätzung des Kgs. für Cz. sprach.

Lit. SF 2, 93f. (N° 614); Ernst Graf zur Lippe-Weißenfeld, Art. «Cz., G. O.», in: ADB 4 (1876), 676; König, Lexikon, I, 335.

D

Dalwig, Georg Ludwig Freiherr von
* 26. Dez. 1725 Silkerode (Eichsfeld) † 27. Sep. 1796 Ratibor

Militär; 1740 Standartenjunker, 1745 Lt, 1748/49 Werbeoffizier, 1749 RM, 1750 Major, 1757 OLt, 1760 für seine Verdienste bei Torgau (Gefangennahme des österr. Gen. Bibow) PlM, 1760 Ob, 1764 GM, 1771 DH zu Halberstadt, 1773–76 Generalinspekteur der Kavallerie in Oberschlesien, 1781 GLt, 1785 SAO, 1787 GdK, 1792 RAO.

Lit. SF 2, 32–34 (N° 557); Ernst Graf zur Lippe-Weißenfeld, Art. «D., G. L.», in: ADB 4 (1876), 713f.; König, Lexikon, I, 337–342.

Danckelmann, Adolph Albrecht Heinrich Leopold Freiherr von
* 26. Sep. 1763 Berlin † 23. Jun. 1807 ebd.

Minister, Sohn von Carl Ludolph Frh. von → Danckelmann, nach Studium der Rechte in Halle, ab 1759 in preuß. Diensten: RR zu Madgeburg (5. Jul. 1759), 1763 Präs. der Clevmärkischen Regierung, 1780 Wirkl. Geh. Staats- und Justizminister (24. März), Chef-Präsidenten der drei schlesischen Ober-Amts-Regierungen, 1793 RAO, Vertreter → Friedrich Wilhelms II. bei der ersten Huldigung von Südpreußen, Danzig und Thorn, 1795 Abschied aus dem Staatsdienst, 1798 Erhebung in den Grafenstand (6. Jul.).

Qu. Theodor Oelsner, Eine Anzahl bisher ungedruckter Briefe Friedrichs des Großen an den schlesischen Etats- und Justizminister, nachmaligen Grafen von D., in: JSGVC 47 (1869) 229–231. – *Lit.* Pierer/Löbe, Universal-Lexikon, IV, 685f. ; Klaproth, Staats-Rath, 475f.

Danckelmann, Carl Ludolph Frh. von
* 12. Okt. 1699 Halle † 13. Dez. 1764 Berlin
Minister; zunächst in engl.-hannov. (Kammerjunker), danach in hessenkassel. (1725 OGR, 1731 GJR und Ges. am RT zu Regensburg), schließl. in preuß. Diensten: 1748 Wirkl. Geh. Staatsminister, Präsident des geh. Justizrates und Lehensdirektor. 1754 Mitgl. ADW, danach Leiter des *Geistlichen Departements* und erster Präsident des lutherischen Oberkonsistoriums, dazu Generalinspektor aller Schulen und Universitäten, sowie der *Kgl. Bibliothek*.

Lit. Pierer/Löbe, Universal-Lexikon, IV, 685f.

Dantal, Charles

* 1755 † 1799 Potsdam

Sprachwissenschaftler und (letzter) Vorleser FdG; Professor für Frz. Sprache und Sprachwissenschaften an der *Académie des Ingénieurs* zu Potsdam, 1784–86 Vorleser FdG. – D. musste dem alten Kg. täglich, mitunter bis zu drei Stunden am Stück, aus Werken der Geschichtsschreibung, aber auch antiken Klassikern vortragen.

W. Les déclassemens littéraires ou heures de lecture de Frédéric II, Elbing 1791 (dt. Friedrich der Einzige in seinen Privat-und besonders literarischen Stunden betrachtet, Elbing 1791). – *Lit.* Françoise Waquet, Le Prince et son lecteur, Paris 2000; Allgemeine Literaturzeitung 163/2 (1792), 623f.

Darget, Claude Etienne

* 1712 Paris † 1778 ebd.

Diplomat und Vorleser FdG; nach dipl. Missionen im Auftrag des Hofes zu Versailles, Botschaftssekr. in Berlin unter → Valori, 1745 ADW, von 1746–53 Vorleser FdG, ab 1756 wieder in frz. Diensten, während des SJK bes. intensive Korrespondenz mit FdG. – Die Aufgaben D.s zu Berlin und Potsdam gingen weit über die reine Vorlesertätigkeit hinaus. Er kümmerte sich u. a. als Sekr. um den pers. Briefwechsel des Kgs., den er auch in stilistischer Hinsicht betreute. Viele der großen hist. und lit. Werke FdG trug er in der ADW erstmals vor. Nach seiner Rückkehr in frz. Dienste während des SJK in Hamburg lebend, hielt die Korrespondenz der beiden nicht nur in lit. Dingen an, dies, obwohl sich die dipl. Fronten nunmehr geändert hatten. Zu d'→Argens stand D. in einem gespannten Verhältnis, da er dessen Werke öfters, auch öffentlich und schriftlich, kritisierte.

Qu. Correspondance de Frédéric avec M. Darget (mai 1749 – 6 septembre 1771) [Œuvres 20/IV]. – *Lit.* Nouvelle Bibliothèque Germanique 1 (1746), 238.

Darjes, Joachim Georg

* 23. Jun. 1714 Güstrow † 17. Jul. 1791 Frankfurt/Oder

Jurist und Philosoph; nach Studien der Theologie und der Rechte zu Rostock (Dr. iur. 1739) ebd. 1744 Prof. der Moral und Pol. Wissenschaften,

1756 Prof. zu Jena, 1763 von FdG nach Frankfurt/Oder berufen, 1770 dort Rektor. – Durch seine Etablierung der Kameralwissenschaft sowie seine auf → Wolff basierenden rechtsphilosophischen Schriften und Vorlesungen sowie seine akad. Initiativen (1766 Grdg. der *Königlich gelehrten Gesellschaft zum Nutzen der Wissenschaften und Künste* zu Frankfurt/Oder) wurde D. einer der bed. geistigen Väter der friderizianischen Rechtsreform, welche schließlich in das APLR münden sollte.

W. (Ausw.) Erste Gründe der Cameral-Wissenschaften, darinnen die Haupt-Theile so wohl der Oeconomie als auch der Policey und besondern Cameral-Wissenschaft in ihrer natürlichen Verknüpfung zum Gebrauch seiner academischen Fürlesung entworfen..., Jena 1756 (Ndr. Aalen 1967); Discours über Natur- und Völkerrecht, Jena 1762 (Ndr. Goldbach 1999); Institutiones iurisprudentiae universalis..., Jena 1759; Institutiones Iurisprudentiae Privatae Romano-Germanicae..., Jena 1766. – *Lit.* Florian Gärtner, J. G. D. und die preußische Gesetzesreform – ein Beitrag zur Entstehungsgeschichte des ALR (Schriften zur Rechtsgeschichte 131), Berlin 2007; Claus Bernet, Art. «D., J. G.», in: BBKL 19 (2001), 163–173; Gerhard Sprenger, Art. «D., J. G.», in: BrBL, 86f.

De la Motte, Ernst August de la Chevalerie → Motte

Denina, Carlo Giovanni Maria

* 28. Feb. 1731 Revello † 5. Dez. 1813 Paris

Historiker und Sprachwissenschaftler; nach Studium der Theologie sowie der Künste 1756 Prof. der Rhetorik, sp. der ital. und altgriech. Sprachen zu Turin, aufgrund eines Dienstverstoßes beurlaubt und erst 1781 wieder zurück, 1782 von FdG nach Berlin gerufen, 1782–1812 ADW, 1800 Bibliothekar der Univ. zu Turin, 1805 Kaiserl. Bibliothekar in Paris. – Deninas Werke zu Person und Zeit FdG stellen die ersten wissenschaftl. Arbeiten dieses Sujets dar.

W. (Ausw.) Essai Sur la vie et le Règne de Fréderic II, Roi de Prusse, Berlin 1788; La Prusse littéraire sous Fréderic II. ou histoire abrégée de la plupart des auteurs, des académiciens et des artistes qui sont nés ou qui ont vécu dans les états prussiens depuis MDCCXL jusqu'à MDCCLXXXVI, 3 Bde., Berlin 1790–1791. – *Lit.* Storost, Dreihundert Jahre, I, 112–131.

Derschau, Christoph Friedrich von

* 12. Jan. 1714 Königsberg † 14. Dez. 1799 Aurich

Administrator und Literat; Studium der Philosophie und Mathematik in Königsberg, nach Cavalierstour 1736 in preuß. Diensten: 1738 Fähnrich, 1742 Lt, Abschied aus der Armee, 1742 KR in Glogau, 1749 GR zu Cleve, 1751 preuß. RP zu Aurich, 1785 in den Ruhestand. – D. konnte als pers. Vertrauter FdG durch seine Verwaltungstätigkeit Ostfriesland endgültig in den preuß. Staat integrieren und die Rechte der Krone gegenüber den Ständen durchsetzen. – Daneben machten ihn seine zahlr. lit. Werke zu einem der bekanntesten dt. Dichter des 18. Jhs.; das große Lob FdG 1780 (*De la littérature allemande*) ist aber sicher auch pers. Verbundenheit geschuldet.

W. Orest und Pylades, ein Trauerspiel, 1757; Lutheriade, 1769; Poetisches Andenken an meine Freunde, 1772; Betrachtungen eines Greises über die Religion, 1785; Kleine Theologische Aufsätze eines Laien, 1792. – *Lit.* August Hottenrott, Christoph Friedrich von Derschau – sein Leben und seine Werke. Ein Beitrag zur Literaturgeschichte des 18. Jahrhunderts, Marburg 1911; D. Kohlmann, C. F. von D., der erste preußische Kammerpräsident von Ostfriesland, in: EJb 5/1 (1882), 14–45; Hinrich Koch, Fridericus Rex und sein Auricher Kammerpräsident, in: Der Deichwart 1958, Nos. 103, 108, 152, 165.

Des Champs [auch: Deschamps], Jean

* 1707 † 1767

Philosoph; ab 1736 erste Kontakte zum Kronprinzen Friedrich, 1737–40 Mitglied des Rheinsberger Kreises, Hofgeistlicher und 1740 Lehrer und Präzeptor v. a. der Philosophie bei den Prinzen → Heinrich und → August Ferdinand. – Das 1743 verfasste Werk D.s über die → Wolff'sche Philosophie äußerte sich sehr kritisch über → Voltaire, was in Preußen, durchaus mit Wissen des Kgs., heftige Reaktionen hervorrief, welche sich u. a. in polemischen Zeitungsartikeln und einem Theaterstück äußerte, das dann sogar zur Vermählung von Friedrichs Freund → Keyserlingk aufgeführt wurde.

W. Cours abrégé de la philosophie wolffienne…, 2 Bde., Amsterdam/Leipzig 1743. – *Lit.* Uta Janssens-Knorsch, Heldenverehrung und Kritik – Friedrich der Große in den Augen seines französischen Untergebenen J. D. Ch., in: FM, 1, 65–80.

Dieskau, Carl Wilhelm von

* 9. Aug. 1701 Dieskau † 14. Aug. 1777 Berlin

Militär; ab 1719 in preuß. Diensten: 1719 Kadett, 1721 Bombardier, 1727 SLt, 1730 PLt, 1737 SK, 1741 Kapitän, 1746 Major, 1752 PlM, 1754 AHM zu Barthen, 1755 OLt, dazu Generalinspekteur der preuß. Artillerie und der Zeughäuser außerhalb der Residenzstädte sowie der *Ecole Royale d'Artillerie*, 1757 Ob, 1762 GM, 1763 Generalinspekteur der ges. preuß. Artillerie, 1768 GLt und SAO. – D. war pers. für den ges. Artillerienachschub im SJK verantwortlich, daneben für die korrekte Lagerung und Aufbewahrung von Munition, Ersatz usw. Ob die Einführung der neuen leichten Geschütze ab 1754 wirkl. auf eigene Entwürfe D.s zurückgeht, ist nicht sicher, aber anzunehmen. Nahezu alle Qualitätsverbesserungen der preuß. Artillerie der friderizianischen Epoche sind D. zu verdanken, was durch seine Ernennung zum Generalinspekteur 1755 unter Umgehung dienstälterer Offiziere anerkannt wurde. Das preuß. Feldartillerie-Corps war seine Schöpfung.

Lit. SF 1, 521–524 (N° 532); Hans Branig, Art. «D., K. *W.*», in: NDB 3 (1957), 662; Ernst Graf zur Lippe-Weißenfeld, Art. « D., K. *W.*», in: ADB 5 (1877), 147.

Dietrich, Christian Wilhelm Ernst

* 30. Okt. 1712 Weimar † 23. Apr. 1774 Dresden

Maler; haupstsächl. in Kursachsen tätig (1741 Hofmaler → Friedrich Augusts II., 1764 Dir. der Malerschule an der Porzellanmanufaktur zu Meißen, 1765 Prof. ASK Dresden), daneben als Auftragswerke FdG wesentliche Arbeiten (Panneaux in der Blauen Kammer und im Unteren Konzertzimmer) im Neuen Palais zu Sanssouci.

Lit. Petra Michel, Chr. Wl. E. D., (1712–74) und die Problematik des Eklektizismus, München 1984; Carl Clauß, Art. «D, Chr. W. E.», in: ADB 5 (1877), 192f.; Dehio Potsdam, passim.

Diez Heinrich Friedrich (ab 1786:) von

* 2. Sep. 1751 Bernburg † 7. Apr. 1817 Berlin

Diplomat, Literat und Orientalist; nach Gymnasialbesuch in Magdeburg ab 1769 Studium der Rechte zu Halle, danach Justiz-Referendar zu Magdeburg und ebd. Kanzlei-Dir., 1784–91 preuß. Ges. an der Hohen Pforte zu Konstantinopel, 1791 Geh. Legationsrat, DH zu Kolberg, ab 1807 als Privatgelehrter tätig. – D. war einer der vehementesten Vertreter der neuen bürgerl. Freiheiten, daneben und v. a. aber einer der besten Orientalisten seiner Zeit, sowie einer der ersten Übersetzer orient. Quellenwerke zur Geschichte und poet. Lit. (die Bidpai-Fabeln) des 18. Jhs.; seine riesige Privatbibliothek vermachte er nach seinem Tode der Kgl. Bibliothek zu Berlin. D.' oriental. Forschungen beeinflussten unmittelbar Goethe, als dessen Berater er zeitw. fungierte.

W. Apologie der Duldung und Preßfreiheit, Dessau 1781; Benedikt von Spinoza nach Leben und Lehren, Dessau 1783; Über deutsche Sprach- und Schreibart, Dessau 1783; Über das königliche Buch, Berlin 1811; Denkwürdigkeiten von Asien in Künsten und Wissenschaften, 2 Bde. Berlin 1811–15. – *Übs.* Buch des Kabus, Berlin 1811 (mod. Ausg. Zürich 1999); Rasmi Achmes Efendis Geschichte des Krieges zwischen den Osmanen und Russen 1768–1774, Berlin 1813. – *Lit.* Bernd G. Ulbrich, Das Lebenswerk des H. F. von D., in: MVAL 11 (2002), 117–139; Franz Babinger, Ein orientalistischer Berater Goethes: H. F. von D. in: Goethe-Jahrbuch 34 (1913), 83–100; Walter Veit, Goethe's Fantasies about the Orient, in: Eighteenth-Century Life 26/3 (2002), 164–180.

Diterichs, Friedrich Wilhelm

* 10. Apr. 1702 Uelzen † 13. Dez. 1782 Orpensdorf

Architekt; nach Lehre beim Berliner Hofarchitekten Martin Heinrich Böhme (1676–1725) ab 1723 als Bauinspekteur im Dienste → Friedrich Wilhelms I. tätig und hier v. a. für Baumaßnahmen der Landerschließung, zuvorderst Schleusen, Brücken und Mühlen, verantwortl., daneben einige Sakralbauten, 1737 BD, ab 1740 in Ausführung der Entwürfe → Knobelsdorffs an Planungen zu Schloss und Anlage Sanssouci beteiligt, 1742 OBD, etliche Palaisbauten zu Berlin (Prinzessinnenpalais 1748ff., Niederländisches Palais 1752, Ephraim-Palais 1762), 1752 Abschied aus dem Staatsdienst, fürderhin als Privatarchitekt tätig.

Lit. Rolf-Herbert Krüger, F. W. D., Potsdam 1994; Renate Petras-Hoffmann, F. W. D. und die Entwicklung des nachschlüterschen Barock und Rokoko in Berlin, Berlin 1953; Dehio Potsdam, passim.

Dohna-Karwinden, Friedrich Ludwig Burggraf und Graf zu

* 6. Apr. 1694 Dresden † 4. Sep. 1754 Wesel

Militär und Diplomat; nach Schulbesuch ab 1709 in preuß. Diensten: 1709 Fähnrich, 1712 OJoh, 1713 OLt, 1721 Ob, 1733 Reg.-Kommandant in Wesel, 1737 GM, bis 1741 Werbeoffizier, 1742 GLt, 1742–44 preuß. Ges. in Wien zu Friedensverhandlungen, 1745 GdI, 1746 SAO, 1747 GFM. – Aufgrund seiner unsteten Gesundheit an der aktiven Teilnahme an allen Schlachten und Feldzügen des ÖEK verhindert, verwendete FdG, der D. sehr schätzte, wofür die zahlr. an ihn gerichteten Briefe sprechen („…ich werde mich sonsten Eurer noch gnädig erinnern", Bf. v. 20. Apr. 1746), ihn stattdessen als Diplomat. Die milit. Rangauszeichnungen müssen daher als Ehrenbezeigung dieser Tätigkeit gesehen werden; die Wertschätzung des Kgs. drückte sich aber in der Verleihung des SAO aus, der niemals als reine Dekoration vergeben wurde und auch niemals an Personen, in deren Dienst „quelque chose avoit cloché (irgendetwas danebengegangen war)" (FdG).

Lit. SF 1 182f. (N° 252).

Domhardt, Johann Friedrich

* 18. Sep. 1712 Allrode † 20. Nov. 1781 Bestendorf

Verw.-Beamter; nach Studien zu Halberstadt und Tilsit ab 1731 Herr zu Ragnit, das er zu einem Mustergut machte, daher Bez. zu → Friedrich Wilhelm I. und, ab 1735, zu FdG; ab 1746 in preuß. Diensten: 1746 KDR, Mitgl. der Kammer zu Gumbinnen, dazu *Inspecteur* des kgl. Gestütes zu Trakehnen, welches seit 1739 Eigenbesitz des Kgs. war, 1756 Zweiter Dir. der Kgl. Kammer, Generalverantwortlicher für die Versorgung der Truppen im SJK sowie für die Milizen; 1757 Präs. der Gumbinner KDK, nach Beendigung der russ. Annexion Ostpreußens für seine Treue zu Preußen 1762 zus. Präs. der Königsberger Kammer, 1771 geadelt. – D. gilt zu Recht als Musterbsp. eines preuß. Beamten der friderizianischen Zeit; seine Leistungen als Heeres- und Provinzorganisator, sowie als Verantwortlicher der Angerapp-Erschließung (mehr als 15.000 Kolonisten in den Jahren zw. 1764 und 1774) und in Westpreußen ab 1772 blieben unerreicht.

Lit. Erich Joachim, J. F. von D. – ein Beitrag zur Geschichte von Ost- und Westpreußen unter Friedrich dem Großen, Berlin 1899 (Ndr. 1979); Dieter Lent, Art. «D., J. F.», in: BBL, 172f.; Ernst Graf zur Lippe-Weißenfeld, Art. «D., J. F.», in: ADB 5 (1877), 325f.

Dommongeville, André Jean Persode de

* 1684 Metz † 11. Sep. 1757 Königsberg

Militär; 1685 mit seinen Eltern als Hugenottenflüchtlinge nach Preußen, 1699 Junker, 1702–13 im Spanischen Krieg, 1713 Major, 1722 OLt, 1728 Ob, 1736 AHM zu Ragnit, 1741 GM, 1744 Abschied, 1751 eine Pension von 360 th, 16 x zugestanden, da er „mit den Eurigen in etwas bekümmerten Umständen lebet".

Lit. SF 1, 236f. (N° 285)

Dönhoff, Christian Ludwig August Carl Reichsgraf von

* ? † 30. März 1803 Berlin (?)

Diplomat und Minister; im SJK als Ges. in St. Petersburg, 1763 OJoh, Rat bei der KDK in Breslau; 1771 Kammerherr (20. März), 1771–75 Ges. in Stockholm; 1786 durch Friedrich Wilhelm II. Geheimer Staatsminister und Mitglied des Ostpreußischen Staatsministerium sowie Obermarschall von Preußen, ab 1787 Mitglied des Staatsrats.

Lit. Klaproth, Staats-Rath, 475f.

Dörnberg, Wolfgang (Pandolph) Ferdinand Freiherr von

* 30. Sep. 1724 † 9. Sep. 1793 Berlin

Minister; bis 1771 Minister in Hessen-Kassel, dann (28. Feb.) in preuß. Diensten: Staats- und Justizminister als Leiter des Geistlichen Reformierten Departements (zuständig u. a. für das Präsidium des Reformierten Kirchendirektoriums, das Direktorium des Doms, das Direktorium Montis Pietatis, das Direktorium des Witwenhauses in Potsdam, das Präsidium des Französischen Oberdirektoriums und -konsistoriums sowie das oberste Präsidium der drei Senate des Kammergerichts); 1785 dazu Präs. OT, wechselt im gleichen Jahr mit von → Carmer in das Pfälzer Koloniedepartement.

Lit. Klaproth, Staats-Rath, 462.

Dossow, Friedrich Wilhelm von

* 17. Dez. 1669 Soldin † 28. März 1758 Gut Bus(e)kow

Militär; nach Besuch des Joachimtaler Gymnasiums und der RAk zu Kolberg ab 1683 in preuß. Diensten: 1695 SLt, 1705 Kapitän, 1709 Major, 1715 OLt, 1718 Ob, 1730 Kommandant von Wesel, 1732 GM, 1740 GLt, PlM, 1742 SAO, 1742 Gouverneur von Wesel, 1743 GdI, 1745 GFM, 1757 Abschied. – Als einer der herausragenden Infanteriekommandanten des 18. Jhs. erwarb sich D. daneben bes. Verdienste bei der Anlage bed. Festungsbauten in der preuß. Rheinprovinz. Die zahlr. milit. Rangerhöhungen sind daher auch z. T. als Gratifikation hierfür und für seine Organisations- und Verwaltungstätigkeit zu Wesel zu sehen. Daneben dürfte D. einer der wenigen Persönlichkeiten der Militärgeschichte sein, die mit 88 (!) Jahren noch im aktiven Dienst standen.

Lit. SF 1, 172f. (N° 243); Pauli, Helden, ^{2}II, 65–82; Georg Friedrich Felix Eberty, Art. «D., F. W.», in: ADB 5 (1877), 364f.

Dubois [Du Bois], Charles Sylva

* 1668 Brüssel † 5. Jul. 1753 Berlin-Köpenick

Maler; Wand- und Deckengemälde für Stadtschloss Potsdam (‚Thürstückhe') und Schloss Sanssouci, daneben zahlr. Aufträge aus der kgl. Familie.

Lit. Chr. M. Vogtherr, Bordeaux-Rheinsberg. Fünf Gemälde aus der Sammlung des Prinzen Heinrich von Preußen als Dauerleihgabe im Schloß Rheinsberg, in: Museums Journal 4/19 (2005), 22–24; Dehio Potsdam, passim.; Giersberg, Potsdam, 68.

Duhan de Jandun, Jacques Égide

* 14. März 1685 Jandun † 3. Jan. 1746 Berlin

Bibliothekar und Erzieher; als Sohn hugenott. Eltern aus der Champagne 1690 nach Berlin gekommen, zuerst Pädagoge am dortigen *Collège Français*, danach Hauslehrer bei Alexander zu Dohna-Schlobitten (1661–1728), dem ehem. Oberhofmeister und Gouverneur → Friedrich Wilhelms I., für dessen Sohn Albrecht Christoph zu Dohna-Schlobitten (1698–1752), in dessen Gefolge Teiln. an der Belagerung von Stralsund, auf Ersuchen Friedrich Wilhelms I. 1716–27 Erzieher FdG, 1730 vom

Kg. verbannt, von 1732–35 auf Vermittlung FdG Bibliothekar bei Hzg. Ludwig Rudolf von Braunschweig-Wolfenbüttel (1671–1735), danach 1735–40 Vorleser bei dessen Witwe Prinzessin Christine Luise von Öttingen (1671–1747), 1740 nach dem Reg.-Antritt FdG 1740 preuß. GR, 1744 Mitgl. ADW. – In FdG hat D. die lebenslange Liebe für die frz. Kultur grundgelegt und dem Kronprinzen geholfen, gegen den Willen des Vaters eine ‚heimliche Bibliothek' von angebl. 4000 Bänden zu erwerben; von daher ist seine Bed. für die friderizianische Kultur nicht hoch genug zu bewerten.

Qu. Correspondance de Frédéric avec M. Duhan de Jandun [Œuvres 17] ; Correspondance de Frédéric II avant et après son avènement au thrône avec M. D de J., Berlin 1791. – *Lit.* Monique Dannhauser, De la France à l'Allemagne – les Huguenots français et l'un de leurs descendants, J. E. D. de J., précepteur du roi de Prusse Frédéric II (Deutsche Hochschulschriften 1169), Frankfurt/Main 1999 (dt. ebd. 1999); Dieter Lent, Art. «D. de J., J. E.», in: BBL, 176f.; Ferdinand Meyer, D. de J., in: Berühmte Männer Berlins und ihre Wohnstätten, Bd. 2, Berlin 1876, 31–35.

Du Val, Marthe

* 1659 † 2. Okt. 1741 Berlin

Gouvernante FdG; als Hugenottin nach dem Tod ihres ersten Mannes, Ésaïe Du Maz de Montbail († c. 1690) aus Frankreich ausgewandert und nach Berlin gekommen, 1693 von Königin Sophie Charlotte (1668–1705) zur Erzieherin des Kurprinzen, des sp. → Friedrich Wilhelm I. bestimmt, in Berlin zweite Ehe mit preuß. Ob der Musketiere frz. Herkunft, Jacques de Pellet, Seigneur de Rocoulle († 1698), 1714 durch kgl. *Brevet* (2. Mai) Friedrich Wilhelms I. zur Gouvernante und Erzieherin sowie OHMin des nunmaligen Kronprinzen Friedrich bestimmt, in dieser Funktion bis 1719 tätig. – M. D. V. hat, zusammen mit → Duhan, FdG die lebenslange Liebe zur frz. Kultur von Jugend an eingeflößt, nach mehrfachen Berichten sprach sie ausschließlich Französisch mit dem Kind; ihre Ernennung widerlegt daneben auch die angebl. Frankophobie Friedrich Wilhelms I., der die Dame selbst in gleicher Funktion erfahren hatte und also wusste, was von ihr zu erwarten war. FdG bewahrte seiner alten Erzieherin zeit ihres Lebens eine tiefe Verbundenheit, welche sich

v. a. noch in den Briefen des Kronprinzen vor deren Tod, also in der zweiten Hälfte der 1730er Jahre, niederschlägt.

Qu. Correspondance de Frédéric avec madame de Rocoulle [Œuvres 16, 203–210]. – *Lit.* Charles Müchler, Friedrich der Grosse. Zur richtigen Würdigung seines Herzens und Geistes, Berlin 1834; Karl Heinrich Siegfried Rödenbeck, Tagebuch oder Geschichtskalender aus Friedrich's des Großen Regentenleben (1740–1786). Bd. 1, Berlin 1840, 56; weitere biogr. Details in Œuvres 16, XII.

E

Ebenhech(t) [auch: Ebenhoch], Georg Franz

* c. 1710 † 21. Feb. 1757 Berlin

Bildhauer; nach unsicheren früheren Arbeiten (wohl zu Leipzig und Dresden) ab 1740 im Dienste FdG, 1751 Mitgl. ASK, Mitarbeit am Stadtschloss Potsdam (1741ff. Vasen und Figuren, 1744/45 *Herkules Musagetes* und *Apollo Pythianus*) sowie an der Anlage von Sanssouci (hier u. a. die Neptungrotte 1755–57, unvoll., zwei Sphingen in der Axialallee von Schloss Sanssouci 1755, ‚Corradini-Vase' 1750, vier Gruppen von entführten antik-mythologischen Frauengestalten, u. a. *Bacchus und Ariadne*, c. 1750, sowie zwei Figurengruppen des Flora und Pomona-Themas nach Entwürfen von Friedrich Christian → Glume, c. 1751), daneben am berühmtesten in der Zeit die Skulpturen der Zwölf Apostel an der Hedwigskirche zu Berlin. – Sein wohl weiter Schülerkreis umfasste u. a. den sp. in Mannheim tätigen Franz Conrad Linck (1730–1793).

Lit. Kurt Schifner, Potsdamer Figuristen 1744–1756, in: FuB 13 (1971), 49–58; Dehio Potsdam, passim.; Giersberg, Potsdam, 60f., 82f.

Eichel, August Friedrich

* 5. Okt. 1698 Berlin † 3. Feb. 1768 Potsdam

Kgl. Kabinettssekretär und Vertrauter FdG; nach Studien der Rechte zu Halle 1730 als Sekr. am Kgl. Kabinett zu Berlin, Protokollant des Kronprinzenprozesses, 1740 von FdG übernommen. – Wiewohl in den Lebensstationen unspektakulär, war E. eine zentr. Gestalt der friderizianischen Politik, die ges. pol. Korrespondenz lief nahezu ausschl. über ihn; zudem war er die meistgefragte Ansprechperson in dessen Umgebung, v. a. auch für die preuß. Staatsminister. Von Neidern in die Welt gesetzte Gerüchte über eine angebl. Bestechlichkeit sind hingegen lange widerlegt, wofür nicht zuletzt das rückhaltlose Vertrauen des in dieser Beziehung sehr sensiblen FdG (vgl. die zahlr. Inhaftierungen von Staatsdienern) spricht. Hingegen erfuhren mehrere Minister, von deren Werk E. überzeugt war, seine nachhaltige Förderung, darunter Samuel von → Cocceij und dessen Nachfolger Philipp von → Jariges, der ihn sogar als Erben einsetzte.

Lit. Johannes Schultze, Art. «E., A. F.», in: NDB 4 (1959), 368f.; ders., A. F. E., in: Mitteldeutsche Lebensbilder, Bd. 5, Magdeburg 1930, 86–102; Neugebauer, Kabinett, 85–91.

Eichmann, Martin Ludwig von

* 18. Feb. 1710 Kolberg † 27. Dez. 1792 Wesel

Militär; 1724 Korporal, 1732 Fähnrich, 1740 PLt, 1742 SK, 1744 nach der Belagerung von Prag GQM, 1745 Kapitän, 1756 Major, 1756 PlM nach Lobositz, 1760 OLt, 1761 Ob, 1767 GM, 1772 wegen Einsatzes für einen verurteilten Offizier in Haft, 1778 bei Brix (eines der wenigen Gefechte im BEK), 1781 GLt, 1786 jährl. Pension von 1000 th., 1791 GdI und SAO, Abschied aus dem Militärdienst. – In seiner ungew. langen aktiven milit. Dienstzeit wurde E. zu einem der wenigen friderizianischen Offiziere, welche nahezu alle Schlachten und Feldzüge der Zeit mitgemacht hatten.

Lit. SF 2, 43 (N° 570); König, Lexikon, I, 397–400.

Elisabeth I. (Елизавета Петровна Романова)

* 29. Dez. 1709 Kolomenskoje † 5. Jan. 1762 St. Petersburg

1741–1762 Kaiserin von Russland; Tochter Kaiser Pet(e)rs I., des Großen (Пётр I Вели́кий, 1672/Zar 1682–1721/Kaiser 1721–1725) und der Lettin Marta Elena Skavronska, sp. Kaiserin Ekaterina I. (Екатерина I Алексеевна, 1684/1724–1727), 1712 legitim., nach gescheiterten Eheplänen mit dem Hause Holstein-Gottorp morganatische Ehe mit Graf Alexei Grigorievich Razumovsky (Алексей Григорьевич Разумовский, 1709–1771), im Coup gegen ihren Cousin Ivan VI. (Иван VI, Иван Антонович 1740/1741/1764) nach dem Tode Kaiserin Anna I. auf den Thron gekommen (Krg. 6. Mai 1742). – Durch die Beendigung des dt. Einflusses unter Anna I. und der tatkräftigen Politik ihres Vizekanzlers, Graf Alexey Petrovich Bestuzhev-Ryumin (Алексе́й Петро́вич Бесту́жев-Рю́мин, 1693–1768) konnte E. wieder eine eigenst. russ. AP erreichen: Vertrag mit Schweden zur Abtretung Finnlands (Vertr. von Åbo, 7. Aug. 1743), Eintritt in den ÖEK mit einem Kontingent von 30.000 Mann, welche an den Rhein entsandt wurden, was zur schnellen Unterzeichnung des Friedens von Aachen 1748 führte. Die engl. Kehrtwende in der *Allianz von Westminster* 1756 und pers. Abneigung gg. FdG bestimmen ihr Engagement im SJK: 1757 Entsendung von 85.000 Mann gegen Königsberg als alliierte Hilfskontingente für Frankreich und Österr., die 1759 bei Kunersdorf (12. Aug.) einen entsch. Sieg gegen Preußen errangen und FdG an den Rand des Ruins trieben. Doch die Tatenlosigkeit der russ. Armee unter Graf Alexander Borisovich Buturlin (Александр Борисович Бутурлин; 1694–1767) mit Ausnahme der Eroberung von Kolberg am 25. Dez. 1761 durch Graf Pyotr Alexandrovich Rumyantsev-Zadunaisky (Пётр Александрович Румянцев-Задунайский, 1725–1796) und der Tod der Kaiserin Anfang 1762 verhinderten dies (*miracle de la Maison de Brandebourg*). Die zuvor von E. → Louis XV hs. unterbreiteten Allianzvorschläge betr. eines Aussöhnung Frankreichs mit England unter völliger Isolierung Preußens hätten gewiss den Untergang des Letzteren bedeutet. Kulturell und künstlerisch bedeutete die Reg. E.s den Höhepunkt des russ. Barock/Rokoko vor → Katharina II., St. Petersburg wurde unter ihr endgültig die in Geschmack, Mode und Kunst tonangebende Metropole Europas. In ihren pol. Visionen, ihrer Kulturpolitik und ihrer entschlossenen Tatkraft rechnet E. zu den größten Gestalten des europ. Ancien Régime.

Lit. Evgenij V. Anisimov u. a. (Hgg.), Imperatrica E. Petrovna i Carskoe Selo, Sankt-Peterburg 2010; Daria Olivier, E. de Russie, Paris, 1962 [dt. Wien 1963]; Albert Vandal, Louis XV et E. de Russie – étude sur les relations de la France et de la Russie au dix-huitième siècle, ²Paris 1911.

Elisabeth Christine

* 8. Nov. 1715 Wolfenbüttel † 13. Jan. 1797 Schloss Schönhausen

geb. Prinzessin von Braunschweig-Wolfenbüttel-Bevern, ab 1740 Kgin. in Preußen, Gemahlin FdG; Tochter Hzg. Ferdinand Albrechts II. von Braunschweig-Wolfenbüttel (1680–1735) und seiner Frau, Antoinette Amalie von Braunschweig-Wolfenbüttel (1696–1762), 1732 (10. März) nach langen Verhandlungen und auf Anraten des ltd. Ministers → Grumbkow (unterstützt durch die Intrigen des österr. Ges. von → Seckendorff) mit dem preuß. Kronprinzen Friedrich gg. dessen Willen (Friedrich strebte wie seine Mutter → Sophie Dorothea eine Verbindung mit dem engl. Königshaus an) verlobt und am 12. Jun. 1733 mit diesem verheiratet, bereits 1733–36 getrennt lebend (FdG zu Küstrin, E. Chr. in Berlin), wohnte das Paar nur die Rheinsberger Jahre über (1736–40) zusammen, nach dem Reg.antritt FdG 1740 lebte die Kgin. im Schlosse Schönhau-

Königin Elisabeth Christine von Preußen

sen, bzw. in Berlin im Stadtschloss, Friedrich meist in Potsdam. – E. Chr. betätigte sich neben dem Landausbau (Gründung Neuschönhausens) v. a. lit. Tätigkeiten, gab aber auch industr. Impluse (Begründung der Seidenraupenzucht in Preußen). Das Verhältnis zu ihrem Mann blieb aufgrund der Genese der Ehe schwierig, allerdings ist die immer wieder behauptete Missachtung oder Geringschätzung des Kgs. für E. Chr. quellenmäßig nur schwer haltbar. Im Vergleich mit den gemeinhin desaströsen preuß. Eheallianzen, v. a. in der Geschwistergeneration FdG, muss die Beziehung zumindest noch als ehrlich und nobel gelten, wenngleich ihr jede menschliche Wärme seitens des Kgs. ermangelte. Wenn E. Chr. FdG noch 1782 schrieb, „Je me recommande dans l'honneur de vos bonnes grâces, qui suis avec le plus parfait attachement, entier dévouement, et toute la tendresse imaginable, etc. (ich empfehle mich der Ehre Eurer gnädigen Wertschätzung [und] bin in vollständiger Anhänglichkeit, ganzer Hingabe und mit aller vorstellbaren Innigkeit [Eure]...)", so war das nicht nur formelhaft. Auch Friedrich korrespondierte ausführlich und bis an sein Lebensende regelmäßig über viele gesundheitlichen, familiären und z. T. auch pol. Dinge mit E. Chr.; in seinen Briefen taucht dabei eine Wertschätzung auf, deren emotionaler Ausdruck und Umsetzung ihm aber nicht möglich waren, worin die eigentl. Tragik der Beziehung gründete.

Qu. Correspondance de Frédéric avec la Reine Élisabeth sa femme [Œuvres 26/1]; Kurtze, doch umständl. Beschreibung des solennen Einzuges Ihro Königl. Hoheit der Cron-Prinzessin von Preußen, Elisabeth Christine, ... den 20. u. folg. Tagen des Monats Junii 1733..., Magdeburg 1733. – *Lit.* Friedrich Wilhelm Hahnke, E. Chr., Königin von Preußen, Gemahlin Friedrichs des Großen. Eine Biographie, Berlin, 1848; Ernst Poseck, Die Kronprinzessin. E. Chr., Gemahlin Friedrichs des Großen, geborene Prinzessin von Braunschweig-Bevern, Berlin 1940; Paul Noack, E. Chr. und Friedrich der Große: ein Frauenleben in Preußen, Stuttgart 2001.

Elisabeth Christine Ulrike

* 9. Nov. 1746 Wolfenbüttel † 18. Feb. 1840 Stettin

geb. Prinzessin von Braunschweig-Wolfenbüttel, 1765–69 verheiratete Kronprinzessin von Preußen, Nichte FdG; Tochter → Carls I. von B.-W. und Prinzessin → Philippine Charlottes von Preußen, der Schwester FdG, sollte sie nach dessen Vorstellungen den Kronprinzen Friedrich Wilhelm, den sp. → Friedrich Wilhelm II. heiraten, 1765 Hochzeit, 1769 Trennung und Inhaftierung im Schloss zu Stettin, ab 1774 in Jasenitz, 1806 im Sommerpalais Friedrichsgnade bei Stettin. – Durch erwiesene Untreue beider Ehepartner wurde die Ehe nach nur vier Jahren geschieden, was FdG sehr erzürnte, wiewohl er ehrlich genug war, die Schuld bei Friedrich Wilhelm zu suchen: „Cet engagement, dont on avait espéré des suites heureuses, ne répondit point aux vœux de la maison royale. L'époux, jeune et sans mœurs, abandonné à une vie crapuleuse dont ses parents ne pouvaient le corriger, faisait journellement des infidélités à sa femme. La princesse, qui était dans la fleur de sa beauté, se trouvait outragée du peu d'égard qu'on avait pour ses charmes; sa vivacité et la bonne opinion qu'elle avait d'elle-même, l'excitèrent à se venger des torts qu'on lui faisait. Bientôt elle donna dans des débordements qui ne le cédaient guère à ceux de son époux. Les désordres éclatèrent et furent bientôt publics. – Diese Verbindung, von der man sich glückliche Folgen erwartet hatte, entsprach nicht den Wünschen des Kgl. Hauses. Der Gatte, jung und sittenlos, einem ausschweifendem Leben hingegeben, übte täglich Untreue an seiner Gemahlin; die Prinzessin, die in der Blüte ihrer Schönheit stand, sah sich gröblich beleidigt durch die geringe Rücksicht, die man ihren Reizen zeigte. Ihre Lebhaftigkeit und die gute Meinung, die sie von sich selber hatte, brachten sie dazu, sich für das Unrecht zu rächen, das man ihr antat. Bald ergab sie sich Ausschweifungen, die denen ihres Gatten kaum nachstanden; die Katastrophe brach aus und wurde publik.“ (Mémoires 1763–75, 24f.). Diese Einsicht linderte die Beschränkungen des Exils zu Stettin aber nur allmählich, erst 1786 traten wirkl. Erleichterungen ein, erst der frz. Einmarsch 1806 gab E. Chr. U. ihre ganze Freiheit zurück.

Qu. Mémoires depuis la paix de Hubertsbourg 1763, jusqu'à la fin du partage de la Pologne, 1775 [Œuvres 6, 24f.] – *Lit.* Elisabeth E. Kwan, Verfluchte Prinzessin. E. Chr. U. von Braunschweig (1746–1840) Kronprinzessin von Preußen, in: dies./Anna E. Röhrig, Frauen vom Hof der Welfen, München/Zürich 2008, 96–114; Ferdinand Spehr, Art. «E. Chr. U.», in: ADB 6 (1877), 37f.

Eller, Johann Theodor

* 29. Nov. 1689 Plötzkau † 13. Sep. 1760 Berlin

Mediziner, Leibarzt FdG; nach Studien der Rechte zu Quedlinburg und Jena, sodann der Medizin zu Halle, Leiden, Amsterdam und Paris 1721 Physikus des Fürsten von Anhalt-Bernburg, Stadtarzt in Bernburg, ab 1724 in preuß. Diensten: 1724 Feldmedicus, Prof. am neugegr. *Collegium medico-chirurgicum*, 1725 ADW, 1727–35 Leiter der Charité, 1735 Direktor der Physikalischen Klasse der ADW, 1735–40 Leibarzt → Friedrich Wilhelms I., 1740–47 dto. bei FdG, 1740 Generalstabsarzt der preuß. Armee und Leiter des Medizinalwesens in Preußen, 1755 Dir. des *Collegium medico-chirurgicum*. – E. gelang bereits in Bernburg die erste Pockenimpfung in Dtl., sein 1725 zusammen mit Georg Ernst Stahl (1659–1734) hrsg. «Medizinaledikt» legte erstmals Ausbildung, Prüfungsordnung und Zulassung der Ärzte fest.

Lit. Jörg Heinrich, J. Th. E. Ein bedeutender Arzt, Wissenschaftler und Medizinalbeamter in Brandenburg-Preußen in der ersten Hälfte des 18. Jahrhunderts (Abhandlungen zur Geschichte der Medizin und der Naturwissenschaften 93), Husum 2003; Hermann Frölich/Alphons Oppenheim, Art. «E., J. Th.», in: ADB 6 (1877), 52f.

Eltz zu Kempenich, Philipp Carl von

* 26. Okt. 1665 Burg Eltz † 21. März 1743 Mainz

Kf.-EBf. von Mainz 1732–1743; als Nachfolger Franz Ludwigs von Pfalz-Neuburg (1664–1732) galt E. von Anfang an als Mann der habsburg. Partei; seine Kurstimme für das zukünftige Votum zugunsten → Franz I. Stephan hatte er bei seiner Wahl 1732 für 100.000 fl. (!) verkauft, im ÖEK gab er schließl. seine Stimme 1742 – entgegen der früheren Zusage – dem bayer. Kf. und sp. Kaiser → Carl VII.

Lit. Heinz Duchhardt, Philipp Karl von E. Kurfürst von Mainz, Erzkanzler des Reiches (1732–1743) (QMRKG 10), Trier 1969; ders., Prinz Eugen und Kurfürst Ph. K. von E., in: MZ 67/68 (1972/73), 76–86; Friedhelm Jürgensmeier, Art. «E. zu Kempenich, Ph. C. von», in: Gatz II, 91–93.

Ephraim, Benjamin Veitel

* 1742 Berlin; † 1811 ebd.

Hoffaktor, Geschäftsmann und Diplomat, GR; wie sein Vater Nathan Veitel Heine → E. für die preuß. Kge. FdG, → Friedrich Wilhelm II. und Friedrich Wilhelm III. als Hoffaktor tätig, wobei er v. a. ab 1772 in den neu hinzugekommenen poln. Gebieten auf dessen Methoden rekurrierte, daneben preuß. Diplomat zu Paris in den 1790er Jahren, danach als Fabrikbesitzer vorbildl. für die Verbesserung der Arbeitsbedingungen, die Integration von Fremdarbeitern und maßgebl., zusammen mit Moses → Mendelssohn, an pädagogischen Initiativen beteiligt. – Seine Vorschläge zur Verbesserung der preuß. Finanzwirtschaft u. a. durch die Einführung von Papiergeld brachten E. in Ggs. zu führenden Politikern der Zeit nach 1800, als frz. Spion (zu Unrecht) verdächtigt, wurde er verhaftet und starb verarmt. Mehr noch als sein Vater bildete E. den im 19. Jh. klassischen Typus des «patriotischen Juden» in Preußen aus.

W. Ueber meine Verhaftung und einige andere Vorfälle meines Lebens, Berlin 1807. – *Lit.* Gerhard Steiner, Drei preußische Könige und ein Jude. Erkundungen über B. V. E. und seine Welt, Berlin 1995; Liliane Weissberg, Wie schnell kann man verhaftet werden? B. V. E., Preußens erster jüdischer Geheimrat, reflektiert über das Berufsrisiko um 1800, in: Preußens Himmel, 85–105; Rolf-Herbert Krüger, Das E.-Palais in Berlin – ein Beitrag zur preußischen Kulturgeschichte, Berlin 1988; Helmut Caspar, Possierliche Tresorscheine, in: Berlinische Monatsschrift 9/1999, 92–95.

Ephraim, Nathan Veitel Heine (Chaim)

* 1703 Berlin † 16. Mai 1775 ebd.

Hoffaktor und Unternehmer; schon seit der Kronprinzenzeit mit FdG bekannt und teilw. zu finanz. Transaktionen herangezogen, wurde als Besitzer mehrerer großer Berliner Unternehmen und Manufakturbetriebe sp. zu Beginn des SJK Hoffaktor, also priv. Finanzfachmann für die Geldgeschäfte des preuß. Hofes, 1761 Plan zur Errichtung einer Armenschule, 1774 Projekt einer talmudischen Lehranstalt (1783 posthum errichtet), bis 1766 Erbauung des E.-Palais durch Friedrich Wilhelm → Diterichs als eines der herausragenden Bsp. friderizianischer Bürgerarchitektur gemäß der ästhetischen Vorgaben des Kgs. – Durch die Pachtung der kurf.-sächs.

Münzregalia im SJK sowie durch einen unbedenklichen Umgang mit erbeuteten Münzstöcken versuchte E. die Geldknappheit infolge des Krieges durch imitierte, bzw. im Wert reduzierte Münzen, die ber. «Ephraimiten» zu beheben, was in der Bev. auf erbitterten Widerstand stieß. Daneben war E. als Koordinator der Kriegskontributionen in den besetzten Gebieten sehr effizient, was ihn in den Augen FdG unersetzlich machte. Priv. trug ein geschickter Handel mit Edelmetallen und Juwelen zu seinem erheblichen Vermögen bei, welches er zu einem nicht geringen Teil zu karitativen, pädagogischen und allg. philanthropischen Zwecken verwendete. Nicht zuletzt dieser Aspekt sowie seine Kunstförderung lassen die v. a. im 20. Jh. propagierte ideologische Kritk am «Hofjuden» E. schief und unhaltbar erscheinen; dies ändert nichts am z. T. dubiosen Charakter seiner – mit Wissen und Billigung des Kgs. – durchgeführten Geldpolitik. Sein Sohn Benjamin Veitel → E. war in gleicher Stellung tätig.

Lit. Heinrich Schnee, Art. «E:, V. H.», in: NDB 4 (1959), 546f.; Rolf-Herbert Krüger, Das E.-Palais in Berlin – ein Beitrag zur preußischen Kulturgeschichte, Berlin 1988; Helmut Caspar, Possierliche Tresorscheine, in: Berlinische Monatsschrift 9/1999, 92–95.

Erman, Jean Pierre

* 1. März 1735 Berlin † 11. Aug. 1814 ebd.

Historiker und Theologe; 1752 Lehrer am *Collège Français* zu Berlin, 1754 Prediger der dortigen frz. Gemeinde, 1766 Dir. des *Collège Français*, 1783 OKR, 1792 off. Historiograph für preuß.-brandenburg. Geschichte.

W. Mémoire historique sur la fondation du Collège Royal François de Berlin; à l'occasion du jubilé célébré le 1. Dez. 1789, Berlin 1789; Mémoires pour servir à l'histoire des réfugiées, 9 Bde., Berlin 1792–1799. – *Lit.* Paul Hummel, J.-P. Erman (1733–1814) et la Renaissance humaniste du collège français de Berlin, in : Wiener Studien 11 (1879), 253–266.

Erthal, Friedrich Carl Joseph von

* 3. Jan. 1719 Mainz † 25. Jul. 1802 Aschaffenburg

Kf.-EBf. von Mainz 1774–1802, Fst.-Bf. von Worms 1774–1802; nach theol. Studien DK zu Mainz und schließl. Domkustos, als Kandidat sowohl des Wiener Hofes als auch der Nuntiatur 1774 zum Mainzer EBf.

erwählt. – Entgegen der ersten Verlautbarungen lief die Reg. E.s auf eine reine Umsetzung seiner rationalistischen Reformansätze (Universität, Liturgie, Frömmigkeit) hinaus, zu deren Durchsetzung z. T. Militär gegen die eig. Bev. eingesetzt wurde. Im Reich plädierte E. für eine unabhg. Reichskirche und den Anschluss an den von FdG initiierten Dt. Fürstenbund (1785) im Sinne ständischer Freiheiten gegen den Kaiser. Demgegenüber stand die AP ab 1792 (Mainzer Fürstentag) im Zeichen einer Anlehnung an Österr., was in den Revolutionskriegen zum Verlust des linksrhein. Erzstiftes und zur fakt. Spaltung des Bistums führte.

Lit. Bernd Blisch, F.C.J. von E. (1774–1802). Erzbischof – Kurfürst – Erzkanzler. Studien zur Kurmainzer Politik am Ausgang des alten Reiches (Mainzer Studien zur Neueren Geschichte 16), Frankfurt/Main 2005; Hans-Bernd Spies, F.C.J. Freiherr von E., 1719–1802, Erzbischof von Mainz und Kurfürst des Reiches (1774–1802). Kleine kultur- und sozialgeschichtliche Studien zu seiner Zeit (Mitteilg. aus dem Stadt- und Stiftsarchiv Aschaffenburg, Bft. 1), Aschaffenburg 2002; Heribert Raab, Art. «F.K. v. E., in: NDB 5 (1961), 517f.

Erxleben, Dorothea Christiane

* 13. Nov. 1715 Quedlinburg † 13. Jun. 1762 ebd.

erste dt. Ärztin; nach priv. Unterricht bei ihrem Vater Christian Polykarp Leporin (1689–1747) verwehrte ihr 1740 die Universität zu Halle aufgrund ihres Geschlechtes die Zulassung zum Studium, woraufhin FdG den Entscheid kassierte und die Univ. anwies, E. zuzulassen; durch ihre Ehe mit Johann Christian Erxleben (1744–1777) und der damit verbundenen Erziehung von vier eigenen und vier Kindern aus dessen erster Ehe zunächst verhindert, legte sie erst 1754 ihre Promotion ab, nachdem sie bereits zuvor zeitweise praktiziert und sich aufgrund fehlender Diplome den Ruf einer Pfuscherin zugezogen hatte. Danach vereinte sie ihre famil. und berufl. Aufgaben und praktizierte fast bis zu ihrem Tode weiter. – Werdegang und Förderung der bis 1899 ersten dt. Ärztin widerlegen sprechend die immer wieder postulierte Misogynie FdG; zahlr. medizin. Einrichtungen tragen heute ihren Namen.

W. Gründliche Untersuchung der Ursachen, die das weibliche Geschlecht vom Studiren abhalten, Berlin 1742; Quod nimis cita ac quounde curare sæpius fiat causa minus tutæ curationis (Diss.) Halle 1754 (dt. 1755, Ndr. Dößel 2004). – *Lit.* Brigitte Meixner, Dr. Dorothea Ch. E.: erste deutsche promovierte Ärztin

(Schriftenreihe des Klopstock-Hauses Quedlinburg 3), Halle 1999; Heinz Böhm (Hg.), D. Ch. E. – ihr Leben und Wirken, zu ihrem 270. Geburtstag, Quedlinburg 1985; Londa Schiebinger, The Anatomy of Difference: Race and Sex in Eighteenth-Century Science, in: Eighteenth Century Studies 23(3) (1990) 387–405.

Euler, Leonhard

* 15. Apr. 1707 Basel † 18. Sep. 1783 St. Petersburg

Mathematiker; 1720–23 Studien der Philosophie, 1727–41 Prof. für Mathematik und Physik in St. Petersburg, 1741 von FdG an die ADW nach Berlin berufen, 1755 ADW Stockholm, 1766 auf Einladung → Katharinas II. zurück in Sankt Petersburg, 1771 vollständig erblindet. – E., sicher der bedeutendste Mathematiker des 18. Jhs., wurde in Berlin das Opfer einer Intrige, welche wohl auf → Voltaire zurückging, der E. fortwährend wegen seines einfachen und ehrlichen Gottglaubens verspottete; ein Übriges mag das Scheitern der von E. berechneten Wasseranlagen für den Park von Sanssouci bewirkt haben. Nichtsdestotrotz befestigten die in der Berliner Zeit entstandenen über 380 Aufsätze E.s zu wissensch. Themen den Ruf der ADW weltweit.

Lit. William Dunham, E.: The Master of Us All, Washington 1999; ders., The Genius of E.: Reflections on his Life and Work, ebd. 2007; Walter Gautschi, L. E., his Life, the Man, and his Works, in: SIAM Review 50/1 (2008), 3–33.

Leonhard Euler

F

Falbe, Joachim Martin

* 11. Jun. 1709 Berlin † 22. März 1782 ebd.

Maler; Schüler von Johann → Harper und ab 1733 von Antoine → Pesne, 1739 Hofmaler des Fürsten August Ludwig von Anhalt-Köthen (1697–1755), 1755 Kgl. Preuß. Hofmaler, 1756 Mitgl. ASK, bis 1757 Mitarbeiter Pesnes; Werke u. a. ein Porträt FdG für das Berliner Rathaus. Seine theoretischen Arbeiten beschäftigen sich, auf den Vorarbeiten → Humberts basierend, mit der preuß. Kunstgeschichte des 17./18. Jhs. und erschienen 1768/69 in Leipzig durch Carl Heinrich von Heineken (1707–1791).

W. Nachrichten von verschiedenen Künstlern, welche von [der] Zeit Friedrich Wilhelm des Großen, und denen ihm folgenden Königen, [so] in Berlin gelebet und gearbeitet haben, theils noch leben... Ed. in: Carl Heinrich von Heineken, Nachrichten von Künstlern und Kunst-Sachen, 2 Bde., Leipzig, 1768/69. – *Lit.* TB; AKL.

Favrat, François André Jacquier de Berney de

* 4. Sep. 1730 Thonon † 5. Sep. 1804 Glatz

Militär; Herkunft/Abstammung ungewiss, ab 1745 in frz. Diensten im Gefolge → Maurice de Saxes, u. a. bei Fontenoy, 1748 Lt, ab 1750 in österr. (1756 Kapitän, Adj. des Hgs. von Lothringen) und ab 1758 in preuß. Diensten: 1758 SK, 1759 Kapitän, 1763 Major, 1771 Abschied, 1775 als OLt wiedereingestellt, 1778 Ob, 1786 GM, 1789 PlM, 1792 GLt, 1794 RAO, 1796 SAO, 1801 GdI. – F. war einer der letzten Repräsentanten des soldatesken Abenteurertums: als evtl. unehelicher Sohn Augusts II. (oder dessen Bastards, → Maurice de Saxe?) viermal verheiratet, aber niemals kirchlich, war er ein „Condottiere des 18. Jahrhunderts, welcher (in französischem, spanischem, österreichischem und preußischem Dienst) 10 Schlachten, 74 Gefechte, 12 Belagerungen, 2 Festungsvertheidigungen mitgemacht hat, 14 Mal verwundet wurde, in den Kriegspausen mannigfaltige Kenntnisse einsammelte auf weiten Reisen, und zu der sehr geringen Zahl Officiere gehört, welche Friedrich d. Gr. ein zweites Mal in seinem Heere anstellte“ (Lippe-Weißenfeld in ADB). Seine meistens in Freiverbänden organ. Truppen gehörten ebenfalls nicht dem regul. Kriegsalltag an, FdG schätzte ihn dennoch aufgrund „seines streng militärischen Pflicht- und Ehrgefühls, seiner felsenfesten Energie, scharfen Beobachtungsgabe und geistreichen Unterhaltung" (ebd.). Neben seiner milit. Profession betätigte sich F. – ins Gesamterscheinungsbild passend – als Alchimist und einer der ersten Touristen (1771–75 Reise in den Orient). Mitunter als → Casanova oder Cagliostro des Schlachtfelds bezeichnet, unterschieden ihn von diesen Gestalten seine unleugbaren beruflichen Erfolge v. a. als tapferer und tollkühner Offizier, sowie seine Verlässlichkeit.

Lit. SF 2, 219–222 (N° 724); Ernst Graf zur Lippe-Weißenfeld, Art. «F., F. A.», in: ADB 6 (1877), 589f.; Friedrich Bülau, Geheimnisvolle Geschichten und rätselhafte Menschen, Bd. 7, Leipzig 1856 (Ndr. Berlin 1957).

Fechhelm, Carl Friedrich

* 1723 Dresden † 22. Nov. 1785 Berlin

Maler; nach Studien in Dresden, Prag und Wien (hier u. a. bei Giuseppe → Galli de Bibiena), nach 1750 in Berlin, 1756 Kgl. Hoftheater-Maler, 1764 Mitgl. ASK, Werke zu Charlottenburg und im Neuen Palais (Theater) zu Sanssouci.

Lit. Matr. ASK; TB; Dehio Potsdam, passim.

Felipe V

* 19. Dez. 1683 Versailles † 9. Jul. 1746 Madrid

Philippe de Bourbon, Duc d'Anjou, 1701–1746 König von Spanien. – Als Enkel von Louis XIV (1638/1643–1715) laut Testament des letzten Habsburgers Carlos II. (1661/1665–1700) zum Nachfolger bestimmt, behauptete er diese Position im Spanischen Krieg (1701–14) gegen die habsburg. Ansprüche (→ Carl VI.) unter Abtretung einiger ital. Besitzungen. Der Versuch, diese danach wiederzugewinnen, scheiterte zunächst, erst im PEK konnte F. Sizilien 1735 wieder für seinen Sohn → Carlos III gewinnen. Seine sonstige AP folgte den klassischen Vorgaben bourbonischer Tradition (mit Ausnahme des unglücklichen Krieges gegen Frankreich 1718/19), auch im ÖEK favorisierte er die antihabsburg. Allianz. 1724 abgedankt, bestieg er den Thron nach dem Tode seines ält. Sohnes Luis I. Felipe (1707–1724) noch im gleichen Jahre wieder.

Lit. Henry Kamen, Philip V of Spain: The King who Reigned Twice, New Haven/Conn. 2001; Antonio Béthencourt, Patiño en la política de F. V, Valladolid1954; Yves Bottineau, Les Bourbons d'Espagne, 1700–1808, ²Paris 1993.

Fernando VI

* 23. Sep. 1713 Madrid † 10. Aug. 1759 Villaviciosa de Odón

1746–59 König von Spanien. – Unter der Ägide seines leitenden Ministers Zenón de Somodevilla y Bengoechea, marqués de la Ensenada (1702–1781) leitete F. ein riesiges Reform- und Aufbauprogramm (Handel, Wirtschaft, Verw. und v. a. Marine) für Spanien ein, dessen Ziel die Wiedererlangung der einstigen Weltstellung war. Von daher erklären sich die Kriegsziele im ÖEK und SJK, jeweils an der Seite Frankreichs, v. a. im Kampf gegen Portugal und der Ausbau der Positionen in Amerika. Kulturell erlangte F. eine starke Stellung in der Kirchenpolitik (*Patronado Universal* durch → Benedikt XIV. im Konkordat von 1753) sowie eine Blüte von Kunst (Wirken des auch pol. bedeutsamen Kastraten Carlo Broschi, il ‚Farinello', 1705–1782) und Wissenschaft (*Real Academia de Bellas Artes de San Fernando* 1752).

Lit. Didier Ozanam (Hg.), La diplomacia de F. VI. Correspondencia entre Carvajal y Huéscar, 1746–1749, Madrid 1975; José Luis Gómez Urdáñez, El proyecto reformista de Ensenada (Colección Hispania 3), Lleida 1996; Fiestas reales en el reinado de F. VI, manuscrito de Carlos Broschi Farinelli, ed. Consolación Morales Borrero, Madrid 1987.

Finckenstein, Carl Friedrich Ludwig Albrecht Graf Finck von

* 5. Sep. 1743 † 28. Juni 1803 Königsberg

Jurist und Verwaltungsbeamter, Sohn GLt Friedrich Ludwig Graf Finck von F. (1709–1785), 1758 Studium der Rechte zu Königsberg, 1764 ebd. Referendar beim Hofgericht in Königsberg, 1767 wiederum ebd. HGR, 1772 Präs. des OHLG zu Marienwerder, F. ist damit höchster Justizbeamter der neuen Provinz Westpreußen, 1784 (4. Mai) Staatsminister und Mitglied des preußischen Staatsministeriums, Chefpräsident der ostpreußischen Regierung in Königsberg; 1785 Ernennung zum Kanzler.

Lit. BK; Günter de Bruyn, Die Finckensteins. Eine Familie im Dienste Preußens, Berlin 1999, passim.

Carl Wilhelm Graf Finck von Finckenstein

Finckenstein, Carl Wilhelm Graf Finck von

* 11. Feb. 1714 Berlin † 3. Jan. 1800 ebd.

Diplomat und Minister, als Sohn des GFM Albrecht Conrad Finck von F. (1660–1735) Jugendfreund FdG; nach Studium in Genf und Cavalierstour 1735 GLR und bis 1740 preuß. Ges. zu Stockholm, nach 1740 Ges. in Kopenhagen, 1742 am Hofe von St. James, 1744 in Stockholm (Heirat → Luise Ulrikes), 1747 als *Ministre d'Etat* in St. Petersburg, 1749 KM, im SJK Vertrauter der Königs (s. Korrespondenz), 1760–63 Leiter der AP, 1762 SAO. Als einer der dienstältesten Minister des Ancien Régimes (53 Jahre!) über zwei Monarchenwechsel hinaus starb F. 1800 zu Berlin. – Ähnlich wie → Hertzberg ist der tatsächliche Anteil F.s an der friderizianischen AP schwer zu bestimmen, da der König immer die Gestaltungs- und Verantwortungshoheit behielt. Allerdings dürfte er zu den wenig echten Vertrauten FdG gezählt haben, ein Vertrauen, welches sich u. a. in der Bestimmung F.s als Reg.chef im Falle seines Todes in der *Geheimen Instruktion* vom 11. Jan. 1757 äußerte.

Qu. Correspondance de Frédéric avec le Comte C. G. de F. (Œuvres Bd., 25/VI); Rahels erste Liebe : Rahel Levin und Karl Graf von Finckenstein in ihren Briefen, hrgg. v. Günter de Bruyn, ²Berlin 1998. – *W.* Memoire pour justifier la conduite du Roy contre les fausses imputations de la Cour de Saxe, Berlin 1756 (dt. ebd. 1756). – *Lit.* Heinrich Wallis, Die politische Tätigkeit des Grafen F. als Gesandter Friedrichs des Großen nach seinem Briefwechsel mit der preußischen Regierung 1740–1748 (Diss.), Greifswald 1936; Günter de Bruyn, Die F.s. – eine Familie im Dienste Preußens, Berlin 1999; Melle Klinkenborg, Materialien zur Geschichte des Geheimen Staatsministers Karl Wilhelm Finck von F., in: FBPG 28 (1915), 563–574.

Finckenstein, Friedrich Ludwig Carl Graf von

* 18. Feb. 1745 Stockholm † 18. Apr. 1818 Madlitz

Jurist und Verwaltungsbeamter; Sohn Carl Wilhelm von → F., nach Studium RP als Gunsterweis seinem Vater gegenüber der Neumärkischen Reg. (Justizoberbehörde) in Küstrin, 1779 von FdG aufgrund seiner Haltung im Prozess des Müllers → Arnold abgesetzt (zu den Gründen vgl. Bf. FdG an Vater F., Œuvres 25, 312); danach ausschl. literarisch tätig, seine Versübersetzung der Gedichte des Theokritos (1789) war in der Zeit überaus geschätzt; späterhin wurde er einer der schärfsten konservativen Kritiker Hardenbergs.

W. Gedanken über die Bau- und Gartenkunst und beyder Verwandtschaft, in: Berliner Monatsschrift, Mai 1787, 467–474; Arethusa oder die bukolischen Dichter des Alterthums, 2 Bde., Berlin 1789/1810. – *Lit.* C.G.M. Denina, La Prusse littéraire sous Frédéric II, Bd. 2, Berlin 1790, 44–47; Lothar Graf zu Dohna, Art. ‚Finck zu F.', in: NDB 5 (1961), hier: 151 (mit Lit.); Rudolf Schwarze, Art. ‚Finkenstein, Friedrich Ludwig Karl Graf Fink von', in: ADB 7 (1877), 21f.

Flanss [auch: Flanß], Adam Christoph von

* 4. Jul. 1664 Wittbrietzen † 10. Jun. 1748 Königsberg

Militär; ab 1680 in preuß. Diensten: 1680 Junker, 1689 Fähnrich, 1693 Lt, 1694 SK, 1702 Kapitän, 1705 Major, 1709 OLt, 1718 Ob, 1731 GM, 1736 Gouverneur von Memel, 1739 GLt, 1740 SAO, bei Chotusitz verdient, 1743 GdI, 1743 Oberbefehl über alle in Preußen stehenden Verbände, 1745 GFM. – Vor allem als Erzieher der preuß. Armee hatte sich F. ausgezeichnet, den FdG häufig auch als priv. Gast bei sich hatte, u. a. als Spielpartner beim Kartenspiel; zuvor war F. bereits Mitglied des «Tabac-Collegiums» ⟶ Friedrich Wilhelms I. gewesen.

Lit. SF 1, 168f. (N° 238); Ernst Graf zur Lippe-Weißenfeld, Art. «F., A. Chr.», in: ADB 7 (1878), 103; König, Lexikon, I, 422.

Forcade, Friedrich Wilhelm Quirin de, Marquis de Biaix

* 10. Feb. 1698 Berlin † 23. März 1765 ebd.

Militär; ab 1713 in preuß. Diensten: 1713 Fähnrich 1719 PLt, 1721 Kapitän, 1732 Major, 1740 OLt, 1743 Ob und AHM zu Zinna, 1746 PlM, DH zu Havelberg, 1747 GM, 1757 Komm. der erfolgreichen Belagerung von Breslau, dafür GLt und SAO. – Oft berichtet ist die Anekdote, wie FdG ihm bereits 1746 während einer Audienz selbst einen Stuhl zum Niedersetzen (F. war verwundet) brachte, das 1763 erhaltene Geschenk von 8000 th. spricht weiterhin für die Gunst des Kgs.

Lit. SF 1, 354–365 (N° 371); Ernst Graf zur Lippe-Weißenfeld, Art. «F., F. W.», in: ADB 7 (1877), 154; König, Lexikon, I, 430–432.

Formey, Jean Henri Samuel

* 31. Mai 1711 Berlin † 8. März 1797 ebd.

Historiker und Theologe; nach Schulbesuch des *Collège Français* zu Berlin (1720–27), dabei u. a. Schüler von Mathurin Veyssière de La Croze (1661–1739) und Isaac de Beausobre (1659–1738) Bestellung zum hugenottischen Prediger, 1736 Pastor zu Berlin, 1737 Prof. für Rhetorik am *Collège Français*, 1739, als Nachf. La Crozes, für Philosophie, 1744 Sekr. der phil. Klasse an der ADW, 1745 deren Historiograph, 1748 auf Vorschlag von → Maupertuis Sekr. der ges. Akademie, 1750 Mitgl. der Royal Society, 1781 Dir. der philosophischen Klasse; daneben zahlr. dipl. und kirchl. Missionen. – Kaum einer der Gelehrten im Berlin des 18. Jhs. hat F. an Produktivität (über 100 Publikationen) und Eifer (allein 1517 dokum. Predigten) übertroffen. Dazu kam eine Korrespondenz von ca. 30.000 Briefen. F. verfasste oder redigierte nahezu alle Oden, Elogen und Nachrufe für Mitgl. der ADW und war, was nicht zuletzt die häufigen Referenzen in den Werken FdG belegen, *die* maßgebl. Instanz in historisch-gelehrten Dingen der friderizianischen Zeit. Bis 1740 steuerte FdG regelmäßig Beiträge zu F.s *Journal de Berlin* bei.

W. (stark gek. Ausw., alle – wenn nicht anders angegeben – Berlin) Histoire de la succession de Juliers et de Bergues, 1739; Journal de ou nouvelles politiques et littéraires, 1740-; Panégyrique du Roy, 1745; Projet d'un établissement en faveur des pauvres, 1746; Elementa philosophiæ seu Medulla Wolfiana, 1746; Bibliothèque critique, ou Mémoires pour servir à l'histoire littéraire ancienne et moderne, 3 Bde., 1746; Essai sur la nécessité de la Révélation, 1747; Pensées raisonnables opposées aux Pensées philosophiques, avec un essai de critique sur le livre des Mœurs, [Amst.], 1749; Le Triomphe de l'évidence, 2 Bde., 1756; Principes élémentaires des Belles lettres, 1759; Anti-Émile, 1762; Abrégé de toutes les sciences à l'usage des enfans de six ans à douze, 8 Bde., Potsdam, 1764–1778; Abrégé de physique, 2 Bde., 1770–1772; Souvenirs d'un citoyen, 1789. – *Lit.* Erich Wenneker, Art. «J. H. S. F.», in: BBKL 19 (2001), 419–427; Arthur Richter, Art. «F., J. H. S.», in: ADB 7 (1877), 156f.

Fouqué, s. Motte-Fouqué

Frankenberg, Carl Moritz von

* 6. Sep. 1703 Ciercierzyn † 4. Apr. 1763 Breslau

1757–58 GV von Breslau; nach Studien in Breslau und Rom (1721–26) dort 1726 Priester und Dr. theol., nach einigen Pfarrstellen 1729 DK zu Breslau. Nach seinem Zögern betreffs der Anerkennung der preuß. Reg. 1740 (er hatte zuvor die Leichenpredigt für → Carl VI. gehalten) sowie aufgrund des von ihm mitgetragenen Protestes des DK gegen die Coadjutorie → Schaffgotschs wurde F. mit dem DK 1744–46 nach Magdeburg exiliert, dennoch aber von Schaffgotsch während dessen eigenen Aufenthalts in Österr. 1757 zum GV des Bistums bestimmt. FdG trug diese Entscheidung nicht mit und übertrug 1758 nach längeren Verhandlungen mit Rom das GVat dem gesamten DK; erst nach F.s Tod 1763 wurde mit → Strachwitz ein neuer GV bestimmt.

Lit. Josef Jungnitz, Die Breslauer Germaniker, Breslau 1906, 294–300; Jan Kopiec, Art. «F., K. M.», in: Gatz II, 124.

Franklin, Benjamin

* 17. Jan. 1706 Boston † 17. Apr. 1790 Philadelphia

Politiker, Diplomat, Erfinder und Publizist; ab 1730 Hg. einer Zeitung und eines Almanachs in Philadelphia, 1751–67 Mitgl. der *Pennsylvania Assembly*, 1764–75 Vertreter mehrerer amerik. Kolonien in London, 1776–85 Ges. der USA in Frankreich, 1787 maßgebl. Mitverfasser der amerik. Verfassung. – Aus den zahlr. Schriften F.s ragt im Bezug auf Preußen seine 1773 erschienene Satire «An Edict by the King of Prussia» heraus, welche bereits die preuß. Handelspolitik gg. engl. Interessen instrumentalisierte; in die gleiche Richtung gingen die durch F., Arthur → Lee u. a. ab 1776 angebahnten dipl. Kontakte zu Preußen.

W. Leonard *W.* Labaree u. a. (Eds.), The Papers of B. F., New Haven/London 1959-; An Edict of the King of Prussia (The Public Advertiser, September 22nd, 1773). – *Lit.* Joseph A. Leo Lemay: The Life of B. F., 3 Bände, Philadelphia 2006–2008; H. *W.* Brands, The First American. The Life and Times of B. F., New York 2000; Joseph George Rosengarten, Frederick the Great and the United States, Lancaster/PA 1926.

Franz I. Stephan

*8. Dez. 1708 Nancy † 18. Aug. 1765 Innsbruck

Hzg. von Lothringen und Bar (1729–37), Großhzg. der Toskana (1737–65), Dt. König und ‚Erw. Röm. Kaiser' (1745–65). Seine Stammlande musste F. infolge des Polnischen Erbfolgekrieges 1737 an → Stanislaus Leszczyński abtreten (nach dessen Tod 1766 an Frk.), wofür er die Toskana nach dem Absterben des letzten Medici erhielt. Die Ehe mit der Erzherzogin → Maria Theresia 1736 brachte ihn in den habsburgischen Orbit, 1740 nach dem Tode → Carls VI. wurde er Mitregent in den Erblanden (die Kronen von Böhmen und Ungarn trug seine Frau), nach dem Tode → Carls VII. 1745 Dt. Kg. – Von der ält. Lit. immer als mehr denn zweitrangig gegenüber seiner überdominanten Gemahlin (mit der er 16 Kinder zeugte) gesehen, dürfen wesentl. Impulse v. a. auf dem Gebiet der Agrar- und Finanzreform nicht übersehen werden. Doch wurden diese Leistungen ebenso wie seine große pers., frz. geprägte Kultur (Bibliothek, Sammlungen etc.) durch sein milit. Versagen wie durch die Instabilitäten seines Privatlebens getrübt. Die polit. Konsequenzen seiner Logenmitgliedschaft (ab 1731) sind noch nicht letztlich geklärt; jedenfalls läutete seine Geisteshaltung in Wien die Epoche des beginnenden Rationalismus (im Gegensatz zur pietistisch-jansenistischen Haltung Maria Theresias) ein. Mit ihm beginnt zudem die Reihe der der Dt. Kge./‚Kaiser' aus dem Hause Lothringen (bis 1806).

Lit. Renate Zedinger, F. St. von Lothringen (1708–1765) – Monarch, Manager, Mäzen, Wien u. a. 2008; dies./Wolfgang Schmale (Hgg.) F. St. von Lothringen und sein Kreis/ L'empereur François Ier et le réseau lorrain, Bochum 2009; Alois Schmid, F. I. St. von Habsburg-Lothringen (1745–1765), der unbekannte Kaiser (Eichstätter Hochschulreden 77), Regensburg 1991.

Fredersdorf(f), Michael Gabriel

* 3. Jun. 1708 Gartz/Oder † 12. Jan. 1758 Potsdam

Kgl. Preußischer Geh. Kämmerer und Vertrauter FdG; selbst Sohn eines Stadtmusikanten zunächst tätig als Militärmusiker (Oboist), c. 1730 als Musikpartner in Kontakt mit dem Kronprinzen Friedrich getreten, danach zu Rheinsberg als dessen Kammerdiener verpflichtet, 1740 Geh. Kämmerer und *Ober-Trésorier*, dazu als Gratifikation des Kgs. Gutsherr auf Zernikow bei Rheinsberg, 1753 aus dem kgl. Dienst wg. Heirat ausgeschieden. – F. war sicherlich – wie der Briefwechsel belegt – einer der engsten Vertrauten FdG, als *Trésorier* besaß er die Verwaltungshoheit über die ges. kgl. Privatschatulle, daneben wirkte er als „grand factotum du Roy Frédéric" (Voltaire). Neben dieser Tätigkeit bewies F. ein außergew. finanzielles Geschick in der Verwaltung seiner zahlr. Güter, Liegenschaften und Brauereien in Brandenburg, eine Ambition, die in der Heirat mit der Berliner Bankierstochter Caroline Marie Elisabeth Daum (1730–1810), Tochter Gottfried Adolph Daums (1679–1743), dem führenden preuß. Manufakturunternehmer und Financier der Zeit → Friedrich Wilhelms I., gekrönt wurde.

Qu. Friedrichs Briefwechsel mit dem Geheimen Kämmerier F. [Œuvres 27/3]; Ausw. in: Die Briefe Friedrichs des Großen an seinen vormaligen Kammerdiener F., hrsg. v. Johannes Richter, Berlin 1926. – *Lit.* Werner Heegewaldt, Art. «F., M. G.», in: BrBL, 117f. – *Bibl.* Henning, Bibliographie, 101, 315f.

Friederike Luise

* 28. Sep. 1714 Berlin † 4. Feb. 1784 Schloss Unterschwaningen

Schwester FdG; nach gemeinsamer Jugend in Berlin und Potsdam 1729 (30. Mai.) mit Carl Wilhelm Friedrich von → Ansbach verehelicht, die Beziehung wurde zum Desaster, von ihren beiden Kindern überlebte nur → Carl Alexander, der gleichnamige Erstgeborene (1733–1737) verstarb im Kindesalter. – Die unwürdige Behandlung am Ansbacher Hof sowie der Tod ihres ersten Kindes stürzten F. L. in zahlr. nervliche Krisen, auf welche sie mit zunehmendem Rückzug auf das ihr angewiesene Schloss Unterschwaningen reagierte, in welchem sie die letzten Lebensjahrzehnte in Depression und Abgeschiedenheit, fern von den Höfen zu Ansbach und Berlin, verbrachte.

Qu. Correspondance de Frédéric avec sa sœur Frédérique, margrave d'Ansbach [Œuvres 27/1]. – *Lit.* Hans Droysen, F., Markgräfin von Ansbach, eine Schwester Friedrichs des Großen – eine Skizze, in: HJb 15 (1911), 100–115; Ursula Gräfin zu Dohna, F. L., Markgräfin von Brandenburg-Ansbach (1714–1784), in: Die Gärten Friedrichs des Großen und seiner Geschwister, Berlin 2000, 55–63; Pangels, Königskinder, 113–163.

Friederike Luise von Hessen-Darmstadt

* 16. Okt. 1751 Prenzlau † 14. Aug. 1805 Berlin

Tochter Ludwigs IX. von H.-D. (1719–1790) und seiner Gemahlin → Caroline Henriette, Taufkind FdG, 1786–1790 Königin von Preußen; auf Vermittlung FdG, der ein Freund der Mutter war, 1769 (14. Jul.) Heirat mit dem Prinzen Friedrich Wilhelm, dem sp. Kg. → Friedrich Wilhelm II. – Die Ehe mit Friedrich Wilhelm war ein Fiasko, dieser schloss während der Zeit zwei morganatische Ehen mit zweien seiner zahlr. Geliebten. Das Ehepaar lebte getrennt, F. L. das Jahr über in Schloss Monbijou, im Sommer im 1799 von David → Gilly erbauten Sommerpalais zu Freienwalde. Die in ihren späten Jahren auftretenden Zeichen von Verwirrung sind aufgrund ihres tragischen Lebensweges durchaus verständlich.

Lit. Fontane, Wanderungen, Bd. 2 („Freienwalde"). → Friedrich Wilhelm II.

Friederike Sophie Wilhelmine von Preußen

* 7. Aug. 1751 Berlin † 9. Jun. 1820 Apeldoorn

Tochter Prinz → August Wilhelms von Preußen und → Louise Amalies von Baunschweig-Wolfenbüttel, Nichte FdG, Schwester → Friedrich Wilhelms II., 1767 (4. Okt.) Heirat mit Wilhelm V. Batavus von Oranien (1748–1806), Erbstatthalter der Ndl. – Im ndl. Aufstand von 1787 spielte F. eine bed. Rolle, der Konflikt eskalierte in den preuß.-ndl. Krieg, welcher durch den Einmarsch ihres Cousins Carl Wilhelm Ferdinand von Braunschweig-Wolfenbüttel (1735–1806) entschieden wurde. Als von FdG sehr geschätzte Politikerin und Korrespondentin unterhielt sie mit diesem einen umfangreichen Briefwechsel. Sie ist die Mutter des sp. ersten Königs der Ndl., Wilhelm I. (1772/1815–1840/1843).

Lit. Pieter L. Muller, Art. «*W.*», in: ADB 43 (1898), 232–234; Meindert Evers, Begegnungen mit der deutschen Kultur: niederländisch-deutsche Beziehungen zwischen 1780 und 1920, Würzburg 2006, 33f.; Horst Lademacher, Die Niederlande, Berlin 1993, 380–393.

Friedrich I.

* 28. Apr. 1676 Kassel † 5. Apr. 1751 Stockholm

geb. Friedrich von Hessen-Kassel, 1720–1751 Kg. v. Schweden (Krg. 3. Mai 1720), 1730–1751 Ldgf. von Hessen-Kassel; nach Studium (Utrecht, Genf) und Cavalierstour 1703 hess. GLt, 1700 Heirat mit Luise Dorothea Sophie von Brandenburg (1680–1705), Tochter Kg. Friedrichs I. von Preußen, nach deren Tod 1705 1715 zweite Ehe mit Ulrika Eleonore (1688–1741), der Schwester Kg. Carls XII. (1682/1697–1718), 1716 Generalissimus der schwed. Armee. Nach der Eheschließung konnte seine Frau von 1718 bis 1720 Kgin. von Schweden werden, dankte aber 1720 zugunsten ihres Mannes ab. – F. musste die gesamte Last der pol. Hinterlassenschaft Carls XII. tragen und so im Frieden von Nystad 1721 erhebl. Teile des Reiches an Russland abtreten. Die daraus resultierende Gegnerschaft zu Russland führte zum desaströsen Krieg von 1741–43, in dem Schweden auch noch das südl. Finnland verlor. Mit Preußen hatte F. 1729 sich im Hamburger Vergleich geeinigt und Teile Pommerns abgetreten. So von außen geschwächt, konnte F. im Inneren das völlige Übergewicht der Adelsparteien im Parlament nicht verhindern.

Lit. Helmut Burmeister (Hg.), F. König von Schweden, Landgraf von Hessen-Kassel. Studien zu Leben und Wirken eines umstrittenen Fürsten (1676–1751), Hofgeismar 2003; ders., Der hessische Landgraf F. I.: gegensätzliche Positionen und ein neuer Erklärungsansatz zur Geschichte des schwedischen Königs, in: Mitteilungen des Vereins für Hessische Geschichte und Landeskunde 47 (2006), 10–14; Sabine Köttelwesch, Ulrika Eleonora von Schweden, in: dies., Geliebte, Gemahlinnen und Mätressen (Geschichte unserer Heimat 41), Hofgeismar 2004, 61–72.

Friedrich I. Eugen von Württemberg

* 21. Jan. 1732 Stuttgart † 23. Dez. 1797 Hohenheim

1795–1797 Hzg. von Württemberg, zuvor preuß. Militär; ursprgl. für die geistl. Laufbahn bestimmt (von FdG die Coadjutorie auf Breslau angeboten), aber schon zuvor mehr Neigung zum Militär (bereits 1734 kaiserl. Ob), 1749–69 in preuß. Diensten: Ob, 1752 GM des schwäb. RK (mit Erlaubnis FdG), 1753 SAO, 1753 (29. Nov.) Heirat mit Friederike Dorothea Sophia von Brandenburg-Schwedt (1736–1798), der Tochter Friedrich Wilhelms von → Brandenburg-Schwedt, damit angeheirateter Neffe FdG, 1756 GM, im SJK in fast allen Schlachten, 1757 GLt nach Verdiensten bei Leuthen, 1769 Abschied aus preuß. Armee, seit 1769 in Montbéliard (Mömpelgard) dieses württembg. Nebenland als Statthalter regierend, dort Schlossbau zu Etupes (1801 abgerissen), 1791 zurück, ab 1795 wieder in preuß. Diensten: Statthalter in Ansbach und Bayreuth nach der Abdankung Markgraf → Carl Alexanders, 1795 preuß. GFM und ebenfalls 1795 Hzg. von Württemberg, 1795 GFM des schwäb. Kreises in den Revolutionskriegen, 1796 Friedensschluss unter Herausgabe Montbéliards. Von den elf überlebenden Kindern des Hzg.-Paares wurde Sophie Dorothee Auguste (1759–1828) Gemahlin des russ. Thronfolgers und sp. Kaisers Paul I. (Павел I Петрович, 1754/1796–1801) und ab 1796 Kaiserin Maria Feodorovna (Мари́я Фео́доровна) und Elisabeth Wilhelmine Louise (1767–1790) jene des sp. österr. Kaisers Franz II/I. (1768/1792/1804–1835). – Wie zuvor sein Vater Carl Alexander (1684/1733–1737) war F. I. der schlagende Beweis gegen das Vorurteil angebl. dilettantischer fürstl. Feldherrntätigkeit; seine an Tollkühnheit grenzende Tapferkeit, u. a. bei Reichenberg, Prag, Torgau und vor Kolberg erregten die Bewunderung FdG, der seinen Plan zu einem groß angelegten Angriff auf die russ. Verbände 1761 allerdings ablehnte. Die sp. Entwicklungen der Kriegsführung infolge der Revolutionsereignisse in Frankreich verfolgte er mit Interesse und stimmte nur widerwillig dem Bündnis mit seinem Schwiegersohn Franz II. zu, was ihn und sein Land teuer zu stehen kam.

Lit. SF 1, 415–419 (N° 431); HW, 284–286; Robert Unland, Art. «F. *W.*», in: NDB 5 (1961), 595f.

Friedrich V. [Frederik 5.] von Dänemark

* 31. März 1723 Kopenhagen † 14. Jan. 1766 ebd.

1746–1766 Kg. von Dänemark und Norwegen, sowie der Wenden und Goten, 1746–1766 Hzg. von Schleswig und Holstein, Graf von Oldenburg und Delmenhorst. In erster Ehe (1743) mit Prinzessin Louise of England (1724–1751), Tochter → Georges II, in zweiter (1755) mit Juliane Marie von Braunschweig-Wolfenbüttel (1729–1796), der Schwägerin FdG, verheiratet. – F. konnte sein Land einerseits durch eine geschickte

Wirtschaftspolitik in die beginnende Industrialisierung führen, andererseits durch eine bewusste Friedenspolitik – und trotz seiner Eheallianzen – aus den Antagonismen seiner Zeit heraushalten. Diese Verdienste gehen aber zu einem großen Teil auf das Wirken seines Ersten Ministers, Johann Hartwig Ernst Graf von Bernstorff (1712–1772) zurück.

Lit. Ole Feldbæk, Tiden 1730–1814 (Danmarks historie 4), København 1982; Poul Vedel, Den ældre Grev Bernstorffs ministerium, København 1882.

Friedrich August II.

* 17. Okt. 1696 Dresden † 5. Okt. 1763 ebd.

1733–1763 Kf. von Sachsen, 1734–1763 als Augustus III. Kg. von Polen (Krg. 17. Jan. 1734) und Großherzog von Litauen, Sohn Friedrich Augusts I. (Augustus II.), des Starken (1670–1733). – Durch russ. und schwed. Unterstützung auf den poln. Thron gelangt, vermochte F. A. nicht, sich dort dauerhaft gegen die rivalisierenden Adelsgruppen durchzusetzen, und überließ ab 1738 die Reg. faktisch seinem Minister Heinrich Graf von Brühl (1700–1763). Obwohl Sachsen durch die großen Kriege der Zeit, v. a. durch den SJK überaus schwer in Mitleidenschaft gezogen wurde (Kontributionen), gelang es F. A. in Dresden die größte Kunstsammlung seiner Zeit aus der väterl. Hinterlassenschaft aufzubauen, das Hof- und Musikleben zu fördern (→ Quantz, → Hasse), sowie zentrale Bauten des sächs. Rokoko zu errichten (Hofkirche zu Dresden, Schloss Hubertusburg, in dem am 21. März 1763 der gleichnam. Friede unterzeichnet wurde).

Lit. Jacek Staszewski, August III. Kurfürst von Sachsen und König von Polen, Berlin 1996; Monika Wyszomirska, Między obroną wolności a naprawą państwa. Rzeczpospolita jako przedmiot polemik politycznych w dobie panowania Augusta III (1734–1763) (BBWO Studia 4), Warszawa 2010; Thomas Niklas, F.A. II. (1733–1763) und Friedrich Christian (1763), in: Kroll, Herrscher Sachsens, 192–222.

Friedrich August III./I. (ab 1806), „der Gerechte"

* 23. Dez. 1750 Dresden † 5. Mai 1827 ebd.

ab 1763 Kf. von Sachsen, 1791 erwählter Kg. von Polen, 1806–1827 (1.) Kg. von Sachsen, 1807–1815 Hzg. von Warschau, bis 1768 unter der

Vormund-/Regentschaft seiner Mutter Maria Antonia von Bayern (1724–1780) sowie seines Onkels Franz Xaver von Sachsen, Graf von der Lausitz (1730–1806). Auf Rat des Letzteren und gegen den Willen der Ersteren verzichtete F. A. 1765 auf die poln. Krone zugunsten → Stanislaus II. August Poniatowskis; sie wurde ihm jedoch 1791 nach dessen Tod wiederum angetragen, was er erneut ausschlug. Die Würde eines Hzg.s von Warschau infolge des Friedens von Tilsit nahm er umständehalber an. – 1791 brachte F. A. die ‚Pillnitzer Beistandserklärung' durch Sachsen, Österr. und Preußen zugunsten der frz. Monarchie zusammen, in den napoleon. Kriegen erwies sich die Politik des seit 1806 sich Kg. nennenden Fürsten oft – v. a. im Schlusskampf der Befreiungskriege – als zu zögerlich und zaudernd.

Lit. Dorit Petschel, Sächsische Außenpolitik unter F.A. I. Zwischen Rétablissiment, Rheinbund und Restauration (Dresdner Historische Studien 4), Köln 2000; Michael Fröhlich, Sachsen in der napoleonischen Ära, in: Josef J. Schmid (Hg.), Waterloo – 18. Juni 1815. Geschichte einer europäischen Schlacht (Studia Academica Historica 1), Bonn 2008, 143–183, Wilfried Halder, F.A. III./I., in: Kroll, Herrscher Sachsens, 203–222.

Friedrich Christian

* 5. Sep. 1722 Dresden † 17. Dez. 1763 ebd.

Erbprinz Friedrich Christian Leopold Johann Georg Franz Xaver von Sachsen, vom 5. Okt. 1763 bis zu seinem Tod Kf. von Sachsen. – Von Geburt an gelähmt und im Rollstuhl sitzend, erlag F. Ch. kaum nach seinem Reg.antritt den Pocken. Trotzdem bedeutete diese Zeit eine völlige Abkehr von der Praxis seines Vaters → Friedrich Augusts II: Brühl wurde entlassen, die Sanierung des infolge des SJK völlig desolaten Staatshaushaltes in Angriff genommen (‚Rétablissement(s)'). Eine Bewerbung um den poln. Thron entfiel aufgrund des frühen Todes.

Lit. Thomas Niklas, Friedrich August II. (1733–1763) und F.Ch. (1763), in: Kroll, Herrscher Sachsens, 192–222; Horst Schlechte, Die Staatsreform in Kursachsen 1762–1763. Quellen zum kursächsischen Rétablissement nach dem Siebenjährigen Kriege (= SSLD 5), Berlin (Ost) 1958; Uwe Schirmer (Hg.): Sachsen 1763 bis 1832. Zwischen Rétablissement und bürgerlichen Reformen (= Schriften der Rudolf-Kötzschke-Gesellschaft 3), ²Beucha 2000.

Friedrich Wilhelm I.

* 14. Aug. 1688 Berlin † 31. Mai 1740 Potsdam

1713–1740 Kf. und Markgraf von Brandenburg, 1713–1740 Kg. in Preußen, 1701 Prinz von Oranien; Vater FdG; Erziehung am preuß. Hof durch Alexander Burggraf und Graf zu Dohna-Schlobitten (1661–1728) und Albrecht Conrad Reinhold Reichsgraf Finck von Finckenstein (1660–1735), ab 1698 Herr auf Wusterhausen, das er zu seinem pers. Mustergut ausbaute; 1702 Mitgl. des Geheimen Staatsrats, 1703 des Kriegsrats, 1705 Bgm. zu Charlottenburg, 1700 und 1704 Cavalierstour in die Niederlande, 14. Nov. 1706 Ehe mit → Sophie Dorothea von Braunschweig-Lüneburg, ab Jul. 1706 im Spanischen Krieg in Flandern u. a. (1709 bei Malplaquet). – Wenige der preuß. Monarchen sind in der Forschung derart umstritten und uneinheitlich gezeichnet wie Friedrich Wilhelm I. Seine Politik war getragen von dem Wunsch, Preußen endlich als gleichberechtigtes Mitglied im Konzert der großen Monarchien Europas erscheinen zu lassen. Dabei vermochte er nicht, dem traditionell-klassischen monarchischen Modell seines Vaters Friedrich III./I. zu folgen (keine Krg.!), sondern verlagerte den Akzent auf den Dienst des Fürsten an und für seine Untertanen. – Aufgrund seiner Erfahrungen in der Schlacht zu Malplaquet unterstellte man F. W. immer wieder eine pazifistische Ausrichtung der AP – dies ist irreführend: Am 1. Mai 1715 trat Preußen in den Krieg gegen das Schweden Carls XII. ein und nahm u. a. nach der Besetzung Stettins an der Belagerung von Stralsund teil, 1733–35 standen die preuß. Regimenter im PEK an der Rheinfront. Im Frieden von Stockholm (21. Jan. 1720) gewann Preußen von Schweden die Stadt Stettin mit dem Gebiet zwischen Oder und Peene, die Inseln Wollin und Usedom, dazu das Oderhaff und die Mündungen von Swine und Dievenow. Die preuß. Anwartschaft auf die Herzogtümer Jülich und Berg wurde durch die doppelzüngige Politik → Carls VI. immer hintertrieben und letztlich enttäuscht; darin liegt einer der Hauptgründe für die letztliche Entfremdung F. W. und seines Sohnes von Habsburg. – Innenpolitisch lag das Hauptaugenmerk des Kgs. auf einer weiteren Etablierung der fürstlichen Souveränität gegenüber den Ständen, dem Ausbau der milit. Schlagkraft des preuß. Heeres (kapital hierfür die Einführung des Kantonsystems 1733 und damit faktisch einer Vorstufe der Wehrpflicht, dazu

Verbot des auswärtigen Militärdienstes für den preuß. Adel) und seines Offizierscorps (1717 Errichtung des ‚Königlich Preußischen Corps de Cadets'), der Hebung der landsässigen Bildung (1717 Einführung des allg. Schulpflicht), der Staatswissenschaften (Einrichtung von Lehrstühlen der Kameralistik zu Halle und Frankfurt/Oder), sowie der medizin. (Förderung der 1710 gegr. Charité zu Berlin) und sozialen (Stiftung des Militärwaisenhauses zu Potsdam 1724) Fürsorge. – Entgegen der landläufigen Meinung war die Kunst- und Baupolitik des selbst malenden Kgs. keineswegs ein unwesentliches Feld, dagegen sprechen die Schlösser Kossenblatt und Wusterhausen, die Garnisonskirche zu Potsdam sowie der Erwerb des Schlosses Rheinsberg für FdG. F. W. war überdies ein Bewunderer der Musik Georg(e) Fr(i)ederic(h) Ha(e)ndels (1685–1759). Sein Französisch war nahezu einwandfrei, und die Feindschaft gegen alles ‚Undeutsche' gehörte zu jener sorgsam gepflegten Maske, mit welcher der Kg. sich bedeckte. – Der an den Prinzipien des Calvinismus, jedoch unter scharfer Ablehnung der Prädestinationslehre, ausgerichtete Ethos F. W.s setzte den restlosen Einsatz des Monarchen für Land und Untertanen als Grundstock der Politik („Holle der Deuffel lieber meine zeitliche wohlfardt als daß so viell leutte Betler werden und ich reich"); dies konnte bis zur Pedanterie gehen und in einrissigen Formeln („ein Plus machen") sich gelegentlich erschöpfen. Trotzdem prägten seine Emphase der Pflichterfüllung und des Gehorsams gegen Gott und die Obrigkeit Generationen und schließlich das Idealbild der ‚preuß. Tugenden'. – Nicht zuletzt durch ein spätestens seit der Lebensmitte andauerndes Migräneleiden (bis zur Bewusstlosigkeit) und andere körperl. Beschwerden (Gicht) beeinträchtigt, war die Persönlichkeit F. W.s zahlreichen Wesensschwankungen ausgesetzt, welche sich v. a. gegenüber seiner mitunter intriganten Frau Sophie Dorothea von Hannover und v. a. seinem Sohn und Thronfolger FdG manifestierten. Letzteres Verhältnis gehört zu den schwierigsten der Neuzeit und kann nicht formelhaft oder summarisch beantwortet werden. Wiewohl die Behandlung FdG durch den Vater, v. a. im Anschluss an dessen ‚Fluchtversuch' 1730 (→ Katte), die Grenze zur menschl. Grausamkeit wiederholt überstieg, ist das väterl. Modell doch in zahlr. Reg.ansätzen FdG auszumachen. – Seine etwa im ‚Tabaks-Collegium' bei Pfeifenrauch und Bierseidel ausgelebte Jovialität und Bürgerlichkeit gibt die ambitionierte, komplexe und überaus intelligente Persönlichkeit des sparsam trinkenden Kgs. ebenso ungenügend wieder wie die vermeintl. militär. Versponnenheit (‚Soldatenkönig'); vielmehr wurde diese durch Jahrzehnte der Verstellung gegenüber Habsburg (v. a. gegenüber dem Ges. von → Seckendorff), der Maskerade der ‚Langen Kerls', einer Eliteeinheit großgewachsener Soldaten aus ganz Europa, welche ihm den Spott der Zeitgenossen einbrachte, sowie einer instinktiven Ablehnung der Häuser Hannover (Reich und England) überlagert. – Im Grunde war F. W. ein über die Maßen im klassischen Sinne christlich-toleranter Monarch (Unterstützung des *Institutum Judaicum et Muhammedicum* zu Halle unter Johann Heinrich Callenberg (1694–1760) in Halle zur Bekehrung der Juden und Mohammedaner ab 1728, Unterstützung des Pietismus, Ansiedlung der ersten Katholiken auf preuß. Boden 1722), dessen innere Zerrissenheit am besten seine Abschiedsworte an seinen Sohn FdG wiedergeben: „Mein ganzes Leben hindurch war ich gezwungen, um dem Neid des österreichischen Hauses zu entgehen, zwei Leidenschaften zur Schau zu stellen, die ich nicht hatte: ungereimten Geiz und übertriebene Vorliebe für lange Soldaten. Nur wegen dieser so sehr in die Augen fallenden Schwachheiten vergönnte man mir das Einsammeln eines großen Schatzes und die Errichtung einer starken Armee. Beide sind da, und mein Nachfolger bedarf nun keiner Maske…" (Bleckwenn, Heer, 65). Diese Vorgaben hat sein Sohn im vollen Umfang, gemäß der väterl. Intention benutzt und ihm viele Jahre später – gegenüber de → Catt – diese Wertschätzung gezollt: „Quel terrible homme, mais quel homme juste, intelligent et propre aux affaires (…)! Aussi est-ce par ses soins, par son travail infatigable que j'ai été en état de faire tout ce que j'ai fait jusqu'ici. – Welch schrecklicher (vielleicht besser: welch furchteinflößender) Mensch, aber welch gerechter, intelligenter und in Staatsgeschäften vortrefflicher Mensch! Auch verdanke ich es seinen Bemühungen, seiner unermüdlichen Arbeit, dass ich im Stande war, all das zu leisten, was ich bisher geleistet habe." (Catt, 1884, 34).

Lit. Friedrich Beck/Julius H. Schoeps (Hgg.), Der Soldatenkönig. F. W. I. in seiner Zeit, Potsdam 2003; Carl Hinrichs, F. W. I. König in Preußen, eine Biographie, Ndr. Darmstadt 1968; Christian Graf von Krockow, Porträts berühmter deutscher Männer – von Martin Luther bis zur Gegenwart, München 2001, 57–100.

Friedrich Wilhelm II.

* 25. Sept. 1744 Berlin † 16. Nov. 1797 Potsdam

1786–1797 Kg. von Preußen und Kf. von Brandenburg; Sohn → August Wilhelms von Preußen, ab 1758 Prinz von Preußen, Nachfolger FdG; ab 1762 in preuß. Militärdiensten (Schweidnitz, Bunkersdorf), 1765 erste Heirat mit → Elisabeth Christine Ulrike, Prinzessin von Braunschweig-Wolfenbüttel (1746–1840) (1769 geschieden), zweite noch 1769 mit Friederike Luise von Hessen-Darmstadt (1751–1805), beide gleichermaßen zum Scheitern verurteilt. – Wie ihm vielleicht nicht zu verübeln, hat es F. W. nicht verstanden, das Erbe seines großen Onkels angemessen zu verwalten: während er die alten Beamten und Minister z. T. gegen alle Vernunft beibehielt, verstand er nicht wie FdG die Politik selbst entscheidend zu leiten. Wohl von guten Ansätzen bestimmt (Toleranzedikt für alle Bekenntnisse in Preußen am 9. Jul. 1788, faktisch eingeschränkt durch das Zensuredikt vom 19. Dez. 1788), vermochte er nicht die anfangs empfangene Sympathie der Untertanen zu bewahren. Sein pers. Lebensstil (Mätressenwirtschaft, v. a. die Affäre mit Wilhelmine Enke, ab 1794 Wilhelmine Gräfin von Lichtenau (1753–1820), der ausgeprägte Hang zum Spiritismus sowie die Anhängerschaft an das Rosenkreuzertum) kontrastierte aufs Schärfste mit den altpreuß. Idealen der beiden Vorgänger. Lediglich in seiner Musikleidenschaft als prof. Cellist und Auftraggeber des *compositeur de notre chambre* Luigi Boccherini (1743–1805) vermochte er FdG teilweise zu entsprechen. Innenpolitisch führte die Publikation des APLR 1794 zum Abschluss der unter FdG begonnenen Initiativen, außenpolitisch konnte der Friede zu Basel 1795 Preußen zunächst vor dem Zugriff der frz. Revolutionsarmeen sichern; in der Zweiten Poln. Teilung hatte Preußen zuvor 1793 Danzig, Thorn und Südpreußen erhalten, in deren dritter 1795 Masowien, Warschau und Neuostpreußen, zudem waren 1791 Ansbach und Bayreuth an die Hohenzollernsche Hauptlinie gefallen. Der so erzielte Bevölkerungszuwachs von insg. 3,3 Mio. kontrastiert deutlich mit dem tatsächl. Bedeutungsschwund Preußens, welcher erst 1806 besiegelt werden sollte.

Lit. Brigitte Meier, F.W. II. – König von Preußen (1744–1797). Ein Leben zwischen Rokoko und Revolution, Regensburg 2007; Wilhelm Moritz Freiherr von Bissing, F.W. II., König von Preußen, Berlin 1967; David E. Barclay, F.W. II. (1786–1797), in: Kroll, Preußens Herrscher, 179–196.

Frisch, Johann Christoph

* 9. Febr. 1738 Berlin † 28. Feb. 1815 ebd.

Maler; nach Studien bei seinem Vater Ferdinand Helfreich F. (1707–1758) und Christian Bernhard → Rode 1765–68 Studienreise nach Rom mit einem Stipendium FdG, 1770 Mitgl. ASK, 1786 deren Rektor, 1801 Vizedir., 1805 Dir., wichtigste Werke v. a. das zentr. Deckengemälde *Venus und Amor* im Mittelsaal der umgebauten Orangerie 1774 zu Sanssouci, sowie Werke im Neuen Palais, daneben Deckenbilder im Berliner Stadtschloss sowie in zahlr. Berliner Palais.

Lit. Martin Sperlich, Art. «F., J. Chr.», in: NDB 5 (1961), 615f.; Robert Dohme, Art. «F. J. Chr.», in: ADB 8 (1878), 92f.; Dehio Potsdam, passim.

G

Galli [da] Bibiena, Giuseppe

* 5. Jan. 1696 Parma † 12. März 1757 Berlin

Theaterarchitekt und Bühnenbildner; aus einer Familie von Opernausstattern und -architekten stammend, nach Ausbildung im väterl. Betrieb von Ferdinando G. da B. (1656–1743) zunächst in Barcelona am Hofe des habsburg. Prätendenten Carlos (→ Carl VI.), mit diesem 1712 nach Wien, 1740 in Bologna Dir. der Architektur-Klasse an der Accademia Clementina, 1745–48 Ausstattung des markgräfl. Opernhauses zu Bayreuth für Markgfin. → Wilhelmine, 1753 von FdG als Hoftheater-Architekt nach Berlin gerufen.

Lit. G. G.-B. (Monumenta scenica/N.S. 1), Berkeley 1953; Peter O. Krückmann (Hg.), G. B. und der Musenhof der Wilhelmine von Bayreuth (Paradies des Rokoko 2), München/New York 1998; Franz Hadamowsky, Die Familie G.-B. in Wien. Leben und Werk für das Theater, Wien 1962, bes. 9–11.

Gaudi (auch: Gaudy), Friedrich Wilhelm Ernst Freiherr von

* 23. Aug. 1725 Spandau † 13. Dez. 1788 Wesel

Militär; nach Studien zu Königsberg 1741–43, ab 1743 in preuß. Diensten: 1743 Kadett, 1744 Fähnrich, 1750 SLt, 1752/53 Werbeoffizier, 1755 PLt, 1756 Kapitän und Flügel-Adj FdG, 1760 Major und PlM, 1767 OLt, 1771 Ob, 1779 GM, 1785 Inspekteur der Truppen in Westfalen, 1787 GLt und Kommandant von Wesel, 1787 Oberkommandierender des Feldzugs in den Ndl. – Zu seinem eigenen Vergnügen („für sich") verfasste G. die bislang umfangreichste Geschichte des SJK (zehn hs. Fols.), welche aber zu seinen Lebzeiten Ms. blieb; dieses erwarb → Friedrich Wilhelm II. 1788 für 12.000 th.

W. Versuch einer Anweisung für Officiere von der Infanterie, wie Feldschanzen angelegt und erbauet … werden können, Wesel 1767 (^{6}Leipzig 1817); Journal vom Siebenjährigen Kriege, hrsg. v. Jürgen Ziechmann, 5 Bde., Buchholz 1996–2001. – SF 2, 139–141 (N° 658); Ernst Graf zur Lippe-Weißenfeld, Art. «G., F. W. E.», in: ADB, 8 (1878), 419f.; König, Lexikon, II, 2–5.

Gaudi (auch: Gaudy), Leopold Otto von

* 4. Feb. 1728 Spandau † 11. Sep. 1789 Berlin

Minister und Ökonom; nach ersten Jahren im Militärdienst 1757 Abschied von der Armee, Anträge auf Staatsdienst wurden zunächst abgelehnt, 1768 Dir. der *Brandenburgisch-Neuhausenschen Feuersocietät*, 1770 Präs. der Magdeburgischen Kammer, 1775 Geh. Staats- und Kriegsrat (15. Nov.); Haupt des Departements Ost- und Westpreußen, Litauen, 1789 AHM zu Fischhausen. – G. gilt heute als besonderer Fürsprecher der Domänenbauern und als einer der ersten überzeugten Verfechter der Aufhebung der Wirtschaftsmonopole und Anwalt der Handelsfreiheit im Gegensatz zum merkantilistischen System.

Lit. Klaproth, Staats-Rath, 464; Zedlitz-Neukirch, Lexicon, II, 217.

George II/Georg II. August

* 10. Nov. 1683 Herrenhausen/Hannover † 25. Okt. 1760 London

1727–1760 Kg. von Großbritannien und Irland (infolge der Sukzession des Hauses Hanover 1714, von den Loyalisten/Legitimisten, Anhängern des Hauses Stuart, bestritten – Krg. 11. Okt. 1727), 1727–1760 Kf. von Hannover und Hzg. von Braunschweig-Lüneburg (als Georg II. August). – G. fühlte sich GB zwar mehr verpflichtet als sein Vater George I (1660/1714–1727), doch blieb auch für ihn Hannover das Zentrum von Strategie und Politik. Innenpolitisch auf Parlament und Minister (Robert Walpole, 1st Earl of Orford (1676–1745), John Carteret, 2nd Earl of Granville (1690–1763) und Henry Pelham (1694–1754)) angewiesen und durch deren Fraktionen bestimmt, brachte die Opposition der Tories und v. a. der Große Jakobitenaufstand 1745 seine Reg. oftmals in Bedrängnis. In der AP dominierte weiterhin die Gegnerschaft zu Frankreich, was GBs Politik im OEK und SJK grundlegte; die großen Gewinne in Nordamerika infolge des Letzteren konnte G. nicht mehr erleben. Seine Familienverhältnisse spotteten jeder Beschreibung: Während er selbst sich seinem Vater schon lange entfremdet hatte, wurde die Verbannung seines ältesten Sohnes Frederick Louis (1707–1751) zum europ. Skandal, die Bevorzugung des jüngeren Wilhelm August, Duke of Cumberland (1721–1765), hatte u. a. die milit. Desaster von Fontenoy (1745), Hastenbeck (1757) und indir. jene von dessen Günstling General Edward Braddock (1695–1755) 1755 in Nordamerika zur Folge. Mit seinem Nachf. → George III verband ihn ebenfalls kein emotionales Band, ebenso wenig mit seiner Frau Queen Caroline (1683–1737). – G. war der letzte engl. Monarch, welcher noch selbst seine Truppen in die Schlacht führte (Dettingen 1743); seine Patronage für den Handel bewirkte die stil- und mentalitätsbildende Verbindung von Kunst und brit. Patriotismus.

Lit. Andrew C. Thompson, G. II King and Elector, New Haven 2011; John van der Kiste, G. II and Queen Caroline, Stroud 1997; Basil Williams, The Whig Supremacy, 1714–1760 (OHE xi), Oxford 1992.

George III/Georg III.

* 4. Jun. 1738 London † 29. Jan. 1820 Windsor Castle

1760–1801 Kg. von GB und Irland, 1801–1820 Kg. des *United Kingdom of Great Britain & Ireland*, 1760–1806 Kf. von Hannover und Hzg. von Braunschweig-Lüneburg, 1814–1820 Kg. von Hannover. – G. übernahm die Kriege und Erblasten seines ungeliebten Großvaters → George II; während er Erstere im Frieden von Paris 1763 mit der defin. Vormachtstellung GB.s auf den Weltmeeren und in Übersee (Gewinn ganz Nordamerikas östl. des Mississippi) erfolgreich beenden konnte, blieb die daraus resultierende Schuldenlast ein Problem, welches u. a. zur Höherbesteuerung der Untertanen v. a. in Amerika und so indirekt zu deren Erhebung ab 1774 führte. Die hohe Zahl an Loyalisten aber, welche treu zu König und Mutterland standen, belegt, wie sehr die Reformversuche (auch hinsichtlich der neuen frz. Bev. ab 1763 in Quebec: *Quebec Act* 1774) gefruchtet hatten, damit konnte Canada dauerhaft gesichert werden. Gegenüber den Indianern setzte G. sich für ein maßvolles, von Rechtsgrundsätzen geprägtes Verhalten ein, mit den letzten Nachkommen des konkurrierenden Hauses Stuart suchte er Ausgleich und Übereinkommen. G. war der erste engl. Kg. des Hauses Hannover, welcher wirkl. engl. dachte und entschied. Dennoch musste er zahlr. Auseinandersetzungen mit Parlament und Opposition überstehen, jene von 1783 löste er nur durch Androhung der Reichsacht bei Gegenstimmen. 1784 wurde mit William Pitt (1759–1806) der Vertraute des Kgs. PM. – Ab 1793 bestimmten die Revolutionskriege die AP GB.s, welches als einziges Land mit kurzer Unterbrechung des Friedens von

Amiens (1802) bis 1815 gegen Terreur, Consulat und ‚Kaiserreich' im Krieg stand. – Pers. war G. durch zahlr. gesundhtl. Krisen geschwächt (wohl Porphyrie), welche ihn längere Zeit regierungsunfähig machten; ob die psychische Erschöpfung 1788/89 tatsächlich mit der schweren Erkrankung ab 1810 in Verbindung stand, oder aber der Kg. gezielt von oppos. Kreisen (der eigenen Familie?) vergiftet (Arsen) wurde, ist bis heute ungeklärt. Ab 1811 führte sein ältester Sohn und Nachf. George IV (1762/1820–1830) die Regentschaft (‚Regency'). – G. war ohne Zweifel einer der fähigsten, ehrlichsten und pers. engagiertesten Monarchen seiner Zeit, was zu großer Popularität führte; die schwarze Legende über ihn fußt zu einem nicht geringen Teil auf der amerik. Unabhängigkeitserklärung, welche im Grunde eine Anklageschrift gegen den Kg. ist, der ironischerweise die ihm hier vorgeworfene Politik gar nicht zu verantworten hatte; spätere reduzierende Sichtweisen wie ‚the King who lost America' oder ‚mad King George' sind eindeutig infam und hist. unhaltbar.

Lit. Jeremy Black, G. III – America's Last King, New Haven/London 2008; Christopher Hibbert, G. III – A Personal History, London 1998; J. Steven Watson, The Reign of G. III, 1760–1815 (OHE XII), Oxford 1992.

Gercken, Philipp Wilhelm

* 5. Jan 1722 Salzwedel † 26. Jun. 1791 Worms

Historiker; nach dem Studium der Rechte zu Halle und Leipzig ausschl. Tätigkeit als Privatgelehrter, dabei u. a. als Rezensent der Werke Friedrich → Nicolais hervorgetreten. – Mit seinen zahlr. Schriften zur brandenburgischen Geschichte erwarb sich G. Rang und Ruf eines der herausragenden Landeshistoriker seiner Zeit.

W. (Ausw.) Fragmenta Marchica oder Sammlung ungedruckter Urkunden und Nachrichten, zum Nutzen der Brandenburgischen Historie…, 6 Bde., Wolfenbüttel 1755–1763; Diplomataria Veteris Marchiae Brandenbvrgensis…, 2 Bde., Salzwedel 1765/67; Ausführliche Stifts-Historie von Brandenburg. Nebst einem Codice Diplomatico aus dem Brandenburgischen Stifts-Archiv, Braunschweig 1766 (Ndr. 2009); Codex Diplomaticus Brandenbvrgensis, 8 Bde., Salzwedel 1769–1772 und Stendal 1775–1785. – *Lit.* Gottfried Wentz, Ph. W. G., in: Mitteldeutsche Lebensbilder, Bd. 3., Magdeburg 1928, 24–45; Rudolf Schwarze, Art. «G., Ph. W.», in: ADB 9 (1879), 1–3; Hans-Joachim Schreckenbach, Art. «G., Ph. W.», in: BrBL, 140.

Geßler, Friedrich Leopold (ab 1745:) Graf von
* 24. Jun. 1688 Schwägerau † 22. Aug. 1762 Brieg

Militär; 1704–06 in österr., danach in preuß. Diensten: 1707 Fähnrich, 1710 Lt, 1711 SK, 1712 Kapitän, 1714 Major, 1720 OLt, 1729 Ob, 1735 OJoh, 1739 GM, 1742 GLt und SAO, bei Hohenfriedberg mit schlachtentscheidend, dafür 1745 in den Grafenstand erhoben, 1747 GdK, 1751 GFM, 1758 Abschied mit 2000 th. Pension. – G. war einer der führenden Kavalleriegenerale des 18. Jhs., seine Fähigkeiten zeigten sich nicht nur auf dem Felde, sondern v. a. auch im Exerzieren. FdG schätzte ihn sehr, G. war wiederholte Male Gast zu Potsdam, und schon bei Reg.antritt 1740 hatte sich der Kg. an ihm betreffs des Zustands und der Einsetzbarkeit der preuß. Kavallerie gewandt. Über die ber. Kavallerieattacke G.s zu Hohenfriedberg schrieb FdG: „Un fait aussi rare, aussi glorieux, mérite d'être écrit en lettres d'or dans les fastes prussiens – eine so seltene, so glorreiche Tat verdient es, in goldenen Lettern in die preuß. Ehrengeschichte eingeschrieben zu werden" (Œuvres 3/XIII, 129).

Lit. SF 1, 189–192 (N° 259); Ernst Graf zur Lippe-Weißenfeld, Art. «G., F. L.», in: ADB 9 (1879), 95; König, Lexikon, I, 8–11.

Giese, Benjamin
* 1705 † 1755 Potsdam (?)

Bildhauer; Werke u. a. Vasen und Figuren am Stadtschloss Potsdam, Bronzen des Konzertzimmer im Schloss Sanssouci.

Lit. Katalog, passim; Potsdamer Schlösser, 17, 41, 47; Giersberg, Potsdam, 60, 70; TB.

Gilly, David
* 7. Jan. 1748 Schwedt † 5. Mai 1808 Berlin

Architekt; nach einer Lehre im Bauwesen unter → Brenckenhoff an der Erbauung des Warthekanals beteiligt, 1770 Landbaumeister, 1772 Leiter des Baudistrikts Stargard, 1779 Generalbaudirektor in Pommern, 1788 Geh. OBR in Berlin, 1790 ADW, 1793–95 verantw. für die Erbauung des Bromberger Kanals, bis 1807 im Oberbaudepartement zuständig für die Provinzen Ost- und Westpreußen, Pommern, sowie, ab 1795, Südpreußen.

– G. vereinte in Leben und Werk die Aufgaben eines Bauleiters und Bauinspekteurs hauptsächlich funktionaler Architektur (z. B. Hafenausbau in Swinemünde, Danzig und Elbing) mit dem Schaffen eines repräsentativen Baumeisters am Übergang vom Spätrokoko zum Klassizismus (Schlösser Paretz und Freienwalde). Durch seine umfangreiche Lehr- und Publikationstätigkeit wurde er außerdem ein gesuchter Lehrer, u. a. von Leo von Klenze (1784–1864) und August Leopold Crelle (1780–1855).

W. (Ausw., alle Berlin) Grundriß zu den Vorlesungen über das Praktische bey verschiedenen Gegenständen der Wasserbaukunst, 1795; Vergleichung der verschiedenen Bauarten welche bey Gründung der im Meere erbauten Werke, vorzüglich aber bey Aufführung der Hafen-Wände oder der sogenannten Molen an den See-Häfen, gebräuchlich sind, 1796; Sammlung nützlicher Aufsätze und Nachrichten, 1797; Handbuch der Land-Bau-Kunst: vorzüglich in Rücksicht auf die Construction der Wohn- und Wirthschafts-Gebäude; für angehende Cameral-Baumeister und Oeconomen, 1797, zahlr. weitere Auflagen); Kurze Anleitung auf welche Art Blitzableiter an den Gebäuden anzubringen sind, 1798, [2] 1802; Abriss der Cameral-Bauwissenschaft, 1799; Praktische Anweisung zur Wasserbaukunst, 1802, [2]1809. – *Lit.* Eduard Führ, Anna Teut (Hgg.), D. G. – Erneuerer einer Baukultur, Münster 2008; Andreas Kahlow (Hg.), Vom Schönen und Nützlichen – D. G. (1748–1808), Berlin 1998; Marlies Lammert, D. G., [2]Berlin 1981.

Glasenapp, Caspar Otto von

* 25. Jun. 1664 Gut Wurchow † 7. Aug. 1747 Berlin

Militär und Gouverneur von Berlin; ab 1679 in preuß. Diensten: 1683 Fähnrich, 1687 SLt, 1692 SK, 1695 Kapitän, 1696 OJoh, 1705 Major, 1709 OLt, 1713 Oberst, 1723 GM, 1729 Kommandant von Berlin, 1732 GLt, 1735 SAO, 1735 Gouverneur von Berlin, 1737 DH zu Kammin, 1740 GdI, 1741 GFM, 1742 Abschied aus dem Militärdienst, blieb Gouverneur, Pension von 2000 th. p.a. – Verdienste erwarb sich G. v. a. als Gouverneur von Berlin, ein Amt, welches nicht nur die Neuordnung der Stadt und ihren Ausbau, sondern ebenso die Überwachung der Fremden und bes. die Reinlichkeit der Straßen und Gebäude umfasste, ebenso Aufbau Unterhalt und Verbesserung der städt. Feuerwehren (vgl. Schreiben FdG vom 27. Aug. 1742 nach dem Großfeuer in der Dorotheenstadt). In allen Belangen bewährte sich G. vorzüglich, wenn er auch bei den Bürgern eher wg. seines Drängens auf penible Einhaltung der Vorschriften gefürchtet war.

Lit. SF 1, 135–137 (N° 209); Eugen von Glasenapp, Vollständige Genealogie des alt-hinterpommerschen Geschlechts der Erb-, Burg- und Schlossgesessenen von G., Berlin 1884; ders., Beiträge zu der Geschichte des alt-hinterpommerschen Geschlechts…, Berlin 1887.

Gleim, Johann Wilhelm Ludwig

* 2. Apr. 1719 Ermsleben † 18. Feb. 1803 Halberstadt

Literat und Dichter; nach Studien zu Halle 1740 Hauslehrer in Potsdam, sp. dort Freundschaft mit Ewald Christian von → Kleist, nach einer Sekretärtätigkeit bei Leopold I., Fürst von → Anhalt-Dessau 1747 Kapitelssekr. zu Halberstadt, danach DH zu Walbeck. – Berühmt wurde G., der Freund → Klopstocks, → Mendelssohns und Herders, v. a. durch seine *Preußischen Kriegslieder in den Feldzügen 1756 und 1757 von einem Grenadier* zu Beginn des SJK, seine *Preußische Kriegslieder, im März und April 1778* im Kontext des BEK, sowie seine *Preußische Kriegslieder im May 1790*, bzw. *Kriegslieder im Jahr 1793* z.Zt. der Revolutionskriege, welche den preuß. Patriotismus des sp. 18. und frühen 19. Jhs. mit grundlegten.

Lit. Diana Stört, J. W. L. G. und die gesellige Sammlungspraxis im 18. Jahrhundert, Hamburg 2010; Ute Pott (Hg.), Das Jahrhundert der Freundschaft J. W. L. G. und seine Zeitgenossen, Göttingen 2004; Beat Hanselmann, J. W. L. G. und seine Freundschaften, oder: der Weg nach Arkadien (Europäische Hochschulschriften, Reihe 1, Bd. 1133), Frankfurt/Main u. a. 1989.

Glume, Friedrich Christian d. J.

* 25. März 1714 Berlin † 6. Apr. 1752 ebd.

Bildhauer, maßgebl. für die Neugestaltungen in der Stadt Potsdam (Französische Kirche: Portikus c. 1752, Stadtschloss: u. a. Putten des Treppenhauses, Marstall: Pferdebändiger, Reitstall-Kolonnade) wie zu Sanssouci (Skulpturen an der Fassadenseite des Schlosses Sanssouci sowie die Oberaufsicht über die ges. restl. Bauplastik, im Park Obeliskenportal, zahlr. Statuen im ges. Park, u. a. die ‚Acht Musen' vor 1752).

Lit. Erich Köllmann, F. Ch. G., Hofbildhauer Friedrichs des Großen, 1714–1752, Leipzig 1936; Saskia Hüneke, Art. «G., F. Chr.», in: BrBL, 143f.; Dehio Potsdam, passim.; Giersberg, Potsdam, 55, 60.

Görtz, Johann Eustach Graf von Schlitz, gen.: von

* 5. Apr. 1737 Schlitz † 7. Aug. 1821 Regensburg

Diplomat und Minister, nach Studien in Braunschweig, Leiden und Straßburg (bei J. D. Schöpflin (1694–1771)) zunächst Sekretär bei Heinrich Graf von Bünau (1697–1762) in Weimar, sodann LR zu Gotha, 1762–75 als Prinzenerzieher der Söhne Hzgin. Anna Amalias (1739–1807) zurück in Weimar, mit diesen 1774/75 Reise nach Frankfurt/Main und Paris, dabei Kontakte mit Johann Wolfgang von Goethe (1749–1832), → Klopstock, Denis Diderot (1713–1784) und → d'Alembert; 1775 OHM in Eisenach, ab 1776 in preuß. Diensten: außerord. Ges. an den wittelsbachischen Höfen in München und Zweibrücken, um die bayer. Erbfolge im Falle eines Todes Kf. → Maximilians III. zu regeln: der von ihm erreichte Einspruch Hzg. Carls III. August Christian von → Zweibrücken-Birkenfeld bildete die Grundlage zum preuß. Eingreifen in den BEK, dies brachte G. die Ernennung zum preuß. Staatsminister; 1779–85 Ges. in St. Petersburg; scheiterte dort im Bemühen, Russland im preuß. Bündnis zu bewahren, 1786 Ges. in den Ndl., 1788–1806 Ges. am RT zu Regensburg, dort 1820 Ehrenbürger. – In der Vielzahl seiner Interessen und Ausrichtungen, aber auch seines Schrifttums, war G. sicher ein Idealvertreter der ‚aufgeklärten Intellektualität', seine pädagog. Bemühungen und Prinzipien, eindeutig am Rousseau'schen und Basedow'schen Ideal orientiert, bleiben ebenso wie seine dipl. Fähigkeiten, trotz der spektakulären Erfolge in Zweibrücken, eher umstritten.

W. Mémoire sur la Russie, 1786 (ed. Wolfgang Stribrny, Wiesbaden 1969); Mémoire, ou précis historique sur la neutralité armée et son origine …, Basel 1801 (engl. schon 1792); Mémoires et actes authentiques relatifs aux négociations qui ont précédé le partage de la Pologne, Weimar 1810; Mémoire historique de la négociation en 1778 pour la succession de la Bavière, Frankfurt a. M. 1812; Historische und politische Denkwürdigkeiten, 2 Bde., Stuttgart 1827/1828. – *Lit.* Heinrich Sippel, Der preußische Staatsminister Johann Eustach von S.: Ein Leben für die Diplomatie. 1981; Norbert Leithold, Graf Goertz. Der große Unbekannte: Eine Entdeckungsreise in die Goethe-Zeit, Osburg 2010; Gabriele von Trauchburg, Zwei verkannte Weimarer Schöngeister. Beobachtungen und Anmerkungen der Gräfin Caroline Görtz und des Grafen Johann Eustachius von Görtz zu Literaten und Philosophen zwischen 1768 und 1778, in: Goethes erstes Weimarer Jahrzehnt, Weimar 2010, 57–130.

Götzen, Friedrich Wilhelm von, gen. der Ältere

* 20. Mai 1734 Grünthal † 15. März 1794 Glatz

Militär, GAdj FdG; 1750 Leibpage FdG, ab 1756 in preuß. Militärdiensten: 1756 Fähnrich, 1762 für Verdienste bei Düben PlM, 1758 Lt und Flügel-Adj des Kgs., 1760 Kapitän, 1763 Major, 1773 OLt, 1777 Ob, 1781 GAdj FdG, Chef des *Feldjäger-Corps zu Pferde*, 1784 GM, Gouverneur von Glatz, 1785 Generalinspekteur der Inf. in Schlesien, 1790 GLt, 1792 RAO. – Aufgrund seiner fast lebenslangen Stellung in unmittelbarer Nähe des Kgs. zählte G. zu den engsten Vertrauten FdG, der diesem eine Reihe auch nicht-milit. Aufgaben anvertraute: 1760 Nachschub an Porzellan für die Manufaktur Meißen, 1776 Inspektion der Feuerwehren in Schlesien, 1778 Erkundung der österr. Grenzen mit Meldung evtl. Truppenbewegungen. Er war der Vater des preuß. Generals und Gouverneurs von Schlesien, Friedrich Wilhelm von G. der Jüngere (1767–1820).

Lit. SF 2, 188f. (N° 704); Richard Plümicke, Der Großgrundbesitz des letzten Reichsgrafen von G. aus der schlesischen Linie und seine Erben im Jahre 1771, in: Glatzer Heimatblätter 1942, Heft 2, 49–54.

Goltz, Georg Franz Conrad Freiherr von der

* 4. Okt. 1704 Parsow † 4. Aug. 1747 Berlin

Militär und Diplomat; nach Besuch des Gymnasiums in Thorn 1722–26 Studium in Halle, 1726 kgl. poln. Legationsrat, 1727–29 an der poln.-sächs. Ges. zu Paris, 1728 sächs. Kammerherr, ab 1729 in preuß. Diensten: 1733 preuß. Agent bei der Königswahl in Polen, 1734 OLt, 1741 PlM, 1741 Ob, 1742 AHM Schlanstedt, 1743 Mitgl. in Militärkommissionen (Nachschub), 1743 GM, 1744 DH zu Magdeburg, AHM zu Cottbus, 1744 AD*W.* – Einer der von FdG höchstgeachteten Offiziere und Diplomaten – die Trauerode des Königs sagte, er sei einer „de ces génies, dont il ne faut que trois ou quatre, pour illustrer tout un règne – jener Genies gewesen, wovon es nur dreier oder vierer bedarf, um eine ganze Regierungszeit auszuzeichnen".

Qu. Eloge du Général de G. [Œuvres 7], zuvor in: Histoire de l'Académie Royale de l'année 1747, Berlin 1749, 7. – *Lit.* Bernhard von Poten, Art. «G., G. K..», in: ADB 9 (1879), 355f.; SF 1, 281–283 (N° 322).

Gontard, Carl Philipp von

* 13. Jan. 1731 Mannheim † 23. Sep. 1791 Breslau

Architekt; nach Studien bei Jacques François Blondel (1705–1774) zu Paris und einer längeren Italienreise Hofarchitekt zu Bayreuth im Dienste Prinzessin → Wilhelmines, nach deren Tod 1758 spätestens 1765 durch FdG engagiert, 1767 durch → Joseph II. geadelt. – In der Nachfolge → Knobelsdorffs maßgebl. Leiter nahezu sämtl. Projekte der zweiten Phase des friderizianischen Rokoko, sowohl für die Stadt Potsdam (1770 Brandenburger Tor als röm. Triumphbogen nach Skizzen FdG, 1771–78 Neubau des Militärwaisenhauses zu Potsdam, 1773–85 Bassinplatz, 1776 Oberrechnungskammer), als auch für den Gesamtkomplex Sanssouci (ab 1765 Planung und Durchführung des Neuen Palais, z. T. nach Entwürfen → Le Geays und weitreichenden Instruktionen FdG, 1766–69 dort die Communs, 1768–70 Freundschafts- und Antikentempel im Park nach Anregungen FdG, 1769 Wach- und Gärtnerhäuser, 1770–72 Drachenhaus, 1771–75 Umbau der Orangerie als Gästehaus); daneben ltd. Funktionen beim Abschluss der beiden Kirchenbauten am Gendarmenmarkt zu Berlin (‚Dt. und Frz. Dom'). Trotz des Einsturzes des Turms von Ersterem (Weiterführung des Bauvorhabens durch Georg Christian → Unger) weiterhin im kgl. Vertrauen, war G. u. a. für die Vollendung der Kgl. Hofbibliothek (voll. 1784) verantwortlich.

Lit. Astrid Fick, Potsdam – Berlin – Bayreuth. C. Ph. von G. (1731–1791) und seine bürgerlichen Wohnhäuser, Immediatbauten und Stadtpalais, Petersberg 2000; Heckmann, Baumeister, 432–453; Schmitz, Baumeister, 23–28; Dehio Potsdam, passim.

Gotter, Gustav Adolf von

* 26. März 1692 Gotha † 28. Mai 1762 Berlin

RG, Diplomat und Minister; nach Studien zu Jena und Halle, sowie Cavalierstour als Diplomat zumeist in Wien in Gothaschen (1716 LR, 1723 HR, 1724 RFH), ab 1728 in preuß. Diensten: 1728 GSR, 1729 SAO, ab 1732–36 Ges. in Wien, danach beim Obersächsischen RK, 1740 unter FdG OHMr, GSR, 1740 RG, dann wieder Ges. in Wien im Vorfeld und zwischen den Kriegshandlungen des ÖEK, 1743 Can. an Liebfrauen zu Halberstadt, 1743 Gen.-Dir. der Berliner Oper, 1744 Kurator ADW,

1752 Minister des General-, Oberfinanz-, Kriegs- und Kgl. Domänen-Directoriums. – Als einer der wichtigsten und einflussreichsten Diplomaten und Minister seiner Zeit verdankte G. seine Karriere neben seiner unleugbaren Begabung v. a. seinem pers. Vertrauensverhältnis zu FdG sowie seinen intern. freimaurerischen Bez. (Logenbeitritt in den 1730er Jahren). Seine zeitw. mit sehr hohem Einkommen verbundenen Positionen konnten aber seine wirtsch. Situation nicht sichern, da ihn Spielleidenschaft und Lebensstil wiederholt zum Verkauf zahlr. Güter zwangen. Dies soll nicht seine Leistungen in Landerschließung (Äpfelstadt-Gegend u. a. mit der Marienthalbrücke 1751/52) und Industrialisierung, v. a. die als Wollmanufaktur gedachte erste Brüdersiedlung zu Neu-Gottern (sp. Neu-Dietendorf) ab 1736, schmälern. Sein von Gottfried Heinrich Krohne (1703–1756) errichtetes Schloss zu Molsdorf zählt zu den bed. Anlagen des mitteldt. Rokoko.

Lit. Kurt Krüger, G A. Graf von G. – Leben in galanter Zeit, Erfurt, 1993; August Beck, Graf G. A. von G. Ein Lebensbild aus der Zeit Friedrich's des Großen und Maria Theresia's, Gotha 1867; ders., Art. «G., G. A.», in: ADB 9 (1879), 451–456.

Gottsched, Johann Christoph

* 2. Feb. 1700 Juditten † 12. Dez. 1766 Leipzig

Literat und Literaturtheoretiker; Studium ab 1714 zunächst der Theologie, sodann der Philosophie zu Königsberg, 1724 nach Leipzig, dort Habil., 1730 außerord. Prof. der Poetik, 1734 ord. Prof. der Logik und Metaphysik. – Seine überaus zahlr. Werke machen G. zu einem der Hauptvertreter des Wolff'schen Rationalismus, welcher sich bzgl. der Lit. in einer völligen Ablehnung der Barockwerke, mit Ausnahme der frz. Klassik (diese bis → Voltaire gesehen) äußerte. Seinen sprachtheoretischen Werken, v. a. den Versuchen einer Vereinheitlichung der dt. Sprache auf Grundlage des Ostmitteldeutschen (Sächsischen), war, nicht zuletzt aufgrund des Ausgangs des SJK, auch in Süddtl. ein gew. Erfolg beschieden, wiewohl die Widerstände noch lange anhielten.

W. (Ausw.) Versuch einer critischen Dichtkunst vor die Deutschen, Leipzig 1730; Grundlegung einer deutschen Sprachkunst, Leipzig 1748; Beyträge zur critischen Historie der deutschen Sprache, Poesie und Beredsamkeit, ZS, Leipzig 1732/45

(Ndr. Hildesheim 1970); Ausgewählte Werke, hrgg. v. Joachim Birke, 12 Bde., Berlin 1968–1995. – *Lit.* Manfred Rudersdorf (Hg.), J. Ch. G. in seiner Zeit. Neue Beiträge zu Leben, Werk und Wirkung, Berlin/New York 2007; Friedrich der Große und G., in: Die Grenzboten 44/4 (1885), 517–529; G. Wurstmann, Friedrich der Große und G., in: Aus Leipzigs Vergangenheit NF 8 (1898), 216–235; Berthold Litzmann, Kronprinz Friedrich und G.s «Ausführliche Redekunst», in: ZfDA 30 (1886), 204–212.

Gotzkowsky, Johann Ernst

* 21. Nov. 1710 Konitz † 9. Aug. 1775 Berlin

Kaufmann und Industrieller; als Vollwaise 1724 in Berlin als Kaufmannslehrling, hierbei erste Kontakte zum Hof und Kronprinz Friedrich, ab 1740 im Auftrag FdG Initiator zahlr. wirtsch. Neuimpulse: 1744 Dir. einer Samtfabrik, 1753 einer Seidenmanufaktur, daneben Hoflieferant für Luxusart. und Kunsthandwerk, 1755 zum Chefankäufer der Gemälde für Sanssouci bestimmt, im SJK jedoch zunehmend pol. Funktionen: 1759 Verbindungsmann FdG zum Berliner Stadtrat, 1760 ltd. Organisator des öffentl. Lebens während der russ. Besetzung Berlins, 1761 Grdg. einer Porzellanmanufaktur zu Berlin, welche G. aber aufgrund der im SJK erlittenen Kriegsspekulationsverluste nicht halten konnte und 1763 von FdG übernommen wurde (daher Kgl. Preuß. Porzellan-Manufactur, KPM). Seine Schuldenlast konnte G. aber auch durch die Veräußerung zahlr. vor dem SJK erworbener Gemälde nicht gänzlich tilgen und erlitt 1766 Bankrott. – Die Leistungen des selbsternannten Patrioten (s. W.) sind, v. a. in den Krisenjahren 1760/61 unbestreitbar, sein Scheitern aufgrund übermäßiger und riskanter Spekulationen als Kriegsgewinnler bleibt bezeichnend.

W. Mémoires d'un négociant patriote, Berlin 1768 (dt. ebd., 1768). – *Lit.* Nina Simone Schepkowski: J. E. G. – Kunstagent und Gemäldesammler im friderizianischen Berlin, Berlin 2009; Winfried Baer u. a. (Hgg.), Von G. zur KPM. Aus der Frühzeit des friderizianischen Porzellans, Berlin 1986 ; W.O. Henderson, The Berlin Commercial Crisis of 1763, in: The Economic History Review NS 15/1 (1962), 89–102.

Graff, Anton

* 18. Nov. 1736 Winterthur † 22. Jun. 1813 Dresden

Maler; 1753–56 Ausbildung zu Winterthur, 1756–64 nach Augsburg zu Johann Jacob Haid (1704–1767), 1757 in Ansbach, 1764 in Regensburg, 1766 sächs. Hofmaler und Mitgl. ASK zu Dresden, 1789 deren Dir., 1783 ADK Berlin, 1812 zu München. – G. war als Porträtmaler der unumstritten führende Künstler seiner Zeit in Dtl. FdG hat er trotz des ber. Porträts von 1781 allerdings nie pers. kennengelernt, das Werk entstand nur auf Grundlage von Skizzen während eines Berlinbesuchs in diesem Jahr.

Lit. Ekhart Berckenhagen, A. G. – Leben und Werk, Berlin 1967; Anton Graff / Peter Betthausen, A. G., Dresden 1973; Otto Waser, A. G. 1736–1813, Frauenfeld/Leipzig 1926.

Graun, Carl Heinrich

* 7. Mai 1704 Wahrenbrück † 8. Aug. 1759 Berlin

Komponist; Bruder von Johann Gottlieb → G., mit neun Jahren als Chorknabe an die Dresdner Kreuzschule (1713–21), daneben Unterricht u. a. bei HKM Johann Christoph Schmidt (1664–1728), 1725 Hofsänger zu Braunschweig, VKM am dortigen öffentl. Opernhaus, 1727 Kapellmeister, 1733 mit *Lo Specchio della Fedeltà* Oper zur Vermählung des preuß. Kronprinzen Friedrich mit → Elisabeth Christine, daraufhin von FdG engagiert, 1735 in der prinzl. Kapelle zu Ruppin und ab 1736 zu Rheinsberg und Berlin (VKM), 1740 HKM, seine Oper *Cesare e Cleopatra* eröffnete 1742 das neu erbaute Kgl. Opernhaus (7. Dez.). – Bis zu seinem Tode war und blieb G. die Inkarnation des friderizianischen Operngeschmacks, an dem der Kg. auch danach festhielt; den Höhepunkt dieser Symbiose stellten die auf selbstverfasste frz., von Giampietro Tagliazucchi ins Ital. übertragene Libretti des Königs komponierten Opern *(Lucio) Silla* (1753), *Montezuma* (1755), *I fratelli nemici* (1756) und *La Merope* (1756) dar. Deutlich von → Hasse beeinflusst, ist G. unbezweifelt der bedeutendste Vertreter der Opera Seria im Norddtl. des 18. Jhs. Daneben genoss seine Kirchenmusik, v. a. die Passionskantate *Der Tod Jesu* von 1755, welche bis in die Mitte des 19. Jhs. regelmäßig aufgeführt wurde, und sein *Te Deum* von 1757, evtl. für den Sieg bei Leuthen komponiert, hohe Wertschätzung. Außerdem existieren an – zumeist für den

Potsdamer Hof bestimmter – Instrumentalmusik ca. 40 Konzerte (mehrere Flötenkonzerte für FdG sowie 30 Cembalokonzerte, wohl für Carl Philipp Emanuel → Bach), 35 Triosonaten, 3 Quintette und ein Quartett.

W. Graun-Werkverzeichnis, bearb. von Christoph Henzel, 2 Bde. (Ortus-Studien 1), Beeskow 2006. – *Lit.* Claudia Terne (Hg.), „Ich wünsche ihn lange zu hören" – der Komponist und preußische Hofkapellmeister C. H. G. und seine Brüder, AK Herzberg 2001; Preussen 2001; Christoph Henzel, Berliner Klassik : Studien zur Graunüberlieferung im 18. Jahrhundert (Ortus-Studien 6), Beeskow 2009; Monika Willer, Die Konzertform der Brüder C. H. und Johann Gottlieb G. (Europäische Hochschulschriften Reihe 36, Musikwissenschaft Bd. 117), Frankfurt am Main u. a. 1994; John W. Grubbs, The Sacral Vocal Music of the G. Brothers – a Bio-Bibliographical Study, 2 Bde., Los Angeles 1972.

Graun, Johann Gottlieb

* 28. Okt. 1702 [Datum ungew., sicher vor Okt. 1703] Wahrenbrück
† 27. Okt. 1771 Berlin

Komponist und Virtuose, Bruder von Carl Heinrich → G.; wie dieser Ausbildung als Chorknabe an der Dresdner Kreuzschule, Violin-Unterricht bei dem Hof-Virtuosen Johann Georg Pisendel (1687–1755), 1723 anlässl. der böhm. Krönung → Carls VI. Zusammentreffen und Unterricht mit/bei Giuseppe Tartini (1692–1770) in Prag, 1726 in Diensten des Fürsten Friedrich Anton Ulrich von Waldeck (1676–1728) in Merseburg/Arolsen, ab 1732 in der Hofkapelle des Prinzen Friedrich zu Ruppin, bzw. später Rheinsberg, 1740–71 Konzertmeister und *Cammer-Musicus* FdG. – G., der seinen Bruder um lange Jahre überlebte, war quasi dessen Pendant der Instumentalmusik im Konzertleben des friderizianischen Hofes. Der von ihm in Anschluss an → Hasse u. a. mitgeprägte «Galante Stil» blieb – im Ggs. zu anderen Strömungen des beginnenden «Sturm und Drang» etwa bei Carl Philipp Emanuel → Bach oder der Nationalmusiken etwa bei Telemann – hier bis 1786 dominierend. Rolle, Einfluss und Anteil G.s etwa an den zeitweise alltäglichen Soirée-Musiken unter Mitwirkung des Kgs. sind nicht hoch genug anzusetzen; erhalten blieben aus seiner Feder 95 dreisätzige Instr.-Symphonien, 28 Concerti Grossi, 60 Violin-Konzerte, 20 Konzerte für andere Instr., 17 *Ouvertures à la française*, 8 Streichquartette sowie 175 Triosonaten und andere Kammermusikwerke, darunter 7 Sonaten für Flöte und b.c. und 8 Sonaten für

2 Flöten und b.c. – An Vokalwerken existieren eine ital. Passionsmusik (1763), 3 geistl. und 8 weltl. Kantaten.

Lit. → Carl Heinrich Graun.

Grimm, Friedrich Melchior von

* 25. Sep. 1723 Regensburg † 19. Dez. 1807 Gotha

Literat; bereits in jungen Jahren mit weitreichenden Lit. Kontakten (u. a. zu → Gottsched), 1742–45 Studium der Rechte, Philosophie und Poetik zu Leipzig, ab 1748 in zahlr. adeligen Diensten als Lehrer, Vorleser u.ä., 1755–59 Sekr. von Louis Philippe Joseph d'Orléans, Duc de Chartres (1747–1793), des sp. Hzg. von Orléans, 1759 Ges. der RS Frankfurt/Main in Paris, 1771 Fhr., 1776 Ges. Ernst II. Ludwigs von Sachsen-Gotha-Altenburg (1745–1804) zu Paris, 1796 kaiserl.-russ. HR. – Aufgrund seiner Bez. war G. an fast allen intell. Projekten und Diskussionen seiner Zeit beteiligt (Buffo-Streit, *Encyclopédie*), seine *Correspondance littéraire* gehörte zu den meistgelesenen ZS der Zeit, am Entstehen des Wunderkind-Mythos Mozart war er grundlegend beteiligt. Seine diplom. Tätigkeiten und seine umfassenden freimaurerischen Kontakte halfen darüber hinwegzusehen, dass nichts an seinen Werken und Schriften wirkl. originell, sondern vielmehr alles nur eine Kompilation der frz. Geisteswelt der Zeit darstellte. Der Erfolg des von Rousseau als „misérable" und von Fumaroli als „geschickter Schwamm" bez. G. mag daher umso mehr überraschen.

W. (Ausw.) Correspondance littéraire, philosophique et critique, adressée à un Souverain d'Allemagne, hrsg.v. Maurice Tourneux, Paris 1877–1882 (Ndr. Nendeln 1968), Neuausg. Ferney 2007- (bislang 3 Bde.). – *Lit.* Edmond H. Scherer, M. G. L'homme de lettres, le factotum, le diplomate, Paris 1887 (Ndr. Genève 1968); K. A. Georges, F. M. G., Hannover/Leipzig 1904 ; Marc Fumaroli, Quand l'Europe parlait français, Paris 2001.

Grisella di Rosignano, Francesco Maria

* 18. Okt. 1722 Casale Monferrato † 1. Jun. 1802 ebd.

Marchese di Rosignano und Conte di Montemagno; Wissenschaftler und Diplomat; Kammerherr bei Kg. → Vittorio Amadeo III, 1778 in diplom. Mission bei FdG, 1783 Mitgl. der moral., hist. und philolog. Sektion der piemont. ADW (25. Jul.).

Lit. Michael Strich, Die Berliner Mission des Marchese G. di R. und sein Schlußbericht von 1778, in: FBPG 39 (1927), 1–27.

Grumbkow, Friedrich Wilhelm von

* 4. (8.?) Okt. 1678 Berlin † 18. März 1739 ebd.

Militär und Vertrauter → Friedrich Wilhelms I.; Taufsohn Kf. Friedrich Wilhelms und der Landgräfin zu Hessen-Kassel, 1686 Kammerjunker am Berliner Hof, 1690–94 Studium zu Utrecht und Leyden, ab 1695 in preuß. Diensten: 1695 Kornett, 1697 Kapitän, 1701 Kgl. Preuß. Oberschenk, 1702 Major, 1703 Ob, 1709 GM, 1712 Kondir. des General-Kriegs-Kommissariates, AHM zu Wittstock, 1713 Etat-Minister und Dir. des General-Kommissariates, 1717 GLt, 1718 russ. St.-Andreas-Orden, 1723 Ltd. Minister des Kgr. Preußen und Geh. FKDR, 1731/33 Ges. in Polen, 1733 GdI, 1737 GFM und Erb-Jägermeister in Pommern und in der Kurmark. – Wie die eindrucksvolle Liste der Ämter und Titel G.s belegt, war er *der* Vertraute und pol. Berater Friedrich Wilhelms I. Diese Stellung nutzte er fatalerweise zu einer überzogenen Annäherung an Österreich unter Hintanstellung aller anderen Perspektiven. Die Verhinderung der preuß.-engl. Doppelhochzeit bis 1732 folgerte aus dieser Haltung, welche in hohem Maße durch den österr. Ges. → Seckendorff beeinflusst wurde. Friedrich Wilhelm war sich, wie seine Worte auf dem Totenbett bezeugen, dieser Dinge bewusst, vermochte oder wollte sie aber nicht ändern. Für den Kronprinzen FdG bedeuteten sie das Ende seiner Jugendhoffnungen; nach der Katastrophe zu Küstrin bemühte er sich aber um Aussöhnung mit G. Die milit. Ränge und Titel G.s sind reine Gunstbeweise Friedrich Wilhelms und hatten keinerlei Rechtfertigung in evtl. tatsächlichen Verdiensten.

Qu. Correspondance de Frédéric avec M. de G. [Œuvres 16/4]; Reinhold Koser, Briefwechsel Friedrichs des Großen mit G. und Maupertuis (1731–1759) (PPSA 72), Leipzig 1898 (Ndr. Osnabrück 1966). – *Lit.* Elise Schaefer, F. W. von G.s Rolle in der auswärtigen preußischen Politik, vornehmlich in den Jahren 1732–1735. Ein Beitrag zu einer Biographie G.s, Marburg 1914; Thomas Klein, Art. «G., F. W.», in: NDB 7 (1966), 213f.; SF 1, 91f. (N° 161).

Guibert, Jacques Antoine Hippolyte, Comte de

* 12 Nov. 1743 Montauban † 6. Mai 1790 Paris

Militärtheoretiker; 1756 im frz. Militärdienst als Lt, 1758 Kapitän, 1767 Ob und *Ordre Royal de Saint Louis*, 1777 in Ungnade gefallen und Abschied, 1786 Mitgl. der Académie Française. – G. war einer der bedeutendsten Militärtheoretiker seiner Zeit, seine Schriften erreichten einen hohen Verbreitungsgrad weit über Frankreich hinaus, nicht zuletzt aufgrund deren innovativen Charakters hinsichtlich Kriegsführung und umfassender Aspekte des Krieges. FdG schätzte ihn und sein Werk sehr und unterhielt sich 1773 während dessen Besuchs in Preußen ausführlich und lange. Seine Werke erschienen z.T. auf preuß. Gebiet, und die preuß. Armee nimmt einen breiten Raum in seinen Ausführungen ein. 1787 verfasste er auch einen rühmlichen Nachruf auf FdG.

W. Essai général de la Tactique, Londres 1772; Observations sur la constitution politique et militaire des armées de S. M. Prussienne, Amsterdam, 1778; Défense du système de guerre moderne, Neuchâtel 1779. – *Lit.* Ethel Groffier, Le stratège des Lumières : Le comte de Guibert (1743–1790), Paris 2005; Beatrice Heuser, G. (1744–1790): Prophet of Total War?, in: Stig Förster/Roger Chickering (Hgg.): War in an Age of Revolution: The Wars of American Independence and French Revolution, 1775–1815, Cambridge 2010, 49–67; Ernst Graf zur Lippe-Weißenfeld, Friedrich der Grosse und Oberst G., in : Militär-Wochenblatt 9 and 10 (1873).

Guichard, Carl Theophil

* 27. Sep. 1724 Magdeburg † 13. Mai 1775 Potsdam

Militär, Historiker und Vertrauter FdG; Studium der Theologie, klass. Philologie und Orientkunde zu Leyden, nach Zerschlagen der Aussicht auf einen Lehrstuhl zu Utrecht Eintritt in milit. Dienste der Ndl. 1747–58, auf Empfehlung des Hzg. von Braunschweig in preuß. Diensten: 1758 Major und Flügel-Adj FdG, 1759 geadelt unter dem Namen «Quintus Icilius», 1765 OLt, 1764 ADW, 1769 Ob. – Mehr als seine unspektakuläre Tätigkeit als Freicorps-Offizier bedeutete das liter.-historische Schaffen G.s, das v. a. der Militärgeschichte galt. Berühmt wurden nicht nur seine seltsame Adelserhebung 1759, als FdG ihn verpflichtete, fortan den röm. Ehrennamen zu tragen, sondern v. a. die Umstände der Plünderung des sächs. Schlosses Hubertusburg 1759, welche von → Marwitz verweigert hatte. Daneben fungierte G. als Gesellschafter des Kgs., als Leiter seiner Bibliothek zu Potsdam/Sanssouci – für welche FdG nach dem Tode G.s dessen eigene Sammlung hinzuerwarb –, als kgl. Verwalter der preuß. Universitäten und Gründungsmitgl. der Preußischen Staatsbank.

W. Mémoires militaires sur les Grecs et les Romain, Le Haye 1758; Mémoires critiques et historiques sur plusieurs points d'antiquités militaires, Berlin 1773. – *Lit.* Ernst Graf zur Lippe-Weißenfeld, Quintus Icilius, Seigneur de Wassersuppe alias Guischard, Berlin 1866; Hans Zopf, K. Th. G., gen. v. Quintus Icilius, in: JBLG 9, 1958, 5–15; ders., Art. «G., K. Th.», in: NDB 7 (1966), 297.

Gustav III.

* 24. Jan. 1746 Stockholm † 29. März 1792 ebd.

1771–1792 Kg. Schweden; Sohn → Adolf Friedrichs und → Luise Ulrikes von Preußen, G. war damit Neffe FdG. – Während G. in der AP v. a. gegenüber Russland unter → Katharina II. (Russisch-schwedischer Krieg 1788–90) und Dänemark (div. Konflikte) nicht immer glücklich war, besteht seine bleibende Leistung in der Lösung der schwed. inneren Krise des 18. Jhs. Durch seinen Coup von 1772 wurde die reg. Adelsclique entmachtet und der Kg. übernahm die alleinige Regierungsgewalt, die Errichtung einer völlig neuen Staatsordnung u. a. mit zwei Kammern, eine davon für alle Stände und Schichten zugänglich, wurde durch seine Ermordung (s. u.) vereitelt. – Seine so gewonnene Handlungsfreiheit führte das Land zu lange nicht mehr gekannter wirtsch. und kultureller Blüte. Weltweit engagierte er sich für eine stärkere schwed. Präsenz (Erwerb von Saint-Barthélemy 1784, Grdg. mehrerer Handelsgesellschaften), als erster Monarch erkannte er die jungen USA an. Dies führte zu einer wachsenden Opposition des auf Eigennutz fixierten Hochadels, welcher in der Ermordung des Kgs. 1772 während eines Opernballs gipfelte (Vorlage für Verdis hist. unkorrekte Oper *Un ballo in maschera* 1859). Zu seinem Onkel FdG hatte G. ein ambivalentes Verhältnis; trotz grundsätzlicher Sympathie fürchtete dieser das Wiedererstarken Schwedens im Ostseeraum und riet außerdem innenpol. zur Vorsicht. – Wie nur → Louis XV ab 1771 (Vorbild) und Katarina von Russland vertrat G. das Prinzip der monarch. Autorität in (vor-)revolutionärer Zeit. Nach 1789 war sein Ziel die Niederkämpfung der Revolte, dazu schloss er sogar 1792 einen Vertrag mit dem Erzfeind Russland; die Idee zur Rettung → Louis' XVI durch Flucht geht auf ihn zurück.

Lit. Leif Landen, G. III – en biografi, Stockholm 2004; Claude Nordmann, G. III, un démocrate couronné, Lille 1986; Ronald D. Gerste, Der Zauberkönig: G. III. und Schwedens goldene Zeit, Göttingen 1996; Jörg-Peter Findeisen, Der aufgeklärte Absolutismus G.s III., Jena 1989.

H

Hacke → Hake

Haerlem, Simon Leonhard von

* 5. Dez. 1701 Hitzacker † 22. Feb. 1775 Berlin

Ingenieur; nach berufl. Ausbildung in den Ndl. ab 1722 in preuß. Diensten: 1722 Deichbeamter in Lenzen, 1732 Gutachter zur Regulierung von Oder und Warthe, 1746 Kgl. KDR mit dem Auftrag FdG, dieses Vorhaben zum Abschluss zu bringen, 1770 OBR und Mitgl. des Kgl. Oberbaudepartements. – Das von H. entworfene Projekt der Trockenlegung des Oderbruchs. 1747–53 realisiert, wurde zum größten Landerschließungsunternehmen in der ges. Reg.zeit FdG; an der anschl. Kolonisierung (Besiedlung) der neugewonnenen riesigen agrar. Fläche war H. ebenfalls in ldt. Funktion beteiligt.

Lit. Johannes Schultze, Art. «H., S. L.», in: NDB 7 (1966), 680; Reinhard Schmook, Art. «H., S. L.», in: BrBL, 160; Peter F. Mengel, Der Oderbruch, Bd. 1, Eberswalde 1930, 101–138.

Hagen, Ludwig Philipp Freiherr vom

* 3. Mai 1724 Stöckey † 6. Feb. 1771 Berlin

Minister; nach Studium der Rechte zu Halle ab 1744 in preuß. Diensten, 1745 bei der Gesandtschaft zur Krönung → Franz I. Stephans, 1746 KDR zu Halberstadt und im gleichen Jahr dto. zu Kleve, Moers und Mark, 1754 GFR im GD, 1764 Wirkl. Geh. Etats-, Kriegs- und dirigierender Minister am GD, Ltg. des Dritten Departements, 1770 Ltg. des Forstdepartements. – H. war einer der erfolgreichsten und tatkräftigsten Minister der friderizianischen Zeit, seine Reformen umfassen nahezu alle Aspekte des öffentlichen Lebens, von der Neuorganisation des Finanz- und Kameralwesens, der Mitarbeit an der Errichtung der Kgl. Bank, des Berg- und Hüttendepartements sowie der Hauptbergwerks- und Hüttenkassen, bis hin zur Reform der Oberrechenkammer. „Nach seinem Tode äußerte der König, er habe an ihm einen Minister verloren, wie er sich wohl viele wünsche, aber leider nur wenige habe, und ordnete an, dass sein Bild im Audienzsaal des Generaldirektoriums in feierlicher Form ‚zum immerwährenden Gedächtnis dieses rechtschaffenen Dieners des

Staates‘ neben dem König → Friedrich Wilhelm I. aufgehängt werden solle.“ (NDB, 481).

Lit. Lotte Knabe, Art. «H., L. Ph.», in: NDB 7 (1966), 480f.; Ernst Posner, L. Ph. Freiherr vom H., in: Mitteldeutsche Lebensbilder, Bd 3: Lebensbilder des 18. und 19. Jahrhunderts, Magdeburg 1928, 46–63.

Hagen, Thomas Philipp von der

* 12. Dez. 1729 Hohenauen † 23. Aug. 1797 Berlin

Verwaltungsbeamter und Historiker; nach Studium der Rechte zu Halle (1748–52) und Wittenberg (Dr. phil. 1757), 1763 DK zu Havelberg, 1767 Präsident des Oberkonsistoriums, des Armendirektoriums und des kurmärkischen Amts-Kirchen-Revenuen-Direktoriums, 1770 Präsident des *Obercollegium Medicum*, Präs. des Oberschulkollegs und Oberkurator der Kgl. Realschule, daneben Direktor der Kurmärkischen Landschaft. – Neben seinen zahlr. Tätigkeiten fand H. noch Zeit zu maßgebl. Forschungen der märkischen Geschichte, v. a. der Adelsgenealogie.

*W. (*Ausw.*)* Beschreibung der Kalkbrüche bei Rüdersdorf, Der Stadt Neustadt-Eberswalde, und des Finow-Kanals, … Ein Beytrag zur Märkischen Geschichte aus Urkunden und sichern Nachrichten zusammengetragen, Berlin 1785; Nachrichten von den Medicinal-Anstalten und medicinischen Collegien in den preußischen Staaten, Halle 1786. – *Lit.* Friedrich Ludwig Joseph Fischbach u. a., Denkwürdigkeiten und Tagesgeschichte der Mark Brandenburg, V, Berlin 1798, 346–360; Johannes Schultze, Art. «H., Th. Ph.», in: NDB 7 (1966), 482; Hans Joachim Schreckenbach, Art. «H., Th. Ph.», in: BrBL, 162.

Ha(c)ke, Hans Christoph Friedrich von der

* 21. Okt. 1699 Straßfurt † 17. Aug. 1754 Berlin

Militär und ltd. Admin.; 1710 Fähnrich, 1728 Drost zu Sparenberg, 1732 Hof-Jägermeister, 1736 *Inspecteur* des kgl. Waisenhauses zu Potsdam, 1738 GAdj → Friedrich Wilhelms I., 1740 OLt, 1740 Ob, 1740 GAdj FdG, 1740 PlM, 1740 Chef des *Feld-Jäger-Corps zue Pferde und zue Fuß*, 1740 in den Grafenstand erhoben, 1743 GM, 1747 Oberaufsicht über den Bau des Invalidenhauses zu Berlin, 1747 GLt, legte im Namen des Königs den Grundstein zur Hedwigskirche in Berlin, 1748 SAO, 1749 Kommandant von Berlin, Mitgl. der Kommission zum Neubau der Berliner Domkirche. – Als Stadtkommandant erwarb sich H. bleibende Verdienste um die urbane Ausgestaltung der Hauptstadt, der vor dem alten Spandauer Tor ab 1750 angelegte Platz, der «Hakesche Markt», trägt auf Order FdG seinen Namen.

Lit. Ernst Graf zur Lippe-Weißenfeld, Art. «H., H. Chr. F.», in: ADB 10 (1879), 292; SF 1, 275ff. (N° 317); Dieter Weigert, Der Hackesche Markt. Kulturgeschichte eines Berliner Platzes, Berlin 1997.

Hamann, Johann Georg

* 27. Aug. 1730 Königsberg † 21. Jun. 1788 Münster

Literat und Philosoph; ab 1746 Studium der Theologie, dann der Rechte zu Königsberg, 1752 in adel., 1756 in kaufmännischen Diensten, 1757 in London, bis zu seinem Tode mehrere unbed. Tätigkeiten in versch. Haushalten und Kontoren. – Entgegen seiner bescheidenen berufl. Laufbahn, durch mehrere gesundh. Hindernisse (v. a. Stottern) gehemmt, wurde H. zu einem der prominentesten Anti-Rationalisten des 18. Jhs. Obwohl zunächst den mod. frz. Autoren zugeneigt, führte ein vermeintl. relig. Erlebnis zu einer radikal antivernunftsmäßigen Haltung, welche ihn in Ggs. nicht nur zu den meisten zeitgen. Autoren (die Übs. der *Encyclopédie* lehnte er entrüstet ab, da kein Art. darin dies verdiene, zu Kant ging er auf Distanz), sondern auch zur scholastischen Tradition brachte. Sein vorgeblich auf Sokrates beruhendes Postulat der Unmöglichkeit vernunftmäßiger Erkenntnis bereitete nicht nur dem *Sturm und Drang* sondern in hohem Maße auch der Romantik den Weg. In der Hl. Schrift erkannte H. den Schlüssel zum Verständnis, da Gott hier in Poesie die figuren- und bildgebundene Rede des Menschen grundgelegt habe. Goethe nannte ihn den „hellsten Kopf seiner Zeit".

W. H.s Schriften 8 Bde., hrsg. v. Friedrich von Roth, Berlin 1821–1843; Sämtliche Werke, 6 Bde., hrsg. v. Josef Nadler, Wien 1949–1957 (Ndr. Wuppertal/Tübingen 1999). – *Lit.* Oswald Bayer (Hg.), J. G. H. – „Der hellste Kopf seiner Zeit", Tübingen 1998; Gwen Griffith Dickson, J. G. H.'s Relational Metacriticism, Berlin/New York 1995; Helgo Lindner, J.G. H. Aufbruch zum biblischen Denken in der Zeit der Aufklärung, Gießen 1988; Reiner Wild (Hg.), J. G. H. (Wege der Forschung 511), Darmstadt 1978 [darin: James C. O'Flaherty, Bemerkungen zu H. und Friedrich II., 298–308].

Harper, Johann

* 1688 Stockholm † 1746 Potsdam

Maler; ab 1712 in preuß. Diensten, 1716 Hofkabinett-Maler, Wand- und Deckengemälde für Schloss Sanssouci, Vater des württemberg. Hofmalers Adolf Friedrich H. (1725–1806).

Lit. Nicolai, Beschreibung, II, 127; Jeffares, Pastellists; Dehio Potsdam, passim.

Hasenclever, Peter

* 24. Nov. 1716 Remscheid † 13. Jun. 1793 Landeshut

Unternehmer und Wirtschaftstheoretiker; aus einer der ersten Stahlproduzentenfamilien im Bergischen stammend, frühe geschäftl. Kontakte als Textilhändler in alle Welt: Frankreich, Spanien und Portugal (Niederlassung eines dt. Leineweberkontors 1742–44), 1755 Cadiz, 1758 England, 1759 engl. Bürger, 1764–69 in Nordamerika, 1774 in Landeshut in Schlesien, hier beriet er u. a. FdG im Hinblick auf eine Verbesserung des schlesischen Leinenhandels (Anlage von Flachs- und Garnmagazinen, Einrichtung eines Kommerzkollegiums nach frz. Modell). Die wenigsten der oftmals für die Zeit phantastischen Projekte H.s konnten zumal in Europa zu seinen Lebzeiten verwirklicht werden, auch nicht sein letztes betr. einer preuß. Nordamerika-Handelsgesellschaft mit Sitz in Stettin. FdG aber schätzte ihn als Rat- und Ideengeber.

Lit. Adolf Hasenclever, P. H. aus Remscheid-Ehringhausen. Ein deutscher Kaufmann des 18. Jh., Gotha 1922; Hermann Kellenbenz, Peter Hasenclever (1716–1793), in: Rheinische Lebensbilder 4 (1970), 79–99; M. Hamburger, P. H., Berater Friedrichs des Großen zur Hebung des Leinengewerbes, in: Schlesischer Gebirgsbote 22 (1970), 25.

Hasse, Johann Adolf

* 25. März 1699 Bergedorf † 16. Dez. 1783 Venedig

Komponist; nach Kompositions- und Gesangsstudien in Hamburg und einem kurzen Engagement in Braunschweig (1719–21), 1722–25 Unterricht zu Neapel bei Nicola Antonio Porpora (1686–1768) und Alessandro Scarlatti (1660–1725), ebd. und in Venedig erste Erfolge, 1727 Musikmeister am *Ospedale degl'Incurabili* zu Venedig, 1731 in Dresden (*Cleofi-*

de), von Friedrich August I. als Hof-Kapellmeister engagiert, 1733 unter → Friedrich August II. angetreten, seit 1742 in briefl. Kontakt mit FdG (über Graf → Algarotti), Zusammentreffen u. a. 1756 anlässlich der Besetzung Dresdens im SJK, 1761 Flucht nach Wien (Beschießung Dresdens), 1763 Rückkehr aber durch → Friedrich Christian im Zuge der allg. Sparmaßnahmen am sächs. Hofe entlassen, 1764–73 in Wien mit Aufträgen des kaiserl. Hofes, ab 1773 in Venedig als Privatmann. – Wie kaum ein anderer Künstler der Zeit verstand es H. deren Geschmack und Stil zu prägen; seine Form des Opera-Seria-Genres wurde quasi kanonisch und diente zahlr. anderen Musikern von → Graun bis Mozart als Vorbild, für die Bühnen FdG zu Berlin und Potsdam hatte sie Monopolcharakter und entsprach gänzlich der kgl. Ästhetik. H.s für Venedig und Dresden entstandene Kirchenmusik trat dahinter in Rezeption und Wirkung zurück, wiewohl ihr – im Vergleich zu den Opern zugegebenermaßen geringerer – Einfluss auf die zeitgen. Produktion (in Preußen etwa auf das *Te Deum* Grauns) nicht unterschätzt werden sollte.

Lit. Reinhard Wiesend, J. A. H. in seiner Zeit, Stuttgart 2006; Raffaele Mellace, J. A. H., Palermo 2004; Carl Mennicke, H. und die Brüder Graun als Symphoniker. Nebst Biographien und thematischen Katalogen, Leipzig 1906.

Hautcharmoy → Hérault

Haude, Johann Ambrosius

* 4. Apr. 1692 Berlin † 17. Mai 1748 ebd.

Buchhändler; nach anderen kaufm. Tätigkeiten 1732 Übernahme der Papenschen Verlagsbuchhandlung direkt am Berliner Stadtschloss, wohl durch Vermittlung → Duhan de Janduns wird H. zum Hauptlieferanten der «geheimen Bibliothek» des Kronprinzen Friedrich, daneben rege publ. Tätigkeit v. a. im aufkommenden Zeitungswesen: 1733 *Potsdamischer Staats- und gelehrten Mercurius* (1737 von → Friedrich Wilhelm I. verboten), 1740 mit kgl. Priv. *Berlinische Zeitschrift von Staats- und gelehrten Sachen*, 1741 *Journal de Berlin* (frz., von FdG bes. gefördert), 1744 alleiniger Verleger aller Publikationen der ADW. – Nach den unschönen Erfahrungen vor 1740 wurde H. durch die massive Förderung FdG aufgrund seiner quasi Monopolstellung in intellektuellen Druckwerken zum führenden Verleger und Buchhändler Berlins, der Verlag existiert als «H. & Spener» noch heute.

Lit. W. Bonnell, A. H., der Berliner Buchhändler Friedrichs des Großen, in: MVGB 20 (1903), 3f.; Konrad Weidling, Die H. & Spenersche Buchhandlung in Berlin in den Jahren 1614–1890, Berlin 1902; Rudolf Schmidt, Deutsche Buchhändler, deutsche Buchdrucker, Bd. 3, Berlin/Eberswalde 1905, 389–395.

Hecker, Johann Julius

* 2. Nov. 1707 Werden † 24. Jun. 1768 Berlin

Pädagoge, Theologe und Schulreformer; bei Studien der Theologie, Medizin und Naturwissenschaften zu Halle enge Kontakte mit den pietistischen Ideenwelten August Hermann Franckes (1663–1727), 1729 Lehrer am *Pædagogicum* zu Halle, 1735 Prediger und Inspekteur des Militär-Waisenhauses zu Potsdam, 1738 Prediger an der Dreifaltigkeitskirche zu Berlin, 1747 Grdg. der *Ökonomisch-Mathematischen Realschule* zu Berlin, 1748 Grdg. eines Lehrerseminars zu Köpenick (1753 Kurmärkische Landschullehrerseminar), im gleichen Jahr Erweiterung der Realschule um ein Küster- und Schulmeisterseminar. – Mit der Eröffnung eines völlig neuen Schulzweiges, welcher theoretisch-akademische Ausbildung mit praktisch-nutzbaren Aspekten verband, eröffnete H. dem Schulwesen in Preußen und in der Folge in ganz Dtl. zukunftsweisende Perspektiven. Die von ihm in seinen Schulen eingeführten Berufspraktika waren in ihrer Zeit ebenso revolutionär, wie etwa die Anlage eines Schulgartens. Friedrich → Nicolai und FdG unterstützten die Pläne H.s nachhaltig. Das General-Landschul-Reglement (12. Aug. 1763) geht in weiten Teilen auf Vorarbeiten H.s zurück, es ist der Anfang eines geordneten Volks- bzw. Grundschulwesens, während seine Realschule den Typus der klassischen Mittelschulen begründete.

Lit. Hugo Gotthard Bloth, J. J. H. (1707–1768). Seine «Universalschule» und seine Stellung zum Pietismus und Absolutismus, in: JVWKG 61 (1968), 63–129; Hainer Weißpflug, „Auf dem Wege nach dem Thiergarten rechter Hand …“ – Berlins erster Schulgarten und sein Gründer Julius H., in: Berlinische Monatsschrift 6 (1997), 4–9; Heinrich Julius Kämmel, Art. «H. J. J.», in: ADB 11 (1880), 208–211.

Heinitz → Heynitz

Heinrich, Prinz von Preußen

* 18. Jan. 1726 Berlin † 3. Aug. 1802 Rheinsberg

eigentl. Friedrich Heinrich Ludwig von Preußen, GLt und zeitw. Oberkomm. der preuß. Armee, Bruder FdG; nach der Thronbesteigung seines Bruders 1740 mit 14 Jahren Ob (27. Jun.), als solcher im ÖEK, 1745 GM, 1752 Heirat mit → Wilhelmine von Hessen-Kassel (25. Jun.), 1757 GLt, 1758 Komm. der II. Preuß. Armee, 1759 nach Kunersdorf zeitw. Oberkomm. aller preuß. Streitkräfte, 1759 Sieger bei Hoyerswerda (25. Sep.) und bei Pretzsch (29. Okt.), 1760 Oberbefehl über die Armee in Schlesien, 1761 in Sachsen, 1762 entsch. Sieg bei Freiberg (29. Okt.), ab 1770 zahlr. dipl. Missionen, darunter als preuß. Generalbevollmächtigter 1772 beim Abschluss des Vertrags zu St. Petersburg, der die Erste Polnische Teilung besiegelte (5. Aug.), Pläne → Katharinas II. zu einem eig. Kgr. der Walachei scheiterten am Widerspruch FdG, 1778 Komm. über ein Armeecorps im BEK, nach 1786 Berater mehrerer preuß. Minister und maßgebl. Unterhändler Preußens bei den Friedensverhandlungen zu Basel (5. Apr. 1795). – Trotz oder vielleicht wg. seiner milit. Erfolge stand H. oftmals im Ggs. zu seinem kgl. Bruder, dessen offensive Strategie er ablehnte. Privat wurde H. v. a. durch seinen Ausbau des 1744 von FdG erhaltenen Schlosses Rheinsberg und den Erbau des «Prinz H. Palais» in Berlin (durch → Boumann, nach Plänen → Knobelsdorffs, 1766 fertiggestellt) bedeutsam. Sein schwieriger Charakter, der auch vor Schmähschriften – unter Pseudonym verfasst – gg. seinen Bruder nicht zurückschreckte, seine hohe Begabung und seine weiten freimaurerischen Kontakte und Tätigkeiten lassen H. zu einer der schillerndsten Gestalten der friderizianischen Zeit werden. Seinen weit über die Grenzen Preußens hinausreichenden Ruhm belegt u. a. der 1785/86 von Nathaniel Gorham (1738–1796) und Baron Friedrich Wilhelm von → Steuben mit Alexander Hamilton (1755–1804) entwickelte kuriose Plan, H. zum «König von Amerika» zu machen.

Qu. Correspondance de Frédéric avec son frère le prince Henri [Œuvres 26]. – *Lit.* Chester Verne Easum, Prince Henry of Prussia, Brother of Frederick the Great, ²Madison 1971 (dt. Göttingen 1958); Jörg Meiner (Hg.), Prinz H. von Preußen – ein Europäer in Rheinsberg, München 2002; Eva Ziebura, Prinz H. von Preußen, Berlin 2004.

Henriette Caroline → Hessen-Darmstadt, Caroline Henriette

Hérault, Heinrich Carl Ludwig von H., Ritter und Herr von Hautcharmoy

* 14. Jul. 1689 Lippstadt † 11. Mai 1757 bei Prag

Militär, 1703–13 im Spanischen Krieg gegen Frankreich, 1703 Korporal, 1709 Fähnrich, 1715 GAdj → Leopolds von Anhalt-Dessau, 1726 Major, 1730 AHM zu Angerburg, 1731–32 Werbeoffizier im Brabant, 1738 OLt, 1741 Ob, 1741 Kommandant von Brieg (600 th. p.a.), 1743 GM, 1744 Sieger bei Cosel, 1750 Stiftsherr zu St. Andreas in Lübbecke, 1753 GLt, 1755 SAO, bei Prag 1757 schwer verwundet und diesen Verletzungen erlegen.

Lit. Ernst Graf zur Lippe-Weißenfeld, Art. «Hautcharmoy, H. C. L.», in: ADB 11 (1880), 113; SF 1, 283f. (N° 323), Pauli, Helden, I, 23–39.

Hermann Moritz Graf von Sachsen → Maurice de Saxe

Hertzberg, Ewald Friedrich (seit 1786: Graf) von

* 2. Sep. 1725 Lottin † 27. Mai 1797 Berlin

Diplomat, Minister und Publizist, nach Studien unter M. F. → Quade am Gymnasium zu Stettin und der Rechte sowie der Geschichte zu Halle (1742–45, z. T. unter Christian → Wolff) 1746 Assistent im GKA, 1750 dessen Leiter, 1752 GLR, 1754 ltd. Sekretär im KM, 1763 preuß. Bevollmächtigter am Hubertusburger Frieden, danach zusammen mit Karl Wilhelm Graf von → Finckenstein zweiter Staats- und Kabinettsminister, als solcher maßgebl. für die Gestaltung der AP in der zweiten Reg.hälfte FdG. 1786 unter → Friedrich Wilhelm II. auch Kurator der ADW, 1791 nach dem Scheitern der preuß. AP Rückzug von der polit. Bühne. – H.s Einfluss auf die AP war unter beiden Kgen. eher dezent, da FdG diese in weitesten Teilen selbst konzipierte und die Pläne Friedrich Wilhelms II. irreal waren. Allenfalls das starke Engagement gegen Österreich ab 1779 (Bayer. Erbfolgestreit), sowie sein Eintreten zugunsten der Polnischen Teilungen ab 1772 scheint gesichert, sein Anteil an der Gründung des Fürstenbundes 1785 jedoch ist umstritten. Als Rhetor und Polittheoretiker aber trat H. v. a. durch seine Akademiereden 1789–93 hervor, deren letzte von 1793 eine posthume Würdigung des Lebens und Werkes FdG darstellte, was damals auffiel und vor dem Hintergrund der Zeitströmungen nicht mehr selbstverständlich war. Seine Einordnung als „völliger Aufklärer“ im modernen Sinne müsste nicht nur von daher hinterfragt werden.

W. (Ausw.) Abhandlung, worin man die Ursachen der Überlegenheit der Teutschen über die Römer zu entwickeln sucht, Berlin 1780; Landbuch des Kurfürstentums und der Mark Brandenburg. Berlin und Leipzig, 1781; Über den wahren Reichtum der Staaten, das Gleichgewichts des Handels und der Macht, [Berlin] 1786; Mémoire historique sur la dernière année de la vie de Frédéric II, Roi de Prusse, Neuchatel 1787; Nouveau Dictionnaire politique à l'usage du Cabinet de Berlin... Trouvé parmi les ouvrages manuscrits de feu Mr. le Comte de Herzberg et adressé en forme d'instruction à l'un de ses élevés, s.l. 1796 (dt. Warschau 1796). – *Lit.* 300 Jahre Schloß Britz. Ewald Friedrich Graf von Hertzberg und die Berliner Aufklärung, Berlin 2006; Ewald Friedrich Graf von Hertzberg. 2. September 1725 – 27. Mai 1795, Berlin 1995; Ernst Ludwig Posselt, Ewald Friedrich Graf von Hertzberg – mit Auszügen aus seiner Korrespondenz, die neuesten Welthändel betreffend... Tübingen 1798.

Hessen-Darmstadt, Caroline Henriette Christine Philippine Luise

* 9. März 1721 Straßburg † 30. März 1774 Darmstadt

geb. Pfalzgräfin von Pfalz-Zweibrücken, durch Heirat Landgräfin von H.-D.; Tochter des Pfalzgrafen und Herzogs Christian III. von Zweibrücken (1674–1735) und Carolines von Nassau-Saarbrücken (1704–1774), 1741 mit Landgraf Ludwig IX. von Hessen-Darmstadt (1719–1790) verheiratet, nach ersten Jahren zu Pirmasens 1756 nach Darmstadt übergesiedelt. – Ihre zahlr. Lit. und wissenschaftl. Kontakte brachten C. H. zusammen mit der Berufung des Staatswissenschaftlers Friedrich Carl von Moser-Filseck (1723–1798) nach Darmstadt 1772 (1780 dort Staatsminister) den Beinamen «Große Landgräfin» ein. Ihre Bibliothek zählte zu einer der größten Privatsammlungen in Europa. FdG hegte große Bewunderung für sie, nach ihrem Tode übersandte er eine Urne mit der ambivalenten Aufschrift „femina sexo, ingenio vir“ („dem Geschlechte nach eine Frau, der geistvollen Veranlagung nach ein Mann“).

Qu. Correspondance de Frédéric avec la landmargrave Caroline de Hesse-Darmstadt [Œuvres 27/2, 149–173]. – *Lit.* Marita A. Panzer, Die Große Landgräfin C.

von H.D. (1721–1774), Regensburg 2005; Walter Gunzert, Art. «K., Landgräfin zu H.-D.», in: NDB 11 (1977), 283f.; Philipp Walther, Art. «K., Landgräfin zu H.-D.», in: ADB 15 (1882), 410–415.

Hessen-Kassel, Wilhelmine von

* 25. Feb. 1726 Kassel † 8. Okt. 1808 Berlin

verh. Prinzessin von Preußen, Schwägerin FdG; Tochter des Kais. GFM Maximilians von Hessen-Kassel (1689–1753), Nichte → Friedrichs I. von Schweden, 1751 mit Prinz → Heinrich bekannt, Heirat mit diesem am 25. Jun. 1752 zu Charlottenburg, ab 1766 von diesem getrennt und im «Prinz-H.-Palais» zu Berlin wohnhaft.

Lit. → Heinrich von Preußen.

Heyde, Heinrich Sigismund von der

* 1703 Schacksdorf † 4. Mai 1765 Kolberg

Militär; ab 1718 in preuß. Diensten: 1726 Fähnrich, 1731 SLt, 1736 PLt, 1740 SK, 1753 Major, 1755 Kommandant der Festung Friedrichsburg bei Königsberg, 1758 Ob und PlM für die (1.) Verteidigung von Kolberg, 1761 in russ. Gefangenschaft, 1763 Kommandant von Kolberg. – Berühmt wurde H. über seine Zeit hinaus durch die ersten beiden Verteidigungen von Kolberg im SJK (1758 und 1760), bevor die Stadt dann 1761 kapitulieren musste. FdG war von diesen Taten so beeindruckt, dass er H. widerholt in seinen Schriften erwähnt und ihm 1761 eine eigene Medaillenprägung mit der Inschrift «Colberg[æ] Defensor» widmete.

Qu. Friedrich an den Obersten von der Heyde, Meißen, den 22. März 1761 [Œuvres 27/3, 231]. – *Lit.* Ernst Graf zur Lippe-Weißenfeld, Art. «H., H. S.», in: ADB 12 (1880), 346f.; König, Lexikon, II, 156–160; Hans Heinrich Ludwig von Held (hrsg. v. Constans von Held), Geschichte der drei Belagerungen Colbergs im siebenjährigen Kriege, Berlin 1847, bes. 346–352.

Heydert, Joachim Ludwig

* 8. Aug. 1716 Klein Glienicke † 3. Jan. 1794 Potsdam

Hofgärtner; nach Lehre bei seinem Vater sowie bei Joachim Arndt → Saltzmann, in Sachsen, Dänemark (Amalienborg) und in den Ndl. (Tulpenburg) tätig, dort 1755 von FdG engagiert, 1759–94 Betreuung des

Lustgartens zu Sanssouci, dazu des engl.-chinesischen Gartens am «Chinesischen Haus», sowie weiterer Reviere, hier an eigenen Schöpfungen: 1754ff. Gartenanlagen vor dem Chinesischen Haus im Park zu Sanssouci, 1764–66 Holländischer Garten vor der Bildergalerie ebd. – Neben seiner Tätigkeit als Landschaftsgärtner war H. v. a. auch als Züchter und Veredler von Speise- und exotischem Obst (Orangen, Ananas und Kirschen) erfolgreich.

Lit. Friedrich Backschat, J. L. H., ein Hofgärtnerleben unter Friedrich dem Großen – nach H.s Aufzeichnungen, in: MVGP 12/NF 7 (1937), 290–321; Dehio Potsdam, passim.

Heymüller, Johann Mathias Gottlieb
* 1710 Stift Glenk † 17. Dez. 1763 Potsdam

Dekorateur und Bildhauer; Sohn des steirischen, sp. Bamberger Hofbildhauers Johann Florian H. († 1754), dort Verehelichung mit der Schwägerin Johann Peter → Benckerts, auf dessen Einladung (im Namen FdG) 1746 nach Potsdam, in der Folge Mitarbeit an den Prunkräumen des Stadtschlosses Potsdam, darunter am bedeutendsten das Tympanonrelief mit dem *Friedensopfer auf Athenes Altar* 1751, sowie ebd. Minerva und Herkules an den Kopfbauten, Personifikation der bürgerl. Tugenden am Alten Rathaus zu Potsdam 1753, Obelisk ebd., Attika- und Gartenplastiken im Gesamtkomplex Sanssouci, z. T. zusammen mit Benckert (Schloss Sanssouci, Chinesisches Haus, Neues Palais).

Lit. Karl Ernst Müller, Johann Peter Benckert und G. H., süddeutsche Bildhauer am Hofe Friedrich des Großen (Diss.), Berlin 1940; Sitzmann, Künstler und Kunsthandwerker, 246–248; Saskia Hüneke, Art. «H., J. G.», in: BrBL, 178f.; Dehio Potsdam, passim.

Heynitz, Friedrich Anton Freiherr von
* 14. Mai 1725 Dröschkau bei Belgern † 15. Mai 1802 Berlin

Minister und Bergbauingenieur; ab 1741 div. Studien: gen. 1741/42 an der Fürstenschule Schulpforta, 1742 des Salinenwesens zu Kösen, 1742/43, Naturwissenschaften in Dresden, 1744/45 Erzbergbau und Metallverhüttung in Freiberg, 1746–63 in braunschweigischen Diensten: 1746 Bergbau-Assessor, 1748 KR (20. Jan.), 1762 GKR (13. Aug.),

Leitung des Harzer Bergbaus; 1763–74 in kursächs. Diensten: 1763 Generalbergkommissar (Oberleitung des Berg-, Hütten- und Forstwesens in Kursachsen), 1765 Kurator der neu gegründeten Bergakademie zu Freiburg), 1766 kursächs. Verhandlungsleiter bei sächs.-preuß. Kommerzgesprächen zu Halle, 1771 sächs. GR, 1772 *Directeur* des Salinenwesens, 1774 Abschied aus sächs. Dienst; 1777 Eintritt in den preußischen Staatsdienst als Etats-, Kriegs- und dirigierender Minister, Vizepräsident und Oberberghauptmann beim Generaldirektorium des Bergwerks- und Hüttendepartements (9. Sep.), später dazu auch Ltg. des Accise- und Fabrikenresorts, 1777 ltd. Verantwortlicher bei der Neugestaltung der Kgl. Bergakademie; 1786–96 Leiter des Salzdepartements, dazu 1786 Kurator der Berliner Akademie der Künste und mechanischen Wissenschaften (maßgebl. für die neue Constitution 1790), 1791 SAO, 1798 Initiator der Preuß. Bauakademie. – Obwohl er nur seine letzten Jahrzenhnte in Preußen verbrachte, kann H. zu Recht als geistiger Vater der modernen naturwiss. Schulen, Akademien sowie des preuß. Bergbaus an sich gelten.

Lit. Wolfhard Weber, Friedrich Anton von H., in: Techniker (= Berlinische Lebensbilder 6 = Einzelveröffentlichungen der Historischen Kommission zu Berlin, Bd. 60), Berlin 1990, 15–28; Johannes Mager, Friedrich Anton von H. (1725–1802): Streiflichter aus seinem Leben und familiären Umfeld, in: Der Anschnitt 55/1 (2003), 12–27; Otto Steinecke, Friedrich Anton von H. Ein Lebensbild, in: FBPG 5 (1902), 421–470.

Hille, Christoph Werner

* ca. 1690 Königsberg (?) † Okt. 1740 Stettin

Wirtschafts- und Handelstheoretiker, Lehrer FdG; nach einer Anstellung als Mitgl. der Deutsch-preuß. Kammer zu Königsberg und Rat ebd. 1717 Steuerrat zu Frankfurt/Oder, 1719 Geh. Sekr. bei der Generalrechenkammer zu Berlin, 1728 preuß. Ges. beim preuß.-sächs. Handelskongress zu Leipzig, 1730 Dir. der KDK der Neumark zu Küstrin, 1730/31 Lehrer des Kronprinzen Friedrich in den Staatswissenschaften in Küstrin, ca. 1732 KD zu Stettin. – Nach bed. Einfluss auf die preuß. Handelspolitik unter → Friedrich Wilhelm I. (1727 Aufhebung der Zollschranken in Preußen, Verbesserung der Handelsbez. zu Polen und Sachsen) wurde H.

der einflussreichste Former der handelspol. Vorstellungen FdG, welche bereits 1731 ihren Niederschlag in dessen «Plan wegen des Commercii nach Schlesien» ([Œuvres 27/3, 40–43] fanden und wohl nicht unmaßgebl. den sp. Entschluss zur Annexion dieser Provinz beeinflussten. Weite Teile der sp. einschlägigen friderizianischen Politik (Ausbau des Transport- und Straßenwesens, Kanalbauten) gehen auf Gedanken H.s zurück. Eine Berufung zum Geh. Finanzrat am neu gegr. Fünften Departement des GD 1740 (27. Jun.) lehnte H. aufgrund seines schlechten Gesundheitszustandes ab.

W. Kurzer Bericht von dem Finanzwesen in der Neumark und incorporirten Kreise [Unterrichtswerk für FdG], in: Maximilian Karl Friedrich Wilhelm Graevell, Drei Briefe über Preßfreiheit und Volksgeist, Berlin 1815, 131. – *Lit.* Wilhelm Naudé, Die merkantilistische Wirthschaftspolitik Friedrich Wilhelms I. und der Küstriner Kammerdirector H., in: Historische Zeitschrift 90 (1902), 1–55; ders., Die Getreidehandelspolitik und Kriegsmagazinverwaltung Brandenburg-Preussens bis 1740, Berlin 1901 (Ndr. Frankfurt/Main 1987); ders., Art. «H., Chr. W.», in: ADB 50 (1905), 330–332.

Hoditz und Wolframitz, Albert Joseph Reichsgraf von

* 16. Mai 1706 Roßwald † 18. März 1778 Potsdam

Vertrauter FdG; nach Schulbesuch in Wien und Cavalierstour Kämmerer am Hofe → Carls VI., 1734 Heirat mit Sophia von Sachsen-Weißenfels (1684–1752), nach dem preuß. Einmarsch in Schlesien wohl über seine Freimaurermitgliedschaft (Gründung der ersten Loge in Wien 1742 in Absprache mit Fst.-Bf. → Schaffgotsch) sofort gute Kontakte nach Berlin und zu FdG, 1742 Komm. eines preuß. Husarenreg., danach auf seinem Gut zu Roßwald, 1776 Übersiedlung nach Potsdam. – Der mehr als exzentrische Graf, der u. a. als einer der ersten Förderer naiver Kunst, v. a. aber als Apologet der Feuerbestattung (erste Kremation in Dtl. anlässlich der Beisetzung seiner Frau 1752) hervortrat, hatte bereits 1765 und 1770 FdG als Gast empfangen, seit 1758 standen die beiden in brieflichem Kontakt, schließlich entstand eine Freundschaft. Nach seinem finanziellen Ruin genehmigte ihm der Kg. eine Pension und lud ihn schließlich – wohl mehr aus Mitleid denn Bewunderung – nach Potsdam ein, wo er für seinen Lebensunterhalt aufkam.

Qu. Correspondance de Frédéric avec le comte de Hoditz [Œuvres 20, 237–280]; Épître au comte de Hoditz, sur sa mauvaise humeur de ce qu'il à soixante-dix ans [Œuvres 13, 139–143]. – Friedrich Grieger, Friedrich der Große und sein Freund, der ‚schlesische Oberlandesbaudirektor' Graf A. J. von H., in: ZVGS 70 (1936), 304–319; W. Riehl, Graf H. Biographie des phantastischen Besitzers von Roßwalde in Schlesien, der die Zuneigung Friedrich des Großen gewann, in: MVGP 11 (1868), 237–248; Richard von Meerheimb, Art. «H., A. J.», in: ADB 12 (1880), 540f.

Höder, Friedrich Wilhelm

* c. 1715 Cottbus † c. 1761 Berlin

Maler; nach Studien bei Antoine → Pesne und bei Giovanni Niccolò Servandoni (1695–1766) in Paris (1736) ab 1745 im Dienste FdG, zahlr. Wandmalereien in Potsdam und Sanssouci (heute verloren), im Schloss Charlottenburg Zimmer mit chin. Motiven, Wand- und Deckengemälde für Schloss Sanssouci, davon ein Raum mit Chinoiserien erhalten; daneben zahlr. Entwürfe für Broderien, Stoffdrucke und Goldschmiedewerke, sowie etliche Radierungen.

Lit. Helmut Börsch-Supan, Art. «H, F. W.», in: NDB 9 (1972), 306f.; Dehio Potsdam, passim.

Hofenfels, Johann Christian Freiherr von

* 25. Dez. 1744 Kusel † 24. Jul. 1787 Zweibrücken

Diplomat; geb. als Johann Christian Simon, nach Studium der Rechte zu Jena Eintritt in Zweibrückener Dienste zunächst unter Hzg. Christian IV. (1722–1775), dann unter dessen Nachfolger, → Carl III. August Christian, 1776 von → Joseph II. geadelt und Namensänderung lt. Adelsprädikat. – H.s besondere Bedeutung lag in seinem Einsatz für die Sicherung und Erhaltung der Rechte seines Fürsten bezüglich der Nachfolge im Kurfürstentum Bayern, welche durch die österr. Forderungen nach dem Ableben Kf. → Maximilians III. Joseph 1777 ernsthaft bedroht waren. Durch seine Überzeugungsarbeit, Tatkraft und Unnachgiebigkeit erreichte H. in Zusammenarbeit mit dem preuß. RT-Ges. von → Schwarzenau und dem preuß. Diplomaten von → Görtz den Einsatz FdG für den Erhalt der bayerischen Selbständigkeit, welcher zum BEK und schließlich zum Frieden von Teschen (13. Mai 1779) führte, in welchem diese anerkannt wurde. 1785 wurde H. zum treibenden Befürworter des Anschlusses Zweibrückens an den Dt. Fürstenbund, welcher noch im selben Jahr erfolgte. Mit Prinzessin Maria Anna von → Pfalz-Sulzbach und FdG gehört H. daher zu den – heute meist vergessenen – Rettern bayerischer Eigenstaatlichkeit.

Lit. Hans Ammerich, J. Chr. von H. (1744–1787), in: Pfälzer Lebensbilder 5., Speyer 1996, 43–77; Herta Mittelberger, J. Chr. Freiherr von H., München 1934; Carl Schuster, Spiegelgespräche des J. Chr. von H., Landau 1990.

Hoppenhaupt, Johann Christian d. J.

* 16. Aug. 1719 Merseburg † 1778 (1786?) Berlin

Bildhauer und Dekorateur; Sohn des sächs. Landbaumeisters und Hofbildhauers Johann Michael Hoppenhaupt (1685–1751), nach dortiger Ausbildung 1740 von FdG mit seinem Bruder Johann Michael → H. nach Preußen berufen, 1746 als Nachfolger → Nahls *Directeur Royal des Ornamens*, wichtige Arbeiten im Stadtschloss Potsdam sowie im Schloss Sanssouci: 1744 Schlafzimmer, Kleine Galerie, Blumenkammer 1752/53, 1755 Schreib-Kabinett des Kgs., danach 1763–69 Entwürfe zur Plastik am Neuen Palais sowie an den Neuen Kammern 1772–75; daneben zahlr. Entwürfe zu Einzelobjekten des Interieurs (Wanddekoration, Paneelen, Boiseries), Möbeln aber auch Vorlagen zu Werken der KPM (Wachsmodeln) und zu Kunst- und Goldschmiedearbeiten. – So bezeichnend und prägend das Wirken der Brüder H. für die Ausprägung der Ornamentik des friderizianischen Rokoko war, so schwer fällt im Einzelnen Differenzierung und Zuweisung bestimmter Werke. Gemeinsam müssen sie neben → Knobelsdorff (und zeitlich noch über diesen hinaus) als Hauptvertreter von Kunst und Kunsthandwerk unter FdG gesehen werden.

Lit. Joachim Marzahn, Art. «J. Ch. H., Zierratenbildhauer und Modelleur», in: BbL, 214; Dehio Potsdam, passim.; Giersberg, Potsdam, 71–73; Saskia Hüneke, Art. «H.», in: BrBL, 185f.

Hoppenhaupt, Johann Michael d. Ä.

* 8. Okt. 1709 Zittau † 17. Jan. 1779 Merseburg

Dekorateur; mit seinem Bruder Johann Christian → H. 1740 nach Preußen gekommen, zunächst nach Zeichnungen von Johann August → Nahl Werke für das Stadtschloss zu Berlin (Schreibkabinett des Kgs.), nach 1747 unter seinem Bruder tätig zunächst am Schloss Charlottenburg, danach in Potsdam (Stadtschloss) und Sanssouci, daneben auch auswärtige Aufträge, so 1746–49 für Christian August von → Anhalt-Zerbst (Schloss Zerbst) und für FdG ab 1750 in Breslau. Neben diesen Architekturdekorationen lieferte H. zahlreiche Vorlagen für fürstl. Kutschen und Zeremonialgefährte, am berühmtesten das 1746 von FdG an → Elisabeth I. geschenkte Coupé. Nach Ausbruch des SJK kehrte H. ohne seinen Bruder nach Merseburg zurück, wo er Grabplastiken, Buchillustrationen (u. a. für die Ausgaben Herders) entwarf. – Wiewohl Johann Michael nicht die ranghohe offizielle Stellung seines Bruders erreichte, bleibt sein Hauptwerk, das Konzertzimmer im Schloss Sanssouci (1746/47) Ausweis seiner Bedeutung. Seine Entwürfe zum Neuen Palais dienten dem Bruder als Grundlage für dessen dortige Arbeiten 1763–69.

Lit. Claudia Meckel, Höfische Wagenbaukunst in Preußen im 18. Jh. in: Gert Streidt/Peter Feierabend (Hgg.), Preußen. Kunst und Architektur, Köln 1999, 258–261; Maria Nühlen, Art. «H., J. M. (Hoppenhaupt der Ältere)», in: Sensenmann und Engelsflügel, Halle 2008, 118–122; Giersberg, Potsdam, 71.

Hordt, Johann Ludwig von

* 1719 (1720?) Stockholm † 21. Aug. 1798 Berlin

Militär; seit 1730 in schwed. Diensten: 1730 Junker, 1741 Lt, 1748 Ob der Kgl. Leibwache, 1756 nach dem Scheitern der Adelsverschwörung im Exil in Dänemark und in den Ndl., ab 1758 in preuß. Diensten: 1758 Ob eines Frei-Reg., 1759–61 in russ. Gefangenschaft, 1763 GM, schwed. Großer Degen-Orden, 1770 Begl. des Prinzen → Heinrich nach Russland, dipl. Mission im Vorfeld der I. Poln. Teilung, 1775 GLt, 1776 Gouverneur von Spandau, 1778 im BEK als Komm. eines Frei-Reg., 1780 Abschied. – Eines der abenteuerlichsten Leben des daran nicht armen 18. Jhs., standen die milit. Leistungen seiner mitunter stark individuellen Art gegenüber. FdG, der Erstere schätzte, Letztere aber nicht verkannte,

v. a. im Hinblick auf die zahlr. Urlaubs- und Abschiedsgesuche H.s („Vous êtes tant aussi peu malade que moi – Sie sind genauso wenig krank wie ich", Bf. vom 9. Jul. 1779, SF 2, 16), sah ihn trotzdem gerne als Gast in Potsdam, wo H. 1765 die Halbinsel Sacrow erworben und ab 1773 dort das Schloss erbauen und den Garten anlegen ließ. Seine autobiogr. Lebensbeschreibung gehört zu den interessantesten ihrer Art in dieser Zeit. In zweiter Ehe heiratete H. 1781 Sophia Dorothea von Podewils (1735–1802), die Tochter des preuß. Staatsministers von → Podewils.

W. Mémoires d'un gentilhomme Suedois, Berlin 1784.– *Lit.* SF 2, 15f. (N° 538); Ernst Graf zur Lippe-Weißenfeld, Art. «H., L.», in: ADB 13 (1881), 127; Svenskt biografiskt handlexikon 1 (1906), 531; Gerd Schurig, Garten, Sacrow, in: Weißbuch der historischen Gärten und Parks in den neuen Bundesländern, ²Bonn 2005, 45f.

Hoym, Carl George Heinrich Graf von

* 20. Aug. 1739 Poblotz † 26. Okt. 1807 Dyhernfurth

Minister und Agrarreformer; nach Privatunterricht Studium am *Collegium Fridericianum* zu Königsberg, 1758 zunächst Studium der Rechte in Frankfurt/Oder, dann der Sprachwissenschaften (priv.), nach kurzem Militärdienst 1761 Referendar an der Breslauer KDK, 1762 ebd. KDR, 1767 GR und ebd. II. KD, bald darauf Dir. der KDK, 1767 (27. Jun.) Ruf nach Berlin mit der Weisung zur Reform der Domänenanschläge, 1769 (11. Feb.) Präs. der Kleveschen Kammer, 1770 Dirigierenden Minister von Schlesien (19. Jan.), 1771 Gründung der *Ökonomisch-patriotischen Gesellschaft*, gemeinsam mit von → Carmer, 1786 DP zu Cammin und SAO, 1793 Kammerverwalter von Posen und Petrikau, nach der dritten polnischen Teilung selbst. Verwalter Südpreußens (bis 1798), 1806 Abschied aus dem Dienst.

Lit. Colmar Grünhagen, Minister von H., in: ZVGS 46 (1912), 66f.; Franz Wachter, Aktenstücke betr. den Minister von H., in: ZVrGS 30 (1896), 254–272; Stephan Skalweit, Art. ‚Hoym', in: NDB 9 (1972), 671f.

Huber, Thomas

* 1700 Rheinfels † 1779 Berlin

Maler; 1739 Hofmaler → Friedrich Wilhelms I., neben zahlr. Porträts (Porträtzyklus der kgl. Familie 1740), Deckengemälde im Chinesischen Haus zu Sanssouci.

Lit. Friedrich II. und die Kunst, I, 25, II, 257; Dehio Potsdam, passim.

Hülsen, Johann Dietrich von

* 1. Jun. 1693 Babziens † 29. Mai 1767 Berlin

Militär; ab 1710 in preuß. Diensten: 1715 Fähnrich, 1728 PLt, nach Verdiensten im PEK 1735 SK, 1740 Major, 1743 OLt, 1745 Sieger bei Cosel, Ob (9. Nov.), 1754 GM, PlM, entsch. Einsatz bei Lobositz und Kolin, 1758 GLt, 1760 Sieger bei Strehla und – mit von → Zwieten – bei Torgau, 1761 Oberbefehlshaber in Sachsen, 1763 Gouverneur von Berlin. – Wiederholt hob FdG auch öffentl. die Verdienste H.s hervor und bewahrte ihm zeitlebens eine hohe Wertschätzung.

Lit. SF 1, 399f. (N° 414); Ernst Graf zur Lippe-Weißenfeld, Art. «H., J. D.», in: ADB 13 (1881), 334; Heinrich Pröhle, Friedrich der Große und die deutsche Literatur, Berlin 1872, 225.

Humbert, Abraham von

* 1689 Berlin † 12. Jan. 1761 ebd.

Militär und Schriftsteller; nach Studium der Ingenieurwissenschaften ab 1719 in preuß. Diensten: 1719 Lt, 1737 Major der Ingenieure, 1740 GR am Frz. Direktorium, 1744 ADW. – Seine zahlr. Arbeiten zählen zu den ersten preuß. Werken der Ingenieurwissenschaften; daneben widmete sich H. der Geschichte des Druckes und der allg. Kunstgeschichte, Letztere wurden von Joachim Martin → Falbe ergänzt.

W. Lettres d'un officier ingénieur sur les moyens de faire fleurir les arts et les sciences, Berlin 1744; Abrégé historique de l'origine et des progrez de la gravure et des estampes en bois, et en taille douce, Berlin 1752; L'Art Du Genie Pour L'instruction des Gens de Guerre, Berlin 1755. – *Lit.* Bouginé, Handbuch, IV, 330.

I

Itzenplitz, August Friedrich von

* 15. März 1691 Jerchel † 25. Sep. 1759 Stettin

Militär; ab 1708 in preuß. Diensten: 1708 Junker und Gefreiter, 1709 Korporal, 1711 Fähnrich, 1714 SLt, 1719 SK, 1723 Kapitän, 1730 Beisitzer im Kriegsgericht zu Köpenick über den Kronprinzen Friedrich, 1732 DH zu Kammin, 1737 Major, 1741 OLt, 1745 Ob, 1745 PlM für Verdienste bei Hohenfriedberg, 1748 Co-Dir. des Servis-Wesens zu Berlin, 1751 GM, 1758 GLt und SAO. – I. zeichnete sich nahezu in all seinen Gefechten auf dem Felde aus, was ihm die Anerkennung FdG eintrug (Geschenk von 500 th. nach Lobositz), aber auch in der Heeresorganisation hinter der Front, nicht zuletzt im leidigen Servis-Wesen (Einquartierungen). Seinen Verwundungen bei Kunersdorf ist er wenige Tage danach erlegen.

Lit. SF 1, 366f. (N° 384); Ernst Friedländer, Art. «I., A. F.», in: ADB 14 (1881), 648f.

J

Jandun → Duhan de Jandun

Janitsch, Johann Gottlieb

* 19. Jun. 1708 Schweidnitz † ca. 1763 Berlin

Komponist und Gambenvirtuose; nach Studium der Rechte zu Frankfurt/Oder und gleichzeit. Musikausbildung (1729–33) 1733 Sekr. des Staatsministers Franz Wilhelm von Happe (1686–1760), 1736 Mitgl. der Ruppiner, bald Rheinsberger Hofkapelle FdG, 1740–63 *Contra-Violinist* der Kgl. Hofkapelle. – Neben seiner Bed. als Vertreter der damals bereits selten werdenden Gambenmusik/-literatur trat J. v. a. zu Rheinsberg und Potsdam als Organisator der wöchentl. Freitagabend-Soireen (‚Académies de vendredi'), „alle Freytage in seiner Behausung" stattfindend und den Weg des bürgerl. Berliner Musiklebens um 1800 bahnend, hervor. Trotz dieser wegweisenden Initiativen blieb J. – im Ggs. zu anderen Avantgardisten der *musique bourgeoise* – ein überzeugter Vertreter der Berliner Klassik, d. h. des ‚galanten Stils' im Sinne FdG.

Lit. Thomas Langner, Art. «J., J. G.», in: NDB 10 (1974), 333f.; O'Loghlin, Musicians, 176–188.

Jariges, Philipp Joseph von [Philippe Joseph de]

* 13. Nov. 1706 Berlin † 9. Nov. 1770 ebd.

Jurist; Sohn frz. Hugenottenemigranten, nach Studium der Rechte 1727 preuß. HR und Criminal-Rath, 1729 Mitgl. der Revisionskammer, 1731 Mitgl. ADW, 1735 kgl. Rat im frz. Ober-Konsistorium, 1740 Dir. des Frz. Obergerichtes zu Berlin, 1747 als Nachfolger → Cocceijs Präs. des Kgl. Kammer-Gerichts, 1755–70 Großkanzler (29. Okt.), sein Nachf. wird Fürst von → Kupferberg. – Als ltd. Minister der Justiz setzte J. in einer Übergangszeit die Initiativen seines Vorgängers fort und bereitete so den Weg zur endg. friderizianischen Rechtsreform.

Lit. Gottfried Ising, Aus dem Leben des Großkanzlers Friedrichs des Großen, Ph. J. von J. und seiner Familie, in: MVGB 44 (1927), 55–61; Siegfried Isaacsohn, Art. «J., Ph. J. von», in: ADB 13 (1881), 721f.

Jeetze, Joachim Christoph Friedrich von

* 16. Sep. 1673 Hohenwulsch † 11. Sep. 1752 Potsdam

Militär; 1686 Page bei Kf. Friedrich Wilhelm, ab 1689 in preuß. Diensten: 1689 Fähnrich, 1693 SLt, 1697 PLt, in allen Schlachten des Spanischen Krieges, 1708 Kapitän, 1712 Major, 1713 OLt, 1722 Ob, 1737 GM, 1741 bei Mollwitz unter → Kalckstein ausgezeichnet, 1741 GLt und SAO, 1741 AHM zu Wolmirstedt, auch Gouverneur zu Peitz, 1745 GdI in Anerkennung seiner Verdienste bei Soor, 1746 Erlaubnis zum Rückzug ins Privatleben, 1747 GFM. – Erstaunlich auch bei J. bleibt die große berufl. Aktivität bis ins hohe Alter, beim Sturm seiner Einheit bei Kesseldorf 1745 (schlachtentscheidend) war er immerhin schon 72 Jahre alt. Als mehrmaliger Gast FdG in Potsdam ereilte ihn dort auch der tödliche Schlagfluss 1752.

Lit. SF 1, 180f. (N° 250); Ernst Friedländer, Art. «J., J. Chr. F.», in: ADB 13 (1881), 751–753; Zedlitz-Neukirch, Lexicon, III, 30f.

Jenner, Philipp Gottfried

* 24. Okt. 1724 Braunschweig † 1773 Potsdam

Bildhauer; ursprünglich in Braunschweigischen Diensten, ab sp. 1763 zumal teilw. auch in Potsdam tätig: 1760ff. Schlusssteine der Bildergalerie zu Sanssouci als Künstlerzyklus (Antike und Moderne), Skulpturen 1772 für das Lazarett (Ärztebildnisse) und nach 1775 am Militärwaisenhaus sowie am Brandenburger Tor zu Potsdam, Bildwerke am Neuen Palais zu Sanssouci und für den dortigen Park (am berühmtesten der *Kolossalherme (Faun) mit Flöte* 1773).

Lit. Oesterreich, Beschreibung; Dehio Potsdam, passim.; TB.

Joel, Isaac Levin

* 1712 Halberstadt † 19. Jun. 1785 Potsdam

Manufakturunternehmer; ab 1747 Bes. einer Broderiemanufaktur zu Potsdam, ab c. 1760 dazu einer Wachstapetenfabrik, daneben Deputierter der Kurmärk. Judenschaft. – Den wirtsch. Erfolg eines der ersten echten industriellen Großunternehmer des Potsdamer Raums dokumentiert u. a. sein 1767 erbautes Palais am Alten Markt.

Lit. Erika Herzfeld, Der Schutzjude I. L. J. – ein hervorragender Manufakturunternehmer im Potsdam des 18. Jh., in: Diekmann/Simon, Juden, 129–162; dies., Art. «J., I. L.», in: BrBL, 200.

Jordan, Charles Étienne

*27. Aug. 1700 Berlin †24. Mai 1745 ebd.

Theologe, Literat, Historiker und Vertrauter FdG; nach Studien 1719–21 der Theologie zu Magdeburg, Genf und Lausanne zunächst Prediger zu Potzlow (1724–27) und Prenzlau (1727–32), daneben liter.-wissenschaftl. Tätigkeit, nach 1732 Reisen in Europa, 1736 von Kronprinz Friedrich nach Rheinsberg in der Position eines Bibliothekars und Sprachsekr., 1740 GR, Mitgl. des Frz. OD, Kurator der preuß. Universitäten sowie *Inspecteur Général* der Waisenhäuser zu Berlin und Potsdam, 1743 Mitbegr. der *Nouvelle Société Littéraire*, 1744 Vize-Präs. ADW. – Als einer der engsten Vertrauten FdG in seiner Kronprinzenzeit sowie in den Jahren unmittelbar nach der Thronbesteigung war J. maßgebl. an den Initiativen dieser Zeit (im Sozialwesen u. a. Anlage eines Arbeitshauses für Obdachlose in Berlin, Einführung der Polizei-Arondissements, sowie eines öffentl. Verkehrswesens mittels Droschken) beteiligt. Geistig fühlte sich J. seinem Lehrer Mathurin Veyssière de la Croze (1661–1739) verpflichtet, dessen Biographie er verfasste und dessen Korrespondenz er für FdG erwarb. Mit diesem teilte er auch dessen anfängl. Enthusiasmus für die Freimaurerei (Grdg.-Mitgl. der *Loge du Roy* 1739 zu Rheinsberg). Sein Freund J. gehörte zu den wenigen Persönlichkeiten, für die der Kg. den Akademienachruf pers. verfasste, der in den Worten gipfelte: „Ci gît Jordan l'ami des Muses et du Roi. – Hier liegt Jordan, der Freund der Musen und des Königs".

Qu. Correspondance de Frédéric avec M. Jordan 1738–45 [Œuvres 17/II]; Éloge de Monsieur Jordan, in: Histoire de l'Académie Royale des Sciences et des Belles-Lettres de Berlin, année 1746, Berlin 1748, 463f. – *W.* Disquisitio historico-literaria de Jordano Bruno Nolano, Prenzlau 1726; Recueil de Littérature, de Philosophie et d'Histoire, Amsterdam 1730; Histoire d'un voyage littéraire fait en 1733, La Haye 1735; Histoire de la vie et des ouvrages de Mr. la Croze, 2 Bde., Amsterdam 1741; Conspectus thesauri epistoloci Lacroziani, Berlin 1741. – *Lit.* Jens Häseler, Ein Wanderer zwischen den Welten: Ch. E. J. (1700–1745) (Beihefte der Francia 28), Sigmaringen 1993; Theodor Hirsch, Art. «J., Ch. E.», in: ADB 14 (1881), 504–506.

Joseph II.

* 13. März 1741 Wien † 20. Feb. 1790 ebd.

Dt. König 1764 (Krg. 3. Apr.) und ‚Erw. Röm. Kaiser' (ab 1765), Kg. von Ungarn und Kroatien (II. József – 1780–90), Kg. von Böhmen (Josephus II – 1780–90); ältester Sohn → Maria Theresias und seit dem Tode des Vaters → Franz I. Stephans 1765 deren Mitregent in den habsburg. Landen, in denen er mit dem väterl. Privaterbe die enorme Schuldenlast abzutragen suchte. Seine Alleinreg. ab 1780 stand im Zeichen zentral.-rationaler Reformen in Fortsetzung des mütterl. Werkes, allerdings unter eindeutig nationalen, staatskirchl. und antitraditionellen Vorzeichen. – Seine übertriebene Emphase des Deutschen rief Widerstand und Empörung in den multinationalen Kronländern, aber auch bei Künstlern (Opern und Kirchenmusik) hervor, seine kirchl. Zwangsmaßnahmen (Aufhebungen) jene des Klerus, die sozialen jene der alten Eliten. Bei allen positiven Ansätzen, etwa in der Armen- und Krankenpflege, machte sich so letztlich fast nur Unmut breit, der durch die gemäßigtere Art seines Bruders und Nachfolgers Leopold II. (1747/1790–1792) teilw. wieder ausgeglichen werden konnte. Die Außenpolitik stand im Zeichen der Etablierung Österr. als Großmacht auf dem Balkan, dazu dienten auch die zahlr. Reisen, sowie die Neuordnungen der Verwaltung. Russland unter → Katharina II. als Hauptkonkurrenten und klass. Alliierten gegen Preußen stieß er mehrmals vor den Kopf, nicht zuletzt durch eine infame Diffamierungsstrategie deren Privatleben betreffend. Den österr. Anteil an der I. Polnischen Teilung verdankte er nur der Aufgabe einer Allianz mit dem Osmanischen Reich; seine Expansions- und Annexionspläne Bayerns nach dem Tode Kf. → Max III. Emanuels wurden durch das preuß. Eingreifen (Bayer. Erbfolgekrieg) vereitelt. Der Türkenkrieg 1787, nun wiederum an Seiten Russlands, wurde für Österr. zur Enttäuschung.

Lit. Derek Beales, J. II, Bd. 1: In the Shadow of Maria Theresa, 1741–1780, ^{2}Cambridge 2008, Bd. 2: Against the World, 1780–1790, ebd. 2009; Lorenz Mikoletzky, Kaiser J. II. Herrscher zwischen den Zeiten, Göttingen u. a. 1979; Paul P. Bernard, The limits of Enlightenment : J. II and the Law, Urbana 1979.

K

Kalckstein, Christoph Wilhelm von

* 17. Okt. 1682 Ottlau † 2. Jun. 1759 Berlin

Militär und Gouverneur FdG ; 1702–09 in hessischen, ab 1709 in preuß. Diensten: 1709 Major, 1715 OLt, 1718 Ob, 1718–29 Gouverneur (ltd. Erzieher) des Kronprinzen Friedrich, 1728 OJoh, 1733 GM, Ober-Dir. der Charité zu Berlin, 1741 bei Mollwitz verwundet, 1741 GLt und SAO, 1743 Drost zu Dinslaken, bei Hohenfriedberg und Soor Kommandant des zweiten Treffens, 1745 GdI und Gouverneur von Glogau, 1747 GFM, 1752 Jahrespension von 1000 th., 1752 zum Erbherren auf Knauten, Wogau, Mühlhausen und Schloditten erhoben. – Als Gouverneur des Kronprinzen hatte K. eine der heikelsten Positionen in der preuß. Geschichte des 18. Jhs. inne; es spricht für ihn, dass er sich beider Vertrauen (von Vater und Sohn) erhalten konnte. FdG verband die unangenehmen Erinnerungen an seine Kindheit und Jugend nicht mit ihm, im Gegenteil sprach er stets von der Schuld, in der er bei K. noch stünde, die Verleihung der Drostei Dinslaken bezeichnete er als „une partie de mes dettes, dont je m'acquitte envers vous – ein Teil jener Schulden, die ich Ihnen gegenüber noch ab[zu]zahle[n habe]“ (Bf. vom 14. Feb. 1743). Anlässlich K.s Tod schrieb FdG an den Prinzen → Heinrich: „…le modèle d'un honnête homme et d'un citoyen attaché de cœur et d'âme à sa patrie – das Modell eines anständigen Menschen und eines Bürgers, der mit Herz und Sinn seinem Vaterland verbunden [war]“ (Bf. vom 6. Jun. 1759).

Lit. Ernst Graf zur Lippe-Weißenfeld, Art. «K., Chr. *W.*», in: ADB 15 (1882), 17f.; SF 1, 176–178 (N° 247).

Kalsow, Christian Ludwig von

* 1694 in Pommern † 1. Okt. 1760 Zollen

Militär, 1710 RAk zu Kolberg, 1714–16 Studium zu Halle, 1716 Fähnrich, 1739 AHM zu Massow und Naugard, 1740 Ob, 1744–57 Kommandant von Schweidnitz, 1745 GM, 1750 GLt, 1756 Abschied nach einem Schlaganfall, 1766 auf Veranlassung FdG *Gnaden-Gehalt* von 600 th. p.a.

Lit. Zedlitz-Neukirch, Lexicon, III, 63; König, Lexikon, II, 242; SF 1, 284f. (N° 324).

Kambly, Melchior

* 9. Jan. 1718 Zürich † 12. Apr. 1783 in Potsdam

Bildhauer, Kunsttischler und Kunstschmied; nach Ausbildung in der Schweizer Heimat 1744 durch FdG nach Preußen berufen, zahlr. Ausfertigungen für Sanssouci (acht Kapitelle 1745), das Stadtschloss Potsdam (u. a. 1746 Vasen für den Giebel, im Inneren: Treppengeländer, Notenpult für FdG, Steintische, Uhrengehäuse, 1754 Bronzesaal), danach Möbel (Ausführung und Entwürfe) für das Neue Palais zu Sanssouci, Elemente am Chinesischen Haus (Goldsäulen). – Wiewohl bei einzelnen Arbeiten K.s sein Anteil nicht immer streng von Entwürfen und Ausführungen seiner Kollegen, v. a. der Brüder → Hoppenhaupt, zu bestimmen ist, gehört er zu den echten Universalkünstlern des friderizianischen Rokoko, welcher nicht nur in fast allen Genres des Kunsthandwerks Bedeutendes lieferte, sondern zudem nahezu die ganze Reg.zeit FdG für diesen tätig war.

Lit. Gerhild H. M. Komander: „Von Schildkröt und bronce d'ormoly." Die Prunkmöbel des Bildhauers J. M. K., in: Weltkunst 67/6 (1997), 544–547; Winfried Baer, Art. «K., J. M.», in: NDB 11 (1977), 77f.; Saskia Hüneke, Art. «K., M.», in: BrBL, 209f.; Dehio Potsdam, passim.; Giersberg, Potsdam, 63f., 69f., 80.

Kaplunger, Rudolph

* 2. Apr. 1746 Bechyne † 5. Dez. 1795 Bützow

Bildhauer; aus Böhmen stammend, nach Ausbildung in der Heimat und Studienreisen durch Europa (Dresden, Wien, Paris) wohl sp. ab 1770 zusammen mit Johann Kaplunger († 1773) im Dienste FdG, Werke für die Communs des Neuen Palais zu Sanssouci sowie für das Militärwaisenhaus zu Potsdam nach 1775 (Figur der *Caritas*), ab 1776 als Hofbildhauer für Herzog Friedrich von Mecklenburg-Schwerin (1717/1756–1785) in Ludwigslust tätig.

Lit. Gerd Dettmann, Der Bildhauer R. K.., in: Mecklenburgische Monatshefte 6/10 (1930), 493–499; Hans Heinrich Leopoldi, Von einem Ludwigsluster Bildhauer, in: Neue Mecklenburgische Monatshefte 2/4 (1957), 246f.; Georg Christian Friedrich Lisch, Der Bildhauer R. K. und sein Bild, in: JVMGA 41 (1876), 100–103; Dehio Potsdam, passim.

Karl → Carl

Karsch, Anna Louisa

* 1. Dez. 1722 Hammer † 12. Okt. 1791 Berlin

Dichterin; Wirtstochter, nach rudimentärem Unterricht und zwei gescheiterten Ehen ab 1755 als Odendichterin tätig, 1761 nach Berlin, dort in Kontakt mit und gefördert durch u. a. Lessing, → Sulzer, → Ramler und → Mendelssohn, 1761 von Johann Wilhelm Ludwig → Gleim (der ihre pers. Avancen nicht erwiderte) zur «Deutschen Sappho» gekrönt, nach 1763 wieder auf sich allein gestellt, teilw. von Daniel → Chodowiecki unterstützt, ansonsten verarmt, seit 1778 im Briefkontakt mit Goethe, 1789 schenkte ihr → Friedrich Wilhelm II. ein Haus in Berlin. – Blieben die in ihrer Zeit sehr volkstümlichen Gedichte der «Karschin» sehr zeitverhaftet, so ist ihr Aufstieg – und Fall – im Berlin des 18. Jhs. bezeichnend für die dortige Literatensozietät sowie deren Rang und Wertschätzung in der Öffentlichkeit.

Lit. Heidi Singer, Leben und Zeit der Dichterin A. L. Karschin (Diss.), New York 1983; Elisabeth Hausmann (Hg.): Die Karschin — Friedrich des Großen Volksdichterin. Ein Leben in Briefen, Frankfurt/Main 1933; Harald Engler, Art. «K., A. L.», in: BrBL, 213f.

Katharina II., „die Große" (Екатери́на II Великая)

* 2. Mai 1729 Stettin † 17. Nov. 1796 St. Petersburg

geborene Prinzessin Sophie Auguste Friederike von Anhalt-Zerbst-Dornburg, Tochter des preuß. GFM Christian Augusts, Fürst von → Anhalt-Zerbst und Johanna Elisabeths von Holstein-Gottorf (1712–1760), der Schwester Kg. → Adolf Friedrichs von Schweden; die weitgespannten familiären und dynastischen Beziehungen ließen aus der vermeintlichen Duodezprinzessin eine der interessantesten Heiratspartien zumal des baltisch-nordischen Raumes werden. Mit auf Anraten FdG (Verbesserung der Bez. zu Russland) kam K. an den Petersburger Hof, konvertierte 1744 und heiratete 1745 den Thronfolger → Pet(e)r (III.). Die abweisende Behandlung durch ihren Ehemann und dessen pol. Ideen ließen K. zur Hoffnungsträgerin russischer Identifikation werden, eine Konstellation, welche sich durch die militärischen, finanziellen und diplomatischen

Katharina II., Detail des Prunkservices der KPM, 1772 von FdG K. zum Geschenk gemacht

Krisen des SJK, vor allem aber seit dessen Thronbesteigung 1762 noch akzentuierte. Der Anteil K.s am Tode Peters III. ist ungeklärt; mit Unterstützung der Garde und weiter Teile des Hofes bestieg sie noch 1762 den Thron (Krg. 12. Sep.). – Ihre Politik war im Inneren geprägt von zahlr. Initiativen, wie einer forcierten Ansiedlungspolitik (1762/63 Erlaubnis zur Ansiedlung von Ausländern in Russland, darunter (geplant) 1000 deutsche Bauern an der Wolga), sowie durch die Reform des Rechts- und Verfassungssystems, hierzu 1767 Große Instruktion, von K. wohl weitestgehend allein verfasst, umfangreichste Gesetzesreform des Ancien Régime und ausführlichste jemals von einem einzigen Menschen konzipierte jur. Neuordnung. Sie blieb nur zum Teil umsetzbar, da innere Widerstände und Verhaftung in hergebrachter Ordnung dem entgegenstanden, ihr aber internationale Anerkennung vor allem durch FdG eintrugen. Weitere bedeutende Maßnahmen umfassten ein religiöses Toleranzedikt von 1773 (Akzeptanz aller Bekenntnisse; in der Praxis schon seit Peter I. weitgehend realisiert), verbunden mit Ansiedlungsplänen (Ausnahme:

polnische Erwerbungen, s. u.), 1774 die Aufnahme der SJ, sowie Stiftung, Errichtung und Aufrechterhaltung zahlreicher sozialer Einrichtungen, wie Hospitäler, Armenschulen und Lyzeen. Die Bekämpfung innerer Unruhen und Aufstände, am berühmtesten jener der Kossacken 1773–1775 unter Emel'jan Ivanovič Pugačëv (Емельян Иванович Пугачёв, ca. 1742–1775) sowie die interne Opposition gegen die Abschaffung der Leibeigenschaft durch den Adel, welcher seit Peter III. autonome Züge zeigte, wiesen die Schwierigkeiten dieses Unterfangens auf. – Ihre AP konzentrierte sich auf drei Schauplätze, Polen (1764 Einsetzung des Grafen Stanisław Antoni Poniatowski als → Stanislaus II. Augustus zum König von Polen; 1768 K. offiziell ‚Schutzherrin' der Polnisch-Litauischen Union nach Niederschlagung der ‚Confoderation von Bar', 1772 Erste Polnische Teilung, 1793 Zweite Polnische Teilung, 1795 Dritte Polnische Teilung), das Baltikum (zunächst unter Nikita Panin (Graf Nikita Ivanovich Panin/Ники́та Ива́нович Па́нин, 1718–1783) Plan eines großen *accord du Nord* zwischen Russland, Schweden, Preußen und Polen, um die säkularen Spannungen des baltischen Raums einzudämmen und ein Gegengewicht zum immer stärker spürbar werdenden französisch-österreichischen Bündnis zu schaffen; 1788–90 aber Krieg gegen die pol. Pläne → Gustavs III.) und den Schwarzmeerraum, bzw. den Kampf gegen das Osmanische Reich (im Ersten Russisch-Türkischen Krieg bedeutende Erwerbungen im Schwarzmeerraum: Südukraine, 1783 Annexion der Krim: Beginn der Besiedlung durch K.s Vertrauten und wohl auch morganatischen Ehemann, Graf, später Fürst und Reichsgraf Grigori Alexandrovich Potemkin-Tavricheski (Григо́рий Алекса́ндрович Потёмкин, 1739–1791), Zweiter Russisch-Türkischer Krieg (1787–1792), an dessen Ende im Vertrag von Jassy (1792) alle russischen Annexionen ratifiziert und festgeschrieben wurden). Die Vermittlerrolle Russlands im BEK 1779, das Zustandekommen einer ersten Liga der bewaffneten Neutralität gegen GB im AUK 1780 sowie der führende Anteil des Kaiserreichs an den Polnischen Teilungen der 1790er Jahre (s. o.) markierten, neben dem Engagement im Pazifischen Ozean (Resterschließung Sibiriens, Aleuten-Erkundung, Bez. zu Japan) den Höhepunkt der russ. Stellung weltweit. Die Etablierung einer Assignaten-Bank 1769 mit der Ausgabe neuer Rubel (Ассигнационный рубль) erschloss dem russ. Finanzwesen den Anschluss an weltweite Verhältnisse. –

Alle Aspekte der Kultur (Kunst, Architektur, Musik, Wissenschaften) erreichten unter K. ihren Höhepunkt im 18. Jh., neben westeurop. Meistern etablierten sich auch russische Künstler und Gelehrte. Die Marine erreichte erstmals wieder die Bedeutung, die sie unter Peter I. gehabt hatte (Schlacht von Cesmé 1770). – Ideell lag K.s Schwerpunkt eindeutig auf einer universalen Erneuerung des byzantinischen Ideals, so in der Imperial-Idee (Denkmal für Peter I.), dem Konzept einer Eroberung Konstantinopels mit Errichtung einer russ. Sekundogenitur (‚Griechisches Projekt') und der Auffassung von der sakrosankten Position des Fürsten. Letzteres führte zu einem prinzipiellen Kampf gegen die Revolution ab 1791. – Wirkungsgeschichtlich ist die Reg. K.s allenfalls jener FdG gleichzusetzen, in der Rezeption schuf sie – als Nichtrussin – die Grundlage für die russ. Weltstellung bis 1917, evtl. darüber hinaus.

Lit. Isabel de Madariaga, Catherine the Great. A Short Story, New Haven/London 1990; Hélène Carrère d'Encausse, Catherine II. Un âge d'or pour la Russie, Paris 2002; Simon Sebag Montefiore, Potemkin – Catherine the Great's Imperial Partner, New York 2000.

Katte, Hans Heinrich von

* 16. Okt. 1681 Angerburg/Węgorzewo † 31. Mai 1741 Reckahn

Militär; ab 1703 in gothaschen (1703 Major), ab 1706 in preuß. Diensten: 1708 GM, im Spanischen Kriege und 1715 vor Stralsund bewährt, 1728 OJoh, 1731 GLt, 1734 Gouverneur von Kolberg, 1736 GdK, 1740 GFM und RG. – Als Vater Hans Hermanns von → Katte ist die sofort nach Reg.antritt FdG erfolgte Bef. zum GFM wohl auch als posthume Hommage an diesen zu werten; dies soll jedoch die milit. Verdienste K.s, v. a. seine pers. Tapferkeit, nicht schmälern.

Lit. Ernst Friedländer, Art. «K., H. H. Graf von», in: ADB 15 (1882), 455; SF 1, 118f. (N° 193).

Katte, Hans Hermann von

* 28. Feb. 1704 Berlin † 6. Nov. 1730 Küstrin

Offizier, Freund und Vertrauter FdG; Sohn Hans Heinrich von → Kattes, nach Studium zu Halle, Königsberg und Utrecht ab 1724 in preuß.

Diensten: 1724 Fähnrich im exklusivsten preuß. Corps, dem Kürassierregiment *Gens d'Armes*, 1728 OJoh, 1729 Lt, 1730 PLt, ab 1729 durch gemeinsamen Militärunterricht Vertrauter FdG, zentr. Gestalt in dessen Fluchtplan 1730. Als dieser entdeckt wurde, Inhaftierung wegen Hochverrats und auf Druck → Friedrich Wilhelms I. Verurteilung zum Tode, „in consideration seiner Familie" Enthauptung mit dem Schwert zugestanden und am 6. Nov. 1730 vollstreckt. – Inwieweit FdG Zeuge der Hinrichtung seines Freundes wurde, ist ebenso umstritten wie die letztliche Motivation hierfür.

Lit. Jürgen Kloosterhuis, K. Ordre und Kriegsartikel. Aktenanalytische und militärhistorische Aspekte einer „facheusen" Geschichte, Berlin 2006; Detlef Merten, Der K.-Prozeß, Berlin 1980; Gerhard Knoll, Art. «K., H. H. von», in: NDB 11 (1977), 329f. – *Bibl.* Henning, Bibl., 101–103.

Keith, George

* 2. April 1693 Kinkardine † 25. Mai 1778 Potsdam

10th Earl Marischal of Scotland, Vertrauter FdG, Bruder von James Francis Edward → K.; kämpfte zwar im Spanischen Krieg noch unter Marlborough in den Ndl., 1715 aber bei der großen schott. Erhebung gegen das Haus Hannover beteiligt, 1716 zum Tode verurteilt, 1719 zweiter Versuch einer Restauration in Schottland gescheitert, Reisen in Europa, ab 1719 in span. Diensten (1717 GM, 1734 GLt), ab 1748 am Hofe FdG zu Potsdam, 1751–54 preuß. Ges. in Paris, 1754 Gouverneur von Neuchâtel, SAO, 1759 auf Vermittlung FdG in Schottland rehabilitiert, 1763–65 in Schottland, 1765–78 zurück in Potsdam. – Trotz anfängl. Militärdienstes unter Queen Anne vertrat K. dennoch zeitlebens den legit. Anspruch der 1688 vertriebenen Stuart-Dynastie. Seine Sprachkenntnisse, Bildung und auch sein pers. Mut beeindruckten FdG, zu dessen engem Vertrauten und Freund er bald wurde, 1764 errichtete er ihm auf eigene Kosten einen Landsitz in der Nähe von Potsdam, wo K. auch verstarb.

Qu. Correspondance de Frédéric avec mylord Marischal [Œuvres 20/XV]; Éloge de milord Maréchal, par M. d'Alembert, Paris/Berlin 1779. – *Lit.* Edith E. Cuthell, The Scottish Friend of Frederic the Great: the last Earl Marischall, 2 Bde., London 1915; Robert Chambers (Hg.), A Biographical Dictionary of Eminent Scotsmen, Bd. 3, Glasgow 1835, 297–304; Arnold Schäfer, Unechte und echte Briefe Friedrichs des Großen und Georgs II aus dem Jahre 1757, in: Historische Zeitschrift 15 (1866), 317–326.

Keith, James Francis Edward

* 16. Jun. 1696 in Peterhead † 14. Okt. 1758 Hochkirch

Militär und Vertrauter FdG, Bruder von George → K.; nach Privatstudien unter dem eminenten Gelehrten und Bischof Robert Keith (1681–1757, nicht verwandt) Studium der Rechte zu Aberdeen und – nach seinem Engagement an den gescheiterten Aufständen von 1715 und 1719 – an der Pariser Sorbonne (1722–25), wie sein Bruder in Abwesenheit verurteilt und ins Exil gezwungen, in der Folge in span. (1725 Ob) und ab 1728 in russ. Diensten (Inh. eines Garde-Reg., 1729 OLt, 1738 GdI), 1740 Statthalter der Ukraine, 1741–43 de facto Regent von Finnland (Karelien), dort eheähnl. Verbindung mit Eva Merthen (1723–1811), ab 1747 in preuß. Diensten als GFM, 1749 Gouverneur von Berlin, SAO, 1756 Kommanant der preuß. Truppen vor Pirna, 1757 der Belagerung von Prag, 1758 bei Hochkirch gefallen. – Nicht nur das bald nach seinem Tode errichtete Denkmal (Berlin, Wilhelmplatz) zeugt für die Wertschätzung FdG, welche er K., trotz dessen wdh. Kritik an manchen milit. Unternehmungen (darunter das Desaster von Hochkirch), über dessen Tod hinaus entgegenbrachte. Dass sein Freund K. am gleichen Tag wie seine Schwester → Wilhelmine starb, erschütterte den Kg. schwer.

Qu. Lettre de Frédéric au feld-maréchal Jacques Keith (3 février 1758) [Œuvres 25]. – *W.* A Fragment of a Memoir of Field-Marshal J. K., written by Himself, 1714–1734, ed. Thomas Constable, Edinburgh 1843. – *Lit.* Sam Coull, Nothing but my Sword: the Life of Field Marshall J. F. E. K.., Edinburgh 2000 (dt. 2007); Norman N. Maclean, Memoir of Marshal K., with a Sketch of the Keith Family, Peterhead 1869; Karl August Varnhagen von Ense, Leben des Feldmarschalls Jakob K., Berlin, 1844; SF 1, 347–349 (N° 367).

Keyserling(k), Dietrich Freiherr von

* 5. Jul 1698 Octen † 15. Aug. 1745 Potsdam (?)

Vertrauter FdG; nach Gymnasialbesuch zu Königsberg ab 1717 dort Studium der Philosophie und Mathematik, Cavalierstour u. a. nach Berlin, Paris und in die Ndl., ab 1724 in preuß. Diensten als Lt, 1729 von →

James Francis Edward Keith

Friedrich Wilhelm I. 1729 zum Gesellschafter und Begleiter des Kronprinzen Friedrich bestimmt, 1732 bestätigt, Mitgl. des «Bayard-Ordens» mit dem Namen «Cæsarion», 1732 RM, 1737 zu → Voltaire mit einer Einladung nach Rheinsberg gesandt, brachte dessen sämtl. Werke mit, 1740 Ob und GAdj FdG, 1743 ADW. – K. war, neben → Duhan, der beste Freund FdG (vgl. den Brief an K.s Witwe 1745) in seiner Kronprinzenzeit, seine überaus große Wertschätzung ist zahlr. überliefert („Il a le rare avantage d'être homme d'esprit et discret au même temps – Er besitzt den seltenen Vorzug, zugleich ein Mann von Geist und diskret zu sein", „Erinnern Sie sich, daß Cæsarion mir alles ist", alle in ADB). Für die Tochter K.s, Adelheid, übernahm er die Taufpatenschaft und soll dabei sogar das Kind getragen haben (einzig bekannter Fall). K. war ab 1742 mit Eleonore Louise Albertine von → K., geb. Gräfin von Schlieben-Sanditten, nach dem Tode ihres Mannes Hausdame Kgin. → Elisabeth Christines, der Frau FdG, verheiratet. Neben seiner treuen freundschaftlichen Anhänglichkeit und Diskretion schätzte Friedrich an K. auch dessen aufsehenerregende intellektuellen Fähigkeiten – dieser konnte aus dem Stegreif längere Reden und Oden in frz., lateinischer und griechischer Sprache halten und galt in vielerlei Hinsicht den Zeitgenossen als Ausnahmeerscheinung.

Qu. Correspondance de Frédéric avec Voltaire [Œuvres 21, passim.] – *Lit.* J.-D.-E. Preuss, Friedrich der Grosse mit seinen Verwandten und Freunden, Berlin 1838; Richard von Meerheimb, Art. «K., D.», in: ADB 15 (1882), 701f.

Keyserling(k), Eleonore Louise Albertine

* 1720 Sanditten † 1755 Schönhausen

geb. Gräfin von Schlieben-Sanditten; 1742 verheiratet mit Dietrich Frh. von → K., dem besten Freund FdG, ca. 1745 Hof- und Hausdame Kgin. → Elisabeth Christines von Preußen. – In ihrer Hofstellung nach dem Tode ihres Mannes, von FdG vermittelt, übernahm K. die Rolle einer Haushofmeisterin, sie organisierte und bestellte bis zu ihrem Tode den kgl. Haus- und Hofhaltung zu Schönhausen. Sie galt als eine der Schönheiten der Berliner Gesellschaft, in einem Porträt Antoine → Pesnes wurde sie verewigt. Ihre Tochter, Adelaide Fredericke Baronesse K. (1744–1818), heiratete 1760 Johann Friedrich von Alvensleben (1736–1790), nach Trennung der Bez. in zweiter Ehe Georg Ludwig von Edelsheim (1740–1814).

Lit. Helmut Börsch-Supan, Die Gemälde Antoine Pesnes in den Berliner Schlössern (Aus Berliner Schlössern 7) Berlin 1982, 69; Ranft, Nachrichten, 59. Tl., 1755, 373f.

Kirnberger, Johann Philipp

* 24. Apr. 1721 Saalfeld † 26. Jul. 1783 Berlin

Musiktheoretiker und Komponist; 1739–41 Studium bei Johann Sebastian → Bach, 1741–50 als Pädagoge in versch. adeligen Diensten in Polen, 1754 Violinist der Kapelle Prinz → Heinrichs zu Rheinsberg, 1758 Kapellmeister und Kompositionslehrer Prinzessin → Anna Amalias von Preußen. – Neben seinen höfischen Stellen wurde K. v. a. als Theoretiker berühmt; unter seinen Schriften ragen sein zweibändiges Werk zum musik. Satz sowie bes. seine Überlegungen zur Stimmtechnik der Tasteninstrumente heraus.

W. Die Kunst des reinen Satzes in der Musik, 2 Theile, 1771/76–79 (mod. Ed. und Übs. David Beach/Jurgen Thym, New Haven/London 1982). – *Lit.* Martin Just, Art. «K., J. Ph.», in: NDB 11 (1977), 670f.; Ruth Tröster-Engelhardt, Untersuchungen über Einflüsse Johann Sebastian Bachs auf das theoretische und praktische Wirken seines Schülers J. Ph. K. (Diss.), Erlangen 1974.

Klein, Ernst Ferdinand

* 3. Sep. 1744 Breslau † 18. März 1810 Berlin

Jurist; ab 1762 Studium der Rechte zu Halle, dann als Anwalt in Breslau tätig, im Umfeld von → Carmers mit diesem 1779 nach Berlin gekommen. Im Einvernehmen mit FdG wird K. 1781 in die Kommission zur Kodifizierung des neuen *Corpus Juris Fredericianum* berufen, wobei er maßgebl. die Sektionen zu Ehe- und Strafrecht ausarbeitete; seit 1789 ADW, 1791–1800 Prof. jur. in Halle, ab 1800 Mitgl. des Berliner Obertribunals; seine Mitgliedschaft in mehreren Logen sowie wohl schon ab 1783 in der (verbotenen) *Berliner Mittwochsgesellschaft* (dort mit seinem Kollegen K. G. → Suarez) ist gesichert. – Maßgeblich wurde K. durch seine Konzepte zur Verbrechensprävention, als einer der ersten wirkl. Kriminalisten sowie als Lehrer der Brüder von Humboldt; sein Anteil am

Ernst Ferdinand Klein

APLR ist vor allem vor dem Hintergrund seiner Logenverbindungen bemerkenswert.

W. (Auswahl) Grundsätze des gemeinen deutschen und preußischen peinlichen Rechts, Halle 1796 (^{2}1799); Über die Natur der bürgerlichen Gesellschaft, ebd. 1797; Grundsätze der natürlichen Rechtswissenschaft nebst einer Geschichte derselben, ebd. 1797 (Ndr. Königstein 1979). – *Lit.* Klaus Berndl, Ernst Ferdinand Klein – Ein Zeitbild aus der zweiten Hälfte des achtzehnten Jahrhunderts, Münster 2004; Michael Kleensang, Das Konzept der bürgerlichen Gesellschaft bei E.F.K. Einstellungen zu Naturrecht, Eigentum, Staat und Gesetzgebung in Preußen 1780–1810 (SER 108), Frankfurt 1998; Horst Brünker, Der Kriminalist Ernst Ferdinand Klein, Bonn 1973.

Kleist, Ewald Christian

* 7. März 1715 Gut Zeblin bei Köslin † 24. Aug. 1759 Frankfurt (Oder)

Dichter und Militär; nach Gymnasialbesuch in Danzig Studium der Rechte, sowie der Philosophie, Theologie und Mathematik zu Königsberg, dann aber milit. Laufbahn, ab 1736 in dän., ab 1740 in preuß. Diensten: zun. im Reg. des Prinzen → Heinrich, 1744/45 im ÖEK, 1749 Stabskapitän, 1752/53 Werbeoff. in der Schweiz, 1757 Major, Lazarettdirektor, 1759 bei Kunersdorf tödlich verwundet. – Seit 1749 mit → Ramler und seit 1757 mit Lessing befreundet, hinterließ K. ein reiches, neben seiner milit. Tätigkeit entstandenes lit. Œuvre, in dessen Mittelpunkt Gedichte, Hymnen und Fabeln stehen, wobei Ästhetik und Inhalt formal zwar an antik-klassischen Vorbildern ausgerichtet sind, aber im Naturempfinden und Idyllenideal schon auf den empfindsamen Stil vorausweisen.

W. Des … Chr. E. von K. sämtliche Werke…, 2 Bde., Berlin 1760 (^{3}1771) (Ndr. (Reclams Universal-Bibliothek 211), Stuttgart 1988). – *Lit.* Hans Guggenbühl, E. von K. – Weltschmerz als Schicksal, Brugg 1948; Rüdiger Frommholz, Art. «K., E. Chr.», in: NDB 12 (1979), 10–12; Ingrid Patitz, E. von K.s letzte Tage und sein Grabdenkmal in Frankfurt an der Oder (= Frankfurter Buntbücher 11), Frankfurt/Oder 1994.

Kleist, Franz Ulrich von

* 2. Feb. 1688 Kowalk † 13. Jan. 1757 Dresden

Militär; ab 1702 in preuß. Diensten: 1702 Junker, 1704 Lt, 1715 SK, 1716 Kapitän, 1724 Major und OdG, 1737 OLt, 1742 Ob, 1745 GM,

1754 Domdekan zu Brandenburg, 1756 GLt, bei Lobositz schwer verwundet, den Folgen erlegen. – K., bereits zuvor bei Chotusitz ausgezeichnet, kann als Bsp. jener durchaus ambivalenten preuß. Disziplin gelten, als er bei Lobositz, immerhin 68-jährig, trotz schwerster Verwundungen bis zum Ende im Sattel blieb und diese Wunden auch sp. nicht versorgen ließ.

Lit. SF 1, 295f. (N° 330); Bernhard von Poten, Art. «K., F. U.», in: ADB 16 (1882), 122f.; Pauli, Helden, I, 209–222.

Kleist, Henning Alexander von

* 4. Mai 1677 Raddatz † 21. Aug. 1749 Berlin

Militär; ab 1699 in preuß. Diensten: 1699 Fähnrich, 1702 Lt, 1702–13 im Spanischen Krieg, 1705 Kapitän, 1709 Major, 1712 AHM zu Zossen und Trebbin, 1713 OLt, 1718 Ob, 1718 OdG, 1722–26 in österr. Diensten, 1726 wieder in Preußen: 1729 preuß. Ges. in Hannover, 1733 GM, 1734 AHM zu Groeningen, 1734 Begleiter FdG im Feldzug am Rhein (PEK), 1740 Eroberung von Oppeln und Ohlau, 1741 GLt, 1741 Gouverneur von Kolberg, SAO, PlM (für Verdienste bei Mollwitz 1741), 1745 GdI, 1747 GFM. – Als tapferer, sowohl auf dem Felde wie bei der Heeresorganisation (Werbung, Nachschub und Ersatzwesen) verlässlicher General, wurde K. zu einem der milit. Vorbilder FdG.

Lit. Geschichte des Geschlechts von Kleist, 3/1: Villnow-Raddatzer Linie, ²Berlin 1878, 81–94; SF 1, 174f.; Heinrich Kypke, Art. «K., H. A.», in: ADB 16 (1882), 150f.

Klinggräffen, Joachim Wilhelm von

* 1692 Den Haag † 17. Aug. 1757 Berlin

Diplomat; nach Jugendjahren in den Ndl. ab 1740 als Geh. Kriegs-Rat in preuß. Diensten, Ges. zu Ansbach, 1740/41 preuß. Ges. bei → Carl VII., 1744 dessen Begleiter nach München, 1746 Ges. zu Dresden, 1748 zu Hannover und London, 1750–57 zu Wien. – Wiewohl sich die Liste der Missionen kurz anlässt, war K. der wichtigste Diplomat der ersten Hälfte der friderizianischen Epoche. Fast alle seine Sendungen brachten schwierigste Aufgaben mit sich, von der Anbahnung des preuß.-bayer. Bündnisses, dem Ausgleich mit Sachsen nach dem ÖEK, dem nahezu unmöglichen Einvernehmen mit England, bis hin zu der mehr denn gespannten Zwischenkriegszeit in Wien. Alle Aufgaben hat K. zur vollsten Zufriedenheit FdG im Rahmen des Möglichen erfüllt, der Abschied aus Gesundheitsgründen wurde ihm wiederholt versagt.

Qu. PC 1 und 2, passim. – *Lit.* Reinhold Koser, Art. «K., J. *W.*», in: ADB 16 (1882), 194f.

Klopstock, Friedrich Gottlieb

* 2. Jul. 1724 Quedlinburg † 14. März 1803 Hamburg

Literat; nach Schulstudien zu Quedlinburg und Schulpforta ab 1745 Studium der Theologie zu Jena, danach Privatlehrer, danach auf zahlr. Reisen in Zürich, Mitteldt. und schließl. Kopenhagen, wo er von 1762–71 lebte, danach in Hamburg und Karlsruhe. – Sein Hauptwerk, der *Messias*, 1745 begonnen und 1773 im Druck erschienen, stellt als klassisches Versepos im Stile Homers das Leben Christi vor und die Antipode zu jeder rationalen Epik im Geiste → Gottscheds dar. K.s Begeisterung für die Revolte von 1789 – vor dem o.e. Hintergrund vielleicht erstaunlich – akzentuierte sich bis hin zur heftigen Ablehnung von deren Exzessen. Seine Wirkung auf die europ. Neoklassik kann nicht überschätzt werden, wiewohl er in seiner Zeit eine singuläre Gestalt blieb.

W. Werke und Briefe. Historisch-kritische Ausgabe, Berlin/New York 1974. – *Lit.* Klaus Hurlebusch, F. G. K., Hamburg 2003; Gerhard Kaiser, K. Religion und Dichtung, ²Kronberg 1975; W. Kawerau, Der Messias in Magdeburg. Eine Geschichte des 18. Jh., in: Westermanns Monatshefte 67 (1890), 469–483.

Knobelsdorff, Georg Wenzeslaus von

* 17. Feb. 1699 Crossen † 16. Sep. 1753 Berlin

Architekt (Gebäude und Garten-A.), daneben Maler und Dekorateur; zunächst ab 1715 als Militär in preuß. Diensten, 1728 als Kapitän Abschied, danach priv. Unterricht als Maler bei Antoine → Pesne, daneben Autodidakt in Ingenieurwissenschaften und Anatomie; über die Architekturmalerei zur Architektur an sich gelangte K. wiederum durch Privatunterricht, u. a. bei Johann Gottfried Kemmeter († 1748); ab 1732 im Umfeld FdG, nach kleineren Arbeiten für diesen in Neuruppin 1736–37 mit Stipendium des Kronprinzen Studienreise und Cavalierstour durch Italien

Georg Wenzeslaus von Knobelsdorff

(Rom, Neapel, Florenz und Venedig), ab 1737 Umbau des Schlosses zu Rheinsberg für FdG, nach dessen Reg.antritt 1740 zweite Studienreise im kgl. Auftrag nach Frankreich (Paris, Versailles) und Flandern, bereits zuvor Entwurf des *Forums Fredericianum* (z. T. durch → Gontard im Neuen Palais Potsdam wieder aufgegriffen) als neue Residenzanlage in Berlin, diese allerdings nur in Teilen als Komplex ‚Unter den Linden' (1741–43 Kgl. Hofoperntheater, heutige Staatsoper, 1747 Kath. Hedwigskirche, ab 1748 Palais für den Prinzen → Heinrich, posthum 1775–86 Kgl. Hofbibliothek) verwirklicht, daneben Konzeption des Tiergartens (1741ff. als *Parc de Berlin*), Erweiterung des Schlosses Charlottenburg (‚K.-Flügel') und, bereits 1738 begonnen, Erbauung des Schlosses *Monbijou* (vollendet 1742, Alterssitz von Kgin. → Sophie Dorothea) und des Berliner Domes (1747–50); 1742 Mitgl. der ADW, 1744–52 Ausbau des Stadtschlosses Potsdam (Oberaufsicht) und ab 1744 maßgebl. Leitung der neuen urbanen Planung der Potsdamer Bürgerstadt mit zahlr. eigenen Bauten (darunter das ‚K.-Haus' 1748), 1745 Kommandantur Potsdam, 1746 Erweiterung des Marstalls (Potsdam), 1752–55 Fassade der Nikolaikirche Potsdam, 1751–53 Französische Kirche Potsdam (Pläne); ab 1744 Generalleitung des Gesamtkomplexes Sanssouci (unter wesentl. Mitwirkung FdG, zu einem gr. Teil auf dessen Skizzen und Anregungen beruhend), diesen ab 1746 bis 1750 erweitert (Rehgarten): 1746–48 Schloss Sanssouci, 1747 Neue Kammern, 1746/47 Gestaltung des Parks (1747 Obeliskenportal), 1750 Lustgarten (schon 1749 Thetisgrotte), 1752 Gärtnerhäuser. – Wie kein anderer Künstler der friderizianischen Epoche war K. das ideale Instrument der kgl. Ideen, welche er in Abstimmung mit FdG zur Ausführung brachte. Obwohl beide im Grunde Dilettanten der Materie (dies häufig von ‚Fachleuten', u. a. → Manger, kritisiert), gelang es dem Duo von König und Architekt, in erstaunlich kurzer Zeit eine völlig eigenständige Kunstlandschaft entstehen zu lassen – ein Gesamtentwurf, zu dem K. als vielleicht einer der letzten *uomini universali* nicht nur die architekt. Entwürfe der Gebäudeplanungen, sondern auch des Dekors (Wände, Stuck, Boiseries) und des Umfelds (Gartenanlagen, Alleen, Tore, Vasen, etc.) beisteuerte. Wiewohl das Verhältnis zwischen K. und FdG nicht immer entspannt war („Er executieret nichts, wie ich es haben will und ist faul wie ein Artillerie-Pferd"), so schätzte der Kg. ihn doch über allen anderen seiner Künstler, was seinen schönsten Ausdruck in der von FdG selbst verfassten Akademietrauerrede für den früh verstorbenen K. fand, dem es nicht zuletzt gelungen war, die kgl. Anregungen stets handwerklich-künstlerisch machbar in die gemeinsamen Projekte zu integrieren: „Il aimait la vérité, et se persuadait qu'elle n'offensait personne; il regardait la complaisance comme une gêne, et fuyait tout ce qui paraissait contraindre sa liberté; il fallait le connaître particulièrement pour sentir tout son mérite. Il favorisa les talents, il aima les artistes, et se faisait plutôt rechercher qu'il ne se produisait. Il faut surtout dire à son éloge qu'il ne confondit jamais l'émulation avec l'envie, sentiments si différents, en effet, et qu'on ne saurait assez recommander aux savants et aux artistes de distinguer pour leur honneur, pour leur repos, et pour le bien de la société. –Er liebte die Wahrheit und war davon überzeugt, sie verletze niemanden. Gefälligkeit betrachtete er als Hindernis und floh alles, was seine Freiheit zu begrenzen schien. Man musste ihn sehr genau kennen, um sein Verdienst ganz zu würdigen. Er förderte die Talente, liebte die Künstler und ließ sich lieber suchen, als sich aufzudrängen. Zu seinem ehrenden Gedächtnis muss gesagt sein, dass er nie Wetteifer mit Neid verwechselte, [zwei] in der Tat so unterschiedliche Gefühlsregungen, deren Unterscheidung sowohl den Wissenschaftlern wie den Künstlern im Hinblick auf deren Ehre, ihren Seelenfrieden und [aber auch] auf das Gesamtwohl des Gesellschaft nicht genug empfohlen werden kann" (Œuvres 7, 42).

Qu. Éloge du Baron de Knobelsdorff, Berlin 1753 (Œuvres 7, 37–42). – *Lit.* Hans-Joachim Kadatz, G. W. von K. – Baumeister Friedrichs des Großen, [3]Leipzig 1998; Tilo Eggeling/Ute G. Weickardt (Hgg.), Zum Maler und zum großen Architekten geboren. G. W. von K., 1699–1753, Berlin 1999; Daniel Rahn, G. W. von K.s Architektur in Entwurf und Ausführung (Diss.), Bamberg 2001.

Knyphausen, Dodo Heinrich Freiherr von

* 3. Aug. 1729 † 31. Mai 1789 Berlin

Diplomat; Sohn des preuß. Staats-Ministers Friedrich Ernst von K. (1678–1731) und Charlotte von Ilgens, der Tochter des Diplomaten Heinrich Rüdiger von Ilgen (1654–1728), ab 1747 in preuß. diplom. Diensten als Sekr. an der Stockholmer, 1751 der Pariser Botschaft unter George → Keith, 1754–56 dessen Nachfolger, 1758–63 Ges. in London in Zusammenarbeit mit dem Sekr. → Michell, 1760–75 Drost zu Styckhausen, nach Ausschlagen der Wiener Botschaft 1765–75 Kgl. General-Commissar des Handels und der Finanzen. – War das Vertrauensverhältnis zw. K. und FdG bis 1765 aufgrund von dessen Verdiensten um die preuß.-engl. Annäherung und die schließlichen Bündnisverträge im Vorfeld des SJK ungetrübt gewesen, so brachte die Ablehnung des Wiener Postens aufgrund der spärlichen Besoldung erste Spannungen, die sich 1775 verstärkten, da K. die Politik des 1774 zum Etatminister und Dir. des GD ernannten Friedrich Christian von Görne (1734–1817) nicht unterstützen wollte. Dies kann die Leistungen K.s, zuvor aufgrund seines guten Verhältnisses zum Londoner Kabinett, danach als Handelsminister (v. a. Tabakmonopol, Gründung der Kgl. Seehandlung 1772, Reform des Steuerwesens) nicht schmälern.

Lit. Arnold Schaefer, Art. «K., D. h.», in: ADB 16 (1882), 341–343; Georg Waitz, Forschungen zur deutschen Geschichte, Bd. 13, Göttingen 1877, 97–105.

König, Anton Friedrich
* 1722 Berlin † 1787 ebd.

Miniaturenmaler; nach Studium der Mathematik künstl. Ausbildung u. a. bei → Pesne, 1767 zum *Hof-Miniatur-Porträt-Mahler* ernannt, Vater des gleichnamigen Medailleurs und Münzstempelschneiders (1756–1838).

Lit. Friedrich II. und die Kunst, I, 21f.; TB.

Königsegg und Rothenfels, Maximilian Friedrich von
* 13. Mai 1708 Köln † 15. Apr. 1784 Bonn

RG, 1761–1784 Kf.-Ebf. von Köln, 1762–1784 Fst.Bf. von Münster; Studium der Theol. zu Altötting, Straßburg und Köln, 1725 DK in Köln, 1731 in Straßburg, 1750 Domdekan zu Köln. Nach dem überraschenden Tod → Clemens Augusts 1761 gegen bayer. Pläne gewählt, führte K. in seinen Stiftern eine Politik der maßvollen Reform sowie der konsequenten Armen- und Sozialfürsorge durch, wobei die Reg. weitgehend in Händen von Ministern lag. In der AP versuchte er eine klare Entscheidung zugunsten Preußens oder Österr. zu vermeiden, neigte aber immer mehr Letzterem zu, was 1780 in der Annahme → Maximilian Franz' als Coadjutor gipfelte.

Lit. Erwin Gatz, Art. «K. und R., M. F.», in: Gatz II, 231–233; Max Braubach, Kurköln, Münster 1949, 333–400; Ernst Hegel, Geschichte des Erzbistums Köln, Bd. 4, Köln 1978, 59–65.

Krasicki, Ignatius Blasius Franciscus [Ignacy Błażej Franciszek] Graf
* 3. Feb. 1735 Dubiecko † 14. März 1801 Berlin

1766–1795 Fst.-Bf. von Ermland, 1795–1801 EBf. von Gnesen; nach Besuch des Collegium SJ zu Lemberg Studium der Theologie zu Warschau, 1759 Priester, Kanonikate zu Kiew und Przemysł, 1764 Hofkaplan → Stanislaus II. Poniatowskis, Präs. der poln. Obersten Gerichtshofes, 1766 Kantor des DK zu Ermland und Coadjutor ebd. (15. Dez.), noch im gleichen Jahr Nachfolger, in dieser Zeit erste Kontakte zu FdG, 1772 Ermland preuß., 1795 auf Vorschlag → Friedrich Wilhelms II. zum Ebf. von Gnesen postuliert und im gleichen Jahre davon Besitz ergriffen. – K. war schon in frühen Jahren durch zahlr. liter. Werke hervorgetreten, welche ihn FdG empfahlen. Wiederholter Gast in Berlin und Potsdam, konnte K. auf ausdrückliches Geheiß und Einladung des Kgs. 1773 die Berliner Hedwigskirche konsekrieren. Die finanz. Einbußen durch den Anschluss des Ermlands an Preußen versuchte FdG zunächst durch pers. Zuwendungen zu mildern, wirkl. Verbesserung brachte dann aber die Translation auf den Gnesener Erzbischofsstuhl.

Qu. Lettres de Frédéric au Comte Ignace Krasicki, Prince-Évêque De Warmie [Œuvres 20/VIII]; Korespondencja I. Krasickiego, 2 Bde., Warszawa 1958. – *W.* Działa [Werkausgabe], 10 Bde., Warszawa 1803/1804, ²Leipzig 1840. – *Lit.* Alfons Triller, I. K., Dichter und Fürstbischof als preußischer Untertan, Braunsberg 1944; Anneliese Triller, Art. «K., I. B. F.», in: Gatz II, 241f. (mit kompl., auch poln. Lit.); Julian Krzyżanowski, Historia literatury polskiej: Alegoryzm – preromantyzm, Warszawa 1974, 435–454.

Kreytz / Kreytzen, Georg Christoph von
* 24. Jun. 1683 Polwitten † 21. Apr. 1750 Breslau

Militär, 1699–1701 in ndl., danach in preuß. Diensten: 1702–13 im Spanischen Krieg gegen Frankreich, 1715 vor Stralsund, 1720 Major, 1725 OLt, 1729 Werbeoffizier in den Ndl., 1730–31 Besetzung von Essen, 1738 Ob, 1740 Einmarsch im HS Lüttich, 1741 Kommandant von Stettin, 1742 PlM, 1743 GM, 1743 AHM zu Egeln, 1747 GLt.

Lit. SF 1, 267f. (N° 310).

Krockow, Döring Wilhelm (ab 1786:) Graf von

* 1719 Polzin † 1. Jun. 1803 Marienburg

Militär; nach Privatunterricht und Studium in Stargard ab 1736 in preuß. Diensten: 1736 Korporal, 1740 Fähnrich, 1741 SLt, 1746 PLt, 1754 SK, 1756 Kapitän, 1758 Major, für Verdienste bei Torgau (3. Nov. 1760) PlM, 1760 OLt, 1764 Ob, 1767 GM, 1781 GLt, 1782 SAO, 1786 von → Friedrich Wilhelm II. in den Grafenstand erhoben, 1789 GdI und Abschied.

Lit. SF 2, 48f. (N° 576); Bernhard von Poten, Art. «K., D. *W.*», in: ADB 17 (1883), 175.

Krüger, Andreas

* 1719 Neuendorf † 1759 Berlin

Architekt und Architekturzeichner, evtl. auch Maler (kein Gemälde erhalten); 1736 *Bau-Conducteur* an der KDK, Mitarbeiter → Knobelsdorffs, 1744–52 Stadtschloss Potsdam nach Plänen Knobelsdorffs, 1746 Lustgarten-Reitstall, 1746 Entwurfszeichnung zur Orangerie in Sanssouci, Kaserne der Kgl. Leibgarde zu Pferd (1751) in Potsdam, Niederländisches Palais in Berlin (1752). – Bei aller Würdigung der Werke K.s kann die Kritik etwa → Mangers, ihn als Korrektor Knobelsdorffs zu sehen, nicht bestehen. Das genaue Maß seiner Mitarbeit an den großen Projekten der ersten Phase friderizianischer Architektur ist – außer im Falle des Berliner Palais sowie des Hochaltars der dortigen Marienkirche (1757–62) – nicht mehr zu ermitteln.

Lit. Helene d'Alton-Rauch, Die Architektenfamilie K. in Potsdam, Potsdam 1935; Dehio Potsdam, passim.; Giersberg, Potsdam, 61.

Krüger, Andreas Ludwig

* 17. Jan. 1743 Potsdam † 11. Jun. 1822 ebd.

Maler, Architekt und Baubeamter; Neffe von Andreas → Krüger; Studium der schönen Künsten unter Christian Bernhard → Rode und der Architektur unter seinem Onkel, 1777 am Potsdam Baukontor beschäftigt, zahlr. Werke bürgerl. und höfischer Architektur in Potsdam unter FdG und → Friedrich Wilhelm II., 1789 Nachfolger → Mangers als Kgl. Hofbaudirektor.

Lit. Helene d'Alton-Rauch, Die Architektenfamilie K. in Potsdam, Potsdam 1935; Hans-Joachim Giersberg, A. L. K., in: Potsdamer Kulturspiegel 2 (1968), 1–4; Andreas Kitschke, Art. «K., A. L.», in: BrBL, 240.

Krünitz, Johann Georg

* 28. März 1728 Berlin † 20. Dez. 1796 ebd.

Arzt und Wirtschaftstheoretiker; nach Studien der Medizin in Göttingen, Halle und Frankfurt/Oder 1749 Dr. med., danach als Arzt und Dozent in Frankfurt/Oder tätig, 1769 nach Berlin umgezogen und dort nurmehr als freier Forscher und Schriftsteller auf dem Gebieten der Volkswirtschaftslehre und Kameralistik tätig. – Die von K. begr. und hg. Reihen zur Ökonomie zählen zu den bed. Beiträgen ihres noch jungen Faches im 18. Jh.; die überall spürbaren frz. Vorbilder nehmen dem Werk nichts von seiner Wirkmächtigkeit auf den dt. Raum, was sich in den zahlr. Akademiemitgl. K.s niederschlug.

*W. (*Ausw.*)* Oekonomische Encyklopädie oder allgemeines System der Staats- Stadt- Haus- und Landwirthschaft…, insg. 272 Bde., Berlin 1773–1858 (bis zum Tode K.s 75 Bde. von ihm selbst verf.); Die Dreschkunst sowohl älterer als neuerer Zeiten, mechanisch beschrieben und öconomisch betrachtet, Berlin 1776; Das wesentlichste der Bienen-Geschichte und Bienen-Zucht: für den Naturliebhaber, Landmann und Gelehrten, ²Potsdam 1783. – *Lit.* Dagmar Bouziane, u. a., „… und die Lust und Trieb zu arbeiten unbeschreiblich …". J. G. K. und seine Oekonomisch-technologische Encyklopädie, Wiesbaden 1996; Annette Fröhner, Preußischer oder internationaler Enzyklopädismus: Die „Ökonomisch-technologische Encyklopädie" von K. und Preußen, in: FM 4 (1997), 129–150; Wolfhard Weber, Art. «K., J. G.», in: NDB 13 (1982), 110f.

Kupferberg, Carl Joseph Maximilian Fürst von

* 12. Apr. 1717 Albrechtsdorf bei Breslau † 29. März 1790 Berlin

Jurist, Minister und Diplomat; nach Studium der Rechte 1740 GJR, durch → Cocceij 1746 zum Mitglied des OAG mit der Zuständigkeit Pommern ernannt, 1752–55 außerordentl. Ges. in Wien betreffs Regelung des schles. Schuldenwesens, 1755 Präs. des II. KGS, 1763 Staats- und Justizminister sowie OP des KG und wenig später zum Präs. des Tribunals und zum Lehensdirektor, in dieser Stellung regelte K. die Pacht- und Mietverhältnisse sowie die Frage der Lehensabhängigkeiten neu im

Sinne der Rechtsreform FdG, dafür 1770 zum GK ernannt; 1779 verweigerte K. im Müller-Arnold-Prozess seine Zustimmung zu den harten kgl. Urteilen und wurde aus allen rechtsbezogenen Ämtern entlassen, aber als Staatsminister weiter geführt. – K. kann als Zwischenfigur auf dem Weg zu einer umfassenden Justizreform Preußens gelten, seine umfassenden Ideen (u. a. 1775 Projekt eines Allgem. Dt. Landrechts) weisen einen großen Juristen aus, der allerdings in den Details der praktischen Umsetzung oftmals scheiterte; die Reform wurde daher von → Cramer und → Svarez umgesetzt.

Lit. Lotte Knabe, Art. ‚Fürst v. Kupferberg', in: NDB 5 (1961), 693f.; Grahl, Abschaffung, 41–103.

L

La Mettrie, Julien Offray de

* 23. Nov. 1709 Saint-Malo † 11. Nov. 1751 Potsdam

Mediziner und Naturphilosoph; nach Schulbesuch zu Coutances und anfängl. Studium der Theologie Wechsel zur Medizin, 1728 Dr. med. zu Rennes, 1733–42 in Leyden unter Herman Boerhaave (1688–1738) tätig, 1742 Arzt der *Gardes Françaises* zu Paris, 1746 nach einer öffentl. Verbrennung eines seiner Werke in Paris zurück in Leyden, nach der Publ. seines Hauptwerkes «L'Homme machine» auch dort ausgewiesen, 1747 auf Einladung FdG in Berlin, 1748 ADW. – L. war einer der radikalsten Materialisten des 18. Jhs. Den Ansätzen Descartes' folgend, verstand er das menschl. Leben als rein animalisch-biologischen Prozess, was ihm heftige Kritik auch von Seiten der Rationalisten und Deisten eintrug (Diderot bezeichnete ihn als „un homme corrompu dans ses mœurs et ses opinions – ein in seinen Sitten wie Ansichten verderbter Mensch"). FdG holte ihn wohl eher aus Kuriosität nach Berlin, denn wiewohl er ihm einen Nachruf für die ADW widmete, bekannte er seiner Schwester → Wilhelmine gegenüber ganz offen seine tatsächliche Meinung L. betreffend: „Il est regretté de tous ceux qui l'ont connu. Il était gai, bon diable, bon médecin, et très-mauvais auteur; mais, en ne lisant pas ses livres, il y avait moyen d'en être très-content – Er [sein Tod] wird von allen bedauert. Er war fröhlich, ein guter Teufel [im Sinne wohl eines guten Gesellschafters], ein guter Arzt und ein sehr schlechter Schriftsteller. Hat man aber seine Werke nicht gelesen, so hat man Grund, sich glücklich zu schätzen" (Bf 21. Nov. 1751 – Œuvres 27/1, 230, N° 232).

W. Œuvres philosophiques de Mr. de La Mettrie. Nouvelle Édition, Corrigée & augmentée, Berlin 1774 (Neuausg. Paris 1987). – *Lit.* Kathleen Wellman, L. M. Medicine, Philosophy, and Enlightenment. Durham/London 1992; Bernd A. Laska: L. M.. Porträt eines verfemten Denkers, in: Der Blaue Reiter 16 (2003), 98–103; Pierre Lemee, Une figure peu connue. Julien Offray de la Mettrie, Paris 1929.

Lancret, Nicolas

* 22. Jan. 1690 Paris † 14. Sep. 1743 ebd.

Maler; Ausbildung ab 1708 bei Pierre Dulin (1669–1748) und 1712–18 bei Claude Gillot (1673–1722), 1719 Mitglied der Pariser ADK, 1735 deren Rat (24. März). – Über zwanzig der Werke L.s befinden sich in Preußen, darunter allein sechs im Schloss Sanssouci, zumeist bukolische oder mythologische Szenen.

Lit. Mary T. Holmes (Hg.), N. L. (1690–1743), New York 1991; Georges Wildenstein: L. Biographie et catalogue critiques, Paris 1924.

Lany, Jean Barthélemy

* 24. März 1718 Paris † 29. März 1786 ebd.

Tänzer und Choreograph ; 1740 Debüt an der Pariser Oper (*Académie Royale de Musique*), 1743–48 auf Einladung FdG in Berlin, dort an der neuen Kgl. Oper v. a. Choreographien für die → Barberina, 1748 zurück an der Pariser Oper bis zu seinem Abschied 1768. – L. war zusammen mit seiner Schwester Louise Madeleine Lany (1733–1777) einer der berühmtesten und weitestgereisten Choreographen des 18. Jhs., neben den erwähnten Positionen leitete er von 1762–73 die Ballette an der Kgl. Oper zu Versailles, danach folgten Anstellungen zu Turin (1773) und London (1775). In Paris hatte er die Erstaufführungen der Rameau-Opern *Platée* und *Zoroastre* (beide 1749) sowie *Les Paladins* (1760) betreut.

Lit. ODD.

Lee, Arthur

* 20. Dez. 1740 Stratford † 12. Dez. 1792 Urbanna

Diplomat; nach Schulbesuch in Eton, Studium der Medizin in Edinburgh, ab 1765 der Rechte in London, 1770 Korrespondent der Kolonie Massachusetts für Frankreich und England, nach Ausbruch des AUK Ges. des Kontinentalkongresses in Spanien und Portugal, 1778 in Paris zum Abschluss des Allianzvertrages zw. Frankreich und den jungen USA, 1782 Delegierter am Kontinentalkongress für Virginia. – L. führte maßgebl. die Korrespondenz der USA mit FdG zwecks Aufnahme preuß.-amerikanischer Handelsbeziehungen, welche zunächst an den auf beiden Seiten nicht vorhandenen Handelsflotten scheiterten, dann über die Ndl. angebahnt wurden und schließlich im preuß.-amerikanischen Vertrag von 1785 festgeschrieben wurden.

Lit.: Louis W. Potts, A.L., A Virtuous Revolutionary, Baton Rouge 1981; Joseph George Rosengarten, Frederick the Great and the United States, Lancaster/PA

1926; Hugh Hastings, Frederick the Great and the United States, in: New York Times, ed. June 15th, 1902, 26.

Le Geay, Jean Laurent

* c. 1710 Paris † 1786 (evtl. sp.) Rom

Architekt und Kupferstecher; nach Studien zu Paris mit Auszeichnung (*Prix de Rome* 1732), aber erst 1739–42 in Rom, wohl ab 1745 in Berlin, dort ab 1747 Planungen und Veröffentlichung der Entwürfe zur Hedwigskirche zusammen mit → Knobelsdorff, 1748–56 im Dienste Christians II. Ludwig von Mecklenburg-Schwerin (1683/1728–1756), 1751 Mitgl. Berliner ASK, ab 1756 wieder im Dienste FdG, schon 1755 Entwürfe für die Planungen zum Neuen Palais, 1763–69 aber haupts. nach Plänen → Gontards verwirklicht, 1764–66 Anlage des Gartens vor der Bildergalerie zu Sanssouci in Zusammenarbeit mit Joachim Ludwig → Heydert, nach Zerwürfnis mit FdG 1765 Abschied von Preußen, dennoch die Communs des Neuen Palais zumindest teilw. 1766–69 nach seinen Entwürfen, danach in London wohnhaft, dabei u. a. neue Pläne für den Garten zu Schwerin, daneben Skizzen zu maritimen und nautischen Instrumenten bzw. Gefährten. – Die rege Publikationstätigkeit L.s mag über seine tatsächlichen Erfolge als Architekt bzw. über seinen Anteil an den von ihm selbst als Eigenidee ausgegebenen Projekten hinwegtäuschen; wiewohl ein gew. Anteil an den Großbauten der zweiten Phase des friderizianischen Rokoko nicht zu leugnen ist, mag wohl dieser Zug (im Grunde nicht unähnlich der Mitursache der Entfremdung zwischen FdG und → Voltaire) zum Zerwürfnis L.s mit dem Kg. geführt haben. Seine Kupferstiche haben neben den (angebl.) eigenen Bauten auch Antikenmotive in der Tradition Giovanni Battista Piranesis (1720–1778) zum Inhalt.

W. L'église catholique qui se bastit à Berlin sur les dessins du Roi, Berlin 1747; Collection de Divers Sujets de Vases, Tombeaux, Ruines et Fontaines, Utiles Artistes, Inventée et Gravée par J. L. Le Geay, Architecte à Paris…, Paris 1770. – *Lit.* Gilbert Erouart, L'architecture au Pinceau. J.-L. L. Un Piranésien français dans l'Europe des Lumières, Paris 1982; Hans Reuther, Art. «L., J. L.», in: NDB 14 (1985), 61; John Harris, L., Piranesi and International Neo-Classicism in Rome, in: Essays in the History of Architecture presented to Rudolf Wittkower, New York 1969, 189–196; Dehio Potsdam, passim.

Lehndorff, Ernst Ahasverus Heinrich von

* 17. Mai 1727 Landkeim † 20. Mai 1811 Steinort

RG, Kammerherr; ab 1746 in preuß. Diensten: LG, dann, bis 1775, Kammerherr Kgin. → Elisabeth Christines, ab 1775 im Ruhestand auf Schloss Steinort (Ostpreußen), hier regelm. Kontakt mit Ignacy → Krasicki. – Die Aufzeichnungen L.s aus seinen Berliner Jahren werden häufig als Quelle für die Zeit herangezogen, deren Stellenwert jedoch ihr stark subjektiver Charakter, v. a. aufgrund der pers. Enttäuschungen des Verf., relativiert.

W. Dreißig Jahre am Hofe Friedrichs des Großen. Aus den Tagebüchern des Reichsgrafen E. A. H. von L., Kammerherrn der Königin Elisabeth Christine von Preußen, hrsg. v. Karl Eduard Schmidt-Lötzen, 3 Bde., Gotha 1907–1913; Die Tagebücher des Grafen L. Die geheimen Aufzeichnungen des Kammerherrn der Königin Elisabeth Christine, hrsg. v. Wieland Giebel, Berlin 2007; Gustav Bernhold Volz, Aus dem Briefwechsel des Prinzen August Wilhelm mit dem Kammerherrn Graf E. A. L., Braunsberg 1904. – *Lit.* ø

Lehwald(t), Johann von

* 24. Jun. 1685 Legitten † 16. Nov. 1768 Königsberg

Preuß. GFM und Admin., ab 1699 in brandenbg. Diensten, 1702–13 in allen großen Schlachten des Spanischen Krieges, 1713 Major, 1715 vor Stralsund, 1718 OLt, 1729 Ob, 1740 GM, 1742 PlM, AHM zu Tangermünde, 1743 Canonicus zu ULF von Halberstadt, 1744 SAO, 1744 GLt, Gouverneur von Pillau, 1747 GdI, 1748 zus. Gouverneur von Memel, 1752 GFM, 1757 Komm. der preuß. Truppen bei Groß-Jägersdorf, 1758–63 Gouverneur von Berlin, dabei 1760 Verteidigung der Stadt gegen russ. Einfälle. – In seinem Kondolenzschreiben an die Witwe L.s bez. FdG diesen als „sehr capablen, würdigen braven Officir und rechtschaffenen redlichen Diener [des Kgr.]“ (SF 1, 216).

Lit. SF 1, 213–216 (N° 270); Bernhard von Poten, Art. «L., J.», in: ADB 18 (1883), 166f.

Lentulus, Robert Scipio Freiherr von

* 18. Apr. 1714 Wien † 26. Dez. 1786 Mon Repos bei Bern

Militär; nach Dienst in der kaiserl. Armee (1728 Fähnrich, 1734 Hauptmann, Feldzüge gegen Preußen 1740–45), ab 1745 in preuß. Diensten: 1746 Major und Flügel-Adj FdG, 1752 OLt, 1755 Ob, 1756 preuß. Sonderges. in London nach dem Sieg bei Lobositz, 1757 GM, 1758 Kommandeur der Leib-Kürassier-Reg., 1767 GLt, 1768 Gouverneur von Neuchâtel, 1770 SAO, 1773 Ges. in Warschau, 1778 Abschied, Übertritt in Schweizer Dienste als Oberkommandierender des Militärs zu Bern.

Lit. Bernhard von Poten, Art. «L., R. S.», in: ADB 18 (1883), 267f.; SF 1, 456f. (N° 470); Helmut Schnitter, R. S. Frh. von L.», in: Martin Fontius (Hg.), Schweizer im Berlin des 18. Jh., Berlin 1996, 151–157.

Lentz, Daniel

* 21. Apr. 1695 Stendal † 26. Mai 1768 Riede

Verw.-Beamter; nach Studium der Rechte zu Halle 1719 Regimentsauditor zu Kalkar, 1725 HR in Diensten Friedrich Wilhelm von → Brandenburgs, 1730 wg. Ungehorsams zu Küstrin inhaftiert, wo er die Bekanntschaft FdG machte; 1731 KDR zu Gumbinnen, 1748 als Kammer-Dir. nach Aurich versetzt, 1752 verantw. für die Eindeichung des Landschaftspolders, im SJK Verhandlungsführer Preußens bei den Besatzungsmächten Ostfrieslands. – Als bes. Vertrautem FdG gelang es L. die Autonomiebestrebungen der ostfriesischen Stände nachhaltig zu brechen und die Provinz als Ganzes in das preuß. Gesamtwesen einzufügen; seine zahlr. Innovationsinitiativen für das Land (Erschließung, Deichbau) sollten dabei nicht vergessen werden. Seine Effizienz erwies sich dabei ebenso wie zuvor in Ostpreußen, wodurch L. zu den ‚Idealverkörperungen' des friderizianischen Preußens zählt.

Lit. Hans Bolenius, D. L., ein Förderer Ostfrieslands, in: Quellen und Forschungen zur ostfriesischen Familien- und Wappenkunde 21 (1972), 117–120; Karl Fulda, Friedrich der Große und D. L., der erste preußische Präsident in Ostfriesland, in: Monatsschrift für Stadt und Land 40 (1883), 29–34; Thorsten Melchers, Ostfriesland: Preußens atypische Provinz?: preußische Integrationspolitik im 18. Jahrhundert (Diss.), Oldenburg 2002, 209–274.

Leopold I., Fürst von Anhalt-Dessau → Anhalt-Dessau

Leps, Otto Friedrich von

* 1679 Bremitten † 9. Okt. 1747 Soest

Militär; seit 1692 in preuß. Diensten: 1692–97 in den Ndl., 1702 Fähnrich, 1702 Lt und Adj Leopolds I. von → Anhalt-Dessau, 1702–13 im Spanischen Krieg, 1704 SK, 1706 Kapitän, 1710 Major und GAdj Friedrichs I., 1715 OLt, 1722 Ob, 1738 GM, 1740 PlM, 1742 GLt, 1745 Auszeichnung bei Kesselsdorf, 1745 SAO, 1747 GdI. – Mit ihm erlischt das Geschlecht derer von L.

Lit. SF 1, 186f.; Ernst Friedlaender, Art. «L., O. F.», in: ADB 18 (1883), 418; Zedlitz-Neukirch, Lexicon, II, 90.

L'Estocq, Anton Wilhelm von

* 16. Aug. 1738 Celle † 5. Jan. 1815 Berlin

Militär; von seinem Vormund eigentl. zur Zivillaufbahn bestimmt, erst durch die russ. Bedrohung Königsbergs zum Militär in preuß. Diensten: 1757 Fähnrich, Teiln. an zahlr. Schlachten des SJK (Zorndorf, Kunersdorf, Torgau), 1760 SLt, 1761 PlM, 1768 PLt, 1771 RM, 1783 Major, 1790 OLt, 1793 Ob, 1798 GM, 1802 Besetzung des Hst. Paderborn für Preußen, 1805 GLt, 1807 SAO, 1808 Gouverneur von Berlin, 1812 GdK, 1814 Gouverneur von Breslau. – L. ist ein typisches Bsp. sp. Karrieren von Offizieren, welche ihre Ausbildung in der friderizianischen Armee erhalten hatten; das milit. Fiasko gegen das revolut. und napoleon. Frankreich vermochten diese jedoch nicht zu wenden.

Lit. SF 3, 52f.; Bernhard von Poten, Art. «L'E., A. W.», in: ADB 18 (1883), 455f.

Lestwitz, Hans Siegmund von

* 19. Jun. 1718 Kontopp † 16. Feb. 1788 Berlin

Militär; nach Studien ab 1725 zu Königsberg, ab 1733 in preuß. Diensten: 1733 Korporal, 1734 Fähnrich, 1739 SLt, 1742 PLt, 1746 Kapitän, 1756 bei Lobositz PlM, 1757 Major, 1762 OLt und DH zu Halberstadt, 1765 Ob, 1766 Komm. des Grenadierbataillons Garde und Kommandant von Potsdam, 1770 GM, 1779 Abschied. – FdG war L. wegen dessen Rettung der Schlacht von Torgau (1760) sehr verbunden, als dieser für den verwundeten König das Kommando übernommen und einen erneuten Angriff befohlen hatte.

Lit. SF 2, 57–59 (N° 586); Bernhard von Poten, Art. «L., H. S.», in: ADB 18 (1883), 457f.; Joachim Jeschke, Die Schlacht bei Torgau am 3. November 1760: ein preußischer Pyrrhussieg, Torgau 2010.

Le Sueur, Blaise Pascal

* 29. Okt. 1714 Paris † 19. Jan. 1783 Berlin

Maler und Zeichner; Schüler → Vanloos, 1751 nach Potsdam berufen, 1751 Mitgl., 1756 Dir. ADK in Nachfolge Paul Carl Leygebes (1664–1756), zahlr. Entwürfe für Dekorationen (Tapisserien, Tapeten und Wandmalereien) im Schloss Sanssouci. – L. übernahm das Amt eines Dir. der ASK in der schwierigen Zeit des SJK; die von ihm 1765 im Auftrag FdG erstellte Liste der notwendigen Verbesserungen erschien diesem wohl zu umfangreich, erst ab 1770 erfolgten zumindest räumliche Erweiterungen.

Lit. Matr. ADK.

Lettow-Vorbeck, Heinrich Wilhelm von

* 22. Dez. 1714 Klein-Karzenburg † 30. Nov. 1793 Ribbekardt

Militär und Vertrauter FdG; nach Collegiumsbesuch zu Thorn 1728 in der poln. Thron-Garde zu Warschau, ab 1741 in preuß. Diensten: 1741 Lt, 1744 SK, 1747 Kapitän, 1758 Major, 1762 bei Reichenbach PlM, 1765 OLt, 1767 Ob, 1777 GM, 1779 Abschied. – FdG hielt große Stücke auf L., der über viele Jahre zu seinem engeren Kreis gehörte und auch Mitgl. der Potsdamer Tafelrunde von Sanssouci war. Der seit seiner Verwundung bei Olmütz (Bauchdurchschuss) immer leidende L. war Gegenstand der dauernden Sorge des Kgs., 1777 sandte er seinen Leibarzt → Cothenius zur Behandlung L.s, 1779 gestattete er ihm, seine Uniform auch nach dem Ausscheiden aus dem aktiven Dienst weiter zu tragen.

Lit. SF 2, 101f. (N° 623).

Linger, Christian Nikolaus (ab 1705:) von

* 5. Apr. 1669 Berlin † 17. Apr. 1755 ebd.

Militär; ab 1688 in preuß. Diensten: 1688 Bombardier, 1696 Lt, 1701 Kapitän, 1705 geadelt, 1705 Major, 1709 OLt, 1716 Ob und Oberkomm. der preuß. Artillerie, 1724 AHM zu Rosenberg, 1728 GM, 1730 Mitgl. des Kriegsgerichtes über den Kronprinzen und Leutnant → Katte, 1739 GLt, 1743 GdA (erster Träger dieses Titels in Preußen), 1744 SAO. – Das Hauptverdienst L.s liegt darin, zusammen mit GFM → Schmettau die preuß. Artillerie aufgebaut zu haben. L. erreichte durch die Anlage eigener Gießereien zu Potsdam die Unabhängigkeit von ausl. Importen und führte überdies die Standardisierung der Stückgewichte und Kaliber ein. Beweis der Effizienz dieser neuen Gattung war die Beschießung von Prag 1744, welche maßgebl. zur Kapitulation der österr. Truppen beitrug. Bis in die wilhelminische Epoche hinein wurde L. als «Vater der preuß. Artillerie» gefeiert, u. a. durch die häufig reproduzierte, ursprgl. von Christian Daniel Rauch (1777–1857) geschaffene Büste L.s.

Lit. SF 1, 156–160 (N° 229); Bernhard von Poten, Art. «L., Chr. N.», in: ADB 18 (1883), 79f.

L'Homme, Guillaume René de, Seigneur de Courbière → Courbière

Loo, Charles Amadée van → Vanloo

Lori, Johann Georg von

* 17. Jul. 1723 Gründl bei Steingaden † 23. März 1787 Neuburg an der Donau

Historiker und Jurist; nach Gymnasialbesuch zu Augsburg 1740–48 Studium der Rechte zunächst zu Dillingen, dann zu Würzburg, 1748 Dr. jur., 1749 Prof. für *Ius Criminale* und Rechtsgeschichte in Würzburg, 1752 HR in München, 1759–61 Sekr. der von ihm mitbegr. ADW zu München, 1768 Wirkl. GR, 1779 Abschied. – Historische Bedeutung erlangte L., der aufgrund seiner zu offen zur Schau gestellten Sympathien für die philosophischen Ideen → Wolffs 1752 seinen Lehrstuhl zu Würzburg hatte verlassen müssen, 1778/79 als einer der mit Prinzessin Maria

Anna von → Sulzbach führenden Köpfe der bayerischen Patriotenpartei gegen die Ansprüche → Josephs II. auf weite Teile des bayerischen Landes nach dem Tode Kf. → Maximilians III. Joseph 1777. In Zusammenarbeit mit der Prinzessin und dem preuß. Gesandten von → Görtz gelang es L., FdG zum Engreifen zu bewegen und so infolge des BEK die österreichischen Ambitionen zurückzuweisen. Der neue Landesherr → Carl Theodor «dankte» L. sein Engagement mit der fristlosen Entlassung und Verbannung nach Neuburg, dies aber wohl eher aufgrund seiner philosophischen Ansichten und seiner Verbindungen zur Loge der Illuminaten (mit den daraus resultierenden Problemen) denn seiner politischen Tätigkeit.

Lit. Ludwig Hammermayer, Art. «L., J. G.», in: NDB 15 (1987), 180–183 (mit ausf. Bibl.); Johann August Ritter von Eisenhart, Art. «L., J. G.», in: ADB 19 (1884), 183–195.

Louis XV

* 15. Feb. 1710 Versailles † 10. Mai 1774 ebd.

König von Frankreich und Navarra 1715–74, (Sacre 25. Okt. 1722); als fünfjähriges Kind auf den Thron gelangt, erlebte L. die Erschütterungen der Monarchie während der *Régence* seines Onkels Philippe d'Orléans (1674–1723) (Bündnis- und Richtungswechsel der AP, Finanzskandal Law, öffentl. Skandale), welche er in ihren Auswirkungen niemals mehr ganz korrigieren konnte. Ab 1723 allein regierend, brachte vor allem das Ministerium des Cardinals André Hercule de Fleury (1653–1743) eine Epoche äußeren Friedens, in welcher auch die Spätfolgen der letzten Kriege Louis' XIV (1638/1643–1715) gemildert werden konnten. Gegen den Rat Fleurys griff L. in den ÖEK auf Seiten Bayerns und Preußens ein, konnte sich aber v. a. durch die Erfolge → Maurices de Saxe in Flandern hier behaupten und verlorenes Terrain in Nordamerika (Louisbourg) im Frieden von 1748 wieder zurückgewinnen. Die ständige Konkurrenz mit GB vor allem in Amerika (Ohiotal) führte ab 1754 zu neuen Kampfhandlungen, welche 1756 in den SJK mündeten. Der *renversement des alliances*, also die Annäherung an den bisherigen Gegner Österr. auf Initiative von Kaunitz' 1756, trieb Preußen definitiv in die Arme Englands, sodass Frankreich im SJK in einen Zweifrontenkonflikt verwickelt wurde. Dies zusammen mit einer zunächst immer weniger vom Kg. dominierten AP

Louis XV

(Botschafter Frankreichs oft der Versailler Politik entgegengesetzt, daher Etabl. des *secret du Roy*, einem parallelen Gesandtenwesen mit Vertrauten des Kgs.) und einer öffentlichen Propaganda gegen die amerik. Besitzungen (→ Voltaire) führte zu deren Verlust im Frieden von 1763 und einem immensen Prestigeverlust nach innen und außen. Die finanz. Belastungen infolge des Krieges ermöglichten den Aufstieg antimonarch. Kräfte, verkörpert im Ministerium des Lothringers Étienne François de Choiseul (1719–1785). Trotz äußerer Erfolge (Wiederaufbau der Marine, Straffung der Verwaltung und Justiz) hatte dies den Verlust der kgl. Autorität zur Folge, welchen die Opposition aus *parlement*, Hochadel und Klerus sekundierte. Erst 1770 entschloss sich L. zur *Révolution royale*, einer völligen Kehrtwende der Innenpolitik unter dem Minister René Nicolas Charles Augustin de Maupeou (1714–1792), deren Erfolge durch den frühen Tod des Kgs. an den Pocken 1774 und der totalen Umstürzung der Verhältnisse und Anlehnung an die alten Oppositionellen unter seinem Nachfolger → Louis XVI vereitelt wurde. – In der öffentlichen, von der Opposition geschickt manipulierten und instrumentalisierten Meinung vom *Vielgeliebten («bien aimé»)* zum Inbegriff der antimonarch. Hetze gewandelt, zögerte L. die entschiedene Rückkehr zum klass. Reg.modell zu lange hinaus, wozu auch die Bindung an mehrere para-politische Gestalten, am berühmtesten Jeanne Antoinette Poisson, Marquise de Pompadour (1721–1764) beigetragen haben mochte. Allerdings sind die Bedeutung der ‚Maitressen' ebenso wie deren pol. Ausrichtung in der ält. Lit. oftmals überzeichnet. Gerade ‚die' Pompadour konnte durch Initiativen wie etwa die Gründung der *Ecole Militaire* als erste Militärakademie Frankreichs 1764 maßgeblich am Wiederaufbau des Landes teilhaben. L. hatte niemals die Leitung der Politik aus der Hand gegeben, Agitation und Hass einer egoistischen Opposition hatte er nicht zu verantworten, vielmehr die kgl. Prärogativen stets betont. L. besaß einen wachen außenpol. Instinkt und eine realistische Einschätzung der Gegebenheiten, deren einzige wirkliche Fehler, das Abtriftenlassen Preußens in die engl. Allianz (gegen den ausdrückl. Willen des frankophilien FdG) sowie das Ausschlagen der zahlr. Bündnis- und Heiratsangebote Russlands v. a. unter Kaiserin → Elisabeth, letztendlich nurmehr die fatale Anbindung an Österr. zuließen.

Lit. Michel Antoine, L. XV, [2]Paris 1999; Paul de Perugia, L. XV, [2]Paris 2000; Pierre Gaxotte, Le siècle de L. XV, éd. Michel Antoine, Paris 1999.

Louis XVI

* 23. Aug. 1754 Versailles † (ermord.) 21. Jan. 1793 Paris

König von Frankreich und Navarra 1774–1791 (Sacre 11. Jun. 1775); von seinem Großvater → Louis XV übernahm L. die Belastungen der frz. Monarchie infolge des SJK, nicht jedoch dessen effektives und erfolgversprechendes Regierungsmodell der Jahre 1770–74. Mit dem Reg.antritt 1774 kamen nahezu alle zuvor verbannten Vertreter einer antimonarchischen Richtung zurück und in höchste Staatsämter (Turgot, Necker). Zwar konnte L. im Amerikanischen Krieg 1779–83 außenpol. an Prestige zurückgewinnen (frz. Eingreifen in Yorktown, Erfolge der frz. Marine, Vertrag von Versailles 1783), doch scheiterte sowohl eine mögliche Wiedergewinnung der 1763 verlorenen Gebiete in Nordamerika (Canada), als auch eine Sanierung der Finanzen infolge der Kriegsbelastungen. Dies gab der in Logen und Zirkeln vernetzten Opposition und ihren Sympathisanten in *parlement*, Adel und Kirche (Neojansenisten) Angriffspunkte für eine anti-kgl. Politik, welche in den Revolten von 1789 gipfelte. Die ab 1788 zum ersten Male seit 1614 wieder einberufenen Generalstände vermochten nicht nur nicht, dieser Herausforderung zu begegnen, sie wurden vielmehr zur Plattform revolutionärer Ideen, welche letztlich zur Gefangensetzung des Königs und seiner Frau Marie Antoinette (1755–1793), der Umwandlung des Staates in eine parlament. Monarchie, zur Verkündigung der Zivilkonstitution des Klerus und – nach einem erfolglosen Fluchtversuch – zu Inhaftierung, ‚Prozess' und Ermoderung des Königspaares 1793 führten. – Obwohl von vielen guten Ansätzen, Ehrlichkeit und Pflichtbewusstsein gekennzeichnet, war es L. infolge seiner nachgiebigen Haltung gegenüber und Unterschätzung – darunter das wdh. Ausschlagen der preuß. Bündnisangebote und Warnungen durch FdG – der Opposition nicht möglich, diesem Kataklysmus entgegenzusteuern.

Lit. Jean-Christian Petitfils, L. XVI, Paris 2005; John Hardman, L. XVI: The Silent King, London 2000; Bernard Faÿ, L. XVI – ou la fin d'un monde, [2]Paris 1986 (dt. 1956).

Lucchesini, Girolamo

*7. Mai 1751 Lucca † 17. Mai 1825 Florenz

Marchese, Vorleser und Vertrauter FdG, Diplomat; nach Studien u. a. bei Lazzaro Spallanzani (1729–1799) nach der Entlassung Henri de → Catts wohl auf Empfehlung → d'Alemberts ab 1780 Kammerherr bei FdG, zugleich Vorleser und Bibliothekar, 1786 Mitgl. ADW; nach 1786 v. a. in diplom. Diensten Preußens: 1787 Italien, 1790 Polen, 1791 SAO, 1793–97 Wien, ab 1793 Staats-Minister, 1802 Paris, nach 1807 Kammerherr bei Maria Anna Elisa Buonaparte (1777–1820), der ält. Schwester Napoleons. – Neben seiner pol. Tätigkeit sind v. a. die schriftst. Aktivitäten L.s hervorzuheben, unter denen eine Ed. seiner Gespräche mit FdG, eine Trauerode auf dessen Tod sowie eine Analyse des Rheinbundes von 1806 herausragen.

W. Das Tagebuch des Marchese L., 1780–1782. Gespräche mit Friedrich dem Großen, hrsg. v. Friedrich von Oppeln-Bronikowski, München 1926; Die Trauer-Cantate des Herrn von L. auf des Königs von Preußen Friederichs des Großen Majestät, der die Uebersetzung des Herrn Professor Ramlers und eines Ungenannten an die Seite gedruckt ist…, Lüneburg 1786; Sulle cause e gli effeti della confederatione renana, 1819 (dt. Leipzig 1821–25). – *Lit.* Joachim von Kürenberg, Der letzte Vertraute Friedrichs des Großen, Marchese G. L., Berlin 1933; Willy Höhm, Der Einfluß des Marquis von L. auf die preußische Politik 1787–1792, Kiel 1925; Friedrich der Große und L., in: Militärwochenblatt 71 (1886), coll. 1869–1872.

Ludwig → Louis

Luise Amalie

*29. Jan. 1722 Wolfenbüttel † 13. Jan. 1780 Berlin

geb. Prinzessin von Braunschweig-Wolfenbüttel, Schwester Kgin. → Elisabeth Christines, Carls I. von → Braunschweig-Wolfenbüttel, Ferdinands von → Braunschweig-Wolfenbüttel, Doppel-Schwägerin FdG; heiratete 1742 (6. Jan.) Prinz → August Wilhelm von Preußen, den Bruder FdG, ab 1744 «Prinzessin von Preußen», nach dem Tode ihres Mannes auf Schloss Oranienburg lebend. – Ihr Sohn Friedrich Wilhelm wurde 1786 als → Friedrich Wilhelm II. König von Preußen, ihre Tochter → Friederike Sophie Wilhelmine heiratete Wilhelm V. von Oranien.

Lit. Wilhelm Boeck, Oranienburg. Geschichte eines preußischen Königsschlosses (Forschungen zur deutschen Kunstgeschichte 30), Berlin 1938; Titia Hoffmeister, Oranienburg, Berlin 1991. → August Wilhelm.

Luise Ulrike

* 24. Jul. 1720 Berlin † 16. Jul. 1782 Schloss Svartsjö

geb. Prinzessin von Preußen, Schwester FdG, 1751–71 Kgin. von Schweden; Lieblingskind → Friedrich Wilhelms I., 1744 (20. Aug.) Heirat mit → Adolf Friedrich von Schleswig-Holstein-Gottorp, nach dessen Thronbesteigung 1751 Kgin. von Schweden, aus der Ehe vier Kinder, darunter die beiden Kge. von Schweden → Gustav III und Karl XIII. (1748/1792–1818). – Politisch wie geistig stark mit ihrem Bruder verbunden, konnte L. U. eine kulturelle Blütezeit in Schweden hervorrufen (Umbau des Schlosses Drottningholm durch Carl Fredrik Adelcrantz (1716–1796), lit. Zirkel, Musik), welche in krassem Ggs. zur pol. Bedeutungslosigkeit der Kgs.-Familie angesichts der herrschenden innenpol. Situation im Lande stand. FdG schätzte L. U. vielleicht am meisten von all seinen Geschwistern, was nicht zuletzt die umfangreiche Korrespondenz belegt.

Qu. Correspondance de Frédéric avec sa sœur Ulrique, Reine de Suède [Œuvres 27/1]. – *Lit.* Oscar G. de Heidenstam, Une sœur du grand Frédéric, Louise-Ulrique, Reine de Suède, Paris 1897; Reinhold Koser, Prinz August Wilhelm von Preußen und L.U. von Schweden. Mitteilungen aus den Briefen 1740 bis 1758, in: ZPGL 18 (1881), 14–52; Pangels, Königskinder, 267–319.

M

Manger, Heinrich Lud(e)wig

* 31. Jul. 1728 Kitzscher † 30. Apr. 1790 Potsdam

Architekt, Gartenplaner und Pomologe; nach Studien zu Leipzig und einer Maurerlehre ab 1753 im Potsdamer Baukontor, nach Ende des SJK evtl. Mitarbeit am Neuen Palais, daneben an gesicherten Werken u. a. 1764 Lordmarschallhaus im Park zu Sanssouci und Infanteriekaserne *für Beweibte des Regimentes Prinz Heinrich von Preußen* (1782), aufgrund von u. a. finanz. Unregelmäßigkeiten 1786 inhaftiert, von → Friedrich Wilhelm II. begnadigt und 1787 zum Kgl. Garteninspekteur ernannt, daneben zahlr. Werke zur Potsdamer Baugeschichte und ausgiebige Forschungen zur Veredelung dt. Apfelsorten. – Das schlechte Verhältnis zu FdG, welches letztlich im Eklat von 1786 mündete, begründete die z. T. mehr denn einseitige Darstellung des Kgs. und seiner Kunstpolitik in den Schriften M.s; v. a. die harsche Kritik an → Knobelsdorff als Genius der friderizianischen Architektur ist unhaltbar, was den Quellenwert dieser Arbeiten deutlich mindert.

W. (Ausw.) Baugeschichte von Potsdam, besonders unter der Regierung König Friedrichs des Zweiten…, 3 Bde., Berlin 1789/90 (Ndr. Leipzig 1987); Beitrag zur praktischen Baukunst…, 3 Bde., Berlin 1783/1786/1801; Vollständige Anleitung zu einer systematischen Pomologie wodurch die genaueste Kenntniß von der Natur, Beschaffenheit und den unterschiedenen Merkmalen aller Obstarten erhalten werden kann…, Leipzig 1780. – *Lit.* Karl Schultze, H. L. M., Ober-Hofbaurath und Garten-Inspector, in: MVGP 4 (1869), 182–204; Tilo Eggeling, Art. «M., H. L.», in: BrBL, 268f.; Giersberg, Potsdam, 58f.

Manteuffel, Ernst Christoph (seit 1719:) Graf von

* 1676 Kerstin † 30. Jan. 1749 Leipzig

Minister und Agent; ab 1705 in poln.-sächs. Diensten: 1705 Legationsrat, 1715 Kabinetts-Minister, GR, 1719 Erhebung in den RG-Stand, 1728–30 fakt. Außenminister, 1733–40 in Berlin als sächs. und österr. Agent (im mod. Sinne des Wortes), 1740 von FdG ausgewiesen. – M. gilt zu Recht als einer der wichtigsten Propagandisten der Wolff'schen Philosophie in Dtl. Die von ihm ins Leben gerufene *Societas Alethophilorum*, der u. a. → Gottsched und → Formey angehörten, war als weitverzeigte Plattform zur Verbreitung dieser Gedankenwelten konzipiert. Trotz seiner Informantentätigkeit, für welche er 1740 Berlin verlassen musste, nahm

FdG M.s – mit dem er in brieflichem Kontakt stand – 1730–33 errichtetes Sommerschlösschen «Kummerfrey» bei Kerstin als Anregung für seine sp. Schöpfung Sanssouci.

Qu. Correspondance de Frédéric avec le comte de Manteuffel [Œuvres 25, 439–554]. – *Lit.* Johannes Bronisch, Der Mäzen der Aufklärung. E. Chr. von M. und das Netzwerk des Wolffianismus (Frühe Neuzeit 147), Berlin/New York 2010; Hans Jochen Pretsch, Graf M.s Beitrag zur österreichischen Geheimdiplomatie von 1728 bis 1736: ein kursächsischer Kabinettsminister im Dienst des Prinzen Eugen von Savoyen und Kaiser Karls VI. (Bonner historische Forschungen 35), Bonn 1970; Heinrich Theodor Flathe, Art. «M., E: Chr.», in: ADB 20 (1884), 256f.

Mara, Gertrud Elisabeth

* 23. Feb. 1749 Kassel † 20. Jan. 1833 Reval

Sängerin; geb. Schmeling, nach Studien im elterlichen Hause schon ab 1755 auf Europatournee als musik. «Wunderkind», ab 1759 regul. Unterricht bei Pietro Domenico Paradisi (1707–1791) in London und bei Johann Adam Hiller (1728–1804) in Leipzig, 1771 an die Kgl. Oper nach Berlin berufen (Jahresgage von 3000 th.), wg. Heirat 1780 Abschied, Konzertreisen in Dtl. und Europa. – Als berühmteste deutsche Sängerin des 18. Jhs. erntete M. weltweite Erfolge, in Berlin war sie die erste dt. Sängerin überhaupt. FdG, der ihr zunächst aufgrund seiner generellen Ablehnung des dt. Kulturbetriebs skeptisch gegenüberstand, wurde bald zu ihrem größten Förderer. 1780 aber verbot er ihr die Hochzeit mit dem Violoncellisten Johann Mara (1744–1808) aufgrund dessen unsteten Charakters, was M. zum Verlassen der Stadt zwang. Ihr weiteres, oft von finanz. Nöten begleitetes Leben bestätigte im Nachhinein die Haltung des Kgs.

Lit. Joseph Kürschner, Art. «M., G.», in: ADB 20 (1884), 286–289; ODB.

Marggraf, Andreas Sigismund

* 3. März 1709 Berlin † 7. Aug. 1782 Berlin

Chemiker; Sohn Henning Christian M.s (1680–1754), Gründer der Berliner Bärenapotheke, Studium der Chemie und physikal. Wissenschaften am *Collegium Medicum* unter Caspar Neumann (1683–1737), sowie zu Halle, Straßburg und Freiberg, hier Metallurgie und Bergbau, 1738

ADW, 1760 Dir. deren physikal. Klasse. – Die größten Entdeckungen M.s waren jene des Zuckers in der Runkelrübe 1747, welche sein Schüler → Achard dann industr. nutzbar machen sollte, die Gewinnung von Kaliumcyanid aus Tierblut 1747 sowie von Ameisensäure 1749, schließlich die erstmalige Herstellung reiner Tonerde 1754.

Lit. Alexander Kraft, Chemiker in Berlin: A. S. M. (1709–1782), in: Der Bär von Berlin. Jahrbuch des Vereins für die Geschichte Berlins, Bd. 58, Berlin 2009, 9–30; Michael Engel, Art. «M., A. S.», in: NDB 16 (1990), 165–167; Christoph Schümann, Der Anteil deutscher Apotheker an der Entwicklung der technischen Chemie zwischen 1750 und 1850 (Europäische Hochschulschriften Reihe 3, 631), Frankfurt/Main u. a. 1997, 269–305.

Maria Theresia

* 13. Mai 1717 Wien † 29. Nov. 1780 ebd.

Königin von Ungarn (1740–80), Königin von Böhmen (1743–80, Krg. 1743), Königin von Galizien und Lodomerien (1772–80), Herzogin von Parma und Piacenza (1740–48), Erzherzogin von Österreich; nach dem Tode ihres Vaters → Carl VI. lehnte M. Th. das Bündnisangebot FdG gegen Anerkennung der preuß. Ansprüche auf Schlesien ab und entschied sich zum Kampf für alle väterl. Besitzungen. V. a. durch ungar. Unterstützung gelang es ihr, diese in den beiden ersten schles. Kriegen (ÖEK) bis 1748 mit Ausnahme Schlesiens selbst zu sichern. Der SJK bedeutete für Österr. wie für alle Partien den *status quo ante* der europ. Besitzungen. Die zweite Reg.hälfte stand ganz im Zeichen der bereits zuvor ab 1750 begonnenen *Theresianischen Staatsreform* unter maßgebl. Leitung ihres Min. Wenzel Anton Graf Kaunitz (1711–1794), die Militär (Militärreform 1765ff., Militärakademie *Theresianum* 1746/51, Stiftg. des *Militär-Maria-Theresia-Ordens* 1757), Finanzen, Recht (*Codex Thresianum* 1752), Erziehung (Schulreform 1775ff.), Medizin und kirchl. Einrichtungen (Akzeptanz der Aufhebung der Jesuiten 1773) umfasste. Die AP war durch den *renversement des alliances* 1756 gekennzeichnet und brachte die Annäherung an den säkularen Gegner Frankreich, was durch die Hochzeit ihrer Tochter Marie Antoinette (1755–1793) 1770 mit dem Dauphin Louis (sp. → Louis XVI) besiegelt wurde. 1772 erwarb sie für Österr. Galizien in der I. Polnischen Teilung. – Alle Maßnahmen M.Th.s waren

Maria Theresia

dem Erhalt und der Konsolidierung der ererbten Länder gewidmet, worin sie insgesamt, abgesehen von einem unüberwindbaren Finanzproblem, äußerst erfolgreich war. Mehr noch als die Konkurrenz zu Preußen und ihre pers. unflexible Abneigung gegenüber FdG störten dabei jedoch die ab 1765 nicht mehr zu übersehenden Differenzen zu ihrem Sohn und Nachf. → Joseph II., dessen Reformpolitik in eine deutlich radikalere Richtung zielte. Persönlich (Religion, Geschmack, Bildung, Familie) blieb sie dem trad. Bild des habsburg. Fürstenhauses verbunden, wiewohl sich auch hier Vorboten der neuen Zeit (v. a. ihr Hang zum Neopietismus) zeigten; die Logenmitgliedschaft ihres Mannes → Franz I. Stephan und ihres Sohnes Joseph II. missbilligte sie aufs Schärfste und die Geheimbünde ließ sie verfolgen. Zu einem echten Polizeistaat wurde Österr. jedoch erst unter ihrem Sohn. Ihre Kunstpolitik stand ebenso wie die ihres Vaters unter imperialen Vorzeichen. Die Bezeichnung ‚Kaiserin', wiewohl schon z. T. zeitgen., ist falsch, da sie niemals die Kaiserkrone trug.

Lit. Alfred von Arneth, Geschichte M. Th.s., 10 Bde., Wien 1863–1879, Ndr. Osnabrück 1971; Jean-Paul Bled, Marie Thérèse d'Autriche, Paris 2001; Christopher Duffy, The Army of Maria Theresa – the Armed Forces of Imperial Austria, 1740–1780, Vancouver/London 1977 (dt. ²2010); Michael Elia Yonan, Empress M. Th. and the Politics of Habsburg Imperial Art, University Park/Pa. 2011.

Marwitz, Johann Friedrich Adolph von der

* 24. März 1723 Friedersdorf † 14. Dez. 1781 Berlin

Militär; ab 1738 in preuß. Diensten: 1738 Junker, 1739 Kornett, 1745 Lt, 1754 StRM, 1757 bei Roßbach PlM, 1757 Major, 1758 OLt, 1761 Ob, 1764 Kommandeur des Kgl. Garderegiments zu Pferd *Gens d'Armes* und OJoh, 1768 Abschied, 1778 als *Intendant Général des Vivres* (Oberaufsicht über Lebensmittelnachschub) wieder eingestellt, 1778 GM, 1779 endgültiger Abschied. – Berühmt wurde M. weit über seine Zeit hinaus durch seine Weigerung, 1760 das sächsische Jagdschloss Hubertusburg zu plündern (eine Vergeltungsaktion für die Plünderung des Schlosses Charlottenburg durch Russen und Österreicher im gleichen Jahr), da er dies als mit seiner Offiziersehre nicht vereinbar ansah. Allerdings – und entgegen der landläufigen Darstellung – reichte M. selbst seinen Abschied aus der Armee erst 1768 ein, als das *Gens d'Armes*-Reg. einem anderen Offizier übertragen wurde. Zuvor, aber nach Hubertusburg, hatte FdG ihn noch mit einigen wichtigen Aufgaben betraut (u. a. Kontributionseintreibungen in Zerbst), und sogar bei seinem ersten Abschied schrieb er ihm, dass „ich in gnädiger Rücksicht auf Eure bey aller (!) Gelegenheit Mir geleisteten rechtschaffenen Dienste Eich als einen mir bekannten meritirten braven Officier mit plaisir in der Armee wieder aufnehmen und employiren, auch außerdem allezeit seyn werde Euer... (Bf. vom 4. Okt. 1768, SF 2, 120). Dies bewahrheitete sich 1778. Die gängige Lesart – und Legendenbildung – von der «klassischen Befehlsverweigerung» M.s muss daher ebenso revidiert werden, wie die angebl. Ungnade des Kgs. 1760. Die von seinem Neffen, Friedrich August Ludwig von der Marwitz (1777–1838) auf seinem Grabstein angebrachte Inschrift „Wählte Ungnade, wo Gehorsam nicht Ehre brachte“ ist daher nicht nur historisch unhaltbar, sondern als deutlicher Ausdruck adeliger Selbstdarstellung gegenüber dem Königshaus im Kontext der Spannungen des 19. Jhs. zu deuten.

Lit. SF 2, 119–121 (N° 640).

Maupertuis, Pierre Louis Moreau de

* 28. Sept. 1698 Saint-Malo † 27. Jul. 1759 Basel

Mathematiker und Naturforscher; 1718–23 in frz. Diensten (1718 Lt), daneben Selbststudium der Mathematik und Astronomie, nach zahlr. kleineren Arbeiten v. a. zur Mechanik und auch zur Biologie 1723 Mitgl. frz. ADW, 1728 in London, Mitgl. *Royal Society*, lernte dort Isaac Newtons Ideen der Gravitation kennen und verteidigte sie auf dem Kontinent u. a. gg. das herkömml. Konzept der Descartes'schen „Wirbelwinde“, zum Beleg von Newtons These der Polabflachung bestimmte → Louis XV zwei Expeditionen zur Messung der Längengrade im Polbereich, deren eine nach Lappland M. leitete. Das Ergebnis brachte M. in Ggs. zum Hofastronom Jacques Cassini II (1677–1756), die Querele endete erst mit dessen Tod. 1740 folgte M. einer Einladung FdG nach Berlin, Mitgl. ADW, 1743 Mitgl. *Académie française*, 1746 Präs. ADW (12. Mai); über das von M. als Entdeckung postulierte *Prinzip der kleinsten Wirkung* geriet er in Konflikt mit Johann Samuel König (1712–1757), welcher 1751 behauptete, dies sei bereits von Leibniz erkannt worden. Im folgenden europaweiten Streit ergriff FdG M.s Partei, → Voltaire jene Königs, trotzdem 1753 Abschied aus Berlin und Umzug nach Basel. – Wiewohl M. evtl. mit einem etwas schwierigen Charakter behaftet war, bleiben seine Verdienste um die Wissenschaften unbezweifelbar, v. a. was die europ. Newton-Rezeption (dessen Determinismus er ablehnte), sowie die Erdgestaltforschung anbelangt. Der unselige Streit von 1751 wurde erst durch die Infamie Voltaires angeheizt, der M. um die Wertschätzung FdG beneidete.

Qu. Correspondance de Frédéric avec Maupertuis [Œuvres 17, 371–379]; Briefwechsel Friedrichs des Großen mit Grumbkow und M. (1731–1759) (PPSA 72), Leipzig 1898 (Ndr. Osnabrück 1966); Nachträge zu dem Briefwechsel Friedrichs des Großen mit M. und Voltaire nebst verwandten Stücken (PPSA 90), Leipzig 1917 (Ndr. Osnabrück 1965). – *W.* (Ausw.) Discours sur la figure des astres, Paris 1732; Élémens de la géographie, Paris 1742; Astronomie nautique ou élémens d'Astronomie, tant pour un observatoire fixe, que pour un observatoire mobile, ³Paris 1746; Essai de Philosophie morale, Berlin, 1749 (²Leyde 1751, éd. mod. Jean-Max Liandier, Paris 2010); Essai de Cosmologie, ²Leyde, 1751. – Œuvres de M., 4 Bde., Lyon 1768. – *Lit.* Mary Terrall, The Man who Flattened the Earth – M. and the Sciences in the Enlightenment, Chicago 2002; Michel Valentin, M., un savant oublié, Paris 1998; David Beeson, M. – An Intellectual Biography, Oxford 1992.

Maurice de Saxe [Hermann Moritz Graf von Sachsen]

* 28. Okt. 1696 Goslar † 30. Nov. 1750 Chambord

Militär und Militärtheoretiker, Maréchal de France; geb. als unehelicher Sohn Friedrich Augusts I. von Sachsen und seiner Maitresse, Maria Aurora von Königsmarck (1662–1728), mit dem Titel eines *Grafen von Sachsen* versehen, ab 1706 Studium der Philosophie zu Halle, nach sächs. (1709 unter Prinz Eugen in Flandern, 1711 an der Ostsee), kaiserl. (Türkenkrieg 1717) 1729 definitiv in frz. Diensten: 1736 GLt, 1746 Maréchal de France. – Das abenteurliche Leben M.s – er war u. a. erwählter Hzg. von Kurland (1726) – und sein ungew. Lebensstil überdecken allzu leicht die außerordentliche Bedeutung dieser Persönlichkeit. Seine milit. Laufbahn ist eine einzige Erfolgsgeschichte, als einziger General des 18. Jhs. hat er niemals eine Schlacht verloren. Zu den herausragenden Siegen gehörten die Erstürmung von Prag 1741, v. a. aber die Erfolge zu Fontenoy (11. Mai 1745) und Roucoux (11. Okt. 1746) im ÖEK. Die hier erstmals konsequent eingesetzten «Redoutes» verweisen auf die zweite Betätigung M.s, die theoretische Beschäftigung mit der Kriegskunst. Seine Schriften gehörten zu den meistgelesenen Werken ihrer Art, was allein die Zahl der Auflagen und Übersetzungen belegt. Für FdG war M. in vieler Hinsicht ein Vorbild, auch und gerade für die Taktik des Bewegungskrieges. Am 15. Jul. 1749 trafen sich die beiden in Sanssouci zu langen Unterhaltungen, weitere Kontakte wurden durch den frühen Tod M.s vereitelt. M. war einer der ganz wenigen echten *Maréchaux de France*, zu seinem Ruhme verfasste → Voltaire das Libretto zu *Le Temple de la Gloire*, das Rameau dann 1745 vertonte. Da er nicht konvertiert war, konnte er nicht zu Saint Denis beigesetzt werden, er erhielt sein Grab zu St Thomas in Strasbourg inmitten eines Monumentes von Jean Baptiste Pigalle (1714–1785).

Qu. Correspondance de Frédéric avec Maurice de Saxe [Œuvres 17, 333–345]. – *W.* (maßgebl. Ausg.) Mémoire sur l'infanterie…, La Haye 1753; Reveries, ou, Memoires sur l'art de la guerre, augm. de l'abrégé de la vie de l'auteur, & de plusieurs pieces sur l'art de la guerre relatives au systême de M. le maréchal de Saxe, Dresde 1757 (mod. Ed. Paris 2002, vier engl. Übs. allein im 18. Jh.). – *Lit.* Michael Ranft, Leben und Thaten des weltberühmten Grafens Mauritii von Sachsen, Marschalls von Franckreich, Leipzig 1746; Jean-Pierre Bois, Maurice de Saxe, Paris 1992; Frédéric Hulot, Le Maréchal de Saxe, Paris 1997.

Maximilian III. Joseph

* 28. März 1727 München † 30. Dez. 1777 ebd.

geb. Kurprinz Joseph Carl Johann Leopold Ferdinand Nepomuk Alexander von Bayern, 1745–1777 Kf. von Bayern; nach Studien (Ingolstadt) mit 18 Jahren Nachf. seines Vaters → Carl VII. in Bayern. – M. J. erbte nach dem Tode seines Vaters ein von österr. Truppen teilw. besetztes Land. Die Frage, ob er seine Ansprüche hinsichtlich der Kaiserkrone aufrechterhalten sollte, war Gegenstand lebhafter Debatten zwischen der befürwortenden Partei unter Führung des by. Außenministers GFM Ignaz Felix Graf von Törring-Jettenbach (1682–1763) und des frz. Ges. Chavigny bzw. der Friedenspartei unter seiner Mutter Maria Amalia von Österr. (1701–1756) und des GFM Friedrich Heinrich Reichsgraf von → Seckendorff. Nach der vernichtenden Niederlage bei Pfaffenhofen (15. Apr. 1745) fiel die Entscheidung zugunsten des Verzichtes (Frieden von

Füssen, 22. Apr. 1745), wobei M. J. u. a. seine Kurstimme für die Kaiserwahl → Franz I. Stephan versprach. Im folgenden SJK verhielt sich M. J. zunehmend neutral (v. a. nach 1757), obwohl formal ein österr.-by. Bündnis bestand, das durch die Hochzeit seiner Schwester Maria Josepha (1739–1767) mit → Joseph II. 1765 bestätigt wurde; der Umschwung in der polit. Orientierung dürfte wohl in weiten Teilen auf den Einfluss Maria Annas von → Pfalz-Sulzbach zurückzuführen sein. – Das Hauptaugenmerk der Reg. M. J.s lag auf dem Wiederaufbau seines kriegsgeprüften Landes und dem Ausbau von Handel (Grdg. der Nymphenburger Porzellanmanufaktur 1747), Wissenschaft (by. ADW 1759, allg. Schulpflicht 1771) und Kultur (1751 Cuvilliés-Theater durch François de Cuvilliés (1695–1768), Ausbau des Nymphenburger Schlosses 1755). Die von ihm verantworteten Sparmaßnahmen standen einer Beschäftigung Mozarts 1775 (*La finta giardiniera KV 196* für München) entgegen. – Sein Tod ohne männl. Nachkommen 1777 löste den BEK aus, in welchem FdG den Besitzstand Bayerns zugunsten → Carl Theodors rettete.

Lit. Rudolf Elhardt, M. III. J. – Kurfürst zwischen Rokoko und Aufklärung, München 1996; Alois Schmid, M. III. J. und die europäischen Mächte. Die Außenpolitik des Kurfürstentums Bayern von 1745–1765, München 1987; ders., Art. ‚M. III. J.', in: NDB 16 (1990), 485–487.

Maximilian Franz von Österreich

* 8. Dez. 1756 Wien † 26. Jul. 1801 Schloss Hetzendorf bei Wien

Sohn → Maria Theresias und → Franz I. Stephans, 1780–1801 HM OT, 1784–1801 Kf.-Ebf. von Köln und Fbf. von Münster; 1770 OT, zuvor bereits 1769 Coadjutor HM, 1774 Cavalierstour durch Europa (Ndl., It., Frk.), 1780 Coadjutor Münster, 1783 Romreise, 1784 Priesterweihe, 1785 Bf.weihe. – Wiewohl die Reformen M. F. am Modell seines Bruders → Josephs II. orientiert waren (Restriktverordnung gegen Bettelorden, Kampf gegen die in seinen Augen ‚antiaufklärerische' Univ. zu Köln), gelang es ihm, dessen Härten zu vermeiden. Seit 1794 waren die linksrhein. Territorien des HS Köln frz. besetzt, daher Flucht nach Münster, dann nach Wien.

Lit. Max Braubach, Maria Theresias jüngster Sohn M.F., Wien u. a. 1961; Günter Christ, Art. ‚M.F., Erzherzog von Österreich, Kurfürst und Erzbischof von Köln', in: NDB 16 (1990), 502–506; Erwin Gatz, Art. ‚M.F.', in: Gatz II, 298–300.

Meckel, Johann Friedrich

* 31. Jul. 1724 Wetzlar † 18. Sep. 1774 Berlin

Mediziner, Leib-Chirurg FdG; nach Studium der Medizin zu Göttingen (Dr. med. 1748), 1749 in Berlin als Prosektor (chirurgischer Assistenzarzt) und Dozent der Hebammenausbildung, 1749 ADW, 1751 ebd. Prof. am *Collegium medico-chirurgicum* für Anatomie, Biologie und Geburtshilfe, daneben Leibchirurg des Kgs., 1773 Mitgl. der Kgl. Schwedischen ADW. – Bereits in seiner Dissertation hatte M. das *Ganglion submandibulare* in der Unterkiefergegend entdeckt, sp. das *Cavum trigeminale* (im Engl. heute noch «Meckel's Cave»). Darüber hinaus besaß M. die größte anatomische Privatsammlung der Zeit. Sein Unterricht für Hebammen wurde sowohl methodisch wie strukturell wegweisend für die Geburtshilfelehre. Sein Sohn Philipp Friedrich Theodor Meckel (1756–1803), sowie seine Enkel Johann Friedrich Meckel (1781–1833) und August Albrecht Meckel (1790–1829) waren ebenfalls bedeutende Anatomen.

W. De quinto pare nervorum cerebri, Göttingen 1748; Nova experimenta et observationes de finibus venarum et vasorum lymphat., Berlin 1771. – *Lit.* Rashid M Janjua u. a. The Legacy of J. F. M. the Elder (1724–1774): a 4-Generation Dynasty of Anatomists, in: Neurosurgery 66/4 (2010), 758–70; Nikolaus Rüdinger, Art. «M., J. F.», in: ADB 21 (1885), 159–162 (mit Erwähnung der Nachkommen).

Mendelssohn, Moses

* 6. Sept. 1729 Dessau † 4. Jan. 1786 Berlin

Philosoph und Pädagoge; nach Studien der Judaistik und des Talmud 1750 Privatlehrer in Berlin, 1754 Buchhalter, im gleichen Jahr Kontakte zu Lessing, dann zu → Nicolai und seinem Zirkel, 1763 Erster Preis der ADW, im Anschluss zumeist mit philosophisch Arbeiten im Geiste → Wolffs und Hegels hervorgetreten, 1783 (ersch. 1788) dt. Übs. der Psalmen, zeitgleich des Pentateuch, ab 1770 zahlr. Kontroversschriften u. a. zum Verhältnis Judentum-Christentum und zur Person des 1781 verst. Lessing, daneben in etlichen pädagog. und gemeinnützigen Unternehmungen involviert, v. a. dem Aufbau jüdischer Schulen. – Ob M. wirklich die Idealgestalt des Nathan in Lessings gleichnamigem Werk war, sei dahingestellt. Jedenfalls war M. weit über die Grenzen seines Bekenntnisses hinaus ein einflussreicher Denker des preuß. 18. Jhs. Die 1771 von FdG abgelehnte Aufnahme M.s in die ADW beruhte wohl weniger auf dem vermeintl. Antisemitismus des Kgs. als vielmehr auf der völligen Unvereinbarkeit der Denkwelten beider Persönlichkeiten.

W. Gesammelte Schriften, hrsg. v. Alexander Altmann u. a., Stuttgart-Bad Cannstatt 1972ff.; Ausgewählte Werke, Studienausgabe in 2 Bden., hrsg. v. Christoph Schulte u. a., Darmstadt 2009. – *Lit.* Alexander Altmann, M. M., [2]London 1998; Stephen Tree, M. M., Reinbek 2007; Hermann Simon, M. M. Gesetzestreuer Jude und deutscher Aufklärer, Berlin 2003.

Merck, Johann Michael

* 1714 Wessobrunn † 1784 Potsdam (?)

Bildhauer; nach versch. Werken im oberbayer.-schwäbischen Raum zahlr. Auftragsarbeiten in Potsdam und Sanssouci, darunter im Schloss Sanssouci und in der 1771ff. umgebauten Orangerie (Gästehaus), sowie im Neuen Palais.

Lit. TB; Dehio Potsdam, passim.

Meyer, Friedrich Elias der Ältere

* 1723 Erfurt † 2. Okt. 1785 Berlin

Porzellanmodelleur und Bildhauer; ab 1732 in Ausbildung in Gotha, 1741 Hofbildhauer zu Schwarzburg, sp. zu Weimar, 1746 maßgebl. Anteil am Dekor des Schlosses zu Eisenach, 1748 in Meißen als Porzellanmodelleur, 1761 auf Einladung → Gotzkowskys Wechsel an die KPM nach Berlin, 1763 dort Modellmeister, 1782 Prof. ADK. – Von den Arbeiten M.s wurde das 1772 angefertigte Staatsservice für → Katharina II. am berühmtesten (Abb. S. 199).

Lit. Dietmar J. Ponert, Art. «M., F. E.», in: NDB 17 (1994), 338f.; Baer, Frühzeit, 106–110.

Meyer, Johann Friedrich

* 1728 Dresden † 1787 Potsdam

Maler, Dekorateur und Vergolder; nach Ausbildung u. a. bei → Galli da Bibiena ab 1751 in Potsdam, 1776–72 Arbeiten am Neuen Palais und den Neuen Kammern, in letzteren auch die 1771–74 entstandenen Potsdam-Ansichten (davon Radierungen durch Andreas Ludwig → Krüger, M.s Schwiegersohn). Wiewohl das Gros v. a. des dekorativen Werkes von M. durch die enge Zusammenarbeit mit anderen Künstlern nicht immer leicht zu bestimmen ist, zählen seine Potsdam-Veduten zu den getreuesten Bildquellen der friderizianischen Zeit.

Lit. Gerd Bartoschek, Art. «M., J. F.», in: BrBL, 281; Friedrich II. und die Kunst, I, 89, II, 169, 210; TB.

Meyer, Wilhelm Christian

* 27. Aug. 1726 Erfurt † 11. Dez. 1786 Berlin

Bildhauer und Porzellanmodelleur, Bruder von Friedrich Elias → M.; nach Ausbildung u. a. bei seinem ält. Bruder tätig zu Leipzig, Berlin, Potsdam, Halle, Düsseldorf und Bonn, in Berlin Hauptwerke als Bildhauer an der Hedwigskirche sowie an der Opernhausbrücke, dazu zahlr. Grabmäler in Brandenburg, mit seinem Bruder mehrere Entwürfe für die KPM, 1783 Prof. an der ASK, 1786 deren Rektor (Dir.).

Lit. Dietmar J. Ponert, Art. «Meyer, Friedrich Elias», in: NDB 17 (1994), 338f. (Nebeneintrag 338); Matr. ADK.

Michell, Abraham Louis

* 1712 in Vevey † 28. Feb. 1782 Berlin

Diplomat; nach anfängl. Diensten in der heimatl. Schweiz, ab 1741 in preuß. Diensten als Sekr. der preuß. Ges. zu London, ab 1750 nach Abberufung von → Klinggräffens geschäftsführender Ges., 1755/56 Mitarbeiter von → Knyphausens beim Abschluss des Vertrags von Westminster (16. Jan.), 1760–64 alleiniger preuß. Ges., 1764–68 Vize-Gouverneur von Neuchâtel. – M. war einer der wenigen preuß. Staatsdiener, welche jemals aus dem Mund FdG ein vorbehaltloses Lob erhielten („da des Königs Majestät bisher noch allemal gedachten Michell ganz exact und zuverlässig gefunden hätten“ – ADB); dies ist nicht zuletzt seiner geschickten Verteidigung der preuß. Positionen gegenüber den engl. Handels- und Wirtschaftsinteressen bzw. seinem Verhandlungsgeschick während der Allianzanbahnung zu verdanken. Seine engl. Verteidigungsschrift der preuß. See- und Handelsinteressen gegenüber GB von 1752 hatte erhebl. Wirkung.

Qu. The Duke of Newcastle's letter: by His Majesty's order, to Monsieur Michell, the King of Prussia's secretary of the embassy, in answer to the Memorial, and other papers, deliver'd by Monsieur Michell, to the Duke of Newcastle, London 1753. – *W.* Exposition of the motives, founded upon the universally received laws of nations: which have determined the King (of Prussia) upon the repeated instances of his subjects trading by sea …, London 1752. – *Lit.* Reinhold Koser, Art. «M., A. L.», in: ADB 21 (1885), 694f.

Mitchell, Sir Andrew

* 15. Apr. 1708 † 28. Jan. 1771 Potsdam

Diplomat; nach Studium der Rechte zahlr. Reisen in Europa, dabei u. a. 1735 Freundschaft mit Montesquieu (1689–1755), 1736 Mitgl. der Royal Society, 1747 Parlamentsabgeordneter im Unterhaus für Aberdeen (1747–54) und für Elgin Burghs (1755–71), 1754–64 und 1766–71 brit. Ges. in Berlin/Potsdam. – M. war 1754 die aufgrund der immer noch anhaltenden pol. und wirtsch. Spannungen zwischen GB und Preußen heikle Aufgabe zugefallen, das Verhältnis zu verbessern und im Hinblick auf das beginnende milit. Engagement GB in Nordamerika ein Bündnis mit Preußen anzubahnen. Wiewohl er zeit seiner Mission keine Begeisterung oder gar Zuneigung FdG gegenüber England erreichen konnte, schätzten die beiden sich doch menschlich sehr.

Lit. Uriel Dann, Hanover and Great Britain, 1740–1760. Diplomacy and Survival, Leicester 1991; The Parliaments of England, hrsg. v. F. W. S. Craig, [2]Chichester 1973; Aspray, Frederick, 427–559 passim.

Moehsen, Johann Carl Wilhelm

* 9. Mai 1722 Berlin † 22. Sep. 1795 ebd.

Mediziner, Leibarzt FdG; aus einer kgl.-preuß. Hofmedicus-Familie stammend, nach Studien in Halle und Jena Dr. med., Arzt am Joachimsthaler Gymnasium, 1747 Mitgl. *Obercollegium Medicum*, 1763 am *Collegium Sanitatis*, 1766 ltd. Arzt des Kgl. Kadettencorps und der Ritterakademie zu Brandenburg, 1778 Leibarzt FdG, 1786 ADW, daneben umfangr. Schriften. – Neben seiner med. Tätigkeit war M. als Mitgl. der «Mittwochsgesellschaften» eine führende Persönl. des Berliner Geisteslebens seiner Zeit.

W. (Ausw.) Geschichte der Wissenschaften in der Mark Brandenburg, besonders der Arzneiwissenschaft; von den ältesten Zeiten an bis zu Ende des sechszehnten Jahrhunderts ..., Berlin/Leipzig 1781. – *Lit.* Eberhard Fromm, Die Wirklichkeit kritisch erkennen: J. K. M., in: in: Berlinische Monatsschrift 6/5 (1997) 56–61; Conrad Grau, Ein Berliner Wissenschaftshistoriker im 18. Jahrhundert: J. K. M., in: Kolloquien des Instituts für Theorie, Geschichte und Organisation der Wissenschaften 48 (1985), 91–100; Michael Engel, Art. «M., J. C. *W.*», in: NDB 17 (1994), 623–625.

Möllendorff, Wichard Joachim Heinrich von

* 7. Jan. 1724 Lindenberg † 28. Jan. 1816 Havelberg

Militär; mit 16 Jahren 1740 bei Ausbruch des ÖEK Page bei FdG, danach Fähnrich, 1746 Garde-Kapitän, 1757 PlM für entsch. Anteil am Sieg bei Leuthen, 1758 Komm. III. Garde-Batt., 1760 Komm. (Ob) Kgl. Garde-Reg., 1762 Sieger bei Burkersdorf (21. Jul.) und GM, 1774 GLt, 1778/79 im BEK Corps-Komm., 1779 SAO, 1782 Gouverneur von Berlin, 1787 GdI, 1793 GFM, Sieger bei Kaiserslautern (23. Mai 1794), 1806 in frz. Gefangenschaft, von Napoleon I. entlassen, 1807 *Légion d'honneur*. – Als einer der wenigen führenden Generale FdG konnte und musste M. in der Folge den Zusammenbruch der alten Ordnung, der friderizianischen Armee und des Ancien Régime erleben.

Lit. Stefan Hartmann, Art. «M., *W.* J. H.», in: NDB 17 (1994), 629; Bernhard von Poten, Art. «M., *W.* J. H.», in: ADB 22 (1885), 120f.; SF 1, 516–520 (N° 530).

Möser, Justus

* 14. Dez. 1720 Osnabrück † 8. Jan. 1794 ebd.

Sozialtheoretiker und Jurist; nach Studium der Rechte und der Künste zu Jena und Göttingen (1740–43) 1743 Sekr. der Osnabr. Landstände, 1755 Syndicus der Ritterschaft, 1762–68 *Justiciarius* am Strafgericht zu Osnabrück, 1768 Geh. Referendar sowie zunächst Regentschaftspräs., dann Rechtsberater des Osnabr. Fst.-Bf. Frederick, Duke of York and Albany (1763–1827). – Neben seinem juristischen Wirken wurde M. v. a. aufgrund seiner gesellschaftspol. und kulturtheoretischen Schriften berühmt; in Ersteren argumentierte er für eine organische Entwicklung von Staat und Recht sowie für eine frühe Form der soz. Gerechtigkeit (im Ggs. zu seinem Zeitgenossen Adam Smith), in Letzteren verteidigte er u. a. die dt. Nationalliteratur gg. das Verdikt FdG.

W. J. M.s sämtliche Werke. Historisch-Kritische Ausgabe, 14 Bde. in 16 Teilen, Oldenburg/Osnabrück 1943–1990. – *Lit.* Renate Stauf, J. M.s Konzept einer deutschen Nationalidentität (Studien zur deutschen Literatur 114), Tübingen 1991; Ludwig Bäte, J. M., advocatus patriae. Athenäum, Frankfurt 1961; Günther Weydt, Friedrich der Große und M. zum Problem der nationalen Kultur, Brüssel 1944. – Bibl. M.-Bibliographie 1730–1990, hrsg.v. Winfried Woesler, Tübingen 1997.

Moller, Carl Friedrich von

* 1690 † 9. Nov. 1762 Freiberg

Militär; ab 1720 in preuß. Diensten: 1720 Kanonier, 1729 SLt, 1733 PLt, 1737 im Türkenkrieg in der österr. Armee, zurück in Preußen, 1741 SK, 1742 Kapitän, 1755 Major, 1756 OLt und PlM für Verdienste bei Lobositz. – Die Leistung M.s bei Lobositz kommentierte FdG gegenüber General → Schwerin mit den Worten, er habe „Wunder gethan und mich auf eine erstaunende Art secundirt". Von da an war FdG M. gewogen und verkehrte öfters auch priv. mit ihm, v. a. da er dessen Intuition schätzte, die sich einmal in der Versicherung, „Euer Majestät, es wird Alles gut gehen, mein Genius sagt es mir" (alle Zit. ADB) äußerte. Sp. fragte FdG mitunter, was ihm sein Genius denn heute eingäbe. M. wird auch die Erfindung der erstmals bei Roßbach 1757 gebrauchten Brandkartätsche zugeschrieben. Sein Bruder war der preuß. Artilleriegeneral Christian Friedrich August von Moller (1734–1802).

Lit. Rudolph von Bünau, Gründlicher Unterricht zur Artillerie und Feuerwerkerey, Halle 1779 (*darin die Zuweisung der Kartätschenerfindung*); Bernhard von Poten, Art. «M., K. F.», in: ADB 22 (1885), 127f.

Montbail → Du Val, Marthe

Moreau de Maupertuis → Maupertuis

Motte, Ernst August De La Chevalerie Baron de la

* 24. Nov. 1688 Walsrode † 7. Dez. 1758 Magdeburg

Militär und Diplomat, 1702–09 in engl. Diensten gegen Frankreich, ab 1709 im Dienste Hannovers, 1721 Major, 1728 OLt, 1728 als Geheimgesandter nach Berlin zwecks Verheiratung der Prinzessin → Wilhelmine mit dem Prince of Wales, 1734 in preuß. Diensten, 1740 GM, PlM, 1744 GLt, 1748 Gouverneur von Geldern, 1757 Vizegouverneur und Kommandant zu Wesel und in der Gfsch. Mark, 1757 SAO.

Lit. SF 1, 218–220 (N° 273); König, Lexikon, III, 68; Zedlitz-Neukirch, Lexicon, VI, 70.

Motte-Fouqué, Ernst Heinrich August, Baron de la

* 4. Feb. 1698 Den Haag † 3. Mai 1774 Brandenburg/Havel

Militär und Vertrauter FdG, Mitglied der Tafelrunde zu Sans-Souci und des Bayard-Ordens; 1706 Page bei → Leopold I. von Anhalt-Dessau, 1715 vor Stralsund, 1715 Fähnrich, 1728 OdG, 1739/40 in dän. (1739 OLt), danach wieder in preuß. Diensten: 1740 Ob, 1740 AHM zu Gramzow und Löcknitz, 1740 PlM, 1743 Kommandant von Glatz, 1745 GM, 1751 GLt, 1751 SAO, 1759 GdI, 1760 Dompropst zu Brandenburg (ab 1764 residierend), 1760 hielt M.-F. Landeshut bis zur letzten Möglichkeit, nach Kapitulation 1760–63 in österr. Gefangenschaft. – Einer der milit. Freunde und Vertrauten FdG, der sein Verhalten bei Landeshut 1760 mit jenem Leonidas' bei den Thermopylen verglich.

Qu. Correspondance de Frédéric avec le baron de la Motte Fouqué [Œuvres 20/VI] (dt. in Ausw.: Der Briefwechsel Friedrichs des Grossen mit der Gräfin Camas und dem Baron Fouqué, ausgew. und übers. von Hans Droysen (VAPKB 1), Köln 1967). – *W.* Gottfried August Büttner, Mémoires du Baron de la M. F., général de l'infanterie prussienne, Berlin 1788 (dt. ebd., 1788). – *Lit.* Ernst Graf zur Lippe-Weißenfeld, Art. «F., H. A. Baron de la M.», in: ADB 7 (1877), 201f.; Alois Bach, Die Grafschaft Glatz unter dem Gouvernement des Generals H. A. Freiherr de la M.F. (1742–1760), Habelschwert 1885; SF 1, 286–298 (N° 326).

Moulin, Peter Ludwig (Pierre Louis) du

* 1681 Wesel † 10. Aug. 1756 Stendal

Militär, ab 1695 in preuß. Diensten, 1702–13 im Spanischen Krieg (Adj. bei Leopold von → Anhalt-Dessau), 1715 Major, 1722 OLt, 1728 Ob, 1731 AHM zu Kolbatz, 1741 GM, 1744 GLt, 1744 LHM der Altmark und GQM, 1745 SAO, 1750 GdI, 1755 Abschied mit Pension von 1000 th.

Lit. SF 1, 237f. (N° 286); Ernst Graf zur Lippe-Weißenfeld, Art. «Du M., P. L.», in: ADB 5 (1877), 466; Engelmann, Generale, 62f.

Münchow, Gustav Bogislaus von
* 10. Sep. 1686 Kosemühl † 12. Jun. 1766 Berlin

Militär und Admin., Vertrauter FdG; ab 1703 in preuß. Diensten: 1703–13 im Spanischen Krieg gegen Frankreich, 1715 vor Stralsund, 1717 Major, 1724 OBLt, 1728 OJoh, sp. ab 1731 1735 Ob, 1740 Sonderges. in Wien, 1740 DH zu Halberstadt, 1741 *Inspecteur* des Lazaretts zu Breslau, 1742 PlM, 1742 GM, 1745 SAO, 1746 Drost zu Cranenburg und Düffels (Kleve), 1747 Gouverneur von Spandau, 1752 Domdekan zu Magdeburg, 1756–58 Kommandant von Glogau. – Spätestens seit der Küstriner Zeit ab 1731 unterhielt M. ein enges Vertrauensverhältnis zu FdG, als dessen milit. Berater und Erzieher er bis zu dessen Thronbesteigung fungierte.

Lit. SF 1, 258f. (N° 301); König, Lexikon, III, 73–75.

Mylius, Christian Otto
* 21. Sep. 1678 Halle † 11. Jan. 1760 Berlin

Jurist; nach Studium der Rechte zu Halle und Leipzig Justitiar des Stadtrats zu Halle, 1717 nach Berlin als Verw.-Jurist, 1723 *Generalauditeur-Lieutenant*, als solcher 1730 im Prozess des Lt. → Katte fungierend, 1739 Kgl. Generalauditeur der Justiz. – Neben seiner jur. umfangr. wissensch. Tätigkeit auf dem Gebiet der Rechtsgeschichte.

W. (Ausw.) Corpus Constitutionum Marchicarum, Oder Königl. Preußis. … publicirte und ergangene Ordnungen, Edicta, Mandata, Rescripta &c…, 6 Bde., Halle 1737–1751; Novum corpus constitutionum Prussico-Brandenburgensium praecipue Marchicarum…, Berlin 1756- (fortgeführt bis 1822). – *Lit.* August Ritter von Eisenhart, Art. «M., Chr. O.», in: ADB 23 (1886), 140f.; Hans-Joachim Schreckenbach, Art. «M., Chr. O.», in: BrBL, 290f.

N

Nahl, Johann August

* 22. Aug. 1710 Berlin † 22. Okt. 1781 Kassel

Dekorateur und Bildhauer; Sohn des preuß. Hofbildhauers Johann Samuel N. (1664–1727), dort erste Studien, auf Auslandsreisen nach Süddtl. 1728/29, Paris (1731–34) und Italien (1734) vervollständigt, 1736 Heirat und Ansiedlung in Straßburg, erste Werke für Fst.-Bf. Armand Gaston Maximilian de Rohan-Soubise (1674–1749), 1740 nach Preußen zurückberufen, 1741–46 *Directeur Royal des Ornamens*, verlässt nach Zerwürfnis mit FdG 1746 „fluchtartig" Berlin, 1746–55 selbst. Künstler bei Bern, 1755 am Kasseler Hof (Schloss Wilhelmsthal) 1767 Prof. der Bildhauerei ebd. – Trotz des abrupten Endes seiner Tätigkeit ist die Bedeutung N.s für die Werke des friderizianischen Rokoko nicht zu unterschätzen, wesentl. Arbeiten am Stadtschloss zu Potsdam (Theater, Arbeits- und Schlafzimmer des Kgs.) in Zusammenarbeit und z. T. nach Entwürfen → Knobelsdorffs, zu Beginn der ersten Bauphase von Sanssouci maßgebl. Entwürfe, darunter jener für das Konzertzimmer im Schloss Sanssouci, belegen dies.

Lit. Friedrich Bleibaum, J. A. N., der Künstler Friedrichs des Großen und des Landgrafen von Hessen-Kassel, Baden bei Wien 1933; Katharina Blohm, Art. «N., J. A.», in: NDB 18 (1997), 720f.; Giersberg, Potsdam, 55, 71, 77.

Nassau, Christoph Ernst (ab 1746:) Graf von

* 1686 in Hartmannsdorf † 19. Nov. 1755 Sagan

Militär; nach anfängl. Diensten in der hess. (1703 Kapitän) und sächs. (1712 RM, 1725 OLt, 1729 Ob, 1731 GM), ab 1740 in preuß. Diensten: 1740 GM, 1744 GLt, 1746 in den Grafenstand erhoben, 1749 Vikar an Unserer Lieben Frau zu Halberstadt. – Seine Aufzeichnungen aus dem ÖEK erschienen posthum.

W. Beitrag zur Geschichte des zweiten Schlesischen Krieges, Berlin 1780. – *Lit.* Bernhard von Poten, Art. «N., Chr. E.», in: ADB 23 (1886), 262f.; SF 1, 224f. (N° 275).

Nichelmann, Christoph

* 13. Aug. 1717 Treuenbrietzen † 20. Jul. 1762 Berlin

Komponist und Musiktheoretiker; mus. Studien 1730–33 an der Thomasschule zu Leipzig unter Johann Sebastian → Bach, ab 1744 wohl durch Vermittlung Carl Philipp Emanuel → Bachs neben diesem Zweiter Kammer-Cembalist an der Potsdamer Hofkapelle. – Mehr als sein Vertrauter und Mentor C. Ph. E. Bach vertrat N. den musikalischen ‚galanten' Stil der friderizianischen Ästhetik und setzte diesen auf dem Feld der Tastenmusikkomposition um. Daneben erfreuten sich seine theoretischen Arbeiten, v. a. sein Melodietraktat von 1755, großer Beliebtheit in der Zeit.

W. Die Melodie nach ihrem Wesen sowohl als nach ihren Eigenschaften, Danzig 1755. – *Lit.* Michael H. Krebs, Chr. N. (1717–1762), Cembalist der königlichen Hofkapelle Friedrichs II. von Preußen: die Quellenlage seiner musikalischen Werke; thematisch – systematisches Verzeichnis der Werke Chr. N.s (NWV), Potsdam 2002; Heinz Döllmann, Chr. N. Ein Musiker am Hofe Friedrichs des Großen, Löningen 1938; Douglas A. Lee, The Instrumental Works of Chr. N., 2 Bde., Michigan 1968.

Nicolai, Friedrich

* 18. März 1733 Berlin † 8. Jan. 1811 ebd.

Verleger und Schriftsteller; nach Gymnasialstudien und Buchhändlerlehre ab 1758 Bes. einer der größten Verlagsbuchhandlungen zu Berlin, 1781 Mitgl. der bayer. ADW, 1798 der preuß. – Als führende Figur der dt. Literatur im Preußen des 18. Jhs. waren Verlag und Haus N.s ein Sammelbecken für alle den rational-mod. Zeitströmungen verbundenen Autoren (Lessing, Herder, Gebler), die von ihm verlegten Reihen zur Literatur (*Briefe über den itzigen Zustand der schönen Wissenschaften in Deutschland*, 1755; *Briefe, die neueste Literatur betreffend*, 24 Tle., 1759–1765) wurden zu deren Manifestation, daneben mit Moses → Mendelssohn die *Bibliothek der schönen Wissenschaften und freien Künste*, 12 Bde., 1759ff. Wiewohl FdG manchen der Reformansätze nahestehen mochte, trennten ihn von N. grundlegend die Wertschätzung der frz. Kultur und Lit. sowie seine Geringachtung des dt. Pendants.

Qu. Herders Briefwechsel mit N., hrsg. v. Otto Hoffmann, Berlin 1887; Aus dem Josephinischen Wien. Geblers und N.s Briefwechsel 1771–86, hrsg. v. Richard

Maria Werner, Berlin 1888. – *W.* (Ausw.) Eyn feyner kleyner Almanach Vol schönerr echterr liblicherr Volckslieder…, Berlin 1777; Beschreibung einer Reise durch Deutschland und die Schweiz im Jahre 1781, 12 Bde., Berlin/Stettin 1783–1796; Beschreibung der königlichen Residenzstädte Berlin und Potsdam; Berlin 1786; Einige Bemerkungen über den Ursprung und die Geschichte der Rosenkreuzer und Freymaurer, Berlin/Stettin 1806; Philosophische Abhandlungen, Berlin/Stettin 1808. – *Lit.* Rainer Falk/Alexander Košenina (Hgg.), F. N. und die Berliner Aufklärung, Hannover 2008; Pamela Selwyn, Everyday Life in the German Book Trade. F. N. as Bookseller and Publisher in the Age of Enlightenment 1750–1810, University Park, Pa. 2000; Horst Möller, Aufklärung in Preußen. Der Verleger, Publizist und Geschichtsschreiber F. N., Berlin 1974.

Noël, André Louis

* 1726 im Périgeux † 4. Mai 1801 Berlin

Hof- und Leibkoch FdG; 1755 Mundkoch (1. März) mit Gehalt von 500 th., 1769 Zweiter Hofküchenmeister mit Gehalt von 1000 th., 1784–1801 Hofküchenmeister. – Aufgrund der hohen Bedeutung, welche FdG Tafel und Speisen zumaß, war die Position des Hofkochs eine zentrale. N. scheint diese die gesamte Zeit seines Dienstverhältnisses über zu Friedrichs voller Zufriedenheit bekleidet zu haben. Wie aus der Korrespondenz des Kgs. hervorgeht, hatte N. bereits vor seiner offiziellen Ernennung zum Chef der kgl. Küche 1784 eine zentrale Stellung für alles, was Speise und Speisenfolge am Hof, aber auch im Feldlager anbetraf, inne. Mehrere seiner Kreationen, darunter die «Bombe de Sardanapal», ein mit Würsten, Knoblauch und Safran faschierter Kohlkopf, erlangten Berühmtheit und riefen Friedrichs Bewunderung (in diesem Falle sogar in einer Ode an N. verewigt) hervor. Zahlr. Rezepte und Menufolgen N.s sind erhalten.

Qu. Au sieur Noël, maître d'hôtel [Œuvres 13, 98–102]. – *Lit.* Louis Noël, Friedrichs des Großen Hofküchenmeister Noël, in: MVGB 26/4 (1909), 82–85; Bernd Maether, Kochen für den König. Der friderizianische Hof im Spiegel der Speisezettel und Hofrechnungen, in: Luh/Kaiser, Friedrich der Große und der Hof.

O

Ostein, Johann Friedrich Carl von

* 6. Jul. 1689 Amorbach † 4. Jun. 1763 Mainz

1743–1756 Kf.-Ebf. von Mainz, 1756–1763 Fbf. von Worms, 1724 Propst der Krg.kirche St. Bartholomäus in Frankfurt/Main, 1725 Domkustos zu Mainz, 1743 Bf.weihe durch → Clemens August. – Die AP O.s war geprägt durch sein Bemühen um Ausgleich zwischen Bayern und Österr. 1745 (→ Max III. Joseph) sowie durch seinen Einsatz für die Kaiserwahl → Franz I. Stephans. Innenpolitisch galt seine Fürsorge der geistl.-wissensch. Pflege seines HS (1746 Priv. für die Mainzer Univ., Grdg, des Botanischen Gartens, 1755 Mainzer Landrecht, 1758 Akad. der Künste, barocker Ausbau der Stadt Mainz).

Lit. Elisabeth Soll, Die Reichspolitik des Mainzer Kurfürsten J.F.K. von O. vom Regierungsantritt (1743) bis zum Ausbruch des Siebenjährigen Krieges, Berlin 1936; Anton Philipp Brück, Art. «O., J. F. K.», in: NDB 10 (1974), 499; Friedrich Jürgensmeier, Art. «O., J. F. K. von», in: Gatz II, 331–334.

Ostfriesland → Carl Edzard

P

Pedrozzi, Giovanni Battista

* 1710 Oazzalino † 1778 Pazzalino

Stukkateur, Bildhauer und Modelleur für Porzellanfiguren; 1750 Hofstukkateur am Hofe → Wilhelmines in Bayreuth, Werke in Schloss Molsdorf bei Erfurt, 1764 nach Potsdam, Werke im Neuen Palais zu Sanssouci, Stukkaturen am Freundschafts- und Antikentempel; zahlr. Entwürfe für die KPM, meist Tiermotive.

Lit. Harry Nehls, »... eine gar vortrefliche Wirkung ...« Das vergessene Reiterrelief im Antikentempel im Park von Sanssouci, in: Berlinische Monatsschrift Heft 1/2000, 4–15; Dehio Potsdam, passim.

Pesne, Antoine

* 23. Mai 1683 Paris † 5. Aug. 1757 Berlin

Maler; nach Ausbildung bei Charles de La Fosse (1636–1716) und Akademiestipendium zu einem Italienaufenthalt 1705–10 (Rom, Neapel, Venedig) 1710 als Hofmaler am preuß. Hofe, 1720 Mitgl. der Pariser ASK, 1722 Dir. der Berliner ASK, 1723/24 in Paris und London, ab 1736 im Rheinsberger Kreis FdG, dort 1738–40 Deckenbilder und Gemälde, erster Kontakt zu → Knobelsdorff, der sich nach 1740 in den vielf. kgl. Aufträgen fortsetzte: Deckenbilder Erweiterungsbau von Charlottenburg (1742/43), dto. im Stadtschloss Potsdam (Treppenhaus 1746), sowie im Schloss Sanssouci (Audienzzimmer, daneben Metamorphosen nach Ovid im Konzertzimmer, c. 1746/47); drei Altarblätter heute in der Kath. Kirche Potsdam. – Oft wird P. als Äquivalent der Malerei zur Architektur Knobelsdorffs gesehen, doch hatte er nicht dessen zentrale Rolle innerhalb der kgl. Kunstpolitik und -schaffens inne. Dies mindert nicht seinen künstl. Rang in der ersten Phase des friderizianischen Rokoko.

Lit. Götz Eckardt, A. P., ³Dresden 1985; Helmut Börsch-Supan, Die Gemälde Antoine Pesnes in den Berliner Schlössern (Aus Berliner Schlössern 7), Berlin 1982; Rainer Michaelis, A. P. (1683–1757). Die Werke des preußischen Hofmalers in der Berliner Gemäldegalerie, Berlin 2003.

Peter III. [Пётр III Фёдорович]
* 21. Feb. 1728 Kiel † 17. Jul. 1762 Ropscha bei St. Petersburg

geb. Carl Peter Ulrich von Schleswig-Holstein-Gottorf, als Sohn von Herzog Carl Friedrich von Schleswig-Holstein-Gottorf (1700–1739) und dessen Gemahlin Anna Petrowna (Анна Петровна, 1708–1728), der Tochter Peters I. von Russland. Von → Elisabeth I. am 18. Nov. 1742 zum Thronfolger in Russland bestimmt, nachdem das schwed. Parlament ihn zuvor zum schwed. Thronfolger (!) erkoren hatte (4. Nov. 1742, abgelehnt). Trotz dieser Ablehnung war P. im strengen lutherisch-orthodoxen Glauben erzogen worden, der Wechsel nach Russland bedeutete daher einen völligen Bruch der Persönlichkeit. Im Gegensatz zu seiner Gattin → Katharina II. konnte er sich nie mit der russ. Mentalität und Geistigkeit anfreunden und versuchte zeitlebens das luth.-dt. Erbe zu verwirklichen. Dies führte nach seiner Thronbesteigung 1762 zum vorhersehbaren Chaos: seine Reformideen erschienen abstrus und waren für das russ. Kaiserreich fatal (u. a. Abschaffung des adel. Militärdienstes, Kirchenreform nach luth. Vorbildern). Die dagegen sowie v. a. gegen seine ostentativ gelebte Prussophilie (Bündnis mit FdG sofort nach dem Reg. antritt 1762, preuß. Drill für russ. Regimenter, Tragen preuß. Uniformen am Kaiserhof) sich anbahnende Opposition führte letztendlich zur Verhaftung und Ermordung P.s, wobei der Anteil seiner Gattin unklar bleibt, aber wohl allenfalls in Mitwisserschaft bestanden hat. Diese beiden russ. Thronwechsel innerhalb eines Jahres führten zu einer jeweils völligen Neuorientierung der europ. Bündnisse und ermöglichten das pol.-milit. Überleben FdG.

Lit. Carol S. Leonard, Reform and Regicide. The Reign of P. III of Russia, Bloomington u. a. 1993; Elena Palmer, P. III. Der Prinz von Holstein, Erfurt 2005; Johannes Dassow, Friedrich II. von Preußen und P. III. von Rußland (Diss.), Berlin 1908.

Petri, Isaak Jacob von
* 17. Sep. 1705 Wesel † 12. Apr. 1776 Freienwalde

Architekt, Ingenieur und Kartograph; ab 1719 in preuß. Diensten: 1723 Lt, 1740 Milit.-Ing. zu Magdeburg, Adj Leopolds I. von → Anhalt-Dessau, 1742 Kapitän, 1746–48 Erbauung des Invalidenhauses zu Berlin,

1748–53 ltd. Ingenieur am Oderkanal und bei der Trockenlegung des Oderbruchs, danach Erstellung für die Pläne des Warthebruchs, welche dann unter → Brenkenhoff verwirklicht wurden. – Neben seiner Ingenieurstätigkeit war P. auch ein gesuchter Kartograph, dessen meist aus milit. Notwendigkeit entstandenen Kartenwerke (1757 Kriegs-Carte für Franken, 1762 *Gantz Neue und Vollstaendige Geographische General-Charte vom Gantzen Churfürstenthum Sachsen*) mit das Beste der zeitgen. Produktion darstellten.

Lit. Bernhard von Poten, Art. «P., I. J.», in: ADB 25 (1887), 525–527; König, Lexikon, III, 142–146; Wolfram Sternbeck, Die Invalidensiedlung in Berlin-Frohnau – die Geschichte der Stiftung «Invalidenhaus Berlin». Ein vergessenes Erbe Preußens, Erfurt 2007.

Pfalz-Sulzbach → Carl Theodor

Pfalz-Sulzbach, Maria Anna von

* 22. Jun. 1722 Schwetzingen † 25. Apr. 1790 München

geb. Prinzessin Maria Anna Josepha Charlotte Amalie von Pf.-S., Tochter Joseph Carls von Pfalz-Sulzbach (1694–1729) und Elisabeth von Pfalz-Neuburgs (1693–1728), damit Enkelin → Carl Philipps von Pfalz-Neuburg; 1742 (17. Jan.) verheiratet mit Prinz Clemens Franz de Paula von Bayern (1722–1770), 1780 (10. Jun.) zweite morganatische Heirat mit ihrem Kammerzahlmeister Andreas André(e) († 1807). – Die Lebens- und Zeitumstände wiesen M. A. eine Rolle und Bedeutung zu, die bei ihrer Geburt nicht absehbar gewesen war. Nachdem der frühe Tod ihres Vaters, des Erbprinzen der Kurpfalz und designierten Nachfolgers des ohne männliche Nachkommen gebliebenen Carl Philipp, diesen Plan verhindert und damit die Ansprüche Preußens auf die Landesteile Jülich und Berg neu entstehen lassen hatte, traf sie mit dem gleichfalls frühen Tod ihres Mannes, des seinerseits zur Nachfolge für den ebenfalls männliche Erben ermangelnden Kf. → Maximilian III. Joseph, diese Situation zum zweiten Male an, als dieser 1777 verstarb. Den von → Joseph II. gestellten Ansprüchen auf Niederbayern widersetzte sie sich nicht nur heftig, sondern organisierte mit Johann Georg von → Lori und dem bayerischen Kanzler Wiguläus Xaverius Aloysius Freiherr von Kreittmayr (1705–

1790) die Gruppe der Bayerischen Patriotenpartei. Diese verstand es, im Zusammenwirken mit FdG, dem einstigen Konkurrenten aus kurpfälzischen Tagen – wobei die Beziehungen zunächst über dessen Gesandten von → Görtz, dann aber meist über direkten Briefkontakt liefen –, Preußen zu Garantie und militärischem Handeln zu bewegen, was in den BEK einmündete. Infolgedessen konnte im Frieden zu Teschen (13. Mai 1779) der Bestand Bayerns (lediglich unter Abtretung des Innviertels) gesichert werden. Diese Tat brachte M. A. zahlreiche zeitgen. und posthume Ehrenbeweise ein, Bitterauf nannte sie «Patrona Bavariæ», FdG zollte ihr in seinen zahlr. Briefen oftmals Respekt und Anerkennung, dies umso mehr, als es M. A. bereits in den 1750er Jahren gelungen war, die pro-österreichische Politik Max III. Josephs abzuschwächen und schließlich in eine Neutralität gegenüber Preußen umzuwandeln. Bei der Gründung des Fürstenbundes 1785 und in dessen Vorfeld sollte sie sich als unbedingte Verfechterin dieses Projektes erweisen. In der Summe all ihrer umfangreichen politischen Aktivitäten gehört M. A. damit zu einer der wichtigsten – wiewohl wenig beachteten – Figuren friderizianischer Reichspolitik.

Lit. August Rosenlehner, Art. «M. A.», in: ADB 52 (1906), 196–201; Alois Schmid, Art. «M. A.», in: NDB 16 (1990), 181f.; Adolf Erhard, Herzogin M. A. von Baiern und der Teschener Friede, München 1881.

Pfeiffer, Johann Friedrich von

* 7. Okt. 1717 Berlin † 5. März 1787 Mainz

Verw.-Beamter; ab 1733 in preuß. Diensten als Unteroffizier, 1743 Abschied aus der Armee, Versetzung in den zivilen Dienst auf Anordnung FdG, 1747 Kgl. Kommissar des *Colonisten-Wesens*, 1751 verantw. für die Kurmark (bis 1754 über 100 neue Ansiedlungen, «Pfeiffersches Etablissement»), 1751/52 Übernahme weiterer Bezirke, 1754 des Amtsmissbrauchs angeklagt, 1758 zu sechs Jahren Festungshaft verurteilt, 1761 Flucht aus Preußen, sp. ab 1764 in Württemberg, 1782 Prof. der *Oeconomischen & Cameral-Wissenschaften* in Mainz. – Welche Motive genau für die Desavouierung P.s 1754 vorlagen, lässt sich nicht mehr genau bestimmen, jedenfalls hinderte ihn dieser Vorwurf nicht an der Verfolgung seiner weiteren wiss. Karriere; auf dem Gebiet der Kameralwissenschaften zählt er zu den Koryphäen des 18. Jhs.

W. (Ausw.) Lehrbegriff sämtlicher oeconomischer und Cameralwissenschaften, 4 Bde., Stuttgart 1764–1778; Natürliche, aus dem Endzweck der Gesellschaft entstehende allgemeine Policeiwissenschaft, Frankfurt/Main 1779 (Ndr. Aalen 1970). – *Lit.* Hannelore Lehmann, Zum Pfeifferschen Etablissement in der Kurmark (1750–1754), in: Hansische Stadtgeschichte – Brandenburgische Landesgeschichte (Abhandlungen zur Handels- und Sozialgeschichte 26), Weimar 1989, 106–122; dies., Art. «P., J. F.», in: BrBL, 308; Uwe Wilhelm, Art. «P., J. F.», in: NDB 20 (2001), 321f.

Pfuel, Ernst Ludwig von

* 8. Dez. 1716 Gut Plagow † 5. Mai 1798 Berlin

Militär; von Präzeptoren und Vormündern erzogen, ab 1731 in preuß. Diensten: 171 Kadett, 1740 Fähnrich, 1741 nach Gefechten im SJK SLt, 1746 PLt, bei Leuthen verwundet, 1757 SK und Kapitän, 1760 Major, 1762 PlM, 1767 OLt, 1771 Ob, im BEK bei Nikolsburg kämpfend, 1779 GM, 1783 Heeres-Inspekteur in der Mark, 1784 Gouverneur von Spandau, 1785 DH zu Halberstadt, 1786 GLt, SAO (letzte Verleihung FdG), 1794 GdI. – P. war v. a. in den sp. Jahren ein enger milit. Vertrauter FdG, der ihn v. a. wegen seiner Umsicht und Erfolge im BEK rühmte.

Lit. SF 2, 144f. (N° 662); Bernhard von Poten, Art. «P., E. L.», in: ADB 25 (1887), 713; König, Lexikon, III, 147.

Pfuel, Ernst Ludwig von

* 20. Apr. 1718 Gielsdorf † 23. Jul. 1789 Berlin

Militär und Hofbeamter; nach Besuch der RAk zu Brandenburg 1737–41 Studium der Rechte zu Frankfurt/Oder, ab 1741 in preuß. Diensten: 1741 Fähnrich, 1743 SLt, 1756 PLt, 1757 Kapitän, 1761 Major der Husaren, 1773 OLt, 1780 aus gesundheitl. Gründen Abschied, 1782 Hofmarschall des Prinzen → Heinrich, in gleicher Eigenschaft 1784 beim Kronprinzen, dem sp. → Friedrich Wilhelm II., von diesem 1787 zum Dir. des II. Departements beim OKC und GM ernannt.

Lit. SF 2, 262 (N° 752); König, Lexikon, III, 157.

Philipp → Felipe

Philippine Charlotte

* 13. März 1716 Berlin † 17. Feb. 1801 Braunschweig

geb. Prinzessin von Preußen, Schwester FdG; 1733 Heirat mit Carl I. von → Braunschweig-Wolfenbüttel, aus der Ehe gingen neun überlebende Kinder, darunter → Anna Amalia, hervor. – Durch ihre weit gestreuten Interessen und Verbindungen zu Größen der zeitgen. Literatur (so zu Salomon Gessner (1730–1788) und → Klopstock) wurde Ph. Ch. – im Ggs. zu ihrem Bruder – eine Förderin der dt. Kultur der Epoche; daneben trat sie u. a. als Übersetzerin der Werke → Wolffs ins Frz. hervor.

Qu. Correspondance de Frédéric avec sa sœur Charlotte, duchesse de Brunswic [Œuvres 27/1, 379–396]. – *Lit.* Helene Matthies, Lottine. Lebensbild der Ph. Ch., Schwester Friedrichs des Großen, Braunschweig 1958; Pangels, Königskinder, 164–224; Helmut Schnitter, Die ungleichen Schwestern, in: ders. (Hg.), Gestalten, I, 67–82.

Pius VI. (Giovanni Angelo Conte di Braschi)

* 27. Dez. 1717 Cesena † 29. Aug. 1799 Valence

1775–1799 Papst; nach Studien (utr. jur. Cesena und Ferrara), 1753 päpstl. Sekretär → Benedikts XIV., 1766 Schatzmeister der Apost. Kammer, 1773 Card. (Tit. Sant'Onofrio), als idealer Nachf. → Clemens' XIV. aufgrund seiner jesuitenfeindl. Haltung am 15. Feb. 1775 zum Papst gewählt. Diese Haltung bestätigte sich in seiner acht Jahre verzögerten Verurteilung der antikirchl. Synode von Pistoia (1786) und seiner zögerl. Verurteilung der frz. Revolution, v. a. des Mordes an → Louis XVI und Marie Antoinette. Als die Revolutionäre allerdings die päpstl. Staaten in Frankreich konfiszierten und schließlich in den Kirchenstaat selbst einmarschierten, änderte sich seine Haltung, welche sodann zur Absetzung und Inhaftierung führte, in welcher er 1799 zu Valence verstarb. Eine 1782/83 unternommene Reise zu → Joseph II. zwecks Änderung von dessen Kirchenpolitik war erfolglos geblieben.

Lit. Pastor, Geschichte, XVI/3, Freiburg 1933; Stefan Burghardt, Art. «P. VI.», in: BBKL VII (1994), coll. 667–670; Jules Gendry, P. VI. Sa vie, son pontificat 1777–99, d'après des archives vaticanes et de nombreux documents inédits, 2 Bde., Paris 1907.

Platen, Dubislav Friedrich von

* 23. Aug. 1714 Sagard † 7. Jun. 1787 Königsberg

Militär; ab 1723 in preuß. Diensten: 1723 Kornett, 1729 Lt, 1736 RM, 1736 OJoh, 1741 bei Mollwitz PlM, 1742 Major, 1747 OLt, 1753 Ob, 1757 GM, 1759 GLt, 1786 SAO, Gouverneur von Memel und Pillau, 1787 GdK. – Zunächst brachte FdG P., v. a. aufgrund von dessen Verdiensten im ÖEK, großes Vertrauen entgegen; das unglückliche Manöver P.s 1760 zum Entsatz der bis dahin durch von der → Heyde so heldenhaft verteidigten Kolbergs verzieh er ihm nie, der offene und latente Vorwurf durchzieht die ges. weitere Korrespondenz der beiden. P. galt als cholerisch und sprunghaft, seine Auszeichnungen und Anerkennungen erhielt er erst unter → Friedrich Wilhelm II. Verheiratet war P. mit Sophia Susanna Charlotte Cocceji (1704–1738), einer Tochter des Ministers → Cocceji.

Lit. SF 1, 430–433 (N° 447); Bernhard von Poten, Art. «P., D. F.», in: ADB 26 (1888), 249–251; König, Lexikon, III, 163–168.

Plotho, Erich Christoph Frh. von

* 23. Sep. 1707 Parey † 27. Jan. 1788 Ansbach (?)

Diplomat ; nach Studium der Rechte in Frankfurt/Oder 1734 preuß. LR am RT, 1739 GJR in Berlin, 1741 Ges. in Hannover, 1742–48 RP zu Magdeburg, ab 1754 preuß. Ges. am RT, 1766 Abschied. – P. war in der Zeit des SJK das maßgebl. Bindeglied zw. Preußen und dem Reich, zu Regensburg und auf zahlr. Reisen sicherte er Sympathien für FdG und erreichte die Ablehnung der gepl. Reichsacht durch das *Corpus Evangelicorum*. Aufgrund von evtl. Unregelmäßigkeiten im finanz. Bereich kam es aber zum Bruch mit dem Kg., der auf Erstattung sämtl. Summen bestand.

Lit. Albert Naudé, Lebensabriß des preußischen Diplomaten von P., in: Märkische Forschungen 20 (1887), 323f.; Karl Otmar von Aretin, Art. «P., E. C.», in: NDB 20 (2001), 550f.; Albert Naudé, Art. «P., E. C.», in: ADB 26 (1888), 312–317.

Podewils, Heinrich von

* 3. Okt. 1696 Krangen † 29. Jul. 1760 Magdeburg

Jurist, Diplomat und Minister; nach Studium der Rechte zu Halle und Leiden 1720 GKrR, 1722 GFR, daneben in dipl. Missionen (1720 München, 1724 Bonn, 1728 Ges. zu Kopenhagen und 1729 zu Stockholm), 1730 zeitw. ltd. Min. des Kabinettministeriums, 1740 Wirkl. Geh. Kriegs-, Etats- und Cabinet-Minister mit Zuständigkeit für Außen- und Militärangelegenheiten, 1741 Graf, SAO, ltd. preuß. Vertreter bei den Friedensschlüssen des ÖEK (1742 Breslau/Berlin, 1745 Dresden). – Wiewohl er offiziell bis zu seinem Tode die AP Preußens leitete, nahm spätestens ab 1755 der Einfluss seines Nachf. Karl Wilhelm Graf → Finck von Finckenstein, eines pers. Freundes FdG, zu. Der tats. Anteil P.s daran ist daher für diese Zeit (etwa bei Ausbruch des SJK) schwer zu bestimmen. Für die Zeit davor wird der Einfluss des «Zauderers P.» immer als mäßigend gesehen, was aber aufgrund der nahezu hundertprozentigen Leitung der Politik durch den Kg. nur bedingt relevant war.

Qu. PC 1 und 2, passim; L'instruction pour le comte de P. comme ministre du Roi à la cour de Vienne, in : ZPGL 3 (1866), 310–314. – *Lit.* Hans Wolfram von Hentig, Art. «H. Graf von P.», in: NDB 20 (2001), 556f.; Reinhold Koser, Art. «Graf H. von P.», in: ADB 26 (1888), 344–351.

Pöllnitz, Carl Ludwig Wilhelm Freiherr von
* 25. Feb. 1692 Issum † 23. Jun. 1775 Berlin

Schriftsteller und Abenteurer; mit seinem Vater Wilhelm Ludwig von P. († 1693) früh nach Berlin gekommen, dort am Hofe Spielgefährte des sp. → Friedrich Wilhelm I., ab 1710–13 in preuß. Diensten im Spanischen Krieg in Flandern, 1713 in Paris im Hause der Hzge. von Orléans, weite Reisen durch Europa, Tätigkeit u. a. als Reiseschriftsteller und Spieler, 1735 wieder in Berlin als österr. Spion, preuß. Kammerherr, Mitgl. im «Tabak-Collegium», 1740 Ober-Zeremonienmeister FdG, 1744 Abschied, danach wiederholt zu Potsdam und Sanssouci. – Immer in Geldnöten, unstet und ohne Ziel, ist P. das Idealbild des Abenteurers im Rokoko. Seine erfolgreichen Skandalerzählungen und Reiseabenteuer prägen aber leider bis heute manche Vorurteile über das 18. Jh. FdG übernahm ihn wohl aufgrund seines hohen Unterhaltungswertes in seinen Hofstaat auf und zahlte auch einen Teil seiner Schulden.

Qu. Correspondance de Frédéric avec le baron de Pöllnitz [Œuvres 20/V]. – *W.* (Ausw.) Histoire secrette de la duchesse de Hanovre, London 1732 (dt. 1734); Memoires contenants les observations qu'il a faites dans ses voyages et le caractère des personnages qui composent les principales cours de l'Europe, 3 Bde., Liège 1734 (dt. Frankfurt/Main 1735, engl. London 1738/39); Nouveaux mémoires du Baron Pöllnitz contenant l'histoire de sa vie et la relations de ses premiers voyages, 2 Bde., Amsterdam 1737/Frankfurt 1738 ; La Saxe galante, Amsterdam 1734 (dt. Das galante Sachsen, Frankfurt/Main 1735); Liebschaften König August d. Starken, Berlin 1784; Etat abrégé de la cour de saxe sous la règne d'August III., Frankfurt 1734 (dt. Breslau 1736). – *Lit.* Hans Wolfram von Hentig, Art. «P., K. L.», in: NDB 20 (2001), 563f.; Reinhold Koser, Art. «P., K. L.», in: ADB 397–399.

Porporino

* 1719 Verona † 20. Jan. 1783 Berlin

Sänger, eigentl. Antonio Uberti, bzw. Anton Huber(t); als Sohn eines preuß. Soldaten in venezianischen Diensten und einer ital. Mutter geboren, 1732 nach einem Unfall kastriert, in den 1730er Jahren Gesangsausbildung bei Nicola Porpora (1686–1768) in Neapel (daher die in der Zeit übl. Namensnennung als Ehrenbeweis an den Lehrer), nach großen Erfolgen auf den ital. Bühnen ab 1741 an der Kgl. Oper zu Berlin. – P. war für FdG *die* Inkarnation der Gesangskunst seiner Zeit. Dem Ideal der neapolitanischen *Opera Seria* und ihres Gesangsstils verpflichtet, gehörte P. zu den größten Gesangstalenten und -stars des 18. Jhs. FdG bezeichnete P. mitunter als seinen Schüler und verfasste mehrere Arien, Kantaten bzw. Arien-Aussetzungen (mit Verzierungen) für ihn (vgl. Bfe. an → Wilhelmine vom 25. Feb. bzw. 15. März 1743, Œuvres 27/1, 130f.). P. empfand wohl ähnlich, da er wiederholt versicherte, seine Stimme gehörte nur Gott und dem König von Preußen. Er sang u. a. die Titelrolle in → Grauns *Montezuma* von 1755, welcher auf einem Libretto FdG beruhte.

Lit. Karl J. Kutsch/Leo Riemens, Großes Sängerlexikon, Bd. 4, Bern/München 1997, 2788.

Posadowsky Carl Friedrich, Freiherr von Postelwitz

* 2. Aug. 1694 (1695?) Lampersdorf † 7. Apr. 1747 Wriezen/Oder

Militär, ab 1705 in preuß. Diensten: 1712 Fähnrich, 1715 vor Stralsund, 1715 RM, 1718 Major, 1722 OLt, 1732 Ob, 1736 AHM zu Oletzko, 1740 Werbeoffizier in Kurmainz, 1741 PlM, 1741 GM, 1742 *Directeur* der Ritterakademie zu Liegnitz, 1743 in den Grafenstand erhoben, 1745 GLt, 1745 SAO.

Lit. Bernhard von Poten, Art. «P., C. F.», in: ADB 26 (1888), 452f.; SF 1, 234f. (N° 283)

Postelwitz → Posadowsky

Prades, Jean Martin de

* c. 1720 Castelsarrasin † 1782 Glogau

Theologe, Vertrauter und Vorleser FdG; nach Studien der Theol. zu Paris und Montauban Lizentiatsstudium an der Sorbonne, 1751 dort Vorlage der Abschlussarbeit, welche durch eine Überblendung antiker und christl. Elemente die Wahrheit der Religion beweisen wollte; v. a. von den Jansenisten und vom *parlement* angegriffen, schl. von der Fakultät (nach vorausgehender Promotion *summa cum laude*) und von → Benedikt XIV. verurteilt, 1752 Flucht nach Potsdam zu FdG, nachdem zuvor auch sein Art. über die «Gewißheit (certitude)» für die *Encyclopédie* verdammt worden war; vom Kg. mit Kanonikaten zu Oppeln und Glogau versorgt und als Vorleser am Hofe angestellt, bald dort ltd. Position, 1754 Aussöhnung mit der Kurie und Widerruf seiner Schriften, im SJK 1757 der Spionage für Frankreich überführt, in Magdeburg inhaftiert und 1763 nach Schlesien in seine geistl. Pfründe exiliert. – P. stellte in der Mischung von intell. Kapazität, relig. Ambivalenz und pol. Illoyalität ein Idealbild des *abbé illuminé* dar, wiewohl seine Verurteilung 1751 mehr als Ausdruck der inneren Spannungen Frankreichs denn als echte theol. Entscheidung gelten kann.

Lit. Jeffrey D. Burson, The Rise and Fall of Theological Enlightenment: J.-M. de P. and Ideological Polarization in Eighteenth-Century France, Notre Dame/Ind. 2010; Wilhelm Gundlach, Friedrich der Große und sein Vorleser J. M. de P., Hamburg 1892; John S. Spink, The Abbé de P. and the Encyclopaedists: was there a Plot?, in: French Studies 24 (1970), 225–236.

Prittwitz und Gaffron, Joachim Bernhard von

* 3. Feb. [2. März?] 1726 Saborwitz † 4. Jun. 1793 Berlin

Militär; nach Gymnasialbesuch zu Oels ab 1744 in preuß. Diensten: 1746 Fähnrich, 1751 SLt, in zahlr. Schlachten des SJK, bei Kolin verwundet, bei Zorndorf (1758) PlM, 1758 RM, 1760 Major, 1762 OLt, 1764 OJoh, 1768 Ob, 1775 GM und Chef des Reg. *Gens d'Armes* (Kürassier N° 10), Kavallerie-Inspekteur der Bez. Mark und Magdeburg, 1785 GLt, SAO, 1789 GdK. – P. war einer der dem Kg. am meisten verbundenen Militärs; als häufiger Gast zu Sanssouci erfuhr er zeitlebens FdG Anerkennung, ihn bei Kunersdorf (1759) vor der Gefangennahme bewahrt zu haben. Neben zahlr. zivilen Funktionen (Landausbau, Überwachung des Münzwesens, Kanalbau) widmete sich P. v. a. seinem Schloss zu Quilitz (heute: Neuhardenberg), wo er 1786 nach dem Tode FdG ein Denkmal für diesen errichtete.

Lit. SF 2, 91–93 (N° 613); Bernhard von Poten, Art. «P., J. B.», in: ADB 26 (1888), 605f.; Schloß Neuhardenberg, Bonn 2004.

Q

Quade, Michael Friedrich

* 28. Jul. 1682 Zachan † 11. Jul. 1757 Stettin

Theologe und Pädagoge, ab 1687 Gymnasialstudien in Stargad und Berlin, ab 1700 Studium der Theologie zu Wittenberg und ab 1702 zu Greifswald (Philosophie), als Begleiter seines ehem. Lehrers Johann Friedrich Mayer (1650–1712) zahlr. Reisen in Nordeuropa, 1704 Mag., 1706 Habilitation in Fach Philosophie in Greifswald, bis 1715 ebd. als Lektor tätig, 1716–57 Rektor des Akademischen Gymnasiums zu Stettin, 1716–54 ebd. Prof. für Rhetorik und Stilistik. – Neben seinem Einsatz um seine pommersche Heimat wurde Qu. v. a. als akadem. Lehrer (u. a. von E. F. von → Hertzberg) berühmt.

W. Von der unschätzbaren Glückseligkeit der königlich-preußischen und kurbrandenburgschen Lande…, 1717; Prodromus vindiciarum gloriæ et nominis Pomeranorum, i.e. Vorläufige Rettung der Ehren und des Namens Pommerscher Nation…, 1721. – *Lit.* Johann Gottlob Wilhelm Dunkel, Historisch-kritische Nachrichten von verstorbenen Gelehrten und deren Schriften, Bd. III/1, Köthen und Dessau 1757, 1083–1085 (Nr. 29); J. C. C. Oelrichs, Memoria M. Fr. Quade, [4]Rostock und Wismar 1758 [darin 2–9 die Autobiographie Qu.s bis 1710]; Richard Hoche, Art. «Qu., M. F.», in: ADB 27 (1888), 2f.

Quantz, Johann Joachim

* 30. Jan. 1697 Oberscheden † 12. Jul. 1772 Potsdam

Komponist und Flötenvirtuose; 1708 nach dem Tode des Vaters bei Verwandten zu Merseburg als Musiklehrling, 1714 Stadtpfeifergeselle zu Radeberg und Pirna, 1716 Flötist in der Stadt-Kapelle zu Dresden, 1717 zu Kontrapunkt- und allg. Kompositionsstudien in Wien (Johann Joseph Fux, 1660–1741) und Dresden (Jan Dismas Zelenka, 1679–1745), 1718 Hofoboist zu Dresden und Warschau in der Kapelle Friedrich Augusts I., danach unter Anleitung und Lehre durch/bei Pierre Gabriel Buffardin (1690–1768) ebd. als Hofflötist, im kgl. Auftrag und Sold 1724–27 auf Studienreise in Italien (u. a. bei Francesco Gasparini (1668–1727) zu Rom), 1726/27 zu Paris und 1727 zu London; 1728 zu ersten Male in Berlin, nach einem Vorspiel am Hofe von Kronprinz Friedrich als priv. Flötenlehrer engagiert mit der Verpflichtung zum zweimaligen Erscheinen pro Jahr, 1741 als *Hof-Compositeur* und *Cammer-Musicus* mit einem

Jahresgehalt von 2000 th. berufen, wozu Extrahonorare für Flötenkompositionen sowie 100 th. für jede erworbene und begutachtete neue Flöte kamen. – Ohne Zweifel war Qu. – mehr noch als die Brüder → Graun oder Franz → Benda das musik. Alter Ego FdG, für welchen er ca. 300 Flötenkonzerte, 200 Sonaten für Flöte und b. c. sowie sieben Konzerte für zwei Flöten komponierte. Qu. allein besaß das Vorrecht, den Kg. bzgl. dessen musik. Aufführungen zu kritisieren bzw. zu verbessern. Seine Flötenschule von 1752 wurde weit über Potsdam hinaus berühmt und zählt zu den großen musikpädag. Werken des 18. Jhs.

W. Versuch einer Anweisung die Flöte traversiere zu spielen: mit verschiedenen, zur Beförderung des guten Geschmackes in der praktischen Musik dienlichen Anmerkungen begleitet…, Berlin 1752 (Ndr. Kassel 1953). – *Qu.* Autobiographischer Abriß meines Lebens…, in: Friedrich Wilhelm Marpurg, Historisch-kritische Beyträge zur Aufnahme der Musik, I, Berlin 1754/55, mod. Ed. in Willi Kahl (Hg.), Selbstbiographien deutscher Musiker des 18.Jahrhunderts , [2]Amsterdam 1972. – *Lit.* Reinhard Langer, Wie aus dem Dorfschmiedsohn ein Lehrer des Königs wurde: der Lebensweg des J. J. Qu.…, Merseburg 1997; Meike ten Brink, Die Flötenkonzerte von J. J. Qu., Göttingen 1995; Carl Zulawski, J. J. Qu., der Flötenlehrer, in: Gestalten 2, 96–107.

Quintus Icilius → Guichard, Carl Theophil

R

Racknitz, Franziska Henriette Friedrica von

* 25. Aug. 1711 (1712?) Hermsdorf † 1790 Dresden?

Vertraute FdG; geb. RG von Flemming, Hofdame am Hofe Friedrich Augusts I. von Sachsen, spätestens 1728 mit dem sechzehnjährigen Kronprinzen Friedrich anlässlich dessen Dresden-Aufenthalts bekannt, dem sie im gleichen Jahr die erste Flöte schenkte und evtl. den Flötenunterricht bei Johann Joachim → Quantz vermittelte, 1735 Ehe mit Gallus Maximilian von R. (1711–1758), sp. HR und GJR von Sachsen-Polen. – R. verfügte offenbar über ein weites Korrespondenznetz, neben FdG sind Briefe u. a. an → Gottsched erhalten.

Lit. Johann Christian Ferdinand von Langermann, Eine Jugendfreundin Friedrichs des Großen am Hofe Augusts des Starken, in: Velhagen und Klasings Monatshefte 50 (1935), 107–112; Gutsherren von Lockwitz – die Familie von R., in: Lockwitzer Nachrichten aus alter und neuer Zeit 1/11 (1878), 201–214, bes. 204–207.

Räntz, Johann David

* 18. Sep. 1729 Bayreuth † 1783 Berlin

Bildhauer und Architekt, nach seiner Tätigkeit als Landbauinspektor in Bayreuth am Hofe → Wilhelmines (u. a. Ermitage) und mehreren Werken im fränk. Raum, ab 1764 in preuß. Diensten: Skulpturen am Neuen Palais zu Sanssouci sowie an den dortigen Communs, Ovidgalerie in den Neuen Kammern, mit seinem Bruder Lorenz Wilhelm → K. Ausführung des Sitzbildnisses der Markgräfin Wilhelmine für den Freundschaftstempel im Park zu Sanssouci 1772/73.

Lit. Marita Müller, Ovids *Metamorphosen* in den Neuen Kammern zu Sanssouci, in: Römische Geschichte und Geschichtsschreibung (Potsdamer Lateintage 1), Potsdam 2005, 71–86; Denis André Chevalley u. a., Oberfranken: Ensembles, Baudenkmäler, archäologische Geländedenkmäler, Oldenburg 1986, passim.; Saskia Hüneke, Art. «R., J. D.», in: BrBL, 323; Dehio Potsdam, passim.

Räntz, Lorenz Wilhelm

* 18. März 1733 Bayreuth † 22. Dez. 1776 Berlin

Bildhauer; nach Beschäftigung in Bayreuth am Hofe → Wilhelmines ab c. 1764 in preuß. Diensten, zusammen mit seinem Bruder Johann David

→ R. Skulpturen am Neuen Palais zu Sanssouci, an den dortigen Communs, Ovidgalerie der Neuen Kammern, Freundschaftstempel.

Lit. s. → Räntz, Johann David; Dehio Potsdam, passim.

Ramler, Carl Wilhelm

* 25. Febr. 1725 Kolberg † 11. Apr. 1798 Berlin

Literat, Librettist und Übersetzer; nach (abgebr.) Studien zu Halle und Berlin als Privatlehrer tätig, 1748–90 Dozent, sp. Prof. für Philosophie an der Kgl. Kadettenanstalt zu Berlin, 1786 ADW, 1787 ASK. – Neben und mit → Nicolai, Lessing und → Mendelssohn maßgebl. am Berliner Geistesleben der Zeit beteiligt, hatten seine theoret. Schriften wie seine Oden einen großen Einfluss auf die dt. Lit. des 18. Jhs.

W. (Ausw.) Critische Nachrichten aus dem Reiche der Gelehrsamkeit, Berlin 1750/52; Kurzgefaßte Mythologie, Berlin 1790; Poëtische Werke, hrsg. v. Leopold Friedrich Günther von Goeckingk, 2 Bde., Berlin 1801/02. – *Lit.* Laurenz Lütteken (Hg.), Urbanität als Aufklärung. K. W. R. und die Kultur des 18. Jahrhunderts (Schriften des Gleimhauses Halberstadt 2), Göttingen 2003; Herman Petrich, Art. «R., K. W.», in: ADB 27 (1888), 213–215; C. W. R., mit Biographie und Portrait (Neue Miniatur-Bibliothek der deutschen Classiker 129), Hildburghausen 1846.

Reichardt, Johann Friedrich

* 25. Nov. 1752 Königsberg † 27. Jun. 1814 Giebichenstein

Komponist, Literat und Publizist; Sohn des Lautenisten Johann R. (1720–1780), nach Studium der Rechte und der Philosophie zu Leipzig (1769–71) erste Konzertreisen, 1774 bürgerl. Sekr.-Stelle, 1775 von FdG in Nachfolge → Agricolas zum Hofkapellmeister berufen, zahlr. Reisen in Europa, dabei Kontakte zu Gluck, Schiller, Goethe, Herder, Mozart, Haydn und Beethoven, 1794 entlassen, 1796 rehabilitiert, Dir. der Salinen zu Halle, 1807/08 Hofkapellmeister zu Kassel unter Jérôme Bonaparte (1784–1860). – Sein schwieriges individualistisches Wesen sowie seine mitunter radikalen politischen und philosophischen Einstellungen erschwerten R. eine klassische Karriere als Hofkapellmeister, die er wohl auch nie wirkl. schätzte. Vielmehr sah er sich als neuklassischer Künstlertypus, was in seiner Autobiographie deutlich durchscheint. Von FdG, der die frühe Musik R.s sehr schätzte, trennte ihn folglich viel, nicht zuletzt der musikalische Geschmack, welcher für R. zunehmend von der Hinwendung zu mod. Tendenzen der Wiener Klassik und der Vorromantik gezeichnet war, während jener des Kgs. stets dem für ihn klassischen Ideal der galanten neapolitanischen Musik des 18. Jhs. verpflichtet blieb.

W. (Ausw.) Briefe eines reisenden Nordländers. Geschrieben in den Jahren 1807 bis 1809, Köln 1812; Un hiver à Paris sous le Consulat (1802–1803), mod. Ed. durch Thierry Lentz, Paris 2002. *Seine Autobiographie erschien in loser Folge in der* Berlinischen Musikalischen Zeitung, 1805–1814, mod. Ed.: Der lustige Passagier. J. F. R. Erinnerungen eines Musikers und Literaten, hrsg. v. Walter Salmen, Berlin 2002; vgl. J. F. R., autobiographische Schriften, hrsg. v. Günter Hartung, Halle 2002. – *Lit.* Walter Salmen, J. F. R. Komponist, Schriftsteller, Kapellmeister und Verwaltungsbeamter der Goethezeit, Freiburg im Breisgau/Zürich 1963 (Ndr. Hildesheim 2002); Günter Hartung, J. F. R. als Schriftsteller und Publizist (Diss.), Halle 1964; ders., J. F. R. in den Weltanschauungskämpfen der Jahre 1785 bis 1795, in: ders., Gesammelte Aufsätze und Vorträge; Bd. 5, Leipzig 2007, 115–144.

Rochow, Friedrich Eberhard

* 11. Okt. 1734 Berlin † 16. Mai 1805 Schloss Reckahn

Schulreformer und Gutsherr; nach Studien an der Ritterakademie zu Brandenburg 1750/51 in preußischen Diensten: Lt der Garde, 1756 zu Lobositz verwundet, Abschied aus dem Militärdienst, ab 1760 Gutsherr, 1762 DH zu Halberstadt, 1791 Begründer der *Märkischen Ökonomischen Gesellschaft* zu Potsdam; daneben pädagog. Schriften. – Die zahlr. von R. auf seinen Besitzungen durchgeführten Schulreformen, welche in Musterschulen ihren Ausdruck fanden, machen ihn zu einem Vorreiter der allg. Schulbildung in Preußen. Vor allem der ländl. Bev. galten die Initiativen und Schriften R.s, für sie blieb er „der Lehrer" schlechthin (vgl. Grabinschrift).

*W. (*Ausw.*)* Versuch eines Schulbuches, für Kinder der Landleute, oder zum Gebrauch in Dorfschulen, Berlin 1772; Der Kinderfreund. Ein Lesebuch zum Gebrauch in Landschulen, Brandenburg und Leipzig 1776; Geschichte meiner Schulen, Schleswig 1795; F. E. von R.s sämtliche pädagogische Schriften, 4 Bde., Berlin 1907–1910. – *Lit.* Hanno Schmitt (Hg.), Vernunft fürs Volk. F. E. von R. 1734–1805 im Aufbruch Preußens, Berlin 2001; Eberhard J. Hemmen, Die Pädagogik von F. E. von R. – seine Aufklärungspädagogik mit besonderer Berücksichtigung seines Gottes- und Religionsverständnisses (Diss.), Essen 1997; Karl Vahlbruch, Das soziale Lebenswerk F. E. von R.s, Langensalza 1928.

Rocoulle, Marthe de → Du Val

Rode, Christian Bernhard(t)

* 25. Jul. 1725 in Berlin † 28. Jun. 1797 ebd.

Maler; 1744–48 Ausbildung bei Antoine → Pesne, danach u. a. in Paris im Atelier Charles André → Vanloos, 1755 zurück in Berlin, 1756 Mitgl. ASK auf Empfehlung seines Freundes Daniel → Chodowiecki, 1783 deren Dir., neben zahlr. religiösen (Altarblätter u. a. für die Marienkirche in Berlin) und mythologischen Werken drei bed. Gemäldezyklen, den ersten zur brandenburgischen Geschichte (beendet 1763, als Illustrationen der Hausgeschichte FdG), den zweiten zur Geschichte FdG (*Fredericiana*) nach 1786, den dritten für die Berliner Gedächtniskirche (Helden des preuß. Heeres, 1759–65), daneben Werke im Neuen Palais zu Sanssouci, sowie im Berliner Stadtschloss (Wand- und Deckenmalerei). In seinem Werk markiert R. den Übergang vom friderizianischen Rokoko hin zum Klassizismus der Friedrich-Wilhelm-II.-Zeit; sein Einfluss auf Kunst- und Geistesleben muss hoch eingeschätzt werden, nicht zuletzt aufgrund seiner ltd. Stellungen und weiten priv. Kontakte, u. a. zu Friedrich → Nicolai und seinem Kreis.

Lit. Rainer Michaelis, Fridericiana. Chr. B. R. (1725–1797), Berlin 1999; Renate Jacobs, Das graphische Werk B. R.s, Münster 1990; Anna Rosenthal, B. R. – ein Berliner Maler des 18. Jh., Berlin 1927; Dehio Potsdam, passim.

Rohdich, Friedrich Wilhelm von

* 22. Feb. 1719 Potsdam † 23. Jan. 1796 Berlin

Militär und Minister; 1760 Major, 1767 OLt, 1771 Ob, 1776 *Inspecteur Général* der Infanterieinspektion, 1779 GM und *Directeur* des Militärwaisenhauses zu Potsdam sowie Stadtkommandant ebd., Kommandant der Kgl. Garde, Gründung eines Leihhauses zur karitativen Unterstützung der Invaliden, 1786 GLt, 1787 Erster Präs. des Oberkriegskollegiums sowie Staats- und Kriegsminister (25. Jun.), 1794 GdI. – Die aus dem Nachlass von R. hervorgegangene Sozialstiftung für bedürftige Militärangehörige (*Von Rohdich'scher Legatenfonds*) besteht bis heute, die Grundzüge seines Sozialwesens für den milit. Bereich waren und blieben maßstabsetzend und vorbildlich.

Lit. Walther Rohdich, Leben für Preußen – eine Biographie, Münster 1981; Roland Küpper, Das von Rohdich'sche Legaten-Haus: Geschichte eines alten Preußen-Hauses, Potsdam 1928; SF 2, 137–139 (N° 657); Olaf Gründel, Art. «R., F. *W.*», in: BrBL, 336.

Rothenburg, Friedrich Rudolf Graf von

* 5. März 1710 Poln.-Nettkow † 29. Dez. 1759 Berlin

Militär und Diplomat; 1724–27 Studium in Frankfurt/Oder und Lunéville, 1727–40 in frz. Diensten: 1728 Capitaine, 1730 frz. Gesandter in Spanien, 1732 in Afrika (Feldzug gegen Oran, Eroberung von Massalqivir), 1733 zum kath. Glauben konvertiert, 1735 Adj., 1739 Ob, ab 1740 in preuß. Dienst: 1741 GM, 1742 SAO, 1744 AHM zu Bochum, 1744 außerord. Ges. am Hof zu Versailles zwecks Wiederaufnahme der Kriegshandlungen gg. Österreich, am 4. Jun. Abschluss eines neuen Bündnisvertrages, 1745 GLt. – R. war, neben seinen milit. und dipl. Verdiensten, einer der herausragenden Förderer der kath. Gemeinde zu Berlin, in der neu erbauten Hedwigskirche fand er sein Grab. FdG schätzte ihn außerordentlich auch als pers. Freund, sein Tod erschütterte ihn wie der weniger seiner Generale.

Lit. SF 1, 243–245 (N° 290); Bernhard von Poten, Art. «R., F. R.», in: ADB 29 (1889), 358f.

S

Sachsen-Weimar-Eisenach, Anna Amalia von

* 24. Okt. 1739 Wolfenbüttel † 10. Apr. 1807 Weimar

Tochter Carls I. von Braunschweig-Wolfenbüttel (1713–1780) und seiner Frau, → Philippine Charlotte von Preußen, damit Nichte FdG, ab 1756 mit Herzog Ernst August II. Constantin von Sachsen-Weimar-Eisenach (1737/1755–1758) verheiratet und nach dessen frühem Tod bis 1775 Regentin für den minderjährigen Carl August von Sachsen-Weimar-Eisenach (1757- 1828). Vieles ihrer Hofhaltung zeigte Nähe zum gr. Onkel, v. a. die Kulturförderung, der intime Charakter der abendl. Soireen, aber auch deren nahezu ausschl. männl. Zusammensetzung. Wie FdG verstand A. A. Regierungsgeschäfte mit Kunst, Architektur, Theater und eigener musikal. Komposition zu verbinden. An den meisten Berufungen der klassischen Weimarer Zeit (Goethe, Schiller, Herder) hatte sie – entgegen der ‚Legende' – keinen Anteil, ihr Verhältnis zu diesen war ambivalent.

Qu. Briefwechsel Anna Amalias mit Friedrich dem Großen, in: Friederike Bornhak, A.A. von S.-W.-E., die Begründerin der klassischen Zeit Weimars, Berlin 1892, 342–370. – *Lit.* Christiane Weber, A. A. – Mäzenin von Kultur und Wissenschaft, Weimar 2008; Ursula Salentin, A.A., Wegbereiterin der Weimarer Klassik, [3]München 2007; Sandra Dreise-Beckmann, Herzogin A. A. von S.W.E. (1739–1807). Musikliebhaberin und Mäzenin, Schneverdingen 2004.

Sack, August Friedrich Wilhelm

* 4. Feb. 1703 Harzgerode † 22. Apr. 1786 Berlin

Theologe; nach dem Studium der Theologie zu Frankfurt/Oder 1731 Prediger zu Magdeburg, 1738 KR zu Magdeburg, 1740 Hofprediger unter → Friedrich Wilhelm I., 1744 ADW, 1750 OKR, 1780 Pension. – Berühmtheit erlangte S. u. a. mit seinen Lob- und Dankpredigten auf die großen Siege FdG zu Roßbach und Leuthen 1757 sowie durch seinen Versuch der Vereinigung von biblischer Theologie und rationalem Denken. Sechs seiner Predigten übersetzte Kgin. → Elisabeth Christine, als deren geistlicher Betreuer S. auch fungierte, ins Französische (ed. Berlin 1778).

W. Vertheidigter Glaube der Christen, Berlin 1748–1751; Drei Dankpredigten über die von dem großen König Friedrich II. im Jahre 1757 erfochtenen Siege,

Ausg. Berlin 1857. – *Lit.* Mark Pockrandt, Biblische Aufklärung. Biographie und Theologie der Berliner Hofprediger A. F. W. S. (1703–1786) und Friedrich Samuel Gottfried S. (1738–1817) (Arbeiten zur Kirchengeschichte 86), Berlin u. a. 2003; Siegfried Lommatzsch, Art. «S., A. F. W.», in: ADB 37 (1884), 295–307.

Sal(t)zmann, Friedrich Zacharias

* 3. Jan. 1731 Charlottenburg † 10. Nov. 1801 Potsdam

Gartenarchitekt; nach Studien u. a. bei seinem Vater, dem Hofgärtner Joachim Arndt S. (1691–1771), ausgedehnten Reisen durch Europa sowie Tätigkeiten als Gastwirt und Posthalter, 1766 von FdG nach Potsdam berufen, 1767–72 Umwandlung des Rehgartens zu Sanssouci, sowie teilweise in nicht immer idealem Verhältnis zu den versch. Mitgl der Hofgärtnerfamilie Krutisch (v. a. Philipp Friedrich Wilhelm Krutisch, 1713–1773) maßgebl. für die letzte Ausbauphase der Gärten ebd.; dabei lag der Schwerpunkt auf der Vollendung, v. a. Verglasung der Terrassen, um bessere Wachstums- und Ernteergebnisse für das dort angebaute Obst zu erzielen. Dies entsprach dem Anliegen S.s, dessen wissensch. Beschäftigung v. a. der Gewinnung von Nutzobst und der Anlage von Küchengärten galt. In diesem Anliegen, welches er in mehreren Schriften propagierte, traf er sich mit jenem seines Dienstherren FdG, ebenso in der formalästhetischen Grundlage der Gartenanlagen, was ihm z. T. heftige Kritik von den Verfechtern der neuen engl. Gartenmode, bes. seitens Christian Cay Lorenz Hirschfelds (1742–1792) einbrachte.

W. (Ausw.) Erklärung eines in Kupfer gestochenen, …Haupt-Plans derer Palais und Gärten zu Sans-Souci, Potsdam 1772, ²1779; Gründliche Anweisung, wie man allerley Küchengewächse und Specereykräuter durchs ganze Jahr behandeln soll, wie sie sowol auf französische, als holländische Art früh und spät zu haben und zu erhalten, nach unserem Clima zu richten, auch der Gesundheit nützlich oder schädlich sind, 2 Bde., Berlin 1781/83; Zweiter Theil des Küchengartens nebst einem auf beide Theile eingerichteten Gartenkalender und Kupfertafeln, Berlin 1786; Ueber das Vertilgen von Ameisen, in: Annalen der Märkischen Ökonomischen Gesellschaft, 1/1 (1791), 25f. – *Lit.* Gerd Bartoschek (Hg.), Preußisch Grün : Hofgärtner in Brandenburg-Preußen, Berlin 2004; Alexander Bethge, Reisebericht von F. Z. S., in: Hamburger Garten- und Blumenzeitung 21 (1865), 358–365; Dehio Potsdam, passim.

Sartori, Carl Joseph

* 1709 Wien † 1779 Potsdam

Stukkateur; mit Johann Michael → Merck für das Gros der Stuckdekorationen im Schloss Sanssouci verantwortlich, danach (1760ff.) Künstlerallegorien in der Bildergalerie zu Sanssouci, Stukkaturen im Neuen Palais, in der Laterne des Antikentempels sowie am Lazarett zu Potsdam.

Lit. Harry Nehls, »... eine gar vortrefliche Wirkung ...«. Das vergessene Reiterrelief im Antikentempel im Park von Sanssouci, in: Berlinische Monatsschrift Heft 1/2000, 4–15; Dehio Potsdam, passim.

Schaffgotsch, Ceslaus Gotthard Graf von

* 9. Nov. 1726 Breslau † 1781

Geistlicher, GV; nach Studien in Paris (1747/48) und Prom. Dr. theol. (Orléans 1748) DK zu Breslau, 1753 ebd. Dompropst, 1756 GV. Nach der Einnahme Breslaus im SJK 1757 folgte er ebenso wie sein Bruder Philipp Gotthard von → Schaffgotsch der Aufforderung → Maria Theresias zur Übersiedlung in den österr. Teil der Diözese, was ihm den Verlust sämtl. Ämter eintrug, 1763 entsagte er von sich aus seinem DK, wurde aber noch Propst zu Wyschehrad in Böhmen. – Wie sein Bruder wurde S., trotz einer prinzip. der Haltung FdG entsprechenden theol. Position (die gallikan. Prägung erfuhr er wohl während seiner Studien in Frankreich) und hoher Qualifikation das Opfer einer falschen, wiewohl nachvollziehbaren pol. Einschätzung der Lage 1757.

Lit. Jan Kopiec, Art. «S., C. G.», in: Gatz II, 413; Joachim Bahlcke, Geistliche Karrieren der S. Aufstiegsstrategien und Karrierewege in der Hierarchia Catholica vom 17. bis 19. Jh., in: ders. u. a., Das Haus S., Würzburg 2010, 187–210, v. a. 203–206 (Lit.); Peter Baumgart, Das Haus S. zwischen Habsburg und Preußen. Zur Bewältigung einer Krise, in: ebd., 127–140.

Schaffgotsch, Philipp Gotthard Graf von

* 3. Jul. 1716 Warmbrunn † 5. Jan. 1795 Schloss Johannesberg

1744–1748 Coadjutor von Breslau (durch FdG ernannt!), 1747–1795 (fakt. nur bis 1766, s. u.) Fst.Bf. von Breslau; nach Studien in Rom 1738 Priester, schon 1735 DK in Breslau, danach auch zu Olmütz und Halberstadt, 1740 Konklavesekr. → Sinzendorfs zur Wahl → Benedikts XIV. Als einziger Breslauer DK erklärte sich S. 1740 sofort für Preußen, sein wohl 1742 erfolgter Beitritt zur Freimaurerei entfernte ihn noch weiter vom DK (Eklat 1742, S. ging dann auf Distanz zur Loge, hielt aber bis 1746 Kontakte). Bei einem Berlinaufenthalt 1742 wusste S. FdG für sich einzunehmen, der ihn 1744 gemäß monarch. Kirchenverständnis zum Coadjutor für Sinzendorf ohne Zustimmung von DK und Hl. Stuhl ernannte („Le St. Esprit et Moy nous avons resolus ensemble que Le Prélat S. seroit elû Quoadjuteur de breslau – der Hl. Geist und ich, wir haben zusammen beschlossen, dass Prälat S. zum Coadjutor von Breslau erwählt sei"). Am 2. Okt. 1747 wurde S. nach dem Tode Sinzendorfs vom Kg. in seine (zeitlichen) Rechte eingesetzt, ohne die Wahlfreiheit des DK zu berücksichtigen, am 5. März 1748 stimmte Rom dem, nach Vermittlung durch SJ und die preuß. Ges. schließlich zu. – Die bischöfl. Tätigkeit S.s zeigte dann aber nicht die evtl. erwartete Unterwürfigkeit unter die preuß. Vorgaben, vielmehr orientierte sie sich an der KP seines Vorgängers, d. h. dem Beharren auf kirchl. Vorrechten v. a. im Bereich der Nominationen und der Fiskalverwaltung. Bis 1757 wurde ein oft heikles Gleichgewicht mit Berlin gewahrt, wobei S. sich durch die – wohl unbegründeten – Denunziationen seines WB → Almesloe und seines GV → Brunetti in ein schiefes Licht setzte; dann beging S. aber den Fehler, nach den milit. Rückschlägen für Preußen im SJK einer Einladung → Maria Theresias auf seine österr. Besitzungen Folge zu leisten. Für FdG und die preuß. Reg., die S. (auch) als Staatsbeamten sahen, erfüllte dies den Tatbestand des Hochverrats und der Landesflucht in Kriegszeiten; allen kirchl. Amtsträgern wurde der Kontakt zu S. untersagt, und auch die 1763 erfolgte teilw. Restitution konnte durch die angewiesene Zwangsresidenz zu Oppeln nicht zu einem Neuanfang führen. Die Amtsgeschäfte lagen nunmehr in Händen des WB → Strachwitz, was S. 1766 zum definitiven Verlassen Schlesiens bewog. Von Potsdam aus wurde er für faktisch tot erklärt, und Strachwitz vom Hl. Stuhl zum Apost. Administrator für Breslau bestimmt. Von da an konnte sich S. nurmehr um den österr. Anteil (10%) seiner Diözese kümmern, für den er 1770 ein eigenes GViat zu Teschen errichtete. – S. gehört mit Hontheim und Dalberg zu den großen schillernden Gestalten der späten *Germania Sacra*; ob er wirkl. der Vater der österr. Freimaurerei (erste Loge in Wien 1742 wohl auch im Zusammenhang mit → Franz I. Stephan) gelten kann, sei dahingestellt. Wie eine Ironie der Zeit mutet es aber an, dass der gerade angebl. aufgrund seiner propreuß. und freigeistigen Neigungen ins Amt gekommene S. schließlich im Verbund von Kg., SJ und Hl. Stuhl dessen wieder verlustig ging, nachdem er sich streng kirchlich als Bischof, aber politisch als unzuverlässig erwiesen hatte.

Lit. Erwin Gatz, Art. «S., Ph. G.», in: Gatz II, 415f.; Joachim Bahlcke, Geistliche Karrieren der S. Aufstiegsstrategien und Karrierewege in der Hierarchia Catholica vom 17. bis 19. Jh., in: ders. u. a., Das Haus S., Würzburg 2010, 187–210, v. a. 200–205 (Lit.); Peter Baumgart, Das Haus S. zwischen Habsburg und Preußen. Zur Bewältigung einer Krise, in: ebd., 127–140.

Schaffrath, Christoph

* 1709 Hohnstein † 17. Feb. 1763 Berlin

Komponist; nach Studien ab 1730 Kammer-Cembalist des poln. Königs August II., 1733 dto. am Hofe Paweł Karol Sanguszkos (1682–1750), 1734 in gleicher Eigenschaft in die Hofkapelle FdG zu Ruppin eingetreten (ab 1736 in Rheinsberg), 1740 Hof-Kammer-Cembalist, 1741 *Hof-Musicus* bei Prinzessin → Anna Amalia. – Aus seinen Instr.-Kompositionen ragen 13 Symphonien, sechs Ouvertüren, neben zahlr. Konzerte und Kammermusikwerke heraus; ein Flötenkonzert ist dem König gewidmet.

Lit. Karyl June Louwenaar, The Keyboard Concertos of Chr. S., 2 Bde., Ann Arbor/Mich. 1974.

Schaumburg-Lippe, Albrecht Wolfgang Graf zu

* 8. Mai 1699 Bückeburg † 24. Sept. 1748 ebd.

1728–1748 reg. Fürst von Schaumburg-Lippe; nach einer ersten Ehe mit einer illeg. Tochter George I zweite Heirat mit Charlotte Friederike Amalie, verw. Fürstin von Anhalt-Köthen (1702–1785), was ihn nicht hinderte, eine jahrelange Beziehung mit Charlotte → Bentick zu unterhalten. Historisch wichtiger aber wurde die daraus durch diese beiden initiierte Rezeption des *Anti-Machiavell* FdG bereits in den frühen 1740er Jahren sowie die Bez. A.W. zu → Voltaire, welche durch seinen jüngeren, in Paris lebenden Bruder Friedrich Ludwig Carl Graf zu Schaumburg-Lippe

(1702–1776) angebahnt worden war. Milit. (meist in ndl. Diensten) unbedeutend und wirtsch. für sein Land verheerend (Staatsschulden), gilt A. W. als der erste reg. dt. Fürst, welcher der Freimaurerei beitrat (London 1725) und angebl. auch FdG damit bekannt machte, zu welchem er sp. ab 1737 regelmäßige Kontakte meist in Briefform unterhielt.

Qu. Correspondance de Frédéric avec le comte de Schaumbourg-Lippe [Œuvres 16/14]; Stephan Kekulé von Stradonitz, (Ed.), Die 22 Briefe Friedrichs des Großen an den Grafen A. W. von Sch.-L., zum ersten Mal in dt. Sprache, in: Hannoverland 6 (1912), 74–77, 103–106. – *Lit.* Anna-Franziska von Schweinitz, Zum 300. Geburtstag des ersten deutschen Freimaurers, A.W., regierender Graf zu Sch.-L., in: Quatuor Coronati 35 (1998), 69–96; Curd Ochwadt, Voltaire und die Grafen zu Sch.-L., Bremen/Wolfenbüttel 1977.

Schaumburg-Lippe, Wilhelm Friedrich Ernst Graf zu

* 9. Jan. 1724 London † 10. Sep. 1777 Wölpinghausen

Militär, Militärtheoretiker und reg. Fürst zu Sch.-L.; Sohn Albrecht Wolfgangs zu → Sch.-L., nach Schulbesuch zu Genf und Studien zu Leyden und Montpellier in brit. Diensten, 1742 durch den Tod seines Bruders Georg (1722–1742) zum Erbprinzen geworden. Rückkehr nach Bückeburg, 1743 als Freiwilliger bei Dettingen, in den 1740er Jahren wiederholt bei FdG, 1756 schaumburgischer Generalfeldzeugmeister, 1759 bei Minden verdient, 1761–64 in portug. Diensten, engl. FM. – W. F. war einer der bedeutendsten Heeresorganisatoren und Militärtheoretiker des 18. Jhs. Ersteres belegte zunächst seine völlige Reorganisation der portug. Armee in den 1760er Jahren, nachdem es W. F. gelungen war, den spanischen Einfall von 1761 abzuwehren (was ihm, da er in Portugal ein vereintes engl.-portug. Heer befehligt hatte, dann auch die engl. FM-Würde eintrug), sodann die Anlage der 1767 gegr. Militärakademie zu Bückeburg, Letzteres seine umfangreichen Schriften v. a. zu Fragen des Defensionskrieges und des Festungswesens, was seinerseits wiederum erheblichen Einfluss etwa auf die preuß. Heeresreform des frühen 19. Jhs. ausübte. Dies fand seinen Niederschlag in der Anlage der Festung Wilhelmstein im Steinhuder Meer als zentrale Landesfestung seines Fürstentums. Daneben vernachlässigte er keineswegs die allgemeinen zivilen Regierungsgeschäfte. Vielmehr zeigten seine Maßnahmen, erschwert aber auch notwendig durch die Schuldenpolitik seines Vaters, ein Engagement in allen Bereichen des öffentlichen Lebens, so in der Hebung von Handel und Wirtschaft (Gründung von Manufakturen, Papiermühlen und z. B. der Schokoladenfabrik zu Steinhude), Landbesiedelung, Abschaffung der Frondienste sowie der Prügelstrafe im Militär. Die Berufung Herders und → Abbts zeugte von den kulturellen Interessen des Fürsten ebenso wie die Anstellung des Bachsohnes Johann Christoph Friedrich Bach (1732–1795) 1750 als Kammermusiker und, ab 1755, als Hofkapellmeister, was die Ambition W. F.s zum Ausdruck brachte, auch in einem kleinen Territorium ein musikalisches Leben ebenbürtig den großen Höfen hervorzubringen, wobei die Hofkapelle FdG dabei eindeutig als Vorbild diente. Nicht vergessen sei seine Offenheit technischen Innovationen gegenüber – so wurde zu Wilhelmstein 1762 das erste Unterseeboot weltweit gebaut.

W. Schriften und Briefe, hrsg. v. Curd Ochwadt (= Veröffentlichungen des Leibniz-Archivs 6–8), 3 Bde., Frankfurt am Main 1977–1983. – *Lit.* Curd Ochwadt, W. Graf zu Sch.-L. 1724–1777. Zur Wiederkehr des 200. Todestages, Bückeburg 1977; Eva Rademacher, Graf W. in Sch.-L. und seine Zeit, in: Schaumburg-Lippische Heimat-Blätter 53/77 (2002), Heft 4, 6–17; Carl-Hans Hauptmeyer, Souveränität, Partizipation und absolutistischer Kleinstaat. Die Grafschaft Schaumburg-(Lippe) als Beispiel (= Quellen und Darstellungen zur Geschichte Niedersachsens; 91), Hildesheim 1980; Hans H. Klein, W. zu Sch.-L. Klassiker der Abschreckungstheorie und Lehrer Scharnhorsts (= Studien zur Militärgeschichte, Militärwissenschaft und Konfliktforschung; 28), Osnabrück 1982

Schlabrendorf(f), Ernst Wilhelm von

* 4. Feb. 1719 Schloss Gröben † 14. Dez. 1769 Breslau

1755–69 Etatminister für Schlesien; nach Studium der Rechte zu Halle 1740 Kriegsrat bei der Kriegs- und Domänenkammer, 1745 GR und Dir. der Pommerschen Kammer zu Stettin, 1754 Präs. der Magdeburger Kammer. Aufgrund des großen Erfolges in all diesen Ämtern 1755 von FdG zum Etatminister für Schlesien bestellt, 1757 SAO, 1763 vom Kg. ein Geschenk von 50.000 th. erhalten, 1769 als Begleiter FdG bei dem Treffen mit → Joseph II. zu Neiße. – Dem unzweifelhaften Erfolg S.s als Verwalter und Neuorganisator der Provinz Schlesien, welche bald den dreifachen Ertrag als zuvor unter österr. Reg. abwerfen sollte, steht die massiv antikatholische und oftmals unglückliche, da gewollt zu aggressive Politik dort gegenüber, welche einen Kurs des Ausgleichs im Verbund mit dem Bistumsadministrator → Strachwitz erst nach S.s Tod 1769 ermöglichte.

Lit. Colmar Grünhagen, Art. «S., E.W.», in: ADB 31 (1890), 316–319; Bettina Braun, Friedrich der Große und seine Politik gegenüber der Katholischen Kirche in Schlesien, in: ZSRG Kan. Abt. 109/LXXVIII (1992), 210–311; Hans-Wolfgang Bergerhausen, Friedensrecht und Toleranz. Zur Politik des preußischen Staates gegenüber der Katholischen Kirche in Schlesien (QFBPG 18), Berlin 1999.

Schleswig-Holstein-Gottorf, Georg Ludwig von

* 16. März 1719 Eutin † 7. Sep. 1763 Kiel

Militär und Gouverneur, Bruder Kg. → Adolf Friedrichs von Schweden und Onkel Kaiserin → Katharinas II. von Russland; nach frühen Jahren in sächs., ab 1741 in preuß. Diensten: 1742 OLt, 1744 GM, 1745 Kaiserl. Russ. St.-Andreas-Orden, 1757 GLt, 1758 SAO, 1760 nach herber Kritik FdG an seiner milit. Leistung Abschied und Wechsel in russ. Dienste: 1762 FM, nach dem Tode → Peters III. im gleichen Jahr Statthalter Katharinas II. in Kiel. 1750 heiratete er Sofie Charlotte von Schleswig-Holstein-Sonderburg-Beck (1722–1763), Tochter des preuß. Generals Friedrich Wilhelm II. von → Schleswig-Holstein-Sonderburg-Beck.

Lit. Ernst Graf zur Lippe-Weißenfeld, Art. «G. L. von Sch.-H.», in: ADB 8 (1878), 698; König, Lexikon, II, 172–177.

Schleswig-Holstein-Sonderburg-Beck, Friedrich Wilhelm II. von

* 18. Jun. 1687 Potsdam † 11. Nov. 1749 Königsberg

Militär; Sohn des preuß. GFM Friedrich Ludwigs von Schleswig-Holstein-Sonderburg-Beck (1653–1728), nach Studien zu Halle ab 1704 in preuß. Diensten: 1704 OLt, 1713 Ob, 1721 GM, 1747 GLt und Gouverneur von Spandau. – FdG schätzte, im Ggs. zu seinem Vater → Friedrich Wilhelm I., die milit. Fähigkeiten F. W.s nicht allzu hoch ein, hatte er doch bei Mollwitz aufgrund eines angebl. nicht erhaltenen Befehls das Eingreifen seines Corps allzu lange hinausgezögert („Le Duc de Holstein avait eu occasion de frapper un grand coup; mais pour lui les occasions etaient predues – Der Herzog von Holstein hatte Gelegenheit, einen großen [milit.] Coup zu landen, aber bei ihm waren die Gelegenheiten vergebens [verloren]“, Qu. s. u.). Trotzdem und wohl aufgrund seiner allg.

menschl. Wertschätzung, ernannte er ihn noch danach zum GLt und Gouverneur von Spandau. Anlässlich des Todes F. W.s schrieb er an → Wilhelmine, „Il est généralement regretté, il n'a jamais fait de mal qu'a lui-même, la galanterie ne l'a quitté qu'a son dernier soupir – Sein Tod wird allgemein bedauert, er tat niemals jemanden etwas zuleide außer sich selbst, sein galantes Wesen verließ ihn bis zum letzten Atemzuge nicht" (Bf. vom 22. Nov. 1749, [Œuvres 27/1, 219]).

Qu. Histoire de mon temps, ch. III [Œuvres 2, III, 86]. – *Lit.* Richard von Meerheimb, Art. «F. W.», in: ADB 8 (1878), 23f.

Schleuen, Johann David

* 12. Mai 1711 Berlin † 9. März 1771 ebd.

Kupferstecher; nach Lehre bei Georg Paul Busch († 1756) ab 1735 tätig, 1740 mit eigenem Atelier, 1760 Berliner Bürger, 1765–67 Hausherr Lessings. – Seine zahlr. Ansichten Berlins zur Zeit FdG gelten zu Recht als eine der besten visuellen Quellen der Epoche, darüber hinaus verewigte Sch. nahezu alle pol. und milit. Ereignisse seiner Zeit sowie zahlr. Persönlichkeiten in Stichen. Seine Söhne Johann Georg (1737–1799), Johann Friedrich (1739–1784) und Johann Wilhelm (1748–1812) arbeiteten früh in der väterl. Werkstatt mit und setzten dessen Lebenswerk fort; eine indiv. Zuschreibung einzelner Arbeiten ist daher mitunter schwierig.

Lit. Fritz Vehse, Die Kupferstecher Sch., eine alte Berliner Familie, in: ZVGB 59 (1942), 73–75; Martin Engel, Art. «Sch.», in: BrBL, 347f.; Michaelis, Ereignisbild, 115–120.

Schlitz, von → Görtz, von

Schmeling → Mara

Schmettau, Friedrich Wilhelm Carl Graf von

* 13. Apr. 1743 Berlin † 18. Okt. 1806 Weimar

Militär und Kartograph; Sohn Samuel von → Sch.s, 1752 Student an der Ritterakademie zu Brandenburg, früh in der Umgebung FdG, 1763 Adjutant des Prinzen → Ferdinand von Preußen, aufgrund einiger (auch publ.) Skandalgeschichten mit hochgestellten Damen aus der Armee entlassen, danach Gutsherr zu Garzau, unter → Friedrich Wilhelm II. als GM wieder im Dienst, 1804 Ankauf des Schlosses Köpenick, 1806 Divisionskomm., zu Auerstädt tödlich verwundet. – Neben seiner milit. Laufbahn trat Sch. v. a. als Kartograph hervor, seine Arbeiten zählen zu den Meisterwerken der Zeit.

W. Tableau aller durch den königlich preußischen Oberst Graf v. Sch. von 1767 bis 1787 aufgenommenen und zusammengetragenen Länder, Berlin 1787; Mémoires raisonnées sur la campagne de 1778 en Bohême, Gotha 1789. – *Lit.* Oliver Flint/Lothar Jordan (Hgg.), F. W. C. von Sch. (1743–1806), Pionier der modernen Kartographie, Militärschriftsteller, Gestalter von Parks und Gärten, Frankfurt/Oder 2009; Oswald Dreyer-Eimbcke, Geschichte und Geschichten der Kartographie von Mecklenburg-Vorpommern, Oldenburg 2008, 167–174; Berthold Schulze, F. W. C. Graf von Sch. und sein Kartenwerk, in: Jahrbuch für die Geschichte Mittel- und Ostdeutschlands 5 (1956), 227–249.

Schmettau, Samuel Graf von

* 26. März 1684 Berlin † 18. Aug. 1751 Berlin

Militär, Kartograph und Diplomat; 1699–1703 in dän., 1703–14 in ndl. (1703–13 gegen Frankreich, 1707 Major, 1708 OLt), 1714–17 in sächs. (1715 vor Stralsund, 1716 Ob), 1717–41 in österr. (1719 GWM, 1720 Lt. der Belagerung von Messina, 1732 auf Korsika, 1733 FMLt, 1734/35 am Rhein gegen Frankreich, 1735 FZM, 1737–39 im Türkenkrieg, 1739 Gouverneur von Temesvar), ab 1740 in preuß. Dienst: 1741 GFM und *Grand Maître de l'Artillerie* (Jahresgehalt von 10000 th.), 1742 SAO, 1742 preuß. Minister zu München bei → Carl VII., 1742 RGf, 1743 Kurator der preuß. ADW, 1744/45 preuß. Ges. zu Paris, 1745–51 Truppenwerber für Preußen u. a. in Spanien. – Neben seiner geschilderten Tätigkeit war S. einer der führenden Kartographen seiner Zeit (1720 Karte von Sizilien, 1746 erster verlässl. Stadtplan von Berlin, 1751 Karte von Ostfriesland).

Lit. Geschichte und Thaten Herrn Samuel des H. R. Reichs Grafen von Sch., Frankfurt/Leipzig 1748; SF 1, 248–250 (N° 293); Bernhard von Poten, Art. «Sch., S.», in: ADB 31 (1890), 644–647.

Schmidt, Georg Friedrich

* 24. Jan. 1712 Schönerlinde † 25. Jan. 1775 Berlin

Kupferstecher und Porträtist; nach Studien bei Georg Paul Busch zu Berlin 1730–36 als Artillerist in preuß. Diensten, danach im Atelier von Nicolas de Larmessin III (1684–1755) in Paris, dabei u. a. Kontakte zu Hyacinthe Rigaud (1659–1743), 1742 Mitgl. der Pariser Kgl. Kunstakademie, 1744 von FdG als Hofstecher nach Berlin berufen und dort mit Ausnahme eines russ. Engagements 1757–62 am Hofe → Elisabeths I. bis zu seinem Tode tätig, 1749 ASK. – Mit S. gelang es FdG, den zweifellos bedeutendsten Stecher seiner Zeit an den Berliner Hof zu binden, welcher den Idealen des frz. *style classique* ganz im Sinne der Ästhetik des Kgs. verpflichtet blieb.

W. Joseph Eduard Wessely, G. F. Sch. – Verzeichniss seiner Stiche und Radirungen, Hamburg 1887. – *Lit.* Joseph Eduard Wessely, Art. «Sch., G. F.», in: ADB 31 (1890), 726–728; Matr. ADK.

Schönborn-Buchheim, Franz Georg von

* 15. Jun. 1682 Mainz † 18. Jan. 1756 Schloss Philippsburg bei Koblenz

RFH, seit 1701 RG, 1729–1756 Fst.-Ebf. von Trier, 1729–1756 FA von Prüm, 1732–1756 Fst.Bf. von Worms, 1732–1756 Fst.-Propst zu Ellwangen; 1695 im geistl. Stand, 1700 Domizellar in Trier, 1701 DH ebd., 1701 Propst zu St. Moritz in Augsburg, 1702–06 Studium in Salzburg, Siena und Leyden, ab 1706 in dipl. Diensten, zunächst für Kurmainz, dann bei → Carl VI., 1713 Ges. des fränk. Kreises auf dem Kongress zu Utrecht; 1712 RHR, 1717 KGR. – Den Aufstieg in der Reichskirche verdankte F. G. den weitgespannten Bez. seiner Familie, deren Kontakten zu Kaiserhof die Nachfolge Franz Ludwigs von Pfalz-Neuburgs (1664–1732) in dreien von dessen Stiftern. Als Fürst pol. vorsichtig agierend, trat er v. a. als Bauherr hervor (Schloss Philippsburg in Ehrenbreitstein durch Balthasar Neumann (1687–1753), Dirmstein St. Laurentius, Kesselheim Jagdschloss Schönbornslust). Innere Reformen in seinen Gebieten waren durch vorsichtige Änderungen im rationalen Zeitgeist, bes. im Hinblick auf die Volksfrömmigkeit, geprägt.

Lit. Adelheid Loos, Die Politik des Kurfürsten von Trier, F. G. von S. (1729–1756), Bonn 1969; Heinz Duchhardt, Wien, Mainz, die Schönborn und die Wormser Bischofspostulation von 1732, in: FS Anton Brück (QMRKG 17),

Mainz 1973, 239–251; Wolfgang Selbrich, Art. «S., F. G. », in: Gatz II, 432–435 (mit Bibl.).

Schulenburg-Kehnert, Friedrich Wilhelm (ab 1786:) Graf von der

* 21. Nov. 1742 Kehnert † 7. Apr. 1815

Minister; nach Besuch der RAk zu Brandenburg zunächst 1760–66 in preuß. Militärdiensten, 1767 LdR zu Salzwedel, 1769 Vizedirektor, 1770 Präs. der KDK zu Magdeburg, 1771 (12. Feb.) Wirkl. Geh. Etats- und Kriegs- und Dirigierender Minister, dabei zuständig für die Verwaltung von Magdeburg, Halberstadt und alle westlichen Landesteile, sowie Leitung des Forst-, Berg- und Hüttendepartements und des Bankwesens, 1782 Dir. der Kgl. Preuß. Seehandlung, 1784 SAO, 1786 in den Grafenstand erhoben und Abschied, 1790 wieder Minister und GLt, Leiter der Versorgungs- und Verpflegungsabt. der Armee, 1793 Abschied als Minister, 1798 Oberaufsicht über General-Controlle der Finanzen und die Ober-Rechenkammer, 1800 General-Postmeister, 1806 Organisation von nunmehr preuß. Hannover, 1807 Abschied aus preuß. und Eintritt in westf. Dienste als General und Mitgl. des Staatsrates.

Lit. Paul Bailleu, Art. «S.-K., F. W.», in: ADB 34 (1892), 742f.

Schultze, Hans Caspar Ernst (ab 1732:) von

* 18. Okt. 1691 Berlin † 2. Dez. 1757 Breslau

Militär; nach Studium der Rechte ab 1710 in preuß. Diensten: 1710 Bombardier, 1713 Fähnrich, 1716 SLt, 1723 SK, 1723 Kapitän, 1732 geadelt, 1737/38 Werbeoffizier in Spanien, 1738 Major, 1740 OLt, 1741 vor Glogau PlM, 1743 Ob, 1747 GM und Dir. der RAk zu Liegnitz, Kommandant von Breslau, 1748 Dir. der Kgl. Servis-Kommission zu Berlin, 1757 GLt, bei Breslau schwer verwundet, den Folgen erlegen. – Seit der Kronprinzenzeit FdG eng verbunden, betraute ihn dieser häufig mit besonderen Aufgaben, etwa 1741 mit der ausdr. Schonung der Breslauer Kaufmannschaft nach dem preuß. Einmarsch, sowie in seiner Eigenschaft als Vors. der Servis-Kommission mit dem heiklen Übereinbringen milit. und ziviler Bedürfnisse bei Einquartierungen.

Lit. SF 1, 338–340 (N° 358); Ranft, Nachrichten, 102. Tl., 1759, 601–603; Pauli, Helden, II, 83–100.

Schwarz → Svarez

Schwarzenau, Joachim Ludwig von

* 26. Aug. 1713 Darmstadt † 16. Dez. 1787 Regensburg

Diplomat; ab 1730 Studien der Rechtswissenschaft zu Gießen und Jena, 1734 in Wetzlarer, 1739 in ansbachischen Diensten als HR und RR, 1740 hessischer Ges. am RT zu Regensburg, 1744 auch für Baden-Durlach, 1753 dazu für Sachsen- Weimar und Holstein-Gottorp, aufgrund der Häufung und evtl. Interessenskonflikte bald nur noch für Baden, 1763 (22. Apr.) preuß. Ges. am RT, 1767–72 dazu wieder für Hessen-Darmstadt, 1770 für Hildburghausen, 1771 Baden-Baden, 1787 durch → Friedrich Wilhelm II. zum preuß. Staats-Minister ernannt (weiterhin Ges. zu Regensburg). – Durch die Häufung seiner Mandate, v. a. aber durch die langjährige Tätigkeit für Preußen und das Vertrauen FdG wurde Sch. zu einer der zentralen Figuren innerdeutscher Diplomatie des 18. Jhs. In der langen Kette seiner Missionen ist v. a. Sch.s Einsatz für den Erhalt der bayerischen Selbständigkeit 1777ff. in Zusammenarbeit mit Maria Anna von → Sulzbach und dem preuß. Diplomaten von → Görtz hervorzuheben, sowie seine Rolle bei der Gründung des Dt. Fürstenbundes 1785.

Lit. Kurzgefaßte Lebens- und Dienst-Geschichte des k. preuß. wirklichen geheimen Etats- und Kriegsminister Freiherrn von Sch., Regensburg 1787; Heinrich Meisner, Art. «Sch., J. L.», in: ADB 33 (1891), 257–259; ders., Die Herzogin Maria Anna von Bayern und der preußische Reichstagsgesandte von Sch., in: Festschrift des Gymnasiums Jauer (1890), 1–34.

Schwerin, Curt Christoph Graf von

* 26. Okt. 1684 Löwitz † 6. Mai 1757 bei Prag

Militär und Diplomat; 1698 Cavallierstour in die Ndl., danach Studium zu Leyden, ab 1699 zu Greifswald, ab 1700 in mecklenburg. Diensten: Fähnrich, im Spanischen Krieg unter ndl. Kommando (bei Höchstädt, Ramillies, Oudenarde und Malplaquet, 1703 Lt, 1705 Kapitän), 1707 Ob, 1713 Ges. bei Karl XII. von Schweden in der Türkei, 1718 GM und Oberbefehlshaber der mecklenburgisch-Schweriner Truppen, 1719 GLt, Sieger bei Walsmühlen (6. März 1719) gegen die hannover. Truppen; ab 1720 in preuß. Diensten: GM, Ges. in Polen, 1721 Ges. in Sachsen, 1722, 1724 und 1725/26 wieder Ges. in Polen, 1725 AHM zu Jerichow und Flatow, 1730–41 Gouverneur von Peitz, Beisitzer am Kriegsgericht über → Katte und FdG, 1731 GLt, 1736 SAO, 1738 DH zu Halberstadt, 1739 GdI, 1739 Jahrespension von 1200 th., 1740 GFM und in den Grafenstand erhoben, 1740 DH zu Minden, 1741 bei Mollwitz verwundet, 1741 erster preuß. Gouverneur von Neiße, 1744 erkrankt, keine weiteren Aktionen im ÖEK, 1756 Oberkommandierender der preuß. Truppen in Schlesien, in der Schlacht um Prag gefallen. – Sch. war ohne Zweifel einer der bedeutendsten Militärs des 18. Jhs. und eine der größten Offiziersgestalten der preuß. Geschichte. FdG hat ihn, zeitweiligen Verstimmungen zum Trotz, sehr geschätzt („Le maréchal de Sch. seul valait au delà de dix milles hommes – der Marschall Sch. allein war mehr als 10000 Mann wert", ADB), der Feldzugplan von 1757 geht in weiten Teilen auf ihn zurück. FdG schrieb ihm am 12. Apr. 1755, „un général aussi vaillant et expérimenté que vous ne devait jamais finir que glorieusement sur le lit d'honneur – ein so wackerer und erfahrener General wie Ihr darf nur auf dem Bett [Feld] der Ehre sterben" (SF), was sich zwei Jahre später erfüllte.

Qu. Lettres de Frédéric au feld-maréchal comte de Schwerin [Œuvres 25]. – *Lit.* Johann Gottlieb Töllner: Ein Christ und ein Held, oder einige besondere Nachrichten von dem berühmten königl.-preuß. General-Feldmarschalle Grafen von Sch., Frankfurt/Oder 1758; Dettlof Graf von Schwerin, Feldmarschall Sch. – Ein Lebensbild aus Preußens großer Zeit, Berlin 1928; SF 1, 124–129 (N° 201); Bernhard von Poten, Art. «Sch., C. Chr.», in: ADB 33 (1891), 421–425.

Schwerin, Friedrich Albrecht (ab 1762:) Graf von

* 7. Apr. 1717 Berlin † 12. Jun. 1789 Karlsruhe (Schlesien)

Militär und Minister, Sohn des preuß. Ministers Friedrich Bogislaw von Sch. (1674–1747), OSM FdG; nach Studium zu Halle ab 1736 in preuß. Diensten: 1736 Kadett, 1737 OJoh, 1741 Lt, 1745 RM, 1754 Major, 1756 Kommandeur des Garde-Reg. *Gens d'Armes*, bei Roßbach 1757 schwer verwundet, PlM, OLt, 1759 Ob, 1760/61 nach Torgau in österr. Gefangenschaft, 1762 in den Grafenstand erhoben, 1764 GM, 1768 Abschied, 1775 OSM, 1776 Prädikat «Exzellenz», 1782 Wirkl. Etatminister mit Stimme im Staatsrat, 1786 SAO.

Lit. SF 2, 28–30 (N° 555).

Seckendorff, Friedrich Heinrich von

* 5. Juli 1673 Königsberg (Franken) † 23. November 1763 Meuselwitz

Diplomat und Militär; nach Studium der Rechte zu Jena, Leipzig und Leyden in mehreren milit. (Oranien-Nassau, Gotha, Ansbach), ab 1697 in österr. (Türkenkriege, Ob im Spanischen Krieg), polnischen (1713 Ges. bei den Friedensverhandlungen zu Utrecht), sächsischen (1715 Oberbefehl gg. Schweden) und ab 1717 wieder in österr. Diensten: 1717 FMLt, 1719 RG, 1721 FZM, 1726–34 österr. Ges. in Berlin, 1734 Gouverneur von Mainz, 1735 Sieger bei Klausen im PEK, 1737 GFM, 1741 vergebl. sein Gehalt von → Maria Theresia eingefordert, daraufhin Eintritt in bayerische (!) Dienste, 1742 bayer. Ges. zu Dresden und Berlin, Oberkommandierender (20. Aug.) der bayer. Armee → Carls VII., 1744 Entsatz Münchens und mehrerer anderer bayer. Städte von der österr. Besatzung, Abgabe des Kommandos und milit. Abschied, 1745 als Diplomat maßgebl. am Frieden von Füssen (22. März) beteiligt, 1745 Wiedererlangung aller Ränge und Ämter in Österr., 1758/59 in preuß. Gefangenschaft zu Magdeburg. – „Von der Natur nicht mit Vorzügen der äußeren Erscheinung bedacht", war er „eine Persönlichkeit nicht von lauterstem Charakter, aber mit stark ausgeprägtem Talent für die Intrigue und die diplomatischen Künste jener Zeit" (beide Zit. ADB, 517). Seine zahlr. Dienst- und pol. Frontenwechsel waren auch für die Zeit ungewöhnlich, seine – über den Einfluss auf den ltd. preuß. Minister → Grumbkow – in Berlin verfolgte Strategie grenzte oftmals ans Infame. FdG konnte ihn, aus verständlichen Gründen (S. hatte v. a. das englische Heiratsprojekt für Friedrich und seiner Schwester → Wilhelmine hintertrieben), wenig gut leiden, und seine Gefangennahme muss als pers. Akt diesbezüglich gesehen werden.

Lit. Theresius von Seckendorff, Versuch einer Lebensbeschreibung des Feldmarschalls Grafen von S., meist aus ungedruckten Nachrichten bearbeitet, 4 Bde., Leipzig 1792–1794; Bruno Kuntke, F. H. von S. (1673–1763) (Historische Studien 491), Husum 2007; Heinrich Kematmüller, Art. «S., F. H.», in: ADB 33 (1891), 514–517.

Selle, Christian Gottlieb

* 7. Okt. 1748 Stettin † 9. Nov. 1800 Berlin

Mediziner, Leibarzt FdG; nach einer Pharmazeutenausbildung Studium der Medizin zu Berlin, Göttingen und Halle, 1770 Dr. med., 1772/73 als medizinischer Begleiter Prinzessin Wilhelmine Luises von Hessen-Darmstadt (1755–1776) auf deren Brautreise nach St. Petersburg, 1773 Hofarzt bei Fst.-Bf. Ignatius → Krasicki, 1777 Arzt an der Berliner Charité, 1785 Leibarzt FdG, 1786 ADW, 1795 GR, 1798 Vize-Dir. des *Collegium medico-chirurgicum* – Während seine Schilderung der letzten Krankheit FdG Berühmtheit erlangte, lag der eigentl. med. Verdienst S.s in seinen Forschungen zu Ursachen und Therapien bei Kindbettfieber; daneben publizierte er auch philosophische Schriften mit stark materialistischer Tendenz.

W. (alle Berlin) Philosophische Gespräche erster und zweiter Teil, 2 Bde., 1780; Medicina Clinica. Oder Handbuch der medicinischen Praxis, 1781; Krankheitsgeschichte des Höchstseligen Königs von Preußen Friedrich's des Zweyten Majestät. Nebst Reglement zu dem Leichenbegängnisse, 1786; Rudimenta pyretologiæ methodicæ, 1787; Grundsätze der reinen Philosophie, 1788. – *Lit.* Edith Heischkel, Chr. G. S. (1748–1800), in: Pommersche Lebensbilder 3, Stettin 1939, 162–169; Julius Lepold Pagel, Art. «S., Chr. G.», in: ADB 33 (1891), 682–684; Bernd L. P. Luther, Das philosophische Gedankengut des Charité-Arztes Chr. G. S. (1748 – 1800) und sein Anteil an der Herausbildung einer materialistischen Weltanschauung in Preußen (Diss.), Berlin 1991.

Seydlitz-Kurzbach, Friedrich Wilhelm Freiherr von

* 3. Feb. 1721 Kalkar † 8. Nov. 1773 Ohlau

Militär; nach Schulbesuch zu Freienwalde 1734 Page bei Markgraf → Friedrich Wilhelm von Brandenburg-Schwedt, 1740 in preuß. Diensten: 1740 Kornett, 1743 RM, bei Hohenfriedberg (4. Jun. 1745) Gefangennahme des sächs. Generals von Schlichting, 1745 Major, 1752 OLt, 1755 Ob, im SJK nahezu in allen Schlachten, bei Kunersdorf schwer verwundet, 1757 GM nach seinen Verdiensten bei Kolin (jüngster GM der preuß. Armee), noch 1757 GLt und SAO für seinen maßgebl. Beitrag am Siege bei Roßbach (5. Nov. 1757), 1758 DH zu Halberstadt, 1763 Generalinspekteur des Kavallerie in Schlesien, 1767 GdK. – Der berühmte Erfolg S.s bei Zorndorf (25. Aug. 1758), als er den Befehl FdG zum Angriff so lange verweigerte, bis er die Lage dafür selbst für gegeben hielt, brachte ihm die Anerkennung des Kgs. ein, da die Schlacht so entschieden worden war. Nicht nur hier (FdG hatte ihm bedeutet, er hafte mit seinem Leben für den Ausgang des Gefechts) erschien S. als einer der originellsten und selbständigsten milit. Führer der friderizianischen Ära. In Preußen und darüber hinaus wurde er zum Mythos, was die ungew. hohe Zahl der ihm gewidmeten Denkmäler nicht nur in Stein und Bronze, sondern auch literarischer Art (darunter von Anna Louisa → Karsch und Fontane) belegt.

Lit. Gerhard Kaldewei, „Nur ein General": Die Geschichte einer preußischen Legende F. W. von S. 1721–2009, Bremen 2009; Klaus Christian Richter, F. W. von S., ein preußischer Reitergeneral und seine Zeit, Osnabrück 1996; SF 1, 436–440 (N° 453).

Silbermann, Johann Gottfried

* 14. Jan. 1683 Kleinbobritzsch † 4. Aug. 1753 Dresden

Instrumentenbauer; neben zahlr. berühmten Orgelwerken, sp. ab 1742 mehrere Cembali an den Hof FdG geliefert, bis 1747 auch ein modernes *Forte-Piano* (Hammerklavier), auf welchem wohl Johann Sebastian → Bach während seines Aufenthaltes am preuß. Hof im selben Jahre spielte. Die mitunter kolportierte Zahl von 15 Hammerklavieren in den preuß. Schlössern ist sicherlich übertrieben; Charles → Burney erwähnt nur deren eines, er hatte allerdings nicht alle Räumlichkeiten gesehen.

Lit. Conny Restle, G. S. und die Hammerflügel für den preußischen Hof in Potsdam, in: JSIM 28 (2001), 189–203; Klaus Gernhardt, Der „Instrumentenmacher" G. S. – Besonderheiten und Bedeutung für den Klavierbau im 18. Jh., in: Christian Ahrens/Felix Friedrich (Hgg.), G. S. als InstrumentMacher (Freiberger Studien zur Orgel 9), Altenburg 2006, 29–36; Giersberg, Potsdam, 70.

Sinzendorf, Philipp Ludwig von

* 14. Jul. 1699 Paris † 28. Sep. 1747 Breslau

RG, 1726–1732 Bischof von Raab, 1727 Card., 1732–1747 Fst.Bf. von Breslau; Sohn des gleichn. hohen österr. Diplomaten, Studien zu Wien und 1714–17 zu Rom (Freundschaft mit dem sp. → Benedikt XIV.), 1721 Konklavesekr., 1728 aus den Händen → Carls VI. Card.birett empfangen, ab 1731 bewarb sich S. aktiv um die ein Jahr sp. virulente Nachfolge Franz Ludwigs von Pfalz-Neuburg (1664–1732) in Breslau, wo er sich aufgrund extrem starken kaiserl. Drucks gegen den Weihbischof von → Sommerfeld durchsetzen konnte (10. Jul. 1732). – Mit dem Einmarsch preuß. Truppen in Schlesien 1740 kam für S. die Krise seines Lebens: einerseits war er sich der massiven österr. Unterstützung in der Vergangenheit, ohne die er weder Cardinalat noch Breslau erhalten hätte, bewusst; andererseits wollte er es sich mit dem neuen Monarchen nicht gänzlich verderben. Von FdG zunächst betont freundlich behandelt, wurde S., nachdem seine laut geäußerten Sympathiekundgebungen für Habsburg allgemein bekannt geworden waren, am 23. März 1741 verhaftet und in Breslau unter Hausarrest gestellt. Erst die etwas sehr plakative Glückwunschadresse an FdG nach Abschluss der Vereinbarung von Klein-Schellendorf (9. Okt. 1741, Überlassung gr. Teile Schlesiens an Preußen) beendete diesen Zustand, entzweite S. aber von DK und Sommerfeld. Im Mai 1741 hatte S. bereits der Errichtung eines Generalvikariates für alle Katholiken in Preußen mit Sitz in Berlin theoretisch zugestimmt und Verhandlungen mit Rom eingeleitet, die 1743 aber scheiterten. 1742 ergab der Berliner Friedensschluss das Faktum, dass nunmehr 90% des Breslauer Bistums auf preuß. Territorium lagen. Dies veranlasste FdG am gallikanischen Modell orientierte Konzeptionen für eine monarch. Lösung dieser Sachlage zu finden. Instrument hierzu sollte Philipp von → Schaffgotsch sein, in dessen Coadjutoriebewerbung S. schließlich trotz Bedenken (Logenmitgliedschaft) einstimmte. 1744 kam es darüber zum Eklat: Einerseits wurde das DK aufgrund seiner Weigerung zur Annahme Schaffgotschs nach Magdeburg verbannt, andererseits erhielt S. für seine Zustimmung den SAO. – S. ist keineswegs – wie noch in der ält. Lit. öfters anzutreffen – als ‚Opfer' FdG zu sehen; vielmehr hatte er als Bf. in einer extremen Umbruchszeit die Interessen der Kirche, v. a. auch hinsichtlich der Vermögens- und Rechtsverhältnisse, zu vertreten. Darin war er, vielleicht auch aufgrund einer gew. Sympathie FdG, im Rahmen des Möglichen durchaus erfolgreich; innerkirchlich wichen die Ideen S.s hinsichtlich einer rationalen Reform von Klerus und Seelsorge nicht weitgehend von jenen des Kgs. ab, der sich aber hierzu großer Initiativen enthielt. Was die allg. Kirchenpolitik betrifft, so hatten seine eigene Wahl und ihre

Umstände deutlich gezeigt, dass sich das preuß. Kirchenregiment mit seinen Eingriffen in vermeintl. kirchl. Eigenbereiche nur unwesentlich von seinem österr.-habsburg. Vorgänger unterschied – mit Ausnahme eines nunmehr prot. Monarchen.

Lit. Erwin Gatz, Art. «S., Ph. L.», in: Gatz II, 464–466; Bettina Braun, Friedrich der Große und seine Politik gegenüber der Katholischen Kirche in Schlesien, in: ZSRG Kan. Abt. 109/LXXVIII (1992), 210–311; Colmar Grünhagen, Art. «Ph. L. von S.», in: ADB 34 (1892), 412–416.

Solms-Sonnenwalde, Victor Friedrich Graf von

* 16. Sep. 1730 Dresden (?) † 24. Dez. 1783 Berlin (?)

Diplomat; nach Privaterziehung unter seinem Großvater George Dietloff von → Arnim ab 1747 Studien zu Frankfurt/Oder und Leipzig, ab 1752 in preuß. Diensten als Legationsrat, 1755–59 preuß. Ges. zu Stockholm, 1762–79 dto. zu St. Petersburg, 1765 Kaiserl. Alexandr-Nevski-Orden, 1779 OHMr, daneben DH zu Halberstadt und Havelberg. – Seine beiden dipl. Missionen erfolgten in heikler Zeit: in Stockholm galt es, das Abdriften Schwedens ins frz. Lager nach der Umkehr der Allianzen 1756 zu verhindern (was misslang), in St. Petersburg die preuß.-russ. Beziehungen nach der Thronbesteigung → Katharinas II. auf solide Grundlagen zu stellen, was in das Schutz- und Trutzbündnis zwischen Russland und Preußen vom 11. Apr. 1764 und schließlich in die Polnische Teilung von 1772 mündete. Der umgängliche S. bewies dabei viel Fingerspitzengefühl, jedoch unter der Prämisse, dass er „niemals nach eigenem Ermessen handelte und noch weniger als Rathgeber seines Monarchen auftrat", er war, „wie alle Gesandten des großen Königs, lediglich Vollstrecker der bis ins Kleinste gehenden Befehle seines Gebieters" (beide ADB 586).

Qu. Diplomatische Korrespondenz der preußischen Gesandten am russischen Hofe, Bde. XXII und XXXVII, St. Petersburg 1878 und 1883. – Lit. Hermann von Petersdorff, Art. «S.-S., V. F.», in: ADB 24 (1892), 585f.

Sommerfeld, Elias Daniel von

* 7. Apr. 1681 Birkholz † 26. Jul. 1742 Breslau

1714–42 WB zu Breslau, Tit.Bf. von Lentopolis; nach Studien in Breslau und Rom (1700–04) 1704 Priester und Dr. theol. (Perugia), 1700 schon

DK zu Breslau, 1718–23 unter Fst.Bf. Franz Ludwig von Pfalz-Neuburg (1664–1732) maßgebl. an der Generalvisitation des Bistums beteiligt. Nach dem Einmarsch preuß. Truppen 1740 verließ S. Breslau, um nicht den Eid auf den neuen Landesherren leisten zu müssen; 1742 widersetzte er sich mit dem DK heftigst dem von FdG ernannten Coadjutor → Schaffgotsch aufgrund von dessen Logenmitgliedschaft, aus Protest legte er am 16. Mai 1742 alle Ämter nieder, verstarb aber bereits kurz darauf.

Lit. Józef Pater, E. D. S., sufragan wrocławski (1681–1742), in: Misericordia et Veritas, Wrocław 1988, 265–282; Jungnitz, Weihbischöfe, 200–222; Jan Kopiec, Art. «S., E. D.», in: Gatz II, 472.

Sophie Albertine von Schweden

* 8. Okt. 1753 Stockholm † 17. März 1829 ebd.

Äbtissin, Nichte FdG; Tochter → Adolf Friedrichs von Schweden und → Luise Ulrikes von Preußen, 1767 Coadjutorin ihrer Tante → Anna Amalia in Quedlinburg, 1787 eingeführt (15. Okt.), 1803, nach der Säkularisation des Stifts, Rückkehr nach Stockholm. – Ihr Wirken in Quedlinburg war geprägt von geistlichem (Gottesdienstordnungen), kulturellem (Theatereröffnung) und sozialem (Reform des Schulwesens, Armenfürsorge) Engagement.

Lit. Johann Heinrich Fritsch, Geschichte des vormaligen Reichsstifts und der Stadt Quedlinburg, II, Quedlinburg 1828, 115–144; Karl Janicke, Art. «S. A.», in: ADB 34 (1892), 689; Wilhelmina Stålberg, Anteckningar om svenska qvinnor, Stockholm 1864, 344f.

Sophie Dorothea

* 16. März 1687 Hannover † 28. Jun. 1757 Schloss Monbijou

Tochter Georg Ludwigs, George I von Englands (1660–1727) und Sophie Dorothea von Braunschweig-Lüneburg-Celles (1666–1726), seit 1706 verheir. mit dem preuß. Thronfolger, dem sp. → Friedrich Wilhelm I., seit 1713 Kgin. in Preußen, Mutter FdG. – In der Ehe zwar glücklicher als ihre Eltern, aber mit wenig Verständnis für ihren Mann, versuchte sie die engl. Bez. zum Vorteil ihrer Kinder zu nutzen. Die geplante Doppelhochzeit mit dem engl. Hof (FdG und → Wilhelmine) scheiterte aber am Widerstand Österreichs, das Friedrich Wilhelm I. stark unter Druck setzte. Ihr Bild ist in den Erinnerungen Wilhelmines stark verzerrt, zu FdG behielt sie zeitlebens ein inniges Verhältnis, dieser jedoch auch seine menschl. und pol. Unabhängigkeit ihr gegenüber. Kulturell konnte sie in Literatur, Kunsthandwerk und v. a. in der Musik auch nach 1713 ein gew. Niveau am Hofe, bes. in dem von ihr seit 1712 bewohnten Schloß Monbijou, aufrechterhalten, zahlr. Widmungen an sie, darunter das Op. 2 des Lautenisten Adam Falckenhagen (1697–1761) bezeugen dies. Zu Montbijou befand sich auch die Bibliothek des Kronprinzen Friedrich bis 1740, danach wurde das Schloss bis zum Tode der Kgin. einer der Mittelpunkte Berliner Hoflebens. Ihre weitgespannte Korrespondenz belegt ihre pol und dynast. Aktivitäten.

Lit. Fritz Reck-Malleczewen, Sophie Dorothee – Mutter Friedrichs des Großen, [2]Wiesentheid 1948; Thomas Kemper, Schloß Monbijou. Von der Königlichen Residenz zum Hohenzollern-Museum, Berlin 2005; Hans Ferdinand Helmolt, Die Briefe der Herzogin Elisabeth Charlotte von Orleans an die Königin S.D. von Preußen 1716–1722, in: HJ 29 (1908), 337–367.

Sophie Dorothea Marie

* 25. Jan. 1719 Berlin † 15. Nov. 1765 Schwedt

geb. Prinzessin von Preußen, Schwester FdG; 1734 Heirat mit Markgraf Friedrich Wilhelm von → Brandenburg-Schwedt, aus dieser – wie bei manchen ihrer Schwestern desaströsen – Ehe gingen drei überlebende Kinder hervor. – Wiewohl die zahlr. im Nachhinein in Umlauf gebrachten Anekdoten (etwa die Reaktion ihres Vaters → Friedrich Wilhelm I. auf ihre Geburt, man solle Mädchen am besten ersäufen) und ihre angebl. sp. Minderwertigkeitsgefühle gegenüber ihren bedeutenderen und vorgebl. intellektuelleren Schwestern meist unbewiesen und mit überaus großer Vorsicht zu behandeln sind, können Leben und Ehe S.s nicht als glücklich gelten, wovon nicht zuletzt ihre Zurückgezogenheit, getrennt von Mann und Kindern, auf Schloss Monplaisir bei Schwedt zeugt.

Qu. Correspondance de Frédéric avec sa sœur Sophie, margrave de Schwedt [Œuvres 27/1]. – *Lit.* Pangels, Königskinder, 225–266; Helmut Schnitter, Die ungleichen Schwestern, in: ders. (Hg.), Gestalten, I, 67–82; Ursula Gräfin zu Dohna, S., Markgräfin von Brandenburg-Schwedt (1719–1765), in: Die Gärten Friedrichs des Großen und seiner Geschwister, Berlin 2000, 74–77.

Spindler, Heinrich Wilhelm

* 18. Jan. 1738 Bayreuth † nach 1799 Berlin

Kunsttischler und Ebenist; Sohn des Schlosszimmermeisters zu Kulmbach und Hofbauschreiners zu Bayreuth Johann S. (1691–1770), nach ersten Arbeiten in Bayreuth 1764 zu Potsdam, Möbel (Ausführung und Entwürfe) für das Neue Palais (darunter die Schildpattkommode im Arbeitszimmer FdG) und die Neuen Kammern (Vertäfelungen zweier Zimmer, zusammen mit seinem Bruder Johann Friedrich → S. für 5000 th.) zu Sanssouci.

Lit. Afra Schick, Johann Friedrich und H. W. S. – Die Möbelaufträge Friedrichs des Großen für das Neue Palais, in: Luth/Kaiser, Friedrich der Große und der Hof (34 S.) [mit Werkverz. und sämtl. spärlichen biogr. Daten]; Sigrid Sangl, Das S.-Kabinett, in: Weltkunst 70/8 (2000), 1368–1371; Dehio Potsdam, passim.

Spindler, Johann Friedrich

* 1729 Bayreuth † ? Berlin (?)

Kunsttischler; Möbel (Ausführung und Entwürfe) für das Neue Palais und die Neuen Kammern zu Sanssouci, wohl zumeist nach Entwürfen Johann Christian → Hoppenhaupts, die Ausführung meist gemeinsam mit seinem Bruder Heinrich Wilhelm → S.

Lit. s. Heinrich Wilhelm S.

Stanislaus I. Leszczyński (Stanisław Bogusław Leszczyński)

* 20. Okt. 1677 Lemberg † 23. Feb. 1766 Lunéville

Kg. von Polen und Großfürst von Litauen (1704–09/1733–36), Hzg. von Lothringen (1737–66); Erstmals durch schwed., sodann durch frz. Unterstützung zweimal Wahlkg. von Polen-Litauen, konnte sich S. nicht gegen die gemeinsamen sächs.-russ.-habsburg. Interessen durchsetzen; seit 1714 im Exil in Zweibrücken, ab 1719 in Wissembourg (Elsass), verband ihn 1725 die Ehe seiner Tochter Marie (1703–1768) mit → Louis XV mit dem frz. Hof, was ihm nach Ende des Polnischen Erbfolgekrieges 1737 das Hzg. Lothringen nach der Resignation → Franz I. Stephans einbrachte. – Wenngleich S. sich in Polen nicht halten konnte, so bedeutete seine Regierung in Lothringen für das Land die größte kulturelle Blüte: Architektonisch-künstlerische Neugestaltung stand hier Seite an Seite mit der Etablierung intell. Zirkel und musik. Zentren; die Residenzstädte Nancy und Lunéville tragen bis heute das Gesicht dieser Epoche. Diese Vorlieben und Leistungen verbanden ihn wie vielleicht keinen anderen Fürsten der Zeit mit FdG, mit dem er eine ausführl. Korrespondenz unterhielt.

Qu. Correspondance de Stanislas Leszczynski avec Frédéric-Guillaume Ier et Frédéric II [de Prusse], éd. Pierre Boyé, Paris/Nancy 1906. – *W.* Les Opuscules inédits de Stanislas, éd. Louis Lacroix, Nancy 1866; Stanislas Leszczynski, inédits, éd. Laurent Versini, Nancy 1984. – *Lit.* Anne Muratori-Philip, St. L. : Aventurier, philosophe et mécène des Lumières, Paris 2005; André Rossinot, St : Le roi philosophe, Paris 1999; Frédéric Maguin/Robert Florentin, Sur les pas de St. L., Nancy 2005.

Stanislaus II. Augustus

* 17. Jan. 1732 Wołczyn † 12. Feb. 1798 St. Petersburg

geb. Stanisław August Poniatowski, 1765–95 König von Polen und Litauen; 1752 Abgeordneter im Sejm, 1755 sächs. Ges. zu St. Petersburg, nach engen Beziehungen zur russ. Kronprinzessin und sp. → Katharina II. 1755 Kaiserl. Mundschenk (Стольник), 1764 nach dem Tode → Augusts III. dank einer russ. Intervention Kg. von Polen und Litauen. – Das faktisch 1768 zum russ. Protektorat gewordene Kgr. Polen versuchte S. mit einer angemessenen Reformpolitik (Verfassung 1791) zu regieren, konnte dadurch aber die außenpol. Schwäche des Landes nicht abwenden, welche in den drei Polnischen Teilungen 1772, 1793 und 1795 ihren Niederschlag fand. Die letzte zwang ihn zur Abdankung (da Polen aufgehört hatte, als eigenständiger Staat zu bestehen), er ging ins Exil nach St. Petersburg, wo er hochverschuldet starb.

W. Mémoires secrets inédits de Stanislas II Auguste, Leipzig 1862. – *Lit.* Stanisław Mackiewicz, Stanisław August, Kraków 2009; Adam Zamoyski, The Last King of Poland, London 1992; Richard Butterwick, Poland's Last King and English Culture: Stanisław August Poniatowski, 1732–1798, Oxford 1998.

Steuben, Friedrich Wilhelm Ludolf Gerhard Augustin von

* 17. Sep. 1730 Magdeburg † 28. Nov. 1794 Utica

Militär; zu Beginn des SJK in preuß. Diensten: 1758 Adj. des Frei-Bataillon-Komm. Johann von Mayr (1716–1759), 1759 QML im GH, 1761 in russ. Gefangenschaft, 1761 Hauptmann, 1762 SK und Abschied, nach Hofämtern bei einigen dt. Adeligen 1777 in Kontakt mit Benjamin → Franklin in Paris, 1777 Eintritt in die Kontinentalarmee: 1778 GM, Generalinspekteur, Generalstabschef unter George → Washington, 1780 GQM in Virginia, 1784 erster Vorsitzender der *German Society of the City of New York*. – Die im SJK kennengelernte Taktik der *Petite Guerre* (Vorläufer der Guerillakriegsführung) ermöglichte zusammen mit seinen allg. Kenntnissen der preuß. Heeresorganisation S., die amerik. Armee grundlegend zu reformieren, was sich v. a. im Schicksalswinter des Jahres 1777/78 im Valley Forge zeigte und in den nachfolgenden Erfolgen der *Continental Army* bis hin zu Yorktown (1781) seine Früchte trug. Nicht zu Unrecht gilt S. daher als einer der «Väter» der US-amerikanischen Streitkräfte.

Lit. Paul Douglas Lockhart, The Drillmaster of Valley Forge: The Baron de S. and the Making of the American Army, New York 2008; Armin M. Brandt, F. W. von S. Preußischer Offizier und amerikanischer Freiheitsheld, Halle 2006; Franz Fabian, S. Ein Preuße in Amerika, Berlin 1996.

Stille, Christoph Ludwig von

* 13. Sep. 1699 Berlin † 10. Okt. 1752 Aschersleben

Militär, Literat und Vertrauter FdG, Mitglied der Tafelrunde zu Sanssouci; Studium in Helmstedt, 1715 als Korporal vor Stralsund, 1725 RM, 1731 Major, 1740 Ob und GAdj FdG, 1740 Hofmeister der Prinzen → Heinrich und → Ferdinand von Preußen, 1740 Kurator ADW, 1744 GM, 1745 PlM, 1746 Vikar zu Aken, 1746 AHM zu Cartzig und Himmelstädt, 1748 DH zu Halberstadt. – Neben seiner milit. Tätigkeit galt S. v. a. als bed. Literaturkritiker und -vermittler seiner Zeit, bes. im Streit um die Rolle einer eigenen dt. Lit., welche von FdG abgelehnt wurde. S.s versuchte durch seine zahlr. Kontakte, v. a. zu Lessing, → Nicolai und → Gleim, zu vermitteln, allerdings vergeblich. Ob die wohl von FdG erstellte frz. Horazausgabe auf Entwürfe bzw. Skizzen S.s zurückgeht, bleibt strittig.

Qu. Eloge du Général de Stille par le Roi Frédéric II [Œuvres VII/28]. – *W.* Les campagnes du Roi de Prusse avec des reflexions sur les causes des évènements, Amsterdam 1763. – *Lit.* Carlo Denina, La Prusse littéraire sous Frederic II ou histoire abrégée de la plupart des auteurs etc...., 3 Bde., Berlin 1790/91; Richard Fisch Generalmajor v. S. und Friedrich der Grosse contra Lessing, Berlin 1885; SF 2, 296–298 (N° 331).

Storch, Leonhard

* ? † 1750 Potsdam

Bildhauer; seit 1744 in Potsdam tätig, zahlr. Werke am Stadtschloss Potsdam (nahezu alle Außentrophäen, z. T. in Zusammenarbeit mit Benjamin → Giese, dazu Vasen).

Lit. Katalog, passim., Giersberg, Potsdam, 63.

Strachwitz, Johann Moritz Frh. von

* 3. Feb. 1721 Freyhan † 28. Jan. 1781 Breslau

1761–81 WB zu Breslau, Tit.Bf. zu Tiberias, 1763–66 GV von Breslau, 1766–81 Apostol. Vikar für das Bistum Breslau; nach Studien zu Breslau 1740–44 in Rom, 1744 Dr. theol. und Priester, nach mehreren Pfarrstellen 1743 DH und 1761 zu Breslau, 1761 ebfls. WB. Nach der von FdG als Hochverrat gewerteten Flucht Fst.Bf. → Schaffgotschs, wurde S. 1757 die Verwaltung des Bistums anvertraut, 1763 wurde er aufgrund der Zwangsresidenz des Bf. zu Oppeln dazu GV. Nach der endgültigen Flucht Schaffgotschs 1766 wurde S. von Rom zum Apost. Administrator und damit zum fakt. Diözesanbischof bestimmt. In seine Amtszeit fällt die große Aufgabe der schlesischen Schulreform in Zusammenarbeit mit der Potsdamer Reg., aber auch etwa mit den kath. Orden (Augustiner, SJ). In diesem Zusammenhang wurde S. maßgebl. bei der Errichtung des *Kgl. Schul-Instituts für Schlesien*, welches nach 1773 die ehem. SJ zusammenfasste und sie so in Preußen vor den Konsequenzen der Ordensaufhebung durch → Clemens XIV. bewahrte. Andere Belange, wie etwa die Frage der Mischehen, die Feiertagsfrage und die Konkordanz von pol. und kirchl. Grenzen (Neufassung nach 1763), bewältigte S. im versuchten Kompromiss zw. preuß. Vorgaben und kirchl. Tradition.

Lit. Jungnitz, Weihbischöfe, 242–265; Pater, Kapitula, 237–239; Jan Kopiec, Art. «S., J. M.», in: Gatz II, 491f.

Struensee (ab 1789: Struensee von Carlsbach), Carl August

* 18. Aug. 1735 Halle † 17. Okt. 1804 Berlin

Finanzwissenschaftler und Minister; nach Studien der Theologie, sodann der Mathematik und Philosophie zu Halle, 1757 Dozent an der RAk zu Liegnitz, dort Beschäftigung mit der prakt. Militärwissenschaft, 1769 von seinem Bruder, Johann Friedrich Struensee (1737–1772), dem Leibarzt und Beraters des kranken dän. Kgs. → Christians VII., nach Kopenhagen berufen, 1771 Umzug, dort Deputierter am Finanzkollegium, bereits 1772 wieder zurück in Preußen, zunächst als freier Wissensch. auf dem Gebiet der Finanz- und Wirtschaftslehre tätig, 1777 daher von FdG als Bankdirektor nach Elbing berufen, 1782 Dir. der 1772 gegr. *Societé de Commerce Maritime* (*Preuß. Seehandlung*) in Berlin, 1789 geadelt, 1791 Minister des Accise-, Zoll-, Commercial- und Fabrikenwesens. – S.s theoretische Schriften übertrafen in allen Belangen die von ihm dann an verantwortlicher Stelle tatsächlich geleistete Arbeit. Seine Werke verraten einen tiefen Einblick in die Probleme und Anforderungen seiner Zeit, denen er allerdings eher theoretisch begegnete. Überdies war S. ein eifriger Beiträger zur *Neuen Berlinischen Monatsschrift*, in der er in Artikelform über die zeitgen. Finanztheorien, v. a. in Frankreich publizierte.

W. Anfangsgründe der Artillerie, Leipzig 1760 (^{4}1814); Kriegskunst des Grafen von Sachsen, Leipzig 1767; Kurzgefaßte Beschreibung der Handlung der vornehmsten europäischen Staaten, 2 Bde., Liegnitz und Leipzig 1779. – *Lit.* Rolf Straubel, C. A. von S. – preußische Wirtschafts- und Finanzpolitik im ministeriellen Kräftespiel (1786–1804/06) (BBPG 4), Potsdam 1999; Hermann von Petersdorff, Art. «S., C. A.», in: 26 (1893), 661–665.

Süßmilch, Johann Peter

* 3. Sep. 1707 Zehlendorf † 22. März 1767 Berlin

Theologe und Historiker; nach Gymnasialbesuch in Brandenburg und Studien der Theologie zu Halle (1727) und Jena (1728–32) ab 1736 Kgl. Preußischer Feldprediger, 1741/42 Pfarrer zu Etzin und Knoblauch, 1742 Propst von Cölln, Konsistorial-Rat, 1745 ADW, 1750 OKR. – Neben seinem seelsorgerl. Wirken betrieb S., in Nachfolge der Arbeiten Caspar Neumanns (1648–1715), als Erster in Preußen ernsthafte demographische und statistische Studien, welche er in einen heilsgeschichtlichen Zusammenhang einzubinden wusste.

W. Der Königlichen Residenz Berlin schneller Wachsthum und Erbauung, Berlin 1752; Die göttliche Ordnung in den Veränderungen des menschlichen Geschlechts aus der Geburt, dem Tode und der Fortpflanzung desselben, 2 Bde., Berlin 1761/1762. – *Lit.* Eckart Elsner, J. P. S.s Leben und Werk, Düsseldorf 2001; Herwig Birg (Hg.)., Ursprünge der Demographie in Deutschland : Leben u. Werk J. P. S.s (1707–1767), Frankfurt/Main 1986; Hannelore Lehmann, Art. «S., J. P.», in: BrBL, 390.

Suhm, Ulrich Friedrich von
* 29. Apr. 1691 Dresden † 8. Nov. 1740 St. Petersburg

Diplomat und Vertrauter FdG; nach Studien zu Genf Eintritt in den sächs. diplom. Dienst, 1717 Legationsrat, 1718 Sekr. an der Wiener Botschaft, 1720–30 sächs. Ges. zu Berlin, 1722 Geh. Kriegsrat, 1736–40 sächs. Ges. in St. Petersburg. – Schon in den 1730er Jahren der Kronprinzenzeit war S. mit FdG in Kontakt gekommen, er gehörte auch nach 1730 zu seinem engeren Kreis und verbrachte die Jahre bis 1736 in seiner Umgebung. Für ihn übersetzte er 1736/37 → Wolffs Metaphysik ins Französische. Wie der Briefwechsel belegt, gehörte S. zu den engsten Vertrauten FdG, der bereits beschlossene Übertritt in preuß. Dienste 1740 wurde durch S.s Tod vereitelt. Nach dem frühen Tod des Freundes kümmerte sich FdG um dessen Familie, wie er es versprochen hatte: „Sa mémoire durera autant qu'une goutte de sang circulera dans mes veines, et sa famille sera la mienne – Sein Andenken wird fortleben solange nur ein Blutstropfen in meinen Venen fließen wird und seine Familie wird die meine sein" (Bf. an → Algarotti, 16. Nov. 1740, Œuvres 18, 28).

Qu. Correspondance de Frédéric avec M. de Suhm, 1736–1740 [Œuvres 16, 271–444]. – *Lit.* Franz Schnorr von Carolsfeld, Art. «S., U. F.», in: ADB 37 (1894), 138f.

(Pfalz-)Sulzbach → Carl Theodor
→ Pfalz-Sulzbach, Maria Anna von

Sulzer, Johann Georg
* 16. Okt. 1720 Winterthur † 27. Feb. 1779 Berlin

Philosoph und Schriftsteller; nach Studien der Theologie zunächst 1741 Prediger, 1743 Privatlehrer in Magdeburg, 1747–63 Gymn.-Prof. in Berlin, 1750 ADW, 1775 Dir. deren phil. Klasse. – Als Mitbegründer des «Montagsclubs» 1749 einer der geist. Köpfe der mod. Philosophie in Preußen, verstand S. sich im Ggs. zu → Ramler und → Nicolai immer die Gunst FdG zu erhalten, was nicht zuletzt in beider Verwurzelung in den Vorbildern der frz. Klassik und Kultur begründet scheint.

Qu. J. G. S.'s Lebensbeschreibung von ihm selbst aufgesetzt. Mit Anmerkungen von Joh. Bernh. Merian und Friedr. Nicolai, Berlin 1809. – *W.* (Ausw.). Allgemeine Theorie der schönen Künste, 4 Bde., Leipzig 1773; Kurzer Begriff aller Wissenschaften, worinn die natürliche Verbindung aller Theile der Gelehrtheit gezeiget…, Leipzig 1745; Gedanken über den Ursprung der Wissenschaften und schönen Künste, s.l. 1762. – *Lit.* Anna Tumarkin, Der Ästhetiker J. G. H., Frauenfeld 1933; Johannes Dobai, Die bildenden Künste in J. G. S.s Ästhetik, Winterthur 1978; Otto Liebmann, Art. «S., J. G.», in: ADB 37 (1894), 144–147.

Svarez (eigentl. Schwarz), Carl Gottlieb

* 27. Feb. 1747 Schweidnitz † 4. Mai 1798 Berlin

Jurist; 1762–66 Studium der Rechte zu Frankfurt/Oder, 1771 OARR zu Breslau, Mitarbeiter von → Cramers, ging mit diesem dann 1779 nach Berlin als Mitarbeiter am neuen *Corpus Juris Fridericianum*; unter → Friedrich Wilhelm II. Erzieher des sp. Königs Friedrich Wilhelms III. – C. kann neben von Cramer als Schöpfer der neuen preuß. Rechtsordnung im Sinne FdG gelten; dessen z. T. sehr liberalen Ideen gingen Friedrich Wilhelm II. dann allerdings zu weit, trotzdem – wohl aufgrund des Rufes S.s als Rechtswissenschaftler und auch breitenwirksamer Pädagoge (vgl. seinen *Unterricht über die Gesetze*) – vertraute der ihm die Erziehung seines Sohnes an.

W. Carl Gottlieb Svarez: Gesammelte Schriften, bisl.12 Bde., hrsg. v. Peter Krause, Stuttgart-Bad Cannstatt 1996–2004. – *Lit.* Walter Gose, Thomas Würtenberger (Hgg.), Zur Ideen- und Rezeptionsgeschichte des Preußischen Allgemeinen Landrechts: Trierer Symposion zum 250. Geburtstag von Carl Gottlieb Svarez, Stuttgart-Bad Cannstatt 1999; Erik Wolf, Carl Gottlieb Svarez, in: ders. Große Rechtsdenker der deutschen Geistesgeschichte, [2]Tübingen 1944, 394–435; Adolf Stölzel, Carl Gottlieb Svarez: ein Zeitbild aus der zweiten Hälfte des achtzehnten Jahrhunderts, Berlin 1885.

T

Tappe → Almesloe

Tassaert, Jean Pierre Antoine

* 19. Aug. 1727 Antwerpen † 21. Jan. 1788 in Berlin

Bildhauer; nach Ausbildung in seiner Heimatstadt Aufenthalte in London und ab 1746 in Paris, zahlr. Werke u. a. für den frz. Hof, 1770 im Auftrag Prinz → Heinrichs nach Preußen, 1774 Leiter des Kgl. Bildhauerateliers zu Berlin in Nachfolge Sigisbert François Michels (1728–1811) und Kgl. Hofbildhauer, 1775 Mitgl. ASK, 1786 deren Dir.; Werke u. a. für das Berliner Stadtschloss und für Sanssouci. – T. verkörperte die letzte Generation von Bildhauern im klassischen Geschmack FdG, welcher mit dessen Tode endete, und den Übergang zum Klassizismus unter Friedrich Wilhelm II., dessen Hauptvertreter sein Schüler Johann Gottfried Schadow (1764–1850) wurde.

Lit. P. Seidel, Art. «T., J. P. A.», in: ADB 37 (1894), 407–409; Michael Levey, Painting and Sculpture in France, 1700–1789, New Haven 1993; Matr. ADK.

Tauentzien, Bogislav Friedrich von

* 18. Apr. 1710 Tauenzi(e)n † 21. März 1791 Breslau

Militär; ab 1725 in preuß. Diensten: 1725 Kadett, 1728 Korporal, 1735 Fähnrich, 1740 SLt, bei Mollwitz 1741 PlM, 1742 PLt, 1745 SK, 1746 für „treue gute Dienste“ Pension 600 th. p.a., 1753 Kapitän, Chef I. Komp. Kgl. Garde, 1754 OLt, im SJK in zahlr. Schlachten öfters verwundet, 1758 GM, Kommandant von Breslau, 1760 GLt, 1761 SAO, 1761–85 General-Inspekteur der Infanterie in Schlesien, 1775 GdI.

Lit. SF 1, 469–472 (N° 485); Hermann Markgraf, Art. «T., F. B.», in: ADB 37 (1894), 443–447; König, Lexikon, IV, 72f.

Theden, Johann Christian Anton

* 13. Sep. 1714 Steinbeck † 21. Okt. 1797 Berlin

Mediziner, Leibarzt FdG; ohne Schulausbildung, 1727 als Hausdiener angestellt, danach bei einem Barbier in die Lehre, 1737 Feldscher bei den preuß. Kürassieren, 1758 Regimentsfeldscher, dann auf Empfehlung FdG Dritter General-Chirurgicus der preuß. Armee, 1786 Erster General-Chirurg an der Berliner Charité, 1787 verantw. für die Erstellung des ersten Feldlazarett-Reglements. – Als Musterbeispiel einer alle Vorurteile widerlegenden Karriere des Ancien Régimes zählte Th. zu den bedeutendsten Militärärzten des 18. Jhs. Seine Mehtoden zur Schmerzlinderung und Blutstillung hatten Tausenden von verwundeten Soldaten das Leben gerettet beziehungsweise das Leiden erleichtert.

W. (alle Berlin) Neue Bemerkungen und Erfahrungen zur Bereicherung der Wundarzneykunst und Medicin, 1771 (^{2}1776, ^{3}1795, Ndr. Wiesbaden 1982); Unterricht für die Unterwundärzte der Armee, besonders bey dem königlich preußischen Artilleriecorps, 1774 (^{2}1778, ^{3}1782, Ndr. Bad Honnef 1982); Die Wundarzneykunst und die Arzneygelahrtheit, 1795. – *Lit.* Hermann Frölich, Art. «Th., J. Chr. A.», in: ADB 37 (1894), 668; Die Medaille – Kunstwerk und Erinnerung, Schwerin 2000, 110f.

Therbusch, Anna Dorothea

* 23. Jul. 1721 Berlin † 9. Nov. 1782 ebd.

Malerin; geb. Lisiewski, Tochter des poln.-preuß. Porträtmalers Georg L. (1674–1750) und Schwester des Malers Georg Friedrich Reinhold L. (1725–1794), Studium und Ausbildung bei diesem und evtl. auch bei Antoine → Pesne, 1761 Hofmalerin zu Stuttgart, 1762 Mitgl. ASK ebd., 1764 von → Carl Theodor zur Hofmalerin in Mannheim berufen, ab 1765 in Paris, 1768 zurück in Berlin, dort Hofmalerin FdG, mehrere Werke u. a. in Sanssouci. – Th. war eine der bed. Porträtmalerinnen des europäischen 18. Jhs., ihre Porträts von Carl Theodor, → Katharina II. sowie von Persönlichkeiten des friderizianischen Preußen erlangten Weltruhm. Daneben sollten aber die mythologisch-historischen Arbeiten, u. a. auch jene in Sanssouci, nicht unterbewertet werden.

Lit. Katharina Küster u. a. (Hgg), Der freie Blick. A. D. Th. und Ludovike Simanowiz. Zwei Porträtmalerinnen des 18. Jahrhunderts, Heidelberg 2002; dies., A. D. Th. – eine Malerin der Aufklärung. Leben und Werk (Diss.), Heidelberg 2007 [Microfiche-Ausg. 2008]; Gerd Bartoschek (Hg.), A. D. Th., Potsdam 1971.

Thulemeyer, Friedrich Wilhelm von

* 9. Nov. 1735 Berlin † 6. Jul. 1811 ebd.

Diplomat, Minister und Musikaliensammler; Sohn des preuß. Staatsministers Wilhelm Heinrich Th. (1683–1750) und Patenkind → Friedrich Wilhelms I., mit einem Schul- und Studienstipendium des preuß. Hofes versehen Studium der Rechte zu Frankfurt/Main, 1763–88 preuß. Ges. FdG in den Ndl., dort Anbahnung der Ehe Prinzessin → Friederike Sophie Wilhelmine von Preußen mit dem Sohn des Erbstatthalters, 1788–1807 preuß. Justizminister. – Th. spielte eine, vielleicht die entscheidende Rolle in den innenpolitischen Unruhen der Ndl. in den 1770er/1780er Jahren; daneben bahnte er im Auftrag FdG erfolgreich die preuß.-US-amerikanischen Handelsbeziehungen durch Kontakte u. a. mit Benjamin → Franklin an. Neben seinen pol. Aktivitäten war Th. ein begeisterter Sammler von Musikhandschriften, seine Sammlung mit Werken aller Meister der friderizianischen Schule (darunter Werke von Carl Philipp Emanuel → Bach, Johann Joachim → Quantz, Christoph → Schaffrath oder Christoph → Nichelmann) ist eine der Hauptquellen zu dieser musikalischen Epoche.

Lit. Wanda von Puttkamer, F. W. von Th., gezant van Frederik den Grooten in Den Haag (1763–1781), in: Haagsch Maandblad 12 (1935), 429–438; Tobias Schwinger, Die Musikaliensammlung Th. und die Berliner Musiküberlieferung in der zweiten Hälfte des 18. Jahrhunderts, Beeskow 2006; Robert Eitner, Thematischer Katalog der von Thulemeier'schen Musikalien-Sammlung, Leipzig 1898.

Truchseß zu Waldburg, Friedrich Sebastian Wunibald

* 31. Mai 1691 Königsberg † 4. Jun. 1745 Hohenfriedberg

Diplomat und Militär; ab 1701 in preuß. Diensten: 1701 SLt, 1712 Kapitän, 1715 Major, 1722 OLt, 1728 Ob, 1733 DH zu Halberstadt, 1740 außerord. Ges. FdG bei → George II in Hannover, 1740 GM und OHM des Prinzen → August Wilhelm von Preußen, AHM zu Plettenberg, 1740 zweite Ges.schaft zu George II., diesmal nach London, 1742 dazu AHM zu Colbatz, 1743 GLt, 1744 SAO, bei Hohenfriedberg gefallen. – FdG vertraute T. zwei äußerst wichtige dipl. Missionen an, in denen es zum ersten um die preuß. Ansprüche auf Berg im Falle eines Ablebens Kf. → Carl Philipps, zum anderen um die Erläuterung des preuß. Kriegsbeginns 1740 und die preuß. Ansprüche auf Schlesien ging.

Qu. Instruktionen für T. in: PC 1, Nos. 10, 25, 26, 31, 38, 43, 46, 47, 50, 56, 68, 82, 85, 100, 114; dazu die: Instruction pour le major général comte Truchsess de Waldbourg, allant à la cour de la Grande-Bretagne en qualité de ministre plénipotentiaire [PC 1, N° 201, 140f.]. – *Lit.* Bernhard von Poten, Art. «T., F. S. W.», in: ADB 38 (1894), 678f.; SF 1, 217f. (N° 271); König, Lexikon, III, 106–109.

U

Uberti, Antonio → Porporino

Unger, Georg Christian

* 25. Mai 1743 Bayreuth † 20. Feb. 1799 Berlin

Baumeister; Schüler → Gontards, zunächst ab 1769 in der bürgerl. Zivilarchitektur tätig (in Potsdam: Hiller-Brandtsche Häuser 1769, 1770 Brandenburger Tor nach Plänen Gontards, Lazarett 1772, Portalbau des Langes Stalles 1781), danach zunehmend an der Vollendung des Ensembles von Sanssouci beteiligt: 1770–72 Belvedere in Manier der barocken Idealrekonstruktion des röm. Marcellustheaters durch Francesco Bianchini (1662–1729), 1771–75 Umbau der Orangerie zu Sanssouci nach Plänen Gontards; daneben auch zahlr. Bürgerhäuser und Großprojekte (Vollendung der Kgl. Hofbibliothek, Türme der Kirchen am Gendarmenmarkt) zu Berlin; 1787 OHBR, 1788 Dir. der Kgl. Immediat-Baucommission. – Neben seinen Arbeiten für Sanssouci liegt die Hauptbedeutung U.s in der Ausprägung eines eigenen neuen Typus städtischer Hausanlagen, welcher – zeitgl. Modellen etwa zu Turin nicht unähnlich – als bürgerl. Behausung trotzdem alle Anzeichen eines adelig-fürstl. Repräsentationsbaues aufweisen sollte (in der Lit. mitunter ‚Bürgerpalais' gen.), um so im Sinne des Ideengebers FdG das Angesicht der Residenzstädte Potsdam und Berlin anderen europäischen Metropolen zumal ebenbürtig werden zu lassen. Der König stiftete bzw. erwarb hierzu oftmals den Baugrund und trug auch die Baukosten, dies allerdings mit der Auflage an die Bewohner, das Anwesen so in seinem ursprgl. Sinn und Aussehen zu erhalten. Viele der über 250 Wohnbauten U.s verdankten dieser Idee ihre Entstehung.

Lit. Christian Wendland, G. Ch. U. Baumeister Friedrichs des Großen in Potsdam und Berlin, Potsdam 2002; Hans Kania, G. Chr. U., der Schöpfer des zweigeschossigen Potsdamer Barock- und Zopfhauses, in: MVGP, N. F. 6 (1939), 377–380; Heckmann, Baumeister, 453–467; Martin Engel, Art. «U., G. Chr.», in: BrBL, 402; Dehio Potsdam, passim.

V

Val, Marthe Du → Du Val, Marthe

Valori [auch Valory], Guy Louis Henry de

* 12. Okt. 1692 Menin † Okt. 1774 Etampes

Diplomat; ab 1707 in frz. Diensten: 1707 Enseigne, 1727 Milizinspekteur in Flandern, 1739 Brigadier und Gouverneur von Rue, 1739–50, sowie 1756/63–1767 frz. Ges. zu Berlin, 1748 GLt, 1761 *Ordre Royal de Saint Louis*, 1767 Gouverneur von Etampes. – Anfangs auf schwierigem Posten in Berlin, gelang es V., die Freundschaft FdG zu erwerben und trotz des Bündniswechsels von 1756 zu erhalten. Als V. starb, schrieb der Kg.: „Les hommes de ce trempe ont été rares dans ce siècle – Männer seines Schlages waren selten in diesem Jahrhundert."

W. Mémoires des négociations du marquis de Valory, ambassadeur de France à la cour de Berlin, accompagnés d'un recueil de lettres de Frédéric le Grand … précédés d'une notice historique sur la vie de l'auteur, 2 Bde., Paris 1820. – *Lit.* Michaud, 42, 528f., 84, 433f.

Vanloo [van Loo], Charles Amadée

* 25. Aug. 1719 Rivoli † 15. Nov. 1795 Paris

Maler; nach Studien bei seinem Vater Jean Baptiste van Loo (1684–1745), 1738 *Prix de Rome* der Paris ASK, 1747 Mitgl. ders., 1748 von FdG nach Preußen berufen, während des SJK 1758–63 zugestandener Urlaub in Paris, danach bis 1769 in Berlin und Potsdam tätig; Hauptwerk für Sanssouci das Deckengemälde *Le repas des Dieux olympiques* im großen Saal des Neuen Palais (1768), dazu weitere Werke ebd.

Lit. Friedrich II. und die Kunst, I, 27, II, 154, 176–178; Dehio Potsdam, passim.

Viereck, Christian Friedrich von

* 24. März 1723 Friedersdorf † 14. Dez. 1781 Berlin

Militär; ab 1740 in preuß. Diensten: 1740 Junker, 1741 Kornett, 1750 Lt, 1757 PlM bei Leuthen, 1757 SRM, 1758 RM, 1759 Major, 1764 OJoh, 1767 OLt, 1768 Kommandant des Kgl. Garderegiments zu Pferd *Gens d'Armes*, 1772 Ob, 1777 GM und Abschied. – FdG schätzte V. sehr und wollte ihn nicht verlieren, fast flehentlich schrieb er ihm noch 1775

„Verlaß Er sich auf mich, ich werde alles gut machen“ (SF 2, 119), doch die Krankheit V.s erlaubte keine weitere Verwendung.

Lit. SF 2, 118f. (N° 638).

Vietinghoff, August Wilhelm Freiherr von

* 18. Okt. 1728 Reetz † 23. Apr. 1799 Neiße

Militär; ab 1746 in preuß. Diensten: 1746 Korporal, 1758 PLt, 1761 SK, 1764 Kapitän, 1769 Major und Adj. Prinz → Heinrichs, 1775 Hofmarschall desselben, 1778 OLt, 1780 mit Prinz Heinrich preuß. Ges. in St. Petersburg, 1781 Ob, 1787 GM, Dir. der 1. Abt. (Infanterieangelegenheiten) im OKC, 1793 RAO, 1794 GLt, 1796 Gouverneur von Neiße.

Lit. SF 2, 246f. (N° 740).

Viktor → Vittorio

Vittorio Amadeo III

* 26. Jun. 1726 Turin † 16. Okt. 1796 Moncalieri

Hzg. von Piemont, Savoyen und Aosta, 1773–1796 Kg. von Sardinien. Hauptziel der AP V. a.s – unter Ägide des ltd. Ministers Perrone – war aufgrund der Annäherung der Häuser Bourbon und Habsburg eine dauerhafte Allianz mit Preußen, welche bis zum Tode FdG hielt und erst unter → Friedrich Wilhelm II. an Bedeutung verlor. Teile der piemont. Vorschläge sahen bei einem neuerlichen preuß.-österr. Waffengang einen Angriff auf österr. Besitzungen in Italien vor. Durch die Revolte von 1789 änderten sich die Vorzeichen der Politik: Piemont wurde zum Sammelbecken der frz. Aristokratie, verlor aber in den Italienfeldzügen Bonapartes seine Selbständigkeit. Im Inneren lag das Hauptaugenmerk des Kgs. auf Verbesserung der Wirtschaft (Ausbau des Hafens von Nizza) und der Urbanistik (Stadterweiterung von Turin), sowie auf wissensch. Gebiet (1783 Grdg. der ADW zu Turin).

Lit. Roberto Bergadani, V. a. III, Torino 1939; Giuseppe Ricuperati, Lo Stato Italiano nel Settecento, Torino 2001; Vincenzo Ferrone, The Accademia Reale delle Scienze: Cultural Sociability and Men of Letters in Turin of the Enlightenment under V. a. III, in: The Journal of Modern History 70/3 (1998), 519–560.

Voltaire

* 21. Nov. 1694 Paris † 30. Mai 1778 ebd.

Literat; eigentl. François Marie Arouet; Sohn des François Arouet (1650–1722) und der Marie Marguerite d'Aumart (c. 1660–1701), nach Schulbesuch des *Collège Louis le Grand* zu Paris schon in jungen Jahren öfters in Konflikt mit der öffentl. Ordnung (1718 Inhaftierung in der Bastille aufgrund eines Pamphlets gegen den Regenten Philippe d'Orléans), 1718 Namensänderung in «Voltaire» (Anagramm der Kapitalschreibweise seines Namens «AROVET L[e] I[eune]»), nach erneuten jur. Implikationen 1726–29 in England, 1731 erstes hist. Werk über Karl XII. von Schweden, durch die Beziehung zu Gabrielle Emilie de → Châtelet zeitw. Aufenthalt auf deren Schloss zu Cirey, 1736 Beginn der Korrespondenz mit FdG (pers. Treffen 1740 zu Kleve und 1742 zu Aachen), 1743 als inoffizieller frz. Ges. erstmalig in Potsdam mit dem Auftrag, FdG wieder in den ÖEK eintreten zu lassen, 1745 erste Aufträge für den Versailler Hof, 1746 auf Vermittlung seiner Gönnerin Jeanne-Antoinette Poisson, Dame Le Normant d'Étiolles, Marquise de Pompadour (1721–1764) dort 1746/47 Anstellung als *Gentilhomme de la Chambre* und Hofhistoriograph, 1748/49 am Hofe → Stanislaus I. Leszczyńskis zu Nancy, 1750 in Potsdam auf Einladung FdG, Mitgl. der Tafelrunde zu Sanssouci, 1753 Abschied von Preußen, danach Reisen in Europa, ab 1756 Mitarbeiter an der *Encyclopédie* d'→Alemberts, 1758 Erwerb eines Anwesens zu Ferney in der Nähe von Genf, 1778 Initiation in die Freimaurerei zu Paris. – Trotz der durchaus unterschiedlichen Qualität seiner Werke verstand es V., sich im Europa des 18. Jhs. eine Sonderstellung als lit. Korrespondent zahlr. europäischer Fürsten und Monarchen, darunter auch → Katharina II., zu verschaffen. Durch die pol. Ereignisse nach 1789 wurden sein Werk und sein Stil in Frankreich gleichsam kanonisiert (Übertragung der Gebeine in das neu bestimmte «Panthéon» 1791). Sein Verhältnis zu FdG zählt zu den komplexesten Beziehungen im Leben des Letzteren. So sehr ihn V.s Arbeiten und v. a. seine Stilistik faszinierten, so wenig Illusionen machte sich der Kg. über dessen Charakter und Absichten. Der Wahrheitsgehalt der vielen Anekdoten und Verdächtigungen in diesem Kontext, so etwa der vermeintl. Diebstahl eines kgl. Manuskripts durch V. oder dessen Spionagetätigkeit für den frz. Hof in den 1750er Jahren, wird wohl nie ganz erhellt werden können. Jedenfalls rächte sich V. für seine am Ende – in seinen Augen – ungerechte Behandlung zu Potsdam durch das in Umlaufsetzen zahlr. böswilliger Gerüchte über FdG (u. a. über seinen Charakter und seine angebl. sexuellen Neigungen bzw. Defekte), was seinerseits die Beziehung weiter abkühlen ließ.

Qu. Correspondance de Frédéric avec Voltaire [Œuvres 21 (1736–1740), 22 (1740–1753), 23 (1753–1778)]. – *W.* Les œuvres complètes de V./The Complete Works of V., hrsg. v. Theodore Besterman und Nicholas Cronk, Genève/Oxford 1968–. – *Lit.* Ian Davidson, V. A Life, London 2010. – Roger Peyrefitte: V. et Frédéric II., 2 Bde., Paris 1992; Christiane Mervaud, V. et Frédéric II: une dramaturgie des Lumières 1736–1778 (Studies on V. and the Eighteenth Century 234), Oxford 1985; Martin Fontius, V. in Berlin, Berlin 1966.

Voltaire

W

Walderdorff, Johann IX. Philipp von

* 24. Mai 1701 Schloss Molsberg † 12. Jan. 1768 Ehrenbreitstein bei Koblenz

1756–1768 Kf.-Ebf. von Trier, 1756–1768 Fst.Abt von Prüm, 1763–1768 Fst.Bf von Worms; 1716 im geistl. Stand, 1738 Can. zu St. Alban in Mainz, 1718 Domizellar zu Trier, 1736 DH ebd., 1736 Propst zu St. Simeon in Trier, 1754 Coadjutor in Trier. Studium 1720–22 in Mainz, 1742 Priester. In der AP durch die frz.-österr. Allianz ab 1756 ohne Perspektive, nahm er mit 1200 Mann am SJK gegen Preußen teil, zeigte aber im Gegensatz zu seinem Vorgänger Franz Georg von → Schönborn keine großen pol. Ambitionen. Im Inneren und kirchlich eher unentschieden, verurteilte er die nationalkirchl. Tendenzen seines Weihbischofs Johann Nikolaus von Hontheim («Febronius», 1701–1790) 1764, kam der SJ aber gegen die frz. Angriffe nicht zu Hilfe. Bedeutender war seine Bautätigkeit (Schloss Engers, Stadtausbau von Trier).

Lit. Bernhard J. Kreuzberg, Die politischen und wirtschaftlichen Beziehungen des Kurstaates Trier zu Frankreich in der zweiten Hälfte des 18. Jahrhunderts bis zum Ausbruch der französischen Revolution (Rheinisches Archiv 21), Bonn 1932; Konrad Schneider, Der Trierer Kurfürst und Erzbischof J.P. von W. (1701–1768) als Liebhaber von Schmuck, Paramenten und teuren Stoffen, in: JWLG 34 (2008), 475–495; Wolfgang Seibrich, Art. «W., J.P.», in: Gatz II, 547–550 (ält. Lit.).

Walrave, Gerhard Kornelius (ab 1724:) von

* 1692 Warendorf † 16. Jan. 1773 Magdeburg

Militär; zunächst als Ingenieur in ndl., ab 1715 in preuß. Diensten: 1715 Kapitän, 1719 Major, 1722 OLt, 1724 geadelt, 1729 Chef des Preuß. Ingenieur-Corps und Ob, 1741 GM, 1742 PlM, 1748 verhaftet und nach Magdeburg in lebenslängliche Festungshaft. – Der «Fall W.» gehört zu den spektakulärsten der Militärgerichtsbarkeit des 18. Jhs. Bereits bei seinem Abschied aus ndl. Diensten war es zu Unregelmäßigkeiten gekommen, → Friedrich Wilhelm I. aber vertraute W. unbedingt, nicht zuletzt aufgrund seiner als Festungsbaumeister geleisteten Arbeiten. Die Stimmen betreffs Bereicherung und Unterschlagungen wurden jedoch immer lauter. Als W. 1747 öffentlich seinen Bankrott erklären und seine Habschaften versteigern lassen musste, leitete FdG eine Untersuchung unter

Aufsicht von → Winterfeldts ein, die Veruntreuungen in erheblichem Maße (41612 th.) belegten. W. wurde daraufhin nach Magdeburg überbracht, wo er bis zu seinem Tode in Half blieb.

Lit. SF 1, 230–232 (N° 280); Bernhard von Poten, Art. «W., G. K.», in: ADB 41 (1896), 2–5.

Washington, George

* 22. Feb. 1732 Wakefield † 14. Dez. 1799 Mount Vernon

Militär und Staatsmann, 1789–1797 erster Präs. der Vereinigten Staaten; nach anfängl. milit. Laufbahn in brit. Diensten (u. a. 1754 mit dem Gefecht um Jumonville Glen und der dabei erfolgten unehrenhaften Tötung des frz. Offiziers Joseph Coulon de Villiers, Sieur de Jumonville (1718–1754), Auslöser des SJK) 1774 Delegierter des Kontinentalkongresses, ab 1775 Oberbefehlshaber der Kontinentalarmee, beim *Great Compromise* im Verfassungskonvent einer der maßgebl. Befürworter der Beibehaltung der Sklaverei in den südl. Bundesstaaten, 1789 erster Präs. der USA. – Als einer der Gründerväter der Vereinigten Staaten und Ikone der Unabhängigkeit ist W. bis heute eine der zentralen Figuren US-amerik. Geschichte. Wiewohl er selbst keine nachweisbaren Beziehungen zu Preußen unterhielt (die Übersendung eines Säbels an W. durch FdG ist eine Erfindung des 19. Jhs.), standen namhafte amerik. Diplomaten, darunter Arthur → Lee, seit 1776 mit FdG in Verbindung, welche 1785 im Freundschaftsvertrag gipfelten; W.s preuß. Generalstabschef von → Steuben trug wesentl. zum Erfolg der amerik. Armee im AUK bei.

W. John C. Fitzpatrick, The Writings of G. W., 39 Bde., Washington 1931–1944. – *Bibl.* Eldo Alexander/William P. Allen, G. W.: A Bibliography, 2 Bde., London 1990. – *Lit.* Ron Chernow, W. A Life, New York 2010; Douglas S. Freeman, G. W. A Biography, 7 Bde., New York 1948–1957; Joseph George Rosengarten, Frederick the Great and the United States, Lancaster/PA 1926.

Wedel, Carl Heinrich von

* 12. Jul. 1712 Göritz † 2. Apr. 1782 ebd.

Militär und Minister; nach Ausbildung auf der RAk zu Brandenburg ab 1727 in preuß. Diensten: 1727 Korporal, 1730 Fähnrich, 1735 SLt, 1740 Kapitän, 1743 Major, 1751 OLt, 1752 PlM, 1755 Ob, 1757 GM, 1758

Oberbefehlshaber der preuß. Truppen gg. Schweden, 1759 GLt, 1760 Wirkl. Kgl. Geh. Etatsminister und Dir. des KD, Dir. des Waisenhauses zu Potsdam und des Invalidenhauses zu Berlin, 1761 *Ministre de la Guerre* (25. Jan., erster Träger dieses Titels in Preußen), 1779 Abschied. – W. war die zentr. Figur der Heeres- und Kriegsorganisation Preußens in der zweiten Hälfte des SJK und in dieser Funktion, welche 1761 mit der erstmaligen Ernennung zum Kriegsminister hervorgehoben wurde, einer der wichtigsten Mitarbeiter FdG. Nach dem Kriege leitete W. die Reorganisation des Nachschubwesens, Kasernenneubaus und der Truppenaushebungen (Kantons- und Serviswesen). Eine Teilnahme am BEK blieb ihm aus gesundheitl. Gründen verwehrt. – Die mitunter anzutreffende Bez. W.s als «Dictator» geht auf einen Brief FdG von 1759 zurück, in welchem er ihm den Oberbefehl über die zur Verhinderung der Vereinigung der russ. und österr. Armeen abgestellten Truppen übertrug und die sich schon im Vorjahr im Kommando W.s gegen die Schweden fand; sie ist nicht im mod. Sinne zu deuten, sondern bez. der unumschränkten Organisationsvollmachten W.s innerhalb dieser entgegen den Weisungen FdG nicht immer einwandfrei geführten und unterhaltenen Heeresteile.

Qu. PC XVIII/2. – *Lit.* Bernhard von Poten, Art. «W., K. H.», in: ADB 41 (1896), 410–413; M. von Wedel, Eine preußische Diktatur. K. H. von W., preußischer Generalleutnant und erster preußischer Kriegsminister, Berlin 1875; SF 1, 447–450 (N° 363).

Wilhelmine → Friederike Sophie Wilhelmine von Preußen

Wilhelmine

* 3. Jul. 1709 Potsdam † 14. Okt. 1758 Bayreuth

geb. Prinzessin Friederike Sophie Wilhelmine von Preußen, verh. Markgräfin von Bayreuth, älteste Schwester FdG; durchlebte mit ihrem Bruder die nicht leichte Kindheit am Hofe → Friedrich Wilhelms I., welche sie in ihren Memoiren ausführlich schilderte; trotz starker Unterstützung durch die Mutter, Kgin. → Sophie Dorothea, zerschlugen sich in den 1720 Pläne, W. mit dem Prince of Wales, Frederick Louis (1707–1751) zu verehelichen, am Widerstand der österr. Fraktion am Hofe unter → Grumbkow und an der prinzipiellen Ablehnung des Vaters, 1731 heiratete sie Markgraf Friedrich III. von → Brandenburg-Bayreuth unter weiterem Bezug einer preuß. Apanage (ab 1740), in Bayreuth reiche Kultur- und Bautätigkeit gemeinsam mit ihrem Ehemann, 1745 auf eigene Initiative bei → Maria Theresia zu Friedensgesprächen im ÖEK, 1758 am Tage der Schlacht von Hochkirch verstorben. – In der zahlr. Korrespondenz mit ihrem Bruder tritt das enge Verhältnis der beiden Geschwister zutage, welches aber nicht frei von Meinungsverschiedenheiten und Differenzen war. Ihre sp. sehr berühmten Memoiren geben einen sehr stark persönlich gefärbten Einblick in das Hofleben unter Friedrich Wilhelm I. und sind mit Vorsicht zu verwenden, viele Details erwiesen sich mittlerweile als historisch unhaltbar. Bleibenden Verdienst erwarb W. durch ihr kulturelles Engagement in Kunst, Architektur und v. a. Musik; auf letzterem Felde steuerte sie selbst einige Werke versch. Genres bei, auch Librettotexte zu Opern.

Qu. Mémoires de Frédérique Sophie Wilhelmine, Margrave de Bayreuthe, … depuis l'année 1709 jusqu'a 1742, écrit de sa main, mod. Ed. Paris 1967 (Ndr. 2001) (dt. Frankfurt/Main 2004); Correspondance de Frédéric avec sa sœur Wilhelmine, margrave de Baireuth (1730–1758) [Œuvres 27/1]. – *W.* Argenore, Opera Seria in tre atti (ed. Wolfgang Hirschmann, Mainz 1996); 5 Libretti (Athalie, Deucalion & Pyrrha, Semiramide, L'Huomo, Amaltea). – *Lit.* Günter Berger (Hg.), W. von Bayreuth heute: das kulturelle Erbe der Markgräfin, Bayreuth 2009; Uwe A. Oster: W. von Bayreuth. Das Leben der Schwester Friedrichs des Großen, München 2005; Sabine Henze-Döhring, Markgräfin W. und die Bayreuther Hofmusik, Bamberg 2009.

Wilhelmine von Hessen-Kassel

* 25. Feb. 1726 Kassel † 8. Okt. 1808 Berlin

geb. Prinzessin von Hessen-Kassel, Schwägerin FdG; 1752 (25. Jun.) mit Prinz → Heinrich von Preußen verheiratet, diese Ehe de facto 1766 getrennt. – Wiewohl Anmut und Schönheit der Prinzessin von Zeitgenossen gerühmt wurden (vgl. das Porträt → Vanloos und die durchaus ernst gemeinten Anspielungen in der Hochzeitskantate Carl Heinrich → Grauns), fand Heinrich nichts an ihr und empfand die Ehe als „captivité (Gefangenschaft)". Nach der Trennung siedelte W. von Rheinsberg in das Stadtpalais des Prinzen Unter den Linden um, welches sie bis zu ihrem Tode bewohnte.

Qu./Lit. Carl Heinrich Graun, Il giudizio di Paride, Berlin 1752, dt. Text: Das Urtheil des Paris: ein Musicalisches Schäfer-Spiel in einer Handlung; welches ... an dem höchsterfreulichen Vermählungs-Feste Sr. Königl. Hoheit Friedrich Heinrichs Printzen von Preussen ... und ... der Prinzeßin Wilhelmina von Hessen-Cassel aufgeführet werden soll..., Berlin 1752; Klaus-Dietrich Gandert, Vom Prinzenpalais zur Humboldt-Universität, Berlin 2004. – s.a. *Lit.* → Heinrich, Prinz von Preußen.

Winterfeldt, Hans Carl von

* 4. Apr. 1707 Vanselow † 8. Sep. 1757 Görlitz

Militär und Diplomat, Vertrauter FdG; ab 1721 in preuß. Diensten: Junker im Reg. der Familie, 1722 Kornett, 1729 SLt, 1734 Begleiter FdG als Kronprinz im PEK am Rhein, 1740 Major, FAdj FdG, Eroberer von Glogau, bei Mollwitz verwundet, 1741 OLt, 1742 Ob, GAdj, 1745 PlM, GM, AHM zu Tapiau, DH zu Halberstadt, 1756 GLt, bei Prag und Mojs 1757 verwundet. – „Von allen Generalen hat W. dem König am nächsten gestanden. Mit Recht ist er als des Königs Generalstabschef bezeichnet worden, denn kein anderer ist bis zu seinem (FdG) Tode so in die Pläne des Großen Preußenkönigs eingeweiht worden, wie W." (SF 1, 332). Dies umreißt hinreichend Stellung und Bedeutung W.s, dessen Leistungen nicht nur auf dem Felde, sondern auch in den Friedensjahren für Heeresaufbau und -struktur sowie für die Feldzugsplanung herausragen. Trotz zeitweiliger Meinungsverschiedenheiten mit FdG belegen die Worte des Kgs. auf W.s Grabstein („Er war ein guter Mensch, ein Seelenmensch, er war mein Freund") die Wertschätzung. Wohl aufgrund seiner Sonderstellung kam es häufig zu Konflikten mit anderen Offizieren, aber auch mit Prinz → Heinrich, der W.s offensiven Kriegsplänen ablehnend gegenüberstand.

Lit. Karl August Varnhagen von Ense, Leben des Generals H. K. von W., Berlin 1836; Helmut Schnitter, H. K. von W. – «Generalstabschef» des Königs, in: ders., Gestalten, 6–16; SF 1, 330–334 (N° 352).

Wobersnow, Moritz Franz Casimir von

* 5. März 1708 Kamissow † 23. Juli 1759 bei Kay

Militär, GAdj FdG; ab 1723 in preuß. Diensten: 1723 Korporal, 1728 Fähnrich, 1733 SLt, 1737 PLt, 1740 SK und Kapitän, 1747 Major, 1751

DH zu Minden, 1752 OLt und GAdj des Kgs., 1755 Ob, 1757 GM. – Als GAdj war W. einer der wichtigsten Mitarbeiter FdG im Kriegsalltag des SJK, darüber hinaus „einer der besten Organisatoren und der tapfersten Generale des Großen Königs“ (SF 1, 451). Nicht unerwähnt seien seine zivilen Verdienste um den Ausbau des Oderkanals bei Glogau 1747.

Lit. SF 1, 450f. (N° 464); Bernhard von Poten, Art. «W., M. F. K.», in: ADB 43 (1898), 700; König, Lexikon, III, 43.

Wolff, Christian Freiherr von

* 24. Jan. 1679 Breslau † 9. Apr. 1754 Halle

Philosoph; nach Schulbesuch zu Breslau (u. a. bei Kaspar Neumann (1648–1715)) Studium der Theologie, Mathematik und physikalischen Wissenschaften zu Jena, 1702 dort habilitiert, 1703 Privatdoz. in Leipzig, 1706 Prof. der Mathematik und Philosophie zu Halle, 1710 Mitgl. der Royal Society, 1711 der ADW zu Berlin, 1723 wg. angebl. Atheismus entlassen und von → Friedrich Wilhelm I. des Landes verwiesen, bis 1740 Prof. zu Marburg, 1740 durch FdG zurück nach Halle berufen, 1743 Rektor der Univ., 1745 durch → Max III. Joseph von Bayern in den Reichsfreiherrenstand erhoben. – W.s Philosophie stellte das erste systematische Konzept des Rationalismus in Dtl. dar, wobei er u. a. auf Ideen von Leibniz, aber auch der frühen Scholastiker zurückgriff und diese uminterpretierte. Seine Beschäftigung mit der ostasiatischen Philosophie beeinflusste ebenso stark seine Ideen, trug ihm aber von Seiten der Pietisten den Vorwurf des Atheismus ein. Seine dreigestaffelte Erkenntnislehre (historisch, philosophisch und mathematisch) wurde maßgebl. für die neuere Philosophie, wobei er aber versuchte, gemäß dem scholastischen Schema die Einheit von Vernunft und Offenbarung beizubehalten und auch platonische Ansätze zu berücksichtigen. Das daraus resultierende Denkgebäude brachte ihn in Ggs. zu den radikalen Rationalisten und Materialisten des 18. Jhs., etwa → Voltaire oder → La Mettrie. Der Einfluss des Wolff'schen Denkens auf FdG ist nicht zu überschätzen, viele der Ideen des Kgs. finden dort ihre genaue Vorprägung.

W. Gesammelte Werke, Hildesheim u. a. 1962–. *Lit.* Silvia Sommerhoff-Benner, Chr. W. als Mathematiker und Universitätslehrer des 18. Jahrhunderts, Aachen, 2002; Hans-Martin Gerlach (Hg.), Chr. W. – seine Schule und seine Gegner

(Aufklärung 12/2), Hamburg 2001; Werner Schneiders (Hg.), Chr. W. 1679–1754. Interpretationen zu seiner Philosophie und deren Wirkung. Mit einer Bibliographie der Wolff-Literatur (Studien zum achtzehnten Jahrhundert 4), ²Hamburg 1986.

Wreech, Luise Eleonore von

* 2. Feb. 1708 Tamsel † 12. Okt. 1784 Berlin

zeitweise Vertraute FdG; geb. von Schöning, 1723 (23. Mai) verheiratet mit dem sp. GM Adam Friedrich von Wreech (1689–1746), 1731/32 reger Kontakt mit dem Kronprinzen Friedrich auf ihrem Gut Tamsel während dessen Küstriner Zeit, nach dem Tode ihres 1746 Mannes allein für den Erbbesitz verantwortlich, nach der Verwüstung 1758 mehrere Petitionen an FdG zwecks finanz. Beihilfe zum Wiederaufbau (z. T. entsprochen). – Über die Natur der Beziehung des jungen Kronprinzen zu der von ihm sehr geschätzten „Madame de Wreech" ist viel gerätselt worden, letztendliche Gewissheit ist hier aber wohl nicht zu erhalten. In vielem entsprach die Dame seinen intellektuellen und wohl auch ästhetischen Anforderungen (von Letzterem vermittelt das Porträt → Pesnes noch eine Vorstellung), die Briefe zeugen von einer großen Offenheit, Herzlichkeit und Vertrautheit. Die Frage dahinter vermochte auch Fontane (Wanderungen durch die Mark Brandenburg, 2. Bd.) nicht zu eruieren, wiewohl mit Fontane dem letzten Satz des letzten Briefes Friedrichs an W. eine gewisse Bedeutung zugemessen werden darf, worin der Kronprinz die Übersendung seiner Porträts kommentiert: „J'espère que cela servira au moins à vous faire quelquefois souvenir de moi, et que vous direz: C'était un assez bon garçon, mais il me lassait, car il m'aimait trop, et me faisait souvent enrager avec son amour incommode – Ich hoffe, dass es mich wenigstens dann und wann in Ihre Erinnerung bringen und Sie zu dem Zugeständnis veranlassen wird: er war au fond ein guter Junge, aber er langweilte mich, denn er liebte mich zu sehr und brachte mich oft zur Verzweiflung mit seiner unbequemen Liebe" (Übs. Fontanes). – Ihr Sohn Ludwig von W. (1734–1795) war Kammerherr und Hofmarschall des Prinzen → Heinrich zu Rheinsberg.

Qu. Correspondance de Frédéric avec madame de Wreech [Œuvres 16, 7–24]. – *Lit.* Ulrich Graf von Schwerin, Friedrich der Große und Frau von W. – eine historische Studie mit familiengeschichtlichem Einschlag, Berlin 1929; Lettres et vers d'un certain grand prince. Friedrichs des Großen Briefe und Gedichte an L. E. von W. 1731–1761. Ein preußisches Idyll, Marburg 1952; Bernhard von Poten, Art. «W., L. E.», in: ADB 44 (1898), 257; SF 1, 227f. (N° 278).

Württemberg → Friedrich I. Eugen Herzog von → Carl Eugen, Herzog von

Wunsch, Johann Jakob von

* 22. Dez. 1717 Heidenheim † 18. Okt. 1788 Prenzlau

Militär; nach einer Schlosserlehre 1735–39 in württembg. (1735 Kadett, Teilnahme an den Türkenkriegen im kaiserl. Sold, 1738 Lt), 1745 in bayer. (1745 Ober-Lt der Husaren), 1745–49 in ndl. (ÖEK gegen Habsburg, 1747 RM) und ab 1756 in preuß. Diensten: als Freicorps-Offizier in zahlr. Gefechten des SJK, bei Torgau (3. Nov. 1760) PlM, 1757 Major, 1758 OLt, 1759 Ob und GM, 1771 GLt, im BEK Kommandant bei Glatz, 1787 GdI und SAO. – Der Lebensweg W.s kann als Idealbsp. der Aufstiegsmöglichkeiten im Militär des 18. Jhs. gelten, ungewöhnlicher war seine Organisation der Freicorps (zun. 450 Mann, sp. deutlich mehr), welche FdG ausdrücklich billigte.

Lit. George Adalbert von Mülverstedt, Vom General v. W., in: Der Deutsche Herold 35 (1904), 121f.; SF 1, 497–500 (N° 510); Albert von Pfister, Art. «W. J. J.», in: ADB 44 (1898), 315ff.

Wylich und Lottum, Friedrich Albrecht Carl Hermann von

* 20. Apr. 1720 Anklam † 3. März 1797 Berlin

Militär; nach Schulbesuch am Joachimsthaler Gymnasium zu Berlin ab 1737 in preuß. Diensten: 1737 Kornett, 1745 Lt, 1753 DH zu Halberstadt, 1755 StRM, 1756 RM, in zahlr. Gefechten des SJK, 1758 bei Zorndorf PlM, 1767 OLt, 1772 Ob, 1777 GM, 1785 AHM zu Spandau, 1787 GLt, 1791 SAO, 1792/93 in den Revolutionskriegen gg. Frankreich, 1794 GdK und Abschied.

Lit. Ernst Friedlaender, Art. «L., F. A. C. H.», in: ADB 19 (1884), 283f.; SF 2, 117f. (N° 637).

Z

Zedlitz und Leipe, Carl Abraham Freiherr von

* 4. Jan. 1731 Schwarzwaldau † 18. März 1793 Gut Kapsdorf

Minister und Schulreformer; nach Studien an der Ritterakademie zu Brandenburg ab 1755 als Jurist in preuß. Diensten: 1759 OARR zu Breslau, 1764 RP von Schlesien, 1770 Geh. Staats-Minister für Justizangelegenheiten, 1771 auch Staatsminister des Criminal- und Geistlichen Departements (Kultus- und Schulangelegenheiten), 1776 Mitgl. der ADW, 1788 Abschied aus dem Ministeramt, 1788/89 Direktor der Ritterakademie in Liegnitz. – Bedeutsam wurde die unter Z. betriebene Reform des höheren Schulwesens, welche u. a. die Einführung eines Vorläufers des heutigen Abiturs als Abschlussprüfung, die Verbindlichkeit der alten Sprachen sowie die Regelung des pers. Umgangs von Schülern und Lehrern untereinander enthielt. Als Justizminister ging er im Falle des Müllers → Arnold nicht mit FdG d'accord, was ihm zeitw. die kgl. Ungnade einbrachte; die Entlassung erfolgte aber erst unter → Friedrich Wilhelm II.

Lit. Peter Mainka, K. A. von Z. u. L. (1731–1793), Berlin 1995; Friedrich A. Trendelenburg, Friedrich der Große und sein Staatsminister Freiherr von Z., Berlin 1859; Conrad Rethwisch, Der Staatsminister Freiherr von Z. und Preußens höheres Schulwesen im Zeitalter Friedrichs des Großen, Berlin 1881.

Ziesenis, Johann Georg der Jüngere

* 1716 Kopenhagen † 4. März 1776 Hannover

Maler; nach Ausbildung bei seinem gleichnamigen Vater (1681–1748), erste Anstellung als zweiter Hofmaler zu Düsseldorf, ab 1760 als Hofmaler in Hannover (Nebenresidenz des engl. Königshauses), daneben aber auch mehrere Bilder für die dän. Aristokratie. – Das 1763 entstandene Porträt FdG ist das einzige zu dessen Regierungszeit entstandene Abbild «nach dem Leben», d. h. wofür der Kg. auch Modell saß.

Lit. Karin Schrader, Der Bildnismaler J. G. Z. (1716–1776) – Leben und Werk mit kritischem Oeuvrekatalog, Münster 1995; Hermann Arthur Lier, Art. «Z., J. G.», in: ADB 45 (1900), 213; TB.

Ziet(h)en, Hans Joachim von, gen. Zieten aus dem Busch

* 14. Mai 1699 Wustrau † 26. Jan. 1786 Berlin

Militär und Vertrauter FdG; ab 1715 in preuß. Diensten: zunächst als Korporal, 1720 Fähnrich, 1726 SLt, 1727 PLt, 1730 wg. Duells sechs Mon. Festungshaft, StRM, 1731 RM, 1736 Major, 1741 PlM für Verdienste bei Rothschloss (19. Mai), Eroberer von Budweis und Frauenberg, 1744 GM, 1750 Canonicus zu Gerresheim, 1756 GLt, 1757 SAO, 1760 bei Liegnitz (15. Aug.) GdK, nach Ende des SJK Inspekteur der Kavallerie. – Das Husarenreg. Z.s erwarb sich schon zu dessen Lebzeiten mythischen Ruf, FdG schätzte «Vater Z.» überaus und besuchte ihn häufig auf dessen Gut zu Wustrau. Wiewohl die religiöse Haltung Z.s nicht mit jener FdG übereinstimmte, hörte er als einer der wenigen diesbzgl. nie Ironie oder Neckereien, vielmehr beeindruckte den Kg. die Überzeugung des Generals, die sich in zahlr. karitativen Werken widerspiegelte.

Lit. Luise Johanne Leopoldine von Blumenthal, Lebensbeschreibung H. J. von Z.s, Königlich-Preußischen Generals der Kavallerie…, Berlin 1797; Frank Bauer, H. J. von Z. Preußens Husarenvater und sein Regiment, Berg/Potsdam 1999; Friedrich Förster, H. J. von Z. Eine kleine Biographie, Berlin 1999.

Zimmermann, Johann Georg (ab 1786:) Ritter von

* 8. Dez. 1728 Brugg † 7. Okt. 1795 Hannover

Mediziner und Literat; nach dem Studium der Geschichte, Philosophie und Rhetorik zu Bern jenes der Medizin zu Göttingen unter Albrecht von Haller (1708–1777), 1751 Dr. med., 1752 Arzt zu Bern, 1754 zu Brugg, 1768 Leibarzt → Georges III von England. – Z. war wohl einer der ersten Modeärzte Europas, viele Monarchen verlangten seinen Rat, → Katharina II. adelte ihn 1786 sogar, mit FdG verkehrte er öfters und war bei seinem Tod 1786 zugegen. Seine zahlr. Schriften entsprachen dem Geschmack der galanten Zeit, bis die scharfe Ablehnung der revolut. und modern-rationalen Denkwelten durch Z. eine z. T. heftige, beißende und auch ungerechte Diffamierungskampagne hervorrief.

W. Über die Einsamkeit, 4 Bde., Leipzig 1784–1785; Drei Gedichte zum Erbeben von Lissabon (Ed. von Martin Rector und Matthias Wehrhahn, Hannover 2005); Memoire an Seine Kaiserlichkönigliche Majestät Leopold den Zweiten über den Wahnwitz unsers Zeitalters und die Mordbrenner, welche Deutschland und ganz Europa aufklären wollen (Ed. von Christoph Weiß, St. Ingbert 1995); Fragmente über Friedrich den Grossen zur Geschichte seines Lebens, seiner Regierung, und seines Charakters, Leipzig 1790; *eine Auswahl von Texten in:* J. G. Z. – mit Skalpell und Federkiel. Ein Lesebuch, hrsg. v. Andreas Langenbacher, Bern u. a. 1995. – *Lit.* Hans-Peter Schramm (Hg.), J. G. Z. – königlich großbritannischer Leibarzt (1728 – 1795) (Wolfenbütteler Forschungen 82), Wiesbaden 1998; Rudolf Ischer, Art. «Z., J. G.», in: ADB 45 (1900), 273–277.

Zweibrücken-Birkenfeld, Carl III. August Christian

* 29. Okt. 1746 Düsseldorf † 1. Apr. 1795 Mannheim

1775–1795 Hzg. von Zweibrücken; 1774 verheiratet mit Maria Amalie von Sachsen (1757–1831), der Tochter Kf. → Friedrich Christians, durch Hausvertrag zum Erben des kinderlosen Kf. → Carl Theodor von der Pfalz und – ab 1777 – auch Bayerns bestimmt, in den Revolutionskriegen nach Mannheim geflüchtet. – Neben seinen zahlr. kulturellen Initiativen in Zweibrücken (Erbauung des Schlosses Karlsberg ab 1778 durch Johann Christian von Mannlich (1741–1822), Anlage einer großen Gemäldesammlung) trat C. v. a. durch sein Beharren auf den bayerischen Ansprüchen gegenüber Forderungen → Josephs II. nach dem Tode → Maximilians III. Joseph von Bayern hervor. Da er als Erbe Carl Theodors galt (der dann allerdings erst vier Jahre nach ihm selbst sterben sollte), war durch die österr. Forderungen seine Anwartschaft auf Bayern höchst bedroht. Im Konzert mit der tatkräftigen Maria Anna von → Pfalz-Sulzbach gelang es, die preuß. Politik in dieser Richtung zu bestimmen; der Einsatz FdG (Missionen des Grafen von → Görtz für die preuß., des Fhr. von → Hofenfels für die wittelsbachische Seite) für die Rechte C.s, welcher in den BEK mündete, sicherte diese definitiv, doch kam C. durch seinen frühen Tod nicht mehr in den Genuss der Früchte dieser Anstrengung. Das Erbe Carl Theodors ging vielmehr an den jüngeren Bruder C.s über, welcher als Maximilian IV./I. Joseph (1756/1799–1805/1806–25) dann letzter bayerischen Kf. und (ab 1806) erster König von Bayern werden sollte. Im 19. Jh. wurde C. oftmals als Retter Bayerns apostrophiert, doch dieser Ehrentitel kommt eigentlich der viel effizienteren Maria Anna zu.

Lit. A. Unzer, Der Herzog von Zweibrücken und die Sendung des Grafen Goertz, Januar-April 1778, in: MIÖG 18 (1897), 401–492.

Abkürzungsverzeichnis

Adj.	Adjutant
ADW	Akademie der Wissenschaften (wenn nicht anders angegeben, zu Berlin)
AHM	Amtshauptmann
AK	Ausstellungskatalog
AP	Außenpolitik
APLR	Allgemeines Preußisches Landrecht
ASK	Akademie der Schönen Künste [NB. in Preußen off.: Königlich-Preußische Akademie der Künste und mechanischen Wissenschaften, Sektion der Bildenden Künste]
AUK	Amerikanischer Unabhängigkeitskrieg
b.c.	Basso continuo
BD	Baudirektor
BEK	Bayerischer Erbfolgekrieg
Bgm.	Bürgermeister
by.	bayerisch
Card.	Cardinal
DH	Domherr
Dir.	Direktor
DK	Domkapitel
Ebf.	Erzbischof
FA	Fürstabt
FAdj	Flügeladjutant
FKD	Feldkriegsdirektorium
FKDR	Finanz-, Kriegs- und Domänenrat
FM	Feldmarschall
FMLt	Feldmarschallleutnant
Fst.Bf.	Fürstbischof
FZM	Feldzeugmeister
GAdj	Generaladjutant
GD	Generaldirektorium
GdA	General der Artillerie

GdI	General der Infanterie
GdK	General der Kavallerie
Ges.	Gesandter
GFM	Generalfeldmarschall
GFR	Geheimer Finanzrat
GH	Großes Hauptquartier
GJR	Geheimer Justizrat
GK	Großkanzler
GKA	Geheimes Kabinetts-Archiv
GKR	Geheimer Kammerrat
GKrR	Geheimer Kriegsrat
GLR	Geheimer Legationsrat
GLt	Generalleutnant
GM	Generalmajor
GQM	Generalquartiermeister
GR	Geheimer Rat
GSR	Geheimer Staatsrat
GV	Generalvikar
GWM	Generalwachtmeister
HG	Hofgericht
HGR	Hofgerichtsrat
HKM	Hofkapellmeister
HM	Hochmeister
HR	Hofrat
HrM	Herrenmeister
HS	Hochstift
JM	Justizminister
JR	Justizrat
KD	Kammerdirektor bzw. Kriegs-Departement (nach Sinnzusammenhang)
KDK	Kriegs- und Domänenkammer
KDR	Kriegs- und Domänenrat
Kf.	Kurfürst
KG	Kammergericht
KGP	Kammergerichtspräsident
KGR	Kaiserlicher Geheimer Rat

KGS	Kammergerichtssenat
KlHM	Klosterhauptmann
KM	Kabinettsministerium
KnR	Konsistorialrat
KP	Kirchenpolitik
KPM	Königlich Preußische Porzellanmanufaktur
KR	Kammerrat
Krg.	Krönung
KrR	Kriegsrat
LdR	Landrat
LG	Landgericht
LHM	Landeshauptmann
LR	Legationsrat
Ms.	Manuskript
OAG	Ober-Appellations-Gericht
OAR	Oberamtsregierung
OARR	Oberamtsregierungsrat
Ob	Oberst
OBD	Oberbaudirektor
OLt	Oberstleutnant
OBR	Oberbaurat
OD	Oberdirektorium
OdG	Ordre de la Générosité
ÖEK	Österreichischer Erbfolgekrieg
OFM	Franziskanerorden
OG	Obergericht
OGR	Oberhofgerichtsrat
OHBR	Oberhofbaurat
OHLG	Ober-, Hof und Landesgericht
OHM	Obersthofmeister
OHMr	Obersthofmarschall
OJoh	Johanniterorden
OKC	Oberkriegscollegium
OKR	Oberkonsistorialrat
OP	Ober-Präsident
OSM	Oberstallmeister

OT	Deutscher Orden bzw. Obertribunal (nach Sinnzusammenhang)
OWM	Oberstwachtmeister
PEK	Polnischer Erbfolgekrieg
PlM	Orden *Pour le mérite*
PLt	Premier-Leutnant
PM	Premierminister
Pr.	Preußen
Präs.	Präsident
QML	Quartiermeister-Leutnant
RAk	Ritterakademie
RAO	Roter Adler-Orden
RFH	Reichsfreiherr
RG(f)	Reichsgraf
RHR	Reichshofrat
RK	Reichskreis
RKG	Reichskammergericht
RM	Rittmeister
RP	Regierungspräsident
RR	Regierungsrat
RS	Reichsstadt
RT	Reichstag
SAO	Orden vom Schwarzen Adler (Kgr. Preußen)
SEK	Spanischer Erbfolgekrieg
SJ	Jesuitenorden
SJK	Siebenjähriger Krieg
SK	Stabskapitän
SLt	Seconde-Lieutenant
sp.	spätere(n)
StRM	Stabsrittmeister
Tit.Bf.	Titularbischof
UOff	Unteroffizier
VKM	Vizekapellmeister
WAO	Orden vom Weißen Adler (Kgr. Polen-Sachsen)
WB	Weihbischof

Bibliographie

[NB. Alle Internetreferenzen Stand Juni 2011]

I. Abkürzungen

ADB	Allgemeine Deutsche Biographie, hrsg. v. der Historischen Commission bei der Kgl. Akademie der Wissenschaften, München/Leipzig 1875–1912.
AKL	Allgemeines Künstlerlexikon. Die Bildenden Künstler aller Zeiten und Völker. München und Leipzig 1992–.
BBKL	Biographisch-Bibliographisches Kirchenlexikon, Hamm u. a. 1990–.
BBL	Horst-Rüdiger Jarck/Dieter Lent u. a. (Hgg.), Braunschweigisches Biographisches Lexikon: 8. bis 18. Jahrhundert, Braunschweig 2006.
BbL	Volker Spiess (Hg.), Berliner biographisches Lexikon, ²Berlin 2003.
BBPG	Bibliothek der brandenburgischen und preußischen Geschichte, Berlin/Potsdam 1998–.
BBWO	Biblioteka Badań nad Wiekiem Osiemnastym, Kraków u. a. 2003–.
BHGLO	Biographisches Handbuch zur Geschichte des Landes Oldenburg, hrsg. v. Hans Friedl u. a., Oldenburg 1992.
BK	Berliner Klassik – Biographische Online-Datenbank der Berliner Akademie der Wissenschaften, zugänglich unter: http://www.berliner-klassik.de/.
BrBL	Friedrich Beck/Eckart Henning (Hgg.), Brandenburgisches Biographisches Lexikon, Potsdam 2002.
FBPG	Forschungen zur brandenburgischen und preußischen Geschichte, Berlin 1888–.
FM	Jürgen Ziechmann (Hg.), Fridericianische Miniaturen. Forschungen und Studien zur fridericianischen Zeit, bisher 4 Bde., Bremen 1988–1997.

FuB	Forschungen und Berichte der Staatlichen Museen zu Berlin/ Stiftung Preußischer Kulturbesitz, Berlin 1957–.
Gestalten	Helmut Schnitter (Hg.), Gestalten um Friedrich den Großen. Biographische Skizzen (Schriftenreihe der Forschungsstelle der Militärgeschichte Berlin 1), 2 Bde., ²Reutlingen 1993.
HDR	Albrecht Cordes/Heiner Lück/Dieter Werkmüller/Ruth Schmidt-Wiegand (Hgg.), Handwörterbuch zur deutschen Rechtsgeschichte, 2., völlig überarbeitete und erweiterte Auflage, Berlin 2008–.
HJb	Hohenzollern-Jahrbuch, Forschungen und Abbildungen zur Geschichte der Hohenzollern in Brandenburg-Preußen, hrsg. v. Paul Seidel, Berlin/Leipzig 1897–1916.
HLS	Historisches Lexikon der Schweiz, Basel 2002-, auch zugänglich unter http://www.hls-dhs-dss.ch/.
HW	Sönke Lorenz u. a. (Hgg.), Das Haus Württemberg – ein biographisches Lexikon, Stuttgart 1995.
JAMS	Journal of the American Musicological Society, Richmond 1960–.
JBLG	Jahrbuch für brandenburgische Landesgeschichte, Berlin 1950–.
JDAM	Jahrbücher für die Deutsche Armee und Marine, Berlin 1871–1918.
JHVMF	Jahrbuch des Historischen Vereins für Mittelfranken, Ansbach 1956–.
JNB	Jahrbuch der Historischen Gesellschaft für den Netzedistrikt zu Bromberg, Bromberg 1891–1899.
JSGVC	Jahresbericht der Schlesischen Gesellschaft für Vaterländische Cultur, Breslau: 1851–1936.
JSIM	Jahrbuch des Staatlichen Instituts für Musikforschung, Preußischer Kulturbesitz, Kassel 1987–1991, Mainz 1991–.
JVMGA	Jahrbücher des Vereins für Mecklenburgische Geschichte und Altertumskunde, Schwerin 1836–1930.
JVWKG	Jahrbuch des Vereins für Westfälische Kirchengeschichte, Bethel 1927–1972.
JWLG	Jahrbuch für Westdeutsche Landesgeschichte, Koblenz 1975–.

Katalog Saskia Hüneke/Kathrin Lange/Konrad Beyer (Hgg.), Katalog zur Restaurierung und Wiederverwendung des Skulpturenschmuckes des ehemaligen Potsdamer Stadtschlosses im Zusammenhang mit der Errichtung eines Landtagsgebäudes für den Brandenburger Landtag, Berlin 2007, zugänglich unter http://www.spsg.de/media/de/Stadtschloss_Skulpturen_Internet02_small.pdf.

Matr. ADK Matrikel der Königlich-Preußischen Akademie der Künste und mechanischen Wissenschaften, zugänglich unter http://www.adk.de/de/akademie/mitglieder/mitglieder-datenbank.htm.

Michaud Joseph Fr. Michaud, Biographie universelle ancienne et moderne, 45 Bde. plus Supplement, Paris/Leipzig 1854–1865 (Ndr. Bad Feilnbach 1998).

MIÖG Mitteilungen des Instituts für Österreichische Geschichtsforschung, Wien u. a. 1880–.

MVAG Mitteilungen des Vereins für anhaltische Geschichte und Altertumskunde, Dessau 1875–1928.

MVAL Mitteilungen des Vereins für Anhaltische Landeskunde, Köthen 1992–.

MVGB Mitteilungen des Vereins für die Geschichte Berlins, Berlin 1884–.

MVGP Mitteilungen des Vereins für die Geschichte Potsdams, Potsdam 1864–1941.

MZ Mainzer Zeitschrift. Mittelrheinisches Jahrbuch für Archäologie, Kunst und Geschichte (Schrifttum zur Mainzer Geschichte), Mainz 1906–.

NDB Neue Deutsche Biographie, hrsg. v. d. Historischen Kommission bei der Bayerischen Akademie der Wissenschaften, Berlin 1953–.

NJLG Niedersächsisches Jahrbuch für Landesgeschichte, Hannover 1930–.

ODB Opéra passion, zugänglich unter http://www.odb-opera.com/index.php (umfassende Recherche-Site zur Geschichte der Opernmusik).

ODD Debra Craine/Judith Mackrell, The Oxford Dictionary of Dance, Oxford 2002.

OHE Oxford History of England, edited by George Clark, Ndr. Oxford 1992.

Œuvres Œuvres de Frédéric le Grand, bearb. und hrsg. v. Johann David Erdmann Preuss, 30 Bde., Berlin 1846–1856.

PC Die politische Correspondenz Friedrichs des Großen, 46 Bde. und ein Ergänzungsband, hrsg. v. Johann Gustav Droysen u. a., Berlin/Leipzig 1879–1939.

Peerage G.E. Cokayne/H.A. Doubleday/Geoffrey H. White/Duncan Warrand/Lord Howard de Walden (Hgg.), The Complete Peerage of England, Scotland, Ireland, Great Britain and the United Kingdom, Extant, Extinct or Dormant, new ed., 13 Bde. in 14 Tlen., Ndr. der Ausg. 1910–1959 in 6 Bden., Gloucester 2000.

PPSA Publikationen aus den kgl. preußischen Staatsarchiven, veranlaßt und unterstützt durch die Preußische Archiv-Verwaltung, Leipzig 1878–1917.

QMRKG Quellen und Abhandlungen zur mittelrheinischen Kirchengeschichte, Trier 1954-

Schweizer Martin Fontius/Helmut Holzhey (Hgg.), Schweizer im Berlin des 18. Jahrhunderts, Berlin 1996.

Sello Georg Sello, Geschichtsquellen des burg- und schloßgesessenen Geschlechts von Borcke, 5 Bde., Berlin 1903–1907.

SER Studien zur Europäischen Rechtsgeschichte, Frankfurt/Main 1986–.

SF Kurt von Priesdorff, Soldatisches Führertum, Bd. 1 (Teil 1 und 2): Die Generale von den Anfängen der kurbrandenburgisch-preußischen Armee bis 1740 – Die preußischen Generale vom Regierungsantritt Friedrichs des Großen bis 1763, Bd. 2 (Teil 3): Die preußischen Generale von 1763 bis zum Tode Friedrichs des Großen – Die preußischen Generale vom Tode Friedrichs des Großen bis 1797, Hamburg 1937.

SSLD Schriftenreihe des Sächsischen Landeshauptarchivs Dresden, Dresden 1955–.

Straubel — Rolf Straubel, Biographisches Handbuch der preußischen Verwaltungs- und Justizbeamten 1740–1806/15, 2 Bde., München 2009.

TB — Ulrich Thieme/Felix Becker (Hgg.), Allgemeines Lexikon der Bildenden Künstler von der Antike bis zur Gegenwart, 37 Bde., Leipzig u. a. 1907–1950.

VAPKB — Veröffentlichungen aus den Archiven Preußischer Kulturbesitz, hrsg. v. der Stiftung Preußischer Kulturbesitz, Köln u. a. 1967–.

VHKB — Veröffentlichungen der Historischen Kommission zu Berlin beim Friedrich-Meinecke-Institut der Freien Universität Berlin, Berlin 1964–.

ZfDA — Zeitschrift für deutsches Altertum und deutsche Literatur, Stuttgart 1876–.

ZPGL — Zeitschrift für preußische Geschichte und Landeskunde, Berlin 1864–1883.

ZSRG — Zeitschrift der Savigny-Stiftung für Rechtsgeschichte /Kanonistische Abteilung, Wien u. a. 1911–.

ZVGB — Zeitschrift des Vereins für die Geschichte Berlins, Berlin 1934–1943.

ZVGS — Zeitschrift des Vereins für Geschichte Schlesiens/Arbeiten zur schlesischen Landesforschung, Breslau 1906–1943.

ZVrGS — Zeitschrift des Vereins für Geschichte und Alterthum Schlesiens, Breslau 1855–1905.

II. Verzeichnis des in den Literaturangaben mehrfach zitierten Schrifttums

[NB: Die nachfolgende Liste stellt *weder eine Basisbibliographie zu Friedrich dem Großen noch eine Auswahlliste oder gar Empfehlungen* dar; es handelt sich lediglich um die Auflistung der wiederholt im Text zitierten Titel. Die einschlägige Literatur zu den jeweiligen Persönlichkeiten findet sich am Ende der betreffenden Artikel.]

Daniel Heinrich ARNOLDT, Ausführliche und mit Urkunden versehene Historie der Königsbergischen Universität, 4 Bde. Königsberg 1746–1769, Ndr. Aalen 1994.

Robert B. ASPREY, Frederick the Great – the Magnificent Enigma, New York 1986 (Ndr. 1999).

Winfried BAER u. a. (Hgg.), Von Gotzkowsky zur KPM. Aus der Frühzeit des friderizianischen Porzellans, Berlin 1986.

Johann BERNOULLI, Reisen durch Brandenburg, Pommern, Preußen, Kurland, Rußland und Polen in den Jahren 1777 und 1778, 6 Bde., Leipzig 1779/1780.

Hans BLECKWENN, Brandenburg-Preußens Heer 1640–1807 (Das altpreußische Heer 8/2), Osnabrück 1978.

Carl Joseph BOUGINÉ, Handbuch der allgemeinen Litterargeschichte nach Heumanns Grundriß, 7 Bde., Zürich 1790–1802.

Cahiers Voltaire, Ferney-le-Voltaire 2002–.

(Catherine II), Mémoires de C. II. Ecrits par elle-même, introduction de Pierre Audiat, texte établi et présenté par Domnique Maroger, Paris 1953.

Henri de CATT, Unterhaltungen mit Friedrich dem Großen – Memoiren und Tagebücher, hrsg. v. Reinhold Koser, Leipzig 1884.

Tobias DEBUCH, Anna Amalia von Preußen (1723–1787). Prinzessin und Musikerin, Berlin 2001.

[Dehio Potsdam] Georg DEHIO, Handbuch der Deutschen Kunstdenkmäler: Stadtkreis Potsdam, München/Berlin 1993.

Irene Diekmann/Hermann Simon (Hgg.), Juden in Brandenburg-Preußen. Beiträge zu ihrer Geschichte im 17. und 18. Jahrhundert, Teetz 2001.

Joachim ENGELMANN, Friedrich der Große und seine Generale, Utting 2000.

Jörg-Peter FINDEISEN, Die schwedische Monarchie, Bd. 2.: 1612 bis heute, Kiel 2010.

-ders., Schweden – von den Anfängen bis zur Gegenwart, ²Regensburg 2003.

Friedrich II. und die Kunst, Ausstellung zum 200. Todestag, 2 Bde., Potsdam 1986.

Erwin GATZ (Hg.), Die Bischöfe des Heiligen Römischen Reiches: ein biographisches Lexikon, II: 1648–1803, Berlin 1990.

Günther GIERATHS, Die Kampfhandlungen der brandenburgisch-preussischen Armee, 1626–1807. Ein Quellenhandbuch (VHKB 8), Berlin 1964.

[Giersberg, Potsdam] Hans-Joachim GIERSBERG, Das Potsdamer Stadtschloß, Potsdam 1998.

Christian GRAHL, Die Abschaffung der Advokatur unter Friedrich dem Grossen: Prozeßbetrieb und Parteibeistand im preußischen Zivilgerichtsverfahren bis zum Ende des 18. Jahrhunderts unter besonderer Berücksichtigung der Materialien zum Corpus Juris Fridericianum von 1781, Göttingen 1994.

Werner HARTKOPF, Die Berliner Akademie der Wissenschaften: ihre Mitglieder und Preisträger 1700–1990, Berlin 1992.

Francis HASKELL, Patrons and Painters. Art and Society in Baroque Italy, ²New Haven 1980 [dt. 2000].

Hermann HECKMANN, Baumeister des Barock und Rokoko in Brandenburg-Preußen, Berlin 1998.

Herzeleide und Eckart HENNING, Bibliographie Friedrich der Große 1786–1986. Das Schrifttum des deutschen Sprachraums und der Übersetzungen aus Fremdsprachen, Berlin/New York 1986.

Ewald Friedrich Graf von HERTZBERG, Historische Nachricht von dem letzten Lebensjahre König Friedrichs II. von Preußen, Frankfurt/Leipzig 1787.

Im Dienste Preußens – Wer erzog Prinzen zu Königen? AK der Landesausstellung Berlin-Brandenburg Preußen 2001, Berlin 2001.

Willi JASPER, Joachim H. KNOLL (Hgg.), Preußens Himmel breitet seine Sterne … Beiträge zur Kultur-, Politik- und Geistesgeschichte der Neuzeit. FS zum 60. Geburtstag von Julius H. Schoeps (Haskala 26/1), Hildesheim 2002.

Neil Jeffares, Dictionary of Pastellists before 1800, London 2006 [Online-Edition: http://www.pastellists.com].

Josef Jungnitz, Die Breslauer Weihbischöfe, Breslau 1914.

C. A. L. Klaproth, Der Kgl.-Preußische und Churfürstlich Brandenburgische Wirklich Geheime Staats-Rath, Berlin 1805 [darin: Verzeichnis der Wirklichen Geheimen Staats-Minister und der Geheimen Staats-Sekretairen].

Ernst H. Kneschke, Neues allgemeines deutsches Adels-Lexicon, Leipzig 1859.

Anton Balthasar König, Biographisches Lexikon aller Helden und Militärpersonen, 4 Bde., Berlin, 1788–1791 (Ndr. Starnberg 1989).

Frank-Lothar Kroll (Hg.), Die Herrscher Sachsens – Markgrafen, Kurfürsten, Könige 1089–1918, München 2005.

Jürgen Luh/Michael Kaiser (Hgg.), Friedrich der Große und der Hof, Beiträge eines Kolloquiums 2010, als Internetpublikation unter: http://www.perspectivia.net/content/publikationen/friedrich300-colloquien/friedrich-hof.

-dies., Friedrich und die historische Größe. Beiträge des dritten Colloquiums in der Reihe „Friedrich300“ vom 25./26. September 2009, als Internetpublikation unter: http://www.perspectivia.net/content/publikationen/friedrich300-colloquien/friedrich-groesse.

Johann Georg Meusel, Lexikon der vom Jahr 1750 bis 1800 verstorbenen teutschen Schriftsteller, Leipzig 1802–1816 (Ndr. Hildesheim 1967/1968).

Rainer Michaelis, Das weltliche Ereignisbild in Brandenburg-Preußen des 18. Jahrhunderts: eine gattungstypologische Studie, Berlin 1987.

Ingrid Mittenzwei, Preußen nach dem Siebenjährigen Krieg, Berlin 1979.

Wolfgang Neugebauer, Das Preußische Kabinett in Potsdam. Eine verfassungsgeschichtliche Studie zur fürstlichen Zentralsphäre in der Zeit des Absolutismus, in: JBLG 44 (1993), 69–115.

Matthias Oesterreich, Beschreibung und Erklærung der Gruppen, Statuen, ganzen und halben Brust-Stuecke, Basreliefs, Urnen und Vasen von Marmor, Bronze und Bley, sowohl von antiker als moderner Arbeit, welche die Sammlung Sr. Majestæt, des Koenigs von Preußen ausmachen…, Berlin 1775 (Ndr. Berlin 1990).

Michael O'LOGHLIN, Frederick the Great and his Musicians. The Viola da Gamba Music of the Berlin School, Aldershot 2008.

Charlotte PANGELS, Königskinder im Rokoko. Die Geschwister Friedrichs des Großen, 2München 1978.

Ludwig Freiherr von PASTOR, Geschichte der Päpste seit dem Ausgang des Mittelalters, 16 Bde., Freiburg i. Br. 1886–1933.

Józef PATER, Wrocławska kapitula katedralna w XVIII wieku, Wrocław 1998.

Carl Friedrich PAULI, Leben grosser Helden des gegenwärtigen Krieges, 9 Bde., Halle 1758–1764 (und zahlr. weitere Aufl.).

Heinrich August PIERER, Julius LÖBE (Hgg.), Universal-Lexikon der Gegenwart und Vergangenheit, 4. Auflage, Altenburg 1857–1865.

Ernst POSECK, Die Kronprinzessin. Elisabeth Christine, Gemahlin Friedrichs des Großen, geborene Prinzessin von Braunschweig-Bevern, Berlin 1941.

Potsdamer Schlösser in Geschichte und Kunst, 4Leipzig 1984.

Michael RANFT, Neue genealogisch-historische Nachrichten von den vornehmsten Begebenheiten, welche sich an den europäischen Höfen zugetragen, 160 Teile in 13 Bdn., Leipzig 1750–1763.

Anton SCHINDLING/Walter ZIEGLER (Hgg.), Die Kaiser der Neuzeit 1519–1918. Heiliges Römisches Reich, Österreich, Deutschland, München 1990.

Hermann SCHMITZ, Berliner Baumeister vom Ausgang des achtzehnten Jahrhunderts (Die Bauwerke und Kunstdenkmäler von Berlin, Beiheft 2), Berlin 1980 [Ndr. von 2Berlin 1925].

Kurd von SCHÖNING, Historisch-Biographische Nachrichten zur Geschichte der Brandenburgisch-Preußischen Artillerie, 3 Bde., Berlin 1844–1845 (Ndr. Starnberg 1984).

Johann Friedrich SEYFART, Unpartheyische Geschichte des bayerschen Erbfolgekrieges, Leipzig 1781.

Karl SITZMANN, Künstler und Kunsthandwerker in Ostfranken (Die Plassenburg 12), 2Kulmbach 1983.

Jürgen Storost, Dreihundert Jahre romanische Sprachen und Literaturen an der Berliner Akademie der Wissenschaften (Berliner Beiträge zur Wissenschaftsgeschichte 4), 2 Bde., Berlin 2001.

Henri Troyat, Catherine la Grande, Paris 1977.

Henry Vallotton, Catherine II, Paris 1955.

Alison Weir, Britain's Royal Families. A Complete Genealogy, [2]London 2002.

Leopold von Zedlitz-Neukirch, Neues preußisches Adels-Lexicon, Oder genealogische und diplomatische Nachrichten von den in der preußischen Monarchie ansässigen oder zu derselben in Beziehung stehenden fürstlichen, gräflichen, freiherrlichen und adeligen Häusern…, 5 Bde., Leipzig 1836–1839, Supplement (Bd. 6), ebd. 1843.

Generalindex aller im vorliegenden Band aufscheinenden Personen

Alle Persönlichkeiten wurden in jeder möglichen Namensnennung (die Mitglieder der fürstlichen Häuser nach Vor- *sowie* Dynastie-/Familiennamen) erfasst.
Zu beachten sind überdies die Querverweise im Textteil.

Fettdruck in den Seitenzahlen verweist auf Hauptartikel/-einträge, Normaldruck auf Nebenerwähnungen in anderen Artikeln, *Kursivschrift* auf Abbildungen/Portraits.

Systematisches Register der Namenseinträge nach Betreffen (Dynastie, Land, Beruf etc.)

Zur allgemeinen Bestimmung dieses Index s. die Ausführungen der Einleitung (S. 18). Darüber hinaus soll er gerade nicht mit allen Einzelheiten der Epoche Vertrauten diese systematisch erschließen.

NB. Es werden nur die Haupteinträge des Bandes (keine Nebennennungen in den einzelnen Artikeln) berücksichtigt. Zahlreiche Namen tauchen in mehreren Rubriken auf; dies verweist auf die Vielseitigkeit der entsprechenden Persönlichkeiten.

Übersicht

I. Familie und persönliches Umfeld Friedrichs des Großen

A. Das Königlich-Kurfürstliche Haus zu Preußen-Brandenburg – Familie Friedrichs des Großen

1. Eltern

2. Ehefrau

3. Geschwister Friedrichs des Großen und gegebenenfalls deren Ehegatten

8. Vertraute Friedrichs des Großen

9. Generaladjutanten S. M. des Königs

II. Päpste, Kaiser, Könige und Kurfürsten

A. Monarchen und Souveräne

1. Päpste

2. Könige von Frankreich (und Navarra)

3. Kaiser von Russland

4. Könige von England *(„Großbritannien", seit 1603 in Personalunion auch Könige von Schottland, die beiden Kronen 1707 offiziell auf Druck Londons vereint; offizielle Titulatur: Könige von England, Schottland, Frankreich (bis 1802) und Irland)*, Kurfürsten (ab 1814 Könige) von Hannover

5. Könige von Spanien

6. Deutsch-Römische Könige, 'erwählte Kaiser des Heiligen Römischen Reiches'

III. Hohe Militärs und leitende Minister der friderizianischen Epoche

A. Generalfeldmarschälle der Königlich-Preußischen Armee (ernannt während der Regierungszeit Friedrichs des Großen, in der chronologischen Reihenfolge der Ernennung)

B. Minister

IV. Diplomaten (im Dienste Preußens und anderer Staaten)

V. Katholische Prälaten (Fürstbischöfe, Bischöfe, Generalvikare) *[s. a. Kurfürsten von Köln, Mainz & Trier]*

VI. Persönlichkeiten des öffentlichen Lebens

A. Unternehmer, Industrielle, Buchhändler etc.

B. Juristen

VII. Wissenschaftler

A. Theologen

B. Philosophen

C. Mathematiker

D. Mediziner

E. Historiker

F. Kartographen

VIII. Komponisten und Musiker

IX. Sänger, Choreographen und Tänzer

X. Architekten und Baumeister

XI. Künstler und Kunsthandwerker

A. Maler

B. Bildhauer, Dekorateure und Stuckateure

C. Kunsttischler und Ebenisten

XII. Dichter und Literaten

XIII. Offiziere und Militärpersonen

Bildnachweis

Cover (groß): akg-images

Frontispitz: Portait Gallery, Perry-Castañeda Library, The University of Texas at Austin/Public Domain

S. 8, 21, 43, 77, 99, 111, 125, 147, 167, 187, 189, 195, 219, 235, 253, 257, 259, 271, 275, 281, 311, 315, 317, 323, 333: GNU-Lizenz für freie Dokumentation, Version 1.2/Steffen Heilfort

S. 45/Cover, 81, 129: akg-images

S. 57, 207: gemeinfrei

S. 64: Germanisches Nationalmuseum, Nürnberg; Foto G. Janßen

S. 93: bpk, Museumslandschaft Hessen Kassel

S. 95, 123: bpk

S. 115/Cover: bpk/Eigentum des Haus Hohenzollern

S. 199: Creative Commons-Lizenz 3.0 unported/user:shakko

S. 204: bpk/Gemäldegalerie, SMB, Kaiser Friedrich-Museums-Verein/Jörg P. Anders

S. 211/Cover: bpk/Eigentum des Haus Hohenzollern/Jörg P. Anders

S. 229: bpk, RMN

S. 239/Cover: bpk/Alfredo Dagli Orti

S. 321/Cover: akg-images/Erich Lessing